枫落白衣 著

细说五千年

写给普通人的中国史

·叁·

北京大学出版社
PEKING UNIVERSITY PRESS

目录
· CONTENTS ·

105 五代走马灯......001

106 北辽南大理......011

107 点检做天子......020

108 烛影伴斧声......030

109 大事不糊涂......039

110 大辽萧太后......049

111 澶渊订盟约......059

112 老范与老包......068

113 与士共天下......077

114 科技大发展......087

115 王安石变法......095

116 成败两难说......103

117 千古苏东坡......112

118 文青宋徽宗......122

119 水浒的故事......130

120 大金起东北......140

121 靖康耻难雪......150

122 高宗南逃去......159

123 冤死风波亭......168

124 词龙辛弃疾......178

125 朱熹与理学......187

126 漠北起豪雄......196

127 龙马风云会......205

128 联蒙去灭金......214

129 大哉之乾元......224

130 崖山皆悲歌......233

131 弱宋也风流......240
132 元朝的扩张......247
133 蒙古人治国......256
134 京杭大运河......266
135 延祐复科举......274
136 顺帝和脱脱......283
137 最后的希望......291
138 淮右起布衣......299
139 百战定江南......308
140 国号为大明......319
141 北上驱鞑虏......328

142 宰相没有了......338
143 刑国以重典......349
144 驾崩南京城......360
145 燕京起风云......370
146 四叔的逆袭......380
147 郑和下西洋......390
148 永乐的盛世......400
149 仁宣两皇帝......410
150 兵败土木堡......420
151 夺门重为帝......431

105. 五代走马灯

如果你有机会穿越回去，面对后梁皇帝朱温，可千万别问他，您这个大梁朝有多大，面积多少？他肯定和你急，因为答案是，实在忒小了。

后梁当时只占据了今天河南、山东和湖北的一部分。当时天下形势是，李茂贞占据了陕西，虽然还是奉唐朝为正统，但他的岐王府和皇宫没什么区别，所以今天称之为岐国；晋王李克用占据了山西；王建占据了四川，叫前蜀；其他还有北方的定难军、朔方、河西和归义军节度使，南方的淮南、武安军、镇海军、威武军、静海军、清海军节度使等各方势力，其中不少后来也建立了政权，他们有一些承认朱温是新皇帝，有一些不承认。至于东北的渤海国，连唐朝他们都爱理不理的，这时候最多说一句，朱温是谁，没听说过啊。总之，朱温其实顶多算是三省省长。

不过我们今天依旧以后梁及其后的四个短命王朝为正朔，《旧五代史》和《新五代史》这两本史书也被纳入二十四史。原因主要有三个：第一，唐王朝最后一个公认的皇帝唐哀帝正式禅让皇位给了朱温；第二，这五个朝代在那个历史时期势力最大，获得的承认也最多；第三，它们都占据了中原地区，根据"据中原者为中国"的传统，它们应该是正朔。

一、三支箭

言归正传，朱温篡位的消息传到了河东李克用那里，他大哭了一场，看得出，他对唐朝还是有几分真心的，至少比朱老三强一点儿。随后，李克用拒不承认后梁政权，继续用唐朝的年号，并且和朱温在潞州，也就是今天的山西长治展开大战，但也没什么用，第二年李克用就死了，他的儿子李存勖继承了他的位置。

《新五代史》记载，李克用临死之前，交给李存勖三支弓箭，代表了三个任务：一个是幽州节度使刘仁恭，李存勖要是拿不下他，就不可能渡过黄河南下；第二个是北方契丹族的耶律阿保机，他曾经和李克用一起相约保卫大唐天下，最后却和朱温勾勾搭搭，李克用十分不爽，让儿子找机会教训这些契丹胡人；最后一个是朱温，一定要灭了他，否则你爹我死不瞑目。

三支箭这事儿在《旧五代史》上没有任何记载，我们并不能确定它一定是真的，但是，李存勖即位之后，恰恰是按照这三个步骤走的。他是一个真正的军事天才，刚一接手老爹的军队，就在潞州彻底打垮了朱温的部队，让后者损失几万人。《旧五代史》上记载，朱老三一边跑，一边感慨地说："生子当如是，李氏不亡矣！吾家诸子乃豚犬尔！"意思是生孩子就要生李存勖这样的，李克用可以算是没死，像我朱老三的儿子们，都是猪狗一样。

你要是说，朱温这不是把自己也骂了吗？其实，自从曹操说过"生子当如孙仲谋，刘景升儿子若豚犬耳"这句话之后，知识分子们就附庸风雅，经常当着别人的面，称呼自己的儿子为豚犬，所以，朱温这句话你可以理解为谦虚。

912年，李存勖率军攻打幽州，两年后，平定燕国和幽州。刘仁恭父子被他抓回太原，砍了脑袋。然后他任命自己为中书令，假装大唐皇帝还活着，以大唐宰相的身份处理政务。

二、后唐灭后梁

就在李存勖攻打幽州期间，当了五年皇帝的朱温被儿子朱有珪害死了，这事儿说来话长。朱老三的手下从一个富贵人家里抢来女子张氏孝敬他，结果朱温对张氏相当迷恋，不仅三媒六聘正式娶进家门，而且言听计从，就算是正打仗，张氏来信让回，他也会马上就撤军。这事儿在《新五代史》里有记载，"太祖尝出兵，行至中途，后意以为不然，驰一介召之，如期而至"。我就问你，有这样的老公你羡慕不羡慕？可是张氏在朱温登基做皇帝之前就死了，和隋文帝杨坚一样，张氏一死，朱温憋了半辈子的邪火就此一发不可收拾。但和隋文帝不一样的是，朱温把这股邪火都发泄在了儿媳妇身上。

史书上记载："诸子在镇，皆邀其妇入侍。"儿子们都在边境镇守，朱温就把儿媳妇们都招进宫里伺候他。欧阳修下一句是："友文妻王氏有色，尤宠之。"这似乎是春秋笔法，说朱友文的老婆王氏长得漂亮，朱温喜欢得不得了。

最要命的是，朱温根据儿媳妇的漂亮和温顺程度来决定儿子是不是好儿子。就在他重病期间，他对朱友文的老婆王氏说，你很好，友文这孩子也好，你快点把他叫回来，我传位给他。可这事儿被另一个儿媳妇朱有珪的老婆听见了，回去就告诉了老公。朱有珪一听，又惊又怕，因为按照继承原则，他现在是最有希望的，但如果继位的不是他，他就成了最危险的那个，随时都有可能掉脑袋。同时他也不服气，朱友文是朱温的养子，而他朱有珪是亲生的。朱有珪决定铤而走险。912年，重病中的一代枭雄朱温死在了儿子朱有珪手里。

其实，朱有珪也不一定是朱温的儿子。他的娘本来是亳州的一个妓女，朱温和她睡了一觉之后，隔了很长时间，这个妓女千里迢迢找到朱温说，这个孩子就是你儿子。朱温居然就认了，据说还挺高兴。

朱温死后，朱友珪当上皇帝没几天，就被弟弟朱友贞带兵打入京城逼得上吊自杀。于是，朱友贞当上了后梁的皇帝，这就是梁朝最后一个皇帝，梁末帝。

为什么是最后一个皇帝呢？因为李存勖打进来了。就在朱老三家里打成一团的时候，李存勖已经在北边打败了契丹皇帝耶律阿保机的50万大军，实现了他老爹的第二个遗愿，并且在923年，于魏州也就是今天的河北大名称帝。他也不说自己是开国皇帝，声称自己这个王朝就是唐，他本人是老李家的合法继承人，尊唐高祖、唐太宗为祖先。可是我们都知道，他这是瞎扯，因为他爹李克用本名叫朱耶，和老李家八竿子都打不上，之所以后来姓李了，是因为被李唐皇族赐姓李。我们现在也不承认他这个唐是李唐，而是称之为后唐，五代里面的第二个王朝。

朱温的儿子朱友贞和李克用的儿子根本不是一个等级的。朱友贞的后梁阵营里，最后一个能抵抗后唐军队的叫王彦章，金庸老先生的《射雕英雄传》和《神雕侠侣》都提到嘉兴有一个铁枪庙，也就是杨过他爹杨康归天的地方，这个铁枪庙就是纪念这位王彦章王大人的。

王彦章勇冠三军，本来朱友贞已经丢了很多地方，但王彦章担任了招讨使也就是前线总指挥官之后，接连收复失地，和李存勖打了一个势均力敌。就在这个时候，朱友贞身边的一些小人们坐不住了，因为王彦章上战场之前，曾经说过一句话："待我成功还，当尽诛奸臣以谢天下！"《资治通鉴》里记载，后梁的这些大臣们私下里就说了："我辈宁死于沙陀，不可为彦章所杀。"在整个后梁大臣们的集体努力之下，朱友贞终于相信，王彦章没什么本事，收复失地都是别人的功劳。最后这位王铁枪被调离了总指挥位置，以偏将身份被李存勖手下抓住之后砍了脑袋。

在那之后，就没有悬念了，923年11月，后唐攻入开封，后梁灭亡，朱友贞自杀。

三、后晋灭后唐

灭掉后梁之后的李存勖即刻传令天下，意思就是老子这么牛，你们服不服？大多数藩镇都说服了，这里面就包括凤翔岐国的李茂贞，还有南方的楚、吴越、闽等政权。

可是前蜀国这时候的君主是王建的儿子王衍，他认为四川有各种天险可以倚靠，不仅不表示臣服，还根本就不把李存勖当回事，依然奢侈淫靡，大兴土木。后唐的使者们回报了这一情况之后，李存勖决定出兵灭蜀，925年，李存勖的大儿子魏王李继岌和宰相郭崇韬率兵六万，平定了前蜀，把后唐的地盘扩大到了四川。

可是这次巨大的胜利，给李存勖带来了杀身之祸。

事情是这样的，李存勖除了打仗厉害，还有一个本事，就是唱戏。对于唱戏这事儿，他痴迷到什么程度呢？一千多年后，金庸在他的名著《天龙八部》里还特意提到他，说他唱戏唱得好，给他点了很多赞。很自然地，李存勖身边就聚拢了一群戏子，偏偏这些戏子和宰相郭崇韬有矛盾。于是，郭崇韬在四川打仗，后面开封城里的戏子们就说他要造反，最后逼得郭崇韬和魏王李继岌在四川发生了内讧，郭崇韬被杀死。

戏子们接着又大搞株连运动，今天说这个是郭崇韬的余党，明天说那个是郭崇韬的战友，一时之间，后唐朝野人人自危。926年，魏博的一群大兵觉得与其被朝廷冤枉死，还不如自己造反算了，他们在赵在礼的带领之下，起兵占据了邺都。

李存勖派了他的干兄弟，也就是十三太保之一的李嗣源去平叛。李嗣源带着女婿石敬瑭，风尘仆仆地来到邺都城下，谁知道城门突然打开，李嗣源的手下大摇大摆簇拥着李嗣源进了城，他们对李嗣源说，我们和造反派赵在礼等人早就商量好了，大家一起造反算了。开始的时候，李嗣源还坚决不从，可是他女婿石敬瑭说：老丈人，士兵们告诉我您要造反的时候，我就信了，现在您说不造反，皇帝李存勖会信不？李嗣源终于点了点头，说那就造反吧。

就这样，去平叛的李嗣源反而成了最大的叛徒。这就是著名的邺都兵变。

不过，还没等他们打回去，首都开封就传来消息，李存勖死了。原因也很简单，有一个将领郭从谦，平时管郭崇韬叫叔叔，郭崇韬被污蔑谋反被杀之后，他一直都心惊胆战。正巧，他的一个手下叫王温的，也在这时候真的造反了，虽然马上被平息了，但李存勖却对郭从谦说了这么一句话："汝党存义、崇韬负我，又教王温反，复欲何为乎？"你叔叔造反，你手下也造反，你还想干什么？吓得郭从谦回去之后第一时间决定，必须反了。

926年5月15日，后唐庄宗李存勖在手下将领皆反的情况下，被乱箭射死，死之前单枪匹马杀掉叛军上百人，不愧为五代时期数得上的悍将。但我们要说一句，李存勖不懂政治是他最大的软肋，皇帝这个职业，不懂军事，不会打仗，都可以当，但是如果不懂政治，不懂如何管理人，那是必死无疑。

李存勖死后，势力最大的造反派李嗣源就顺理成章地当上了后唐皇帝。肉烂在锅里，不管怎么样，他名义上也是李克用的儿子，等于江山没变颜色；而且他这个皇帝当得还不错，只是老年的时候，儿子李从荣造反，虽然很快被平定了，但他一生气，估计是心梗发作，把自己气死了。

李嗣源死后，儿子李从厚坐上江山，便要求各地将领对调。因为晚唐、后梁、后唐最大的问题都是节度使，或者说各路诸侯难管。这些人只要势力强大一点儿，就想着皇帝轮流做，明天到我家，很容易造反，这也是后来大宋王朝对文官好对武将诸多限制的原因。没办法，200年的历史教训，你怕不怕？

李从厚的想法也很简单，一位节度使在一个地方待得时间长了，就容易形成铁板一块，容易造反，那就时不时换换工作岗位，让将军和士兵不熟悉，就不容易形成造反集团了。实事求是地讲，他的想法是对的，后来大宋王朝解决这个问题的思路是一样的。

可惜的是，当时后唐的节度使们不这么想，他们不想调。当时最大的两个节度使是凤翔的李从珂和河东的石敬瑭，没等石敬瑭说什么，李从珂先不干了，934年，他从凤翔起兵造反成功，当上了后唐的皇帝，李从厚被赶下了台。

一个人所在的位置不一样，看问题的角度肯定不一样，这就是所谓的"屁股决定脑袋"。这句话并不是一个贬义词，而是一种客观事实，你我皆如此。李从珂因为皇帝要把自己的节度使调任而造反，可是当上皇帝之后，他马上觉得李从厚的做法是对的，拥有重兵的节度使就应该被调动，于是拼命挤压剩下的那个最大的军阀，河东的石敬瑭，想把对方从节度使的位置上调走。

问题是，石敬瑭也不想动。石敬瑭的实力并不强，但身后有契丹人。这时候的契丹，已经建立了国家，国号是大辽。石敬瑭为了躲过李从珂的魔爪，便从契丹借兵，可是他付出的代价巨大，不仅答应每年给契丹大笔的金钱和锦帛，还把中国北方的燕云十六州送给了辽国。

这个燕云十六州，也就是今天的北京、天津、河北和山西的北部地区，面积大概是台湾岛加上海南岛那么大。其实大小完全不是重点，关键是位置太重要了，北边的少数族只要过了这块区域，长城就是他们的了，而他们的面前就是一望无际的河北大平原，也就是花花世界的中原，根本无险可守。

契丹人听到石敬瑭开出的这个条件，简直是乐疯了。

当时契丹的皇帝耶律德光马上表示，石兄弟，你尽管去干，契丹人就是你坚强的后盾。

谁知道石敬瑭摆摆脑袋说，不，不，啥石兄弟，我要管你叫爸爸。就这样，石敬瑭为了一己私利，不仅割地卖国，还主动要求成为耶律德光的儿子，而这个爹比他石敬瑭还小十来岁。

不过石敬瑭得到的好处也是巨大的，后唐终于在契丹和石敬瑭联手夹击之下灭亡，李从珂自焚而死，石敬瑭如愿以偿当上了新的皇帝，这就是五代里的第三个，后晋。

四、后汉和后周

后晋高祖石敬瑭虽然仗着契丹摆平了各个节度使，但是大家都瞧不起他，就连他最亲近的手下刘知远都觉得他做得太过分了，说他对契丹太好，"恐异日大为中国之患，悔之无及"。可石敬瑭不管这些，一心一意地伺候耶律德光这个契丹爸爸，每次写信都自称"儿皇帝"，或者"臣"如何如何，在这样的情况下，他的手下渐渐地和他离心离德。

942年夏，石敬瑭驾崩在开封，史书上说他郁闷而死，也许是的，因为这世界上真能做到内心深处就不要脸的人，还真不多。

石敬瑭死后，他的儿子石重贵即位，在大臣景延广的建议下，这位28岁的小伙子停止了向契丹的每年进贡，对外就说是歉收。

于是契丹大兵压境。中原百姓一看石皇帝要和契丹打仗，都纷纷支持。结果很美好，看起来凶悍无比、兵强马壮的契丹军队居然被打了回去，而且还是两次。可是这样一来石重贵马上就认为自己很牛了，开始声色犬马，不好好治国，结果，公元947年正月初一，契丹攻破开封，把石重贵抓到了北方，后晋灭亡。

开始的时候，契丹，或者说大辽，也想效仿沙陀人李克用在中原当皇帝。沙陀人当得，我契丹人自然也当得。可是事实证明，这群刚刚从游牧部落进化出来的契丹人还真的不知道如何统治国家，烧杀抢掠一番之后，就大眼瞪小眼不知道干什么了。什么三省六部、郡县藩镇，这些玩意儿实在是太头疼了，况且当时中原老百姓对契丹人的反感实在是太大了，契丹兵只要落单，那就是一个死字。

几个月之后，大辽国皇帝耶律德光只能带着这群大老粗撤出中原，耶律德光在回去的路上病死了。当时正是三伏天，为了保存尸体，一个厨子挺身而出，一番"神操作"，把他制成了腊肉，《旧五代史》上说，"破其尸，摘去肠胃，以盐沃之……目之为帝耙"。可以说，耶律德光是中国历史上唯一一个被做成木乃伊的皇帝。

石敬瑭原来的亲信，河东节度使刘知远悄悄地积蓄力量，并且瞅准时机，在947年，在太原登基称帝。这就是五代里的第四个，后汉。

等契丹人撤出了中原，刘知远采取了手下将领郭威的建议，"由汾水南下取河南，进而图天下"。事实证明，这个建议很正确，刘知远最终打进了开封，稳定了中原局势，坐稳了江山，可是他当上皇帝一年，就去世了，儿子刘承祐即位。这个17岁的小伙子认为最重要的事情就是杀大臣，这样才能放心。没过多久，他爹刘知远留给他的后汉老臣几乎都被他杀了，当然，有一个人除外，这个人就是天雄军节度使郭威。

本来刘承祐是派人去邺都暗杀郭威，可是刺客水平太菜，没搞定。这也没啥，暗杀，暗杀，那就是对方不知道，咱们下次再来。可惜的是，刘承祐杀其他大臣太顺手了，这一次也以为郭威必死，还没等到结果，就把郭威在京城的家人全都杀了，包括郭威的所有儿子。只有一个养子因为同样领兵在外地，幸运地逃过一劫，这个养子的名字叫郭荣，不过这是他管郭威叫爹之后改的名字，他以前的名字叫柴荣。听到消息的郭威悲愤至极，马上起兵造反，950年年底，郭威攻破开封，刘承祐被杀。

胜利后的郭威以极其谦虚的态度请刘知远的皇后李三娘主持朝政，表示自己只是想清除皇帝身边的小人，既然皇帝一不留神死在了乱军之中,那就要再立一个刘姓皇帝,这个江山也还叫汉,这个坚决不能改。

李三娘一听郭威这么说,也挺高兴,然后大家其乐融融地商量好了,就立刘知远的干儿子刘赟为新皇帝。远在徐州的刘赟一听,立马高高兴兴地上路,准备走上新的领导岗位。

他高兴得太早了,就在同一时间,北方传来消息,大辽国,也就是契丹起兵来犯。郭威马上站了出来,说皇帝你们老刘家来当,保家卫国这事儿,我来。然后他率领大军北上迎敌,大军经过澶州时,一天夜里,手下的将士忽然冲进他的中军大帐,一致要求他当皇帝。郭威摆出一副万般无奈的表情,穿上了黄袍,带着队伍回到了开封。你要是问契丹军队呢?这个我不知道,据传说,这些人听说郭威郭大人当了皇帝,吓得要死,就撤兵了。

回到开封的郭威跪在后汉太后李三娘的脚下放声大哭,可不是我郭威想做皇帝,实在是民意难违啊。哭完之后,起身,擦干眼泪,走马上任,后汉灭亡。

当然,熟悉历史的朋友都知道,老天爷觉得郭威这场戏是他写得最好的剧本之一,后来又原封不动一模一样地让另一个人重新演了一遍,我们很快就会说到。

951年正月,郭威正式称帝,国号大周,历史上称为后周,首都还是今天的开封,当时叫汴州。

就这样,从907年大唐灭亡开始,中原大地上前后出现了五个短命王朝,分别是朱温的后梁、李存勖的后唐、石敬瑭的后晋、刘知远的后汉,还有这个郭威的后周。它们在历史上合称为五代,我称为"梁唐晋汉周",这一大碗"粥"绝对把老百姓祸害得不轻。

106. 北辽南大理

唐朝灭亡之后，先后又产生了后梁、后唐、后晋、后汉、后周，一共五个朝代，听起来威风凛凛，实际上，没有一个实现了统一，前面说过，最惨的朱温的后梁只相当于三省省长，最大的后唐也仅仅是占据了北方，几乎没有跨过长江。

那么，在那些政权管辖不到的地区，都是一些什么样的存在呢？这就是所谓的十国了。

一、关于分裂

实际上，十国这个概念并不准确，大唐王朝完结之后，原来那些藩镇节度使们纷纷独立，甚至几千人的队伍，统治一个几万人的地区，就敢称孤道寡，自立为帝，实际数字远远大于十，只不过我们把其中存在时间较长，统治区域较大的十个国家统称为十国。

前期有吴越、闽、吴、前蜀、荆南、南楚、南汉等，后期南唐取代了吴，后蜀取代了前蜀，加上后汉的一个分支北汉，一共正好十个国家，也可以说是王朝，不多不少。

我们不需要记住这些国家，在稍后讲到大宋王朝如何统一天下的时候，会挑两个重点的介绍一下。现在你只需要明白一件事就可以了，这些地方从军区变成了王国或者帝国，节度使披上黄马褂，就成了"真龙天子"

的景象，完全就是三国时曹操所描述的那幅画面：如若没有孤王，不知几人称帝，几人称王，可谓是天下乱哄哄。

有些朋友可能会说，分裂就一定不好吗？这个很难讲，还是有很多人认为，中国就算是分裂成了几块，只要人民安居乐业，也没什么大不了的。但这里有一个巨大的问题要先回答一下，那就是这样一个美好的愿望，真的有可能实现吗？

从历史上来看，东周后期战国时代和东汉之后的五胡十六国时代，前前后后600多年的惨痛教训是极其深刻的，分裂就意味着连年不断的战争，生灵涂炭，流离失所。现在有些人批评秦国为了统一天下而杀戮，虽然杀戮总是血腥和反人类的，是不应该被肯定的，但这种对秦始皇的批评属于因果倒置。秦始皇出生时就已经去世了30年的孟子曾经说过，"争地以战，杀人盈野；争城以战，杀人盈城"，整个战国时期，各国之间就是疯狂的杀戮，这也导致了诸子百家最后几乎都推崇天下一统的解决方案，这个前面说过了。

其实就算是放眼世界，也不能说分裂有什么成功案例，中东地区自从统一的大国奥斯曼土耳其瓦解之后，到今天战乱也没消停，而南美和东南亚历史上众多当了殖民地之后再分裂的小国，今天发展得如何，大家也有目共睹。

有人拿今天的欧洲为例，说分裂的小国不仅能活得好，还能活在世界强国之列，这样的说法是有着相当的局限性的，或者说并没有站在历史这条长长的时间线上看问题。欧洲自从西罗马帝国灭亡，就一直是乱哄哄，彼此打得你死我活，脑浆子溅满地的状态，甚至还有英法百年战争这种从祖爷爷打到曾孙子的战争，可以说，欧洲就是一个打了上千年的地方。而且你必须知道，人类近现代史上最惨烈的第一次和第二次世界大战都是在欧洲国家之间爆发的。

即便是美国，它在19世纪分裂之后发生的南北战争，也是美国历史上死人最多的一次战争，正因为这样，现代美国对国家分裂也是要严防死守的，美国人有一个效忠誓词，联邦、州、县议会在开会之前一般大家都要背一遍，甚至绝大多数学校，规定学生上课之前也要背一遍。它的誓词很简单，全文是"我谨宣誓效忠美利坚合众国国旗及所代表之共和国，上帝之下的国度，不可分裂，自由平等全民皆享"，每天背上一遍。

二、柴荣的理想

言归正传，后周皇帝郭威仅仅当了两年皇帝，就去世了，他死之后，只能把皇位传给自己的养子郭荣。前面说过，郭威全家都被后汉的最后一个皇帝刘承祐砍死了，当上皇帝后虽然后妃不少，但当时郭威已经47岁了，后面也没有再生孩子。

他的养子郭荣原来的名字叫柴荣，本来是郭威老婆柴氏的侄子，自幼就跟着郭威，两人的关系可以说是情同亲父子，所以，柴荣的即位，得到了后周所有人的支持。

五代十国盛产皇帝，但大多数只是平庸之辈，不过柴荣却很不一样。首先他很有理想，据《新五代史》上记载，他即位之初，有人告诉他能当30年皇帝，他很高兴地说，足够了，如果这样，我"当以十年开拓天下，十年养百姓，十年致太平"。

其次他还有能力，就在他刚刚吹完这个牛的时候，北边的北汉政权，就由皇帝刘崇亲自率领大军，还有辽国的外援，杀上门来。柴大皇帝毫不含糊，马上准备御驾亲征。手下的大臣劝他不要亲自带兵，龙体为重，他的回答是："昔唐太宗定天下，未尝不自行，朕何敢偷安。"用唐太宗李世民当年吓退突厥人的故事，来表达自己的决心，偏偏有大臣不识趣，跳出来说："未审陛下能为唐太宗否？"您是唐太宗吗？

这话问得像个二愣子，不过柴荣并没有理会，最后还是亲自率军迎战北汉和契丹。不过,他毕竟不是唐太宗,对方看见他并没有下马行礼,反而是纵马冲锋,柴荣手下的将军们也很不给他这个新皇帝面子,大将樊爱能、何徽等人转身就跑。整个北周军眼看着就要崩溃。关键时刻,有一个人站了出来,高喊"主上面临险境,我等当拼死一战",《宋史》里记载,此人"驰马冲其锋,汉兵大溃"。这个以一己之力,力挽狂澜,不仅救了世宗柴荣,还让后周在这场高平之战中大获全胜的人,有一个响亮的名字,叫赵匡胤。

关于赵匡胤的故事,下一节再详细讲述,现在我们回头看看这个质疑柴荣不是唐太宗的人,到底是何方神圣。你如果认为说这话的大臣在史书上肯定以耿直中正闻名,那你就错了,而且错得厉害,因为此人叫冯道,欧阳修在《新五代史》里骂他说"不知廉耻",司马光在《资治通鉴》里说他"奸臣之尤",在奸臣里排名,他是名列前茅的。

那么他为什么被骂得这么厉害呢?冯道从后唐李存勖那时候开始当官,一直当到后周世宗柴荣,共伺候了十位皇帝。一句话,皇帝如何换,和冯道几乎是毫无关系,他一直都稳稳地待在三公或者三师这样的高位上。后晋高祖石敬瑭临死的时候,让人把小儿子抱到冯道的怀里,希望冯道能主持公道,立这个小孩儿为帝,可是石敬瑭一死,冯道就和人扶立了他的侄子石重贵,理由是"国家多难,宜立长君",石重贵封他为太尉、燕国公。等契丹人抓走了石重贵,这位冯老爷子一转身就跑到契丹人那里,给耶律德光磕头称臣,耶律德光问他,天下百姓,如何能救?他的回答是,"此时百姓,佛再出救不得,唯皇帝救得",意思是佛祖来了都不管用,但您这个契丹人耶律德光肯定好使,这马屁拍得完美至极,耶律德光龙颜大悦。

现在我就问你,像冯道这样毫无气节、毫无羞耻心的十姓家奴,欧阳修、司马光这样的道学老学究们会不会瞧得起他?当然不会!但是,我必须说这个但是,就因为冯道的马屁拍得好,耶律德光对中原百姓并没有展开大规模的杀戮,这事儿在《旧五代史》里有记载,原话是"其后衣冠不至伤夷,皆道与赵延寿阴护之所至也"。这里的"衣冠"指的就是中原百姓,意思就是因为冯道和赵延寿的暗中努力,让很多沦陷区的老百姓都活了下来。

历史上的冯道一直都以甘于清贫闻名,多次把俸禄拿来赈济乡民,自己却居住在茅草棚中,而对官吏们所赠财物,也是分毫不受。别人送他美女,他都收下,然后帮着女孩子寻找自己父母,再送回去。在五代时期,有一个说法,"当世之士无贤愚,皆仰道为元老",一句话,大投降派冯道的名声,那是相当地好。

这里我们就要问一个问题,究竟该如何当官,或者说如何做人?是像冯道这样,还是像很多忠臣孝子那样,以死殉主,或者说殉国?这个问题相当难回答,以至于我根本也回答不了,思来想去,只能这么说,遵照你自己的本心,无论你想做什么样的人,只要俯仰之间不愧天地,半夜照镜子的时候,不惧鬼神,问心无愧,那就可以了。

再说回柴荣,高平之战后,他没有放弃理想,仍然想着实现统一大业。

他的策略是"先南后北",因为他手下的智囊王朴说了,"攻取之道,从易者始",南边的那些都很弱,北边的北汉、契丹都是强敌,应该先把南方吞并了,整合了资源,再去打北边的胡人。

就这样,955年,他派大将向训攻打后蜀,拿回了今天甘肃东南部地区,当时叫作秦、凤、成、阶的四个州。接下来连续三年时间,柴荣亲自率军攻打后周南边的邻居南唐,攻下了长江以北的所有地盘,最后打得南唐当时的君主李璟只能遣使求和,每年进献贡品,两国以长江为界,等于江北原来南唐的所有土地都送给了柴荣。这还不算完,李璟还被逼得去掉了自己的皇帝称号,只能以江南国主自称,等于是矮了柴大皇帝一头。

在这些攻伐之中,柴荣也发现了一个问题,那就是无论是后蜀还是南唐,如果想彻底拿下,他柴荣都必须倾尽全力,但这样一来,北边的契丹和北汉政权是不是会趁机抄了自己的老窝，他实在是不敢赌，因为这是一个概率相当大的事件，只要自己出兵，老窝必然不能消停。

这时候，就有两个选择，一个是和北方和谈，主要是和大辽国和谈，因为只要辽国这些契丹人不动，北汉的刘姓政权是不敢动的。一个是北伐辽国。当然，跟辽国和谈也不一定要像石敬瑭那样，管人家叫爸爸，也许给点钱就可以，但这里也有两个问题：第一，北边那两个邻居人品一向不怎么样，和谈之后有没有用，这事儿不好说；第二，这不是柴大皇帝的性格，他的脾气就是一个字，干。于是，柴荣决定北伐辽国。

三、辽和大理

辽国是北方少数族契丹人建立的国家，那么，契丹人是从哪里冒出来的呢？现在的说法也不一致，宋朝人说契丹是匈奴人的后裔，可是《后汉书》和北魏人都说他们是东北鲜卑人的一个分支。我个人觉得，综合了各种说法之后，最合理的一种说法应该是，他们是匈奴人被大汉王朝打散之后，北上和东北鲜卑人融合的产物，换句话说，混血儿。当然，我们所有人现在都是混血儿，这个毫无疑问。

无论如何，契丹这些东北汉子在被突厥和回纥统治几百年之后，在唐末，出现了一个天才领袖——耶律阿保机。他统一了各部，在907年当上了可汗。然后又在916年称帝，国号就是契丹。926年，他消灭了盘踞东北达200多年的渤海国。到了947年，耶律德光把国家名称改为大辽国，"辽"字就是铁的意思，也是契丹发祥地辽河的名字，今天我们辽宁省的名字也是出自这里。

全盛时期的大辽国西到阿尔泰山，东到日本海，北边到大兴安岭，南边到达了河北的白沟，地盘相当大。为了便于统治，辽太祖耶律阿保机规定"因俗而治"，就是南边统治汉人用汉人的办法，北面还是用契丹的习俗。因此，大辽国南面官制保留了三省六部，同时以太尉、司徒、司空为三公，太师、太傅和太保为三师，这和汉族人的大宋王朝没什么区别。

但是，有一件事有必要交代一下，《天龙八部》里面的那个萧峰，他的职位是南院大王，如果你理所当然地认为这是大辽国管理南面汉族人相关事宜的大官，那就错了。南院大王因为办公地点在辽国皇宫之南而得名，并不是管理南边事务的机构，这一点金庸老先生在他的小说里也没说清楚。那么，这个官有多大呢？可以这样说，比不上宰相、枢密使、北院大王，但也不算低，而且终大辽国一朝，所有南院大王都必须是契丹皇族出身，也就是都姓耶律。我们知道，辽国的皇后一族历来姓萧，南院大王这个职位，连皇后这一族都没办法染指，所以，萧峰在真实的历史中，是不可能当上南院大王的，但他的这个职位，也确实不低。

大辽朝，还有后来的大金朝，记录它们的史书分别称为《辽史》和《金史》，都在中华二十四史之列，所以，辽和金属于中华帝国王朝，这算是史学界的一个共识，而且它们对中国在国际上的影响也是不容低估的，一直到今天，俄罗斯、白俄罗斯等国家还把中国称作契丹，这些后面我们再说。

说到这里，不得不提一下另一个后来也和宋朝并列的国家，那就是大理国。只要是看过金庸的《天龙八部》，对这个大理国应该是相当熟悉。

历史上真实的大理国建立在937年，也就是后晋的石敬瑭当上皇帝的第二年，建国者叫作段思平，史书上说他是汉裔白蛮，因为他是汉族人，但由于长期在云南那边生活，族裔已经改变为白蛮了，这个白蛮就是今天白族的先祖。

为什么说他是汉人呢？因为大中华的贵族一般都有族谱，按照族谱，段思平是东汉武威郡太守段颎的第十七代孙子，段颎就是平定了东羌，但还是要给汉灵帝交钱才能走上领导岗位的那位将军。

唐末天下大乱之后，段思平所在的南诏国因为没有了唐朝的管束，随即爆发了内乱，一番群雄混战之后，身为南诏武将的段思平笑到了最后，建立了大理国，比大宋王朝还要早几十年。而且这个大理国还不小，它统治的区域包括今天的云南、贵州以及四川西南部，还有缅甸、老挝和越南北部地区。

一百多年后，段家实力衰弱，被权臣高氏把持了政权，中间高升泰还短暂地做过皇帝。如果你听着高升泰这个名字熟悉，那就对了，金庸老先生在他的小说《天龙八部》提到了他。这部小说还说段家有段正明、段正淳，还有大名鼎鼎的主角段誉，都是大理国的皇帝。

那么，这些人在历史上是不是真的存在呢？严格来说，大理政权不算是少数族政权，段家本来就是汉人，你在小说里看到的段正明、段正淳，还有公子哥段誉，全是汉人，历史上也确实是大理国的正牌皇帝，只是他们这些皇帝当得都有点窝囊。段正明是被权臣高升泰逼着退位的，《天龙八部》里风流成性的段正淳是高升泰死之前良心发现，把皇帝位置还给他的。段誉历史上叫作段和誉，虽然做了39年皇帝，也努力了将近40年，但还是无法改变高升泰家族专权的局面。《滇云历年传》上说他"励精图治且四十年之久，究亦不能挽回万一，盖势之所趋如水之就下，回狂障决不可得矣"，意思就是高氏掌权这件事，就如同瀑布向下飞奔的大水，段和誉在这样的天下大势之前，虽然个人挺努力的，但也是毫无办法。到了段和誉晚年的时候，因为孩子们在高氏各派的支持下，互相为了皇位打来打去，他不忍心看着骨肉相残，也害怕自己被波及，便选择退位做了和尚，结果又活了30年，活到了94岁。不说别的，这个寿命确实让人羡慕。

大理国皇帝经常退位为僧这事儿，在金庸的笔下变成了他们的一种传统，好像每一个大理国皇帝都痴迷佛教。其实，这是小说的演绎，并不是事实，大理国22位皇帝，只有10位退位为僧，不到一半。这里面有的是被迫的，比如段正明；还有心灰意懒的，比如段正淳；还有段和誉这样的，为了保住孩子和自己的性命退位为僧；真正参悟佛法大彻大悟的，严格来说，只有第八代皇帝段素隆。

当然，金庸老先生有一点说得很对：大理国立国300余年，一直都信奉佛教，全国崇尚佛法，这是事实。一般来说，只要遁入空门，没有人会对你赶尽杀绝，这也是皇帝们最后选择出家的重要原因之一。

以上就是对大辽和大理的简单介绍，这是两个比大宋王朝诞生还早，并且一辈子都和宋朝纠缠不清的王朝，至于说另外两个也相当重要的少数族政权，西夏和大金，还要等一段时间才出场。

这里顺便说一句，现在有时候我们看到某些地方的人不认为自己是中国人，觉得很愤怒。我觉得，这事儿你要是从历史的角度去看，就没有那么生气了。我们看看敦煌的文物，再看看考古发掘出的许多东西，你就会发现，很多人原来是汉人，后代却不再认为自己是汉人，比如上文说的大理段氏。也有反过来的，原来不是汉人，过了几代，却吵吵嚷嚷声称自己是正宗汉人，比如前面说的北魏，还有东北的渤海国以及后面的大辽、大金、西夏等，正所谓"夷狄入于中国则中国之"。用这种历史感去看问题，你就会发现，历史虽然没有解决这些问题，可是它确实告诉你了，这些问题或许并不那么重要。

当然这是用历史观看这些问题，如果是具体到一代人身上，那我还是信奉那句话，一代人有一代人的责任，就比如说后周的柴荣大皇帝，他就觉得，统一天下，让全天下的人觉得自己是汉人，就是自己的责任，当了皇帝也不能享受。

那么，柴大皇帝到底有没有统一天下，他最后的命运如何呢？

107. 点检做天子

赵匡胤于 927 年出生在河南洛阳，按照这个时间和出生地，他要是登记户口，应该写"我是后唐人"，因为那时候爱唱戏的李存勖刚刚死了一年，后唐还在。赵匡胤的父亲赵弘殷是后唐的禁军将领，他是一个官二代。

赵匡胤长大后，王朝已经变成了后汉，他爹赵弘殷已经成了护圣都指挥使，和冯道差不多，改朝换代对他家也没什么影响，官儿反而越做越大。

一、"客游"真相

有一件事我们至今不知道原因，那就是赵匡胤曾经离家出走，史书上说是"客游"，也就是随处游历，增长见识，听起来好像是读万卷书行万里路的一种主动行为，实际上，我个人认为不是。《宋史》记载，赵匡胤做了皇帝之后，有一次问手下大将王彦超：想当年，你和我爹关系不错，可是为什么我去投奔你的时候，你不收留我？原话是"朕往依卿，何不纳我"。王彦超的回答是："勺水岂能止神龙耶！当日陛下不留滞于小郡者，盖天使然尔。"意思是我那个小池塘，怎么能留住真龙天子，幸好当初您没留在我那里，这才当了皇帝。从这番对话你可以看出，赵匡胤当年离家出走并不是主动游历，如果是游历，就不会有希望被王彦超收留的想法。

我的猜想是，当初赵匡胤应该是犯了什么事儿，或者是打死了人，或者是和家里闹翻了。正因为是逃亡，而不是游历，王彦超才不敢收留他，不过王大人上面那个马屁拍得好，再加上后来主动响应杯酒释兵权，赵匡胤一辈子都没为难他，这是后话。

大宋王朝虽然在军事上比较弱势，地盘也小，一直都是对着北方政权上贡上贡再上贡，但是它的开国皇帝却是一个武林高手。赵匡胤小时候身体就好，曾经想出去打鸟玩，一着急，撞到了墙上，轰隆一声，半边房子就塌了，他啥事也没有。

大名鼎鼎的太祖长拳32式，据说就是他的首创，号称是万拳之母，《天龙八部》里的萧峰曾经在聚贤庄用这套拳法打败了无数成名英豪。传说赵匡胤在出走的这段时间里，把一个被拐卖的少女，千里迢迢地从山西送回了湖北老家，一路上勇战八方，打散了很多强盗土匪，还对这位名叫赵京娘的女孩子以礼相待，坐怀不乱，现代京剧的著名曲目《千里送京娘》说的就是这故事。

一个从小喜欢刀枪棍棒的官二代，不慎失手打伤甚至打死一个人然后逃亡，并不是没有可能，史书上为了避讳，只用"客游"两字，也不意外。

948年，21岁的赵匡胤投到了当时的枢密使郭威帐下，后来又跟着他养子柴荣到开封做开封府马直军使，这是记录在《宋史》里面的。高平之战力挽狂澜后，赵匡胤被封为殿前都虞候，领严州刺史，柴荣还让他去"选其尤者为殿前诸班"，也就是组建一支能打仗的禁军队伍。这是很不错的机会，手里有了组建一支军队的权力，等于有了自己的嫡系，自己招进来的将士，同生共死之后，就是兄弟。

二、陈桥兵变真相

前面说过，柴荣琢磨了半天，认为统一天下的前提是必须灭掉大辽国，于是全体动员，北伐辽国。但有句话是，人不能和命争，虽然柴荣勇猛无比，北伐所向披靡，甚至打得辽朝皇帝辽穆宗都打算放弃燕云十六州，回东北老家去养老了，可是老天爷突然决定中场换人了。

959年农历五月，柴荣在拿下了燕云十六州之中的三个州之后，忽然身染重病，只好班师回朝。

就在班师回朝的路上，发生了一件奇怪的事情，《宋史》里记载："世宗在道，阅四方文书，得韦囊，中有木三尺余，题云'点检作天子'。"柴荣得到一块大木头牌子，上面写着五个字"点检做天子"。"点检"是当时的一种官职，全名叫殿前都点检，是当时禁军的两大头目之一，另一个叫侍卫亲军都指挥使。这句话的意思很明显，殿前都点检要造反篡位。

当时的点检名字叫张永德，也是一位猛将，高平之战中，他是除了赵匡胤之外，另一位冲上去保护柴荣的将军；而且，他还是郭威的女婿，柴荣是郭威的干儿子，那他和柴荣就是姐夫和小舅子的关系。平时关系相当地融洽，可是现在涉及皇权之争，那就对不起了——柴荣回到开封之后，马上免去张永德殿前都点检的职位，加封他为同中书门下平章事，做了宰相，然后把赵匡胤调到了殿前都点检的位置，同时，让不是赵匡胤一系的慕容延钊和韩通也掌握禁军兵权，以防范赵匡胤。

做完这些，柴大皇帝终于放心了，959年夏，他驾崩在开封，享年38岁。我们现在都知道，他临死之前亲手提拔的殿前都点检赵匡胤，最后真的篡夺了他的江山。

事情的经过是下面这样的：

柴荣死后，他的儿子，年仅6岁的柴宗训即位，一转眼，就来到了第二年。960年正月初一，大臣们都聚集在朝堂之上，向7岁的小皇帝磕头拜年。就在这时候，河北的两个州同时派人来报，说北汉和辽国不好好过大年，正月初一就派兵入侵，现在正大兵压境。

小皇帝、小皇帝的妈妈年轻的符太后，还有辅政大臣范质、王溥等人全都慌了手脚，一致认为只有新任殿前都点检赵匡胤能力挽狂澜，拯救这个国家，就让他带兵出征，并且授予他最高军权，可以调动全国兵马。

就这样，正月初三，赵匡胤率大军北上。当天晚上，部队在一个叫作陈桥的驿站休息，赵匡胤喝得酩酊大醉——你别管他是真醉还是假醉，反正发生了什么事情据说他一概不知。半夜的时候，赵匡胤被他的弟弟赵光义和下属赵普叫醒，正在他一脸懵懂的时候，一件黄色的袍子已经披在了身上，将士们跪了一地，嘴里都高呼万岁。《宋史》上的原话是"未及对，有以黄衣加太祖身，众皆罗拜，呼万岁"，也就是说他们都不给赵匡胤说话的机会，直接就磕头叫陛下，史称"黄袍加身"。

赵匡胤这时候一副被逼无奈的样子，说如果这样，你们能听我的命令吗？大家自然是激动地表示您说啥是啥，只要您当皇帝就行。赵匡胤这时候也不醉了，条理清晰地下达了一系列命令，说咱们回到开封之后，对太后和那个即将被废的小皇帝都不得侵犯，对王公大臣都不能骚扰，对政府库房和老百姓都不能抢劫，违反的一律灭族，能答应不？史书记载，诸将士都答应了。

大家也别小看这件事，从大唐王朝覆灭之后，中原大地经历了五代22个皇帝，基本上所有造反的都要放纵手下烧杀抢掠一阵子，因为不这样，大家就不跟着你干，但是到赵匡胤这里，这件事他没干。这就是格局和眼界的不同了。

就这样，赵匡胤带兵离开开封，只过了一晚上，就又带兵回到了开封，只是身份已经变了。你要是问，北汉和大辽国的侵略军咋办？这个吧，和当初郭威篡位一样，这两个政权可能都不知道这事儿。自古以来，北方少数族基本都是秋天马匹肥壮的时候才出征，大冬天出门打仗，而且还是进攻中原的强敌，只有郭威和赵匡胤这两次。更离谱的是，赵匡胤这次是大年初一出门打仗，这事儿你要是问东北人，他可能会像看怪物一样看着你，说谁大过年的出门干架？

这场发生在陈桥驿的兵变在历史上被称为"陈桥兵变"。后面的事情就简单了，回到开封，守城的石守信、王审琦本来就是赵匡胤的兄弟，自然是通行无阻，稍有抵抗的是副都点检韩通，但马上就被一刀剁了脑袋，剩下的宰相范质、王溥最后也只能无奈地接受这个结果。

960年正月初四，赵匡胤接受后周恭帝的禅让，登基为帝。正月初五，改国号为宋，定都汴梁，也就是今天的开封，史称北宋。你要是问我，春节七天假能干点啥？我们也许就是喝点儿酒，打打麻将，可赵匡胤华丽丽地实现了从殿前都点检到九五至尊的转变。

为什么他这个王朝称为宋呢？因为赵匡胤当节度使时的治所在今天的河南商丘，这地方恰好是春秋时期宋国的都城，就这样，它就叫了宋。不过这名字起得也不太好，后来大宋王朝对外一直在"送"，送钱送物送丝绸，这是后话。

后世的史学家一般都认为，陈桥兵变毫无疑问是赵匡胤和他弟弟以及亲信们自编自导自演的一场大戏，这样说有下面几点理由：

第一，同样是二十四史之一的《辽史》一书，根本就没有这一年正月初一大辽国南面出兵的记录，而且所有历史材料里，除了《宋史》，都没有这个记载，这说明，什么北汉和契丹来犯，就是一个假情报。

第二，大军正月初一刚刚开拔，军队和开封城里马上就开始流行一个故事，说柴荣当年是如何捡到了一块木牌，木牌上又是如何刻着金光闪闪的五个大字，"点检作天子"，而现在那个骑在马上的赵点检，头上好像是有一团祥云在飘，如此等等。这个时机把握得如此巧妙，产生了两个后果，朝臣们开始慌乱，而军队开始归心，这么精准的事情，你说它不是事先安排好的，那鬼都不信。

第三，赵匡胤在出征之前，把自己的家人安排在一个别院集体居住，回来之后，正月初四即位，禅让的诏书居然早就准备好了，这一切简直是明显得不要不要的。

有了这些事实，我们很难相信这不是一场事先谋划好的政变。不过，能够兵不血刃，并且几乎没有杀戮地从前一个王朝手里抢到政权，这一点，还是值得佩服。赵匡胤虽然手里经常拎着一根铁棍，双手善使太祖长拳，但绝对不仅仅是一个赳赳武夫，政治水平相当高，当然，你可以说他是抄后周太祖郭威的作业，这个也对。

三、"杯酒释兵权"真相

秦皇汉武唐宗宋祖，前三位我前面都详细介绍过，宋祖赵匡胤比起他们来如何呢？下面再来看他的另一个表演。

就在他当上皇帝不久，昭义军节度使李筠就联合了郭威的外甥李重进，一起勾结北汉，准备推倒赵匡胤这个对后周不忠不义的新皇帝，不过他们很快就落得一个兵败身死的下场。

打了胜仗的赵匡胤却很是迷茫，他找来对他当上皇帝起了很大作用的知识分子、首席谋士赵普，开门见山地问，为什么唐朝灭亡以来，皇帝换了八个姓，几十位，像走马灯一样，我怎样才能终止这个循环："吾欲息天下兵，为国家计长久，其道何如？"

赵普说："方镇太重，君弱臣强而已。今欲治之，惟稍夺其权，制其钱粮，收其精兵，则天下自安矣。"意思是藩镇将领手里的权力太大，如果想长治久安，必须想办法收回他们的权力。

961年农历七月初九，赵匡胤在下班之后把当时的禁军头领石守信等人留下，说一起喝个酒联络一下感情，就在大家喝得正高兴的时候，赵匡胤叹了口气，说没有你们我也当不上这个皇帝，可是当了皇帝，我一点都不快乐。大家很奇怪，这是为什么呢？赵匡胤说，如果有一天，你们的手下把黄袍披在你们身上，你们会不会砍了我的脑袋呢？

石守信等人一听，酒立马醒了，扑通扑通跪了一地，说我们都很笨，没考虑到我们手下要是有这样的人该怎么办，陛下您赶紧给我们指一条活路。赵匡胤说，人这一辈子，实在是忒短了，为什么你们不多多积累金钱，多买点宅子田地，每天欣赏歌舞？那样我们之间不就和睦了吗？原话是："人生驹过隙尔，不如多积金、市田宅以遗子孙，歌儿舞女以终天年，君臣之间无所猜嫌，不亦善乎？"

于是第二天一上朝，各位将军就都说自己有病，什么脚气皮肤瘙痒肥胖症等，一定要辞职回家，赵匡胤笑嘻嘻地都答应了他们，就此收回了禁军的所有权力。

以上就是通俗版的杯酒释兵权的故事，主要的根据是一本叫作《续资治通鉴》的书，是清代学者毕沅写的。

我想说的是，第一，没有什么兵权被释，实际上，禁军将领们是被解除了兵权，可是马上就被调到了更重要的领导岗位，那就是节度使。具体是这样的，原来的侍卫都指挥使石守信成了天平军节度使；殿前副都点检高怀德，改为归德军节度使；殿前都指挥使王审琦，改为忠正军节度使；侍卫都虞候兼镇安节度使张令铎，改为镇安军节度使。也就是说，赵匡胤虽然不让他们在中央了，但建立了四大军区，而这四大军区在接下来北宋平定十国的历程里，起到了举足轻重的作用。就是说，这些将领根本不是被剥夺了军权，只能回家喝酒听戏，而是走上了更重要的领导职位。

第二，喝酒抱怨皇帝难当这事儿在《宋史》和《太祖实录》里都没有记载，史学家的考证也证明了，很大几率，那一天赵匡胤并没有请这些人喝酒。

第三，这个杯酒释兵权的故事你听了之后，不觉得有点颠三倒四吗？赵普说的是如何削弱藩镇的权力，赵匡胤却一转身就把中央的禁军将领给撤职了，然后让他们去藩镇带兵，这到底是削藩，还是加强藩镇？无论如何听着都不像是一个连贯的故事。

我的结论是，"杯酒释兵权"这段，有极大的可能性是《续资治通鉴》的作者毕沅，在某一天喝酒喝高兴了之后，写书也高兴了，放飞了自己的想象，编造出来的。

不过有一件事必须说一下，赵普的削藩政策一直都是北宋的国策，赵匡胤在8年之后，对藩镇进行了一次大的调整，收回了部分兵权、财权和行政权，这个后面会说到。

四、扫平南方

赵匡胤当了皇帝，又加强了中央集权，下一步他就想一统天下了。

据说有一天夜里，外面下着大雪，他和弟弟赵光义深夜踏雪访客，来到知识分子赵普的家里，见面就说，我现在啊，还是整晚睡不着觉，吃多少药都没用。赵普就问，老板，您又怎么了？赵匡胤说床太小了。

赵普一听就明白了，老板这是说大宋天下太小了。这的确是实情，当时宋朝只占领着黄河中下游和淮河一带地区，长江以南有占据了荆州的南平、刚刚吞并了楚的武平军，东南有庞然大物南唐和瘦小的吴越，再南边还有雄霸今天两广和福建地区的南汉，以及上面提到过的大理，西南有占据四川天险的后蜀，西北是回纥和各路军阀，北边就是老对手北汉和大辽。这么一算，这床不仅仅是小了，而且也忒挤了。

赵普想了想之后，对赵匡胤说，实事求是地讲，北边大辽的实力实在太强，自从石敬瑭把燕云十六州给了他们之后，更是如虎添翼，这个我们暂时只能退让；北汉倒是很好打，可惜，打下它后，我们就要和大辽直面硬刚，这个不划算，所以，陛下应该先南后北。一句话，先扫平南方，然后北图。

这条计策其实一点儿都不新鲜，柴荣当年就是这么干的，不过赵匡胤挺高兴，说就这么办。

第一批倒霉的是南平和武平。962年，武平发生内乱，年仅11岁、世袭老爹武平节度使职位的周保权有病乱投医，居然派人向大宋求救。赵匡胤听到之后，简直要笑疯了，他马上派大军借道南平，也就是荆州，南平的二世祖高继冲居然还真借了。学过春秋历史的人都知道，在中国兵法里，这就是一条最简单的假途灭虢的策略。结果当然不出意料，武平的动乱是平定了，但是赵匡胤的大军顺便就灭了这个国家，然后在回来的路上又顺便干掉了南平，从此荆州和湖南大部分就归了大宋。

964年，赵匡胤又发兵6万，讨伐后蜀。后蜀的地盘虽然比前蜀要小，但也包括了四川，还有陕西、湖南的一部分，在当时算个大国。它是在前蜀灭亡之后，由另一个节度使孟知祥建立的，这时候的领导人是孟知祥的儿子孟昶。孟昶刚上位的时候很是勤奋节俭，把国家打理得井井有条，《旧五代史》里记载他说过一句很著名的话："尔俸尔禄，民膏民脂。"这句话甚至到现在，也是很多国家写在公务员手册里的话，无论你是多大的官，别忘了是人民在给你开工资的。可是到了后期，孟昶就开始奢侈淫靡起来，尤其是娶了媳妇花蕊夫人后，两口子都是才华横溢之辈，每天就是吟诗作词，吃喝玩乐，反正不差钱，家里的便壶都要用七种宝石装饰。据说为了取悦花蕊夫人，整个成都的城墙上都种上了她最喜欢的芙蓉花，这也是成都又叫蓉城的原因。

这样奢靡的生活，自然是抵御不了外敌的，大宋军队仅仅用了66天，就灭了后蜀，孟昶和花蕊夫人一起被送到了赵匡胤面前。因为很早之前就听说过花蕊夫人的美貌和才气，赵匡胤就让她当场作一首诗，结果她真作了出来：

> 君王城上树降旗,
>
> 妾在深宫哪得知;
>
> 十四万人齐解甲,
>
> 更无一个是男儿!

这首诗的题目是《口占答宋太祖述亡国诗》,在后世相当有名。《五代诗话》里评论它说"愤而悲矣",既愤怒又悲伤。是的,后蜀有14万军队,而且占据地利天险,却让几万人轻松愉快地打了进来,说一句"更无一个是男儿"确实不过分。

史书记载,由于花蕊夫人的美貌和才华,七天之后,她老公孟昶就死了,官方说法当然是病死的,赵匡胤还装模作样地悲伤了几分钟,然后当天晚上就把花蕊夫人带到了自己的房间,至于说后来如何,正史里语焉不详。野史上说,花蕊夫人得罪了赵匡胤的弟弟赵光义,被后者一箭射死了,这个不知真假,可以肯定的是,花蕊夫人没有得到和她在后蜀一样的宠爱。

108. 烛影伴斧声

精于诗词之道的花蕊夫人在历史上留下了她的痕迹,而另一位更加精于此道的人即将出场,此人不仅世俗的地位比花蕊夫人更高,在词坛上的地位更是无人可比,号称中国"词圣"和"千古词帝",那么,此人是谁?中国文化里,诗词两字并列,词又是什么?

我们需要先从花蕊夫人和她丈夫孟昶监督创作的一本文集讲起,那就是在后世大大地有名,由赵崇祚主编的《花间集》。

这本文集收录了温庭筠、韦庄等十八位文人创造的将近500首词,在后来敦煌的曲子词被发现之前,它是中国历史上第一部文人的词集,而这十八位文人也被称为词坛上的"花间派"。

一、"词圣"李煜

什么叫词呢?其实就是歌词,开始的时候用来在宴会或者娱乐场所演唱,也叫曲子词,因为是从诗的形式演化而来,也被称为诗余。它在形式上有两个大的特点,一是每一句的长短不一定一样,所以它还叫长短句;二是一般分为上下两段,专业名词叫上下片,也叫上下阕或者双调,如果一首词多于两段,它就叫长调;那些只有一段的,就是单调。所以后世说太单调了,意思就是内容太少了,不够丰富。

我们都知道,唐诗或者说近体诗,一般只有五言绝句、七言绝句、五言律诗和七言律诗四种，字数长短都是固定死的。但词就完全不一样了，根据字数多少和句子结构，可以分出很多种类，每一个种类都有自己固定的字数和格式，这就叫作词谱，按照这些词谱写词就叫作填词。

如果追根溯源，词应该是发源于隋唐之际，不过那时文人士大夫对它不屑一顾，一脸嫌弃，认为那是歌女戏子的专属文艺。

到了唐末五代，事情有了变化，很多贵族和文人开始喜爱上这个调调。比如前面说过的勇猛神武的后唐庄宗李存勖，不仅喜欢唱戏，还喜欢填词，也喜欢创造词谱。著名的词牌《如梦令》就是他创造出来的，原调本名《忆仙姿》："曾宴桃源深洞。一曲清风舞凤。长记欲别时，和泪出门相送。如梦，如梦，残月落花烟重。"苏轼用此调时嫌其名不雅，改为《如梦令》。

能文能武能唱戏，还能填词，李存勖确实是个奇才，就是死得惨了点。

刚才说过，编撰出《花间集》的后蜀在五代时期词风最盛，但若是说在词坛上的地位，它还是比不上十国之一南唐，因为南唐出了一位"词圣"。

南唐的前身是由唐朝节度使杨行密创建的吴，又称南吴，可是杨行密死了之后，子孙不争气，让权臣徐温和徐知诰父子两人最终篡夺了江山。徐知诰上位之后，马上宣布自己本来姓李，是大唐天子李氏的正宗后裔，自此改名为李昇，国号也改为了唐，史称南唐。

你要是问，徐知诰难道为了稳固权力，连祖宗都不要了？这个还真的很难说，因为他本来就是一个孤儿，在江湖上流浪，后来遇到了杨行密和徐温，又拜了徐温为干爹，才算是走进了权贵之家，所以，他说自己姓什么，大家都只能相信他。

李昇建立南唐之后，策略一直都是勾搭北方契丹族的大辽，一起对付北方的中原政权，这在兵法上叫作远交近攻，无论是后周还是大宋，都是它的敌人。最强大的时候，它占据了江苏、安徽两省的淮河以南、福建、江西、湖南、湖北东部，这是相当大的一块地盘。当然，你要是说它勾结契丹，是和石敬瑭后晋一样的汉奸王朝，自然也对，不过我们今天以后来人和上帝视角来看这个问题，也许只能冷冷地说一句：军阀混战。

大宋王朝建立的第二年，961年，南唐迎来了它的新皇帝，也是最后一个皇帝——李煜。他和他爹李璟一样，都对词的创作有着特殊的爱好和无与伦比的天赋。

据说李璟当年一向以能写词、写好词闻名，可是有一次他和大臣们出去游玩，手下一个叫作冯延巳的臣子写出了"风乍起，吹皱一池春水"的句子，顿时赢得满堂喝彩。李璟当时就不高兴了，什么意思啊，当着我这个词人皇帝写出这么美的句子，于是就冷冷地问：吹皱一池春水，和你冯老头子有什么关系？冯延巳当时就醒悟过来，马上说，我的句子虽然好，但还是不如陛下写的。李璟拉长了脸问，不如我的哪一句啊？冯延巳回答，您的"细雨梦回鸡塞远，小楼吹彻玉笙寒"这一句古今无双。李璟这才转怒为喜，因为这两句正是他的得意之作。

李璟虽然喜吟诗作词，但还算有所作为，打不过后周，被迫放弃了皇帝称号是真的，不过对其他割据势力，他一直都保持着全胜的姿态。在他统治期间，境内人民安居乐业，如果你还记得当年三国时期荆州的那位刘表，我们就必须说，刘表和李璟在大乱世之下，能保住一块和平的世外桃源，也相当不容易。

可惜李煜上台之后，就有点差劲儿了。《资治通鉴》上说他"性骄侈，好声色，又喜浮图，为高谈，不恤政事"。我看了一些史料后，也认为司马光的评论实在太准确了，李煜这个人首先有一切富二代和官二代的毛病，生活奢华，喜欢声色犬马，同时他又是一个知识分子，还是一个具有惊人天赋的知识分子，所以喜欢佛教这类的玄学，也喜欢高谈阔论。

如果他不是一位帝王，这一切都不是毛病，甚至还可能像纳兰性德或者袁世凯的公子袁克文那样，在后世民间得到非常好的评价。不过很可惜，李煜是皇帝，他的不恤政事最终的下场就是国破家亡。

971年，继灭掉了后蜀之后，大宋又灭掉了南汉，李煜这时候害怕了，为了表示他不对抗大宋，他采用他爹的老办法，对宋称臣，将自己的称呼改为江南国主。两年之后，赵匡胤从北方来信，邀请他这位江南国主去汴梁城玩玩。李煜自然是不敢去的，知道去了肯定就回不来了。他就左推右挡，派了徐铉给北宋送去了大量钱财。可是他不去，也正好给了赵匡胤攻打南唐的借口，当然，这就像那个"戴帽子挨打，不戴帽子也挨打"的笑话，想揍你，欲加之罪，何患无辞。

宋太祖在起兵之前，只是淡淡地说了一千古名句："卧榻之侧，岂容他人鼾睡。"你李煜是对我很恭敬，但我的床实在太小了，必须把你踹下去。

975年，大宋将领曹彬攻克南京城，李煜只好投降，推迟了两年，他还是要去汴梁居住，南唐随即灭亡。

二、烛影斧声

被俘之后的李煜被封为违命侯，他媳妇儿小周后被封为郑国夫人。这两口子的故事还没完，我一会儿再说，但现在必须插播一条新闻：李煜投降不久之后，赵匡胤死了。

虽说人固有一死，但赵匡胤当时还不到50岁，作为一个自幼习武之人，身体相当好。这样一来，就必须问一句，他是怎么死的？而且他死之后，居然不是他儿子即位，而是他的弟弟赵光义成为了大宋皇帝，无论如何，这件事必须说道说道。

先来看正史是怎么说的。《宋史》里就一句话，"帝崩于万岁殿，年五十"，九个汉字，一个标点，赵匡胤这辈子就翻篇儿了。

北宋文莹大和尚写的《续湘山野录》里，却记载了这样一个故事，说赵匡胤在这一年的某月某日遇到了一个仙风道骨的道士，就问，我还能活多久，道士说，如果今年十月二十日这天晚上天气晴朗，你还能多活十二年，否则的话，你就完了。

结果到了十月二十日这天傍晚，大雪和冰雹一起砸了下来，赵匡胤马上就意识到，小道士是个神仙，现在大事不好了，就赶紧把弟弟赵光义叫到宫里，两人对坐饮酒。赵匡胤还把所有宫女和太监都赶出房去，房间内只留下他们哥俩。

这些下人们在外面远远地看见，烛光摇曳之下，赵光义不停地站起来，好像是在谦让着什么，文莹大和尚的原话是"遥见烛影下，太宗时或避席，有不可胜之状"。兄弟俩喝得兴奋了之后，赵匡胤走到院子里，用一把玉斧砍着地上的积雪，转头对着弟弟赵光义说"好做，好做"，然后回到寝宫睡觉，据说是鼾声如雷。

这里的"好做"两个字可以有两种解释，一种是好好干，加油，我看好你；另一个就是你好手段啊，好手段。两种意思截然相反。当天晚上，果然如同那个小道士所预测的，赵匡胤睡着觉就死了。

以上就是赵匡胤之死的第一个版本，历史上称为"烛影斧声"。

司马光写的《涑水纪闻》还记载了一个版本。他说，赵匡胤和他弟弟当天晚上并没有一起喝酒，相反，第一个知道赵匡胤死了的人，是他媳妇儿孝章皇后。本来她想招呼赵匡胤的四儿子赵德芳进宫继承大统，可是太监王承恩却认为赵匡胤平时就一直说要把皇位传给弟弟赵光义，原话是"以太祖传位晋王之志素定"，就去把赵光义叫进了皇宫。正当孝章皇后又气又吓的时候，赵光义对着嫂子说了一句："共保富贵，无忧也！"然后施施然地当上了宋朝第二位皇帝。

这里要注意的是，虽然《涑水纪闻》是司马光写的，但这件事却不是写在他的名著《资治通鉴》里。因为司马光是宋朝人，《资治通鉴》这样评论历史的书，他也只敢编写到后周柴荣死了为止。所以，从现在开始，我们将告别《资治通鉴》了，特此声明。

赵匡胤之死的第三个版本出自李焘的《续资治通鉴长编》，他是把前两个版本合在一起，先写烛影斧声，两兄弟喝酒，然后说喝完酒赵光义就回家了，后面就是太监王继恩在赵匡胤死后，把赵光义先请到宫里。

其他的各种史书传记和史料，几乎都是以上三个版本的改编，在此不一一列举。那么这件事的真相到底是什么？也就是说，赵匡胤是自然死亡，还是被人谋杀的？如果不是自然死亡的，那么凶手是谁呢？

警察办案有一个基本原则，就是谁得益最大，谁就要先被列入怀疑对象，这样来看，赵光义的嫌疑最大。实际上，这个阴谋论在宋朝的时候就有很多人认可，一直延续到清朝，达到了高潮，几乎所有的野史还有小说戏曲，都使用了这个结论，认为赵匡胤死于弟弟赵光义之手。

我的观点是这个结论有极大的可能性是真的。除了他是最大受益者的理由外，还有一条：《宋史》记载，当太监王继恩去请赵光义的时候，看见后者的亲信，著名的医生程德玄正在赵光义的家门口转悠。《宋史》给出的理由是，程德玄当时听说有人从宫里来找赵光义，就提前跑来给主人报信，但是不敢敲门，原话是"诣府，府门尚关。方三鼓，德玄不自悟，盘桓久之"。这就相当有意思了，你一个小小的医生，听见半夜有人找主子赵光义，你跑来干啥？所以，一个最可能的结论就是，程德玄因为宫里来人，心里就发慌了，想找赵光义商量一下；但他也知道，商量是没什么用的，所以也不敢敲门，在赵光义的门口瞎晃悠。

那么，他为什么发慌？联想到他的职业，也许答案就是最骇人听闻的那一个，他给了赵光义一种药，至于说赵匡胤的死因和那个药有没有关系，我们确实没什么证据和结论，不过赵匡胤是死于睡梦当中，如果不是自然死亡，那就只能是药物作用了。

无论如何，976年11月14日，宋太祖赵匡胤神秘地驾崩，他的弟弟赵光义即位，这就是宋太宗。

三、金匮之盟

你要是问,就算是赵匡胤被他弟弟害死了,那他没儿子吗?怎么就轮到赵光义即位?答案是赵匡胤有儿子,而且当时还活着的两个儿子都已经成年。不过我们学习历史,必须跳进那个时代去看,在唐末五代时期,还真不一定是儿子即位。那时候有一个约定俗成的潜规则,如果一个亲王再担任首都市长,就相当于是默认的合法皇位继承人。当时赵光义首先是晋王,然后又是开封府尹,换句话说,他是合法的皇位第一顺序继承人。所以,赵匡胤死了之后,孝章皇后想找赵匡胤的儿子赵德芳入宫继承大统,那才是篡权乱政。

不过,这个即位的合法性,也许就是赵光义涉嫌谋杀赵匡胤的一个最大原因,因为他这个弟弟能坐在储君的位置上,原因是当年赵匡胤自己的儿子小,可是随着赵匡胤儿子长大成人,他这个储君的位置自然是摇晃得越来越厉害。据史书记载,就在赵匡胤去世前的几个月,吴越国国王钱俶来朝拜,宋太祖就是让儿子赵德昭接待的。在中国的传统政治里,甚至一直到今天,这种外事接待任务,也是最能反映出一个人地位的事情。以前对诸侯和国王的迎来送往那都是赵光义的活儿,现在被赵德昭抢了,你要是说赵光义心里没想法,那几乎是不可能的。

赵光义即位之后没多久,朝野里就传出了一个"金匮之盟"的说法。说的是很久之前,赵匡胤的母亲快死的时候,曾经把他和弟弟赵光义、赵光美叫到床前,说将来你死了之后,要先把皇位传给你的弟弟赵光义,然后他死了再传给赵光美,最后赵光美死了,才能传给你的儿子赵德昭。一句话,老太太的意思是自己的几个儿子要轮流当皇帝。

赵匡胤身上的一个巨大标签就是孝顺,听老娘这么说,自然不敢不从,于是赵老太太让人把这事儿写成了规章制度,放在了一个金柜子里,史称"金匮之盟"。

现在我们讨论一下，如果金匮之盟这件事不是真的，是谣言，谁最有可能是这个谣言的制造者？

你可能会说，那肯定是赵光义啊，用来给自己即位增添合法性。不过我不这么认为，还是要问那句话：这事儿对谁最有利？毫无疑问，当然是赵光美，也就是赵家三兄弟的老三。二哥赵光义已经坐在了皇帝的位置上，稳如泰山，这个传说对他还能有多大用处？可是有了这个传说，如果哥哥不让自己当储君，那他赵光义的合法性就先没了。

我如果是赵光义，当时肯定气得要死，如此一来，我儿子将来就当不上皇帝了，那我将来是不是也要被迁出祖庙，逢年过节，子孙供奉的冷猪头在档次上就低多了？

赵光义当然要反击。979年和981年，赵匡胤的儿子赵德昭和赵德芳相继死掉，赵德昭是被逼自杀，而赵德芳在《宋史》上的记载是"寝疾薨"，和他爹一样，睡觉睡死了，让我们不得不浮想联翩。到此为止，赵匡胤的所有儿子都死了，不过这里提醒一下，他的孙子们倒是还在，这对于后面的历史比较重要。

紧接着，宋太宗赵光义和赵普就公布了一个官方的正式版本的"金匮之盟"。说当年"金匮之盟"是赵老太太让赵普记录的，原文是传位给赵光义。你要是问，后面写着又传给谁呢？对不起，没有了。随后这个版本的"金匮之盟"被堂而皇之地记录在国史里。

不得不说，赵光义和赵普这一招，高明到了极点，你不是说金匮之盟吗？我不否认，但是很简单地删掉了对你有利的一部分，你赵光美前期做的所有工作，都等于是替我赵光义做的。随后，984年，在忧愤之中，赵光美凄凉地死了。到了这一步，赵光义清除了所有皇位问题的麻烦，从此的大宋王朝就是赵光义这一支开花结果，一直要等到南宋的时候，赵匡胤的后代才重新登上皇位。

四、赵光义和小周后

前面说过，后蜀灭亡之后，美艳的花蕊夫人被赵匡胤收入房中，这事儿是史书上记载的，应该没有疑问。太宗赵光义也有一件关于女人的千古奇闻，这就要说回上面提到的南唐后主李煜和他老婆小周后了。

这两口子被俘之后，一直住在开封，从明朝开始，就传说有一副著名的美术作品，或者说十八禁的春宫图，叫作《熙陵幸小周后图》。这里的熙陵指的是赵光义，因为他死了之后，被埋在了熙陵，所谓幸小周后，就是临幸小周后。据说图是赵光义特意让人画下来，并且每次临幸之后，还故意把小周后送回去和李煜一起生活，让李煜气得吐血。

这事儿大概率是假的。原因有三：第一，正史上没有任何记录，而这个传闻最早出现是在明朝，那已经是几百年的岁月沧桑之后了，况且明朝是一个写一本菜谱都要加两个黄段子的时代，出现这种男女绯闻毫不稀奇；第二，熙陵是赵光义死后埋骨的地方，他即便让人画春宫图，也绝对不会在上面题这个名字，因为这个名字是他死之后，他儿子创造出来的；第三，根据正史，赵光义最喜欢装出一副道貌岸然的样子，他临幸小周后有可能，但做出这么恶趣味的事情和史书上他的人设相当冲突。

109. 大事不糊涂

南唐后主李煜投降之后，受尽屈辱，日子过得非常憋屈，不过这对中华文化来说，却变成了一件值得庆幸的事情。

一、"词至后主而眼界始大"

近代大学者王国维写过一本书，叫《人间词话》，在词论界，无数学者和专家都把它奉为圭臬，把其中的论点作为词学和美学的根据，影响极其深远。其中评论道："温飞卿之词，句秀也；韦端己之词，骨秀也；李重光之词，神秀也。"意思是，温庭筠的词，只是句子好看；韦庄的词，深入一些，骨架看起来很美；只有李煜李后主的词，那才是神秀，也就是从里到外，都有一种超凡脱俗的美。他还说："词至后主而眼界始大，感慨遂深，遂变伶工之词而为士大夫之词。"

王国维创造出了一个新的评价诗词的标准，那就是境界，原话是："写真景物、真感情者，谓之有境界。"他用这个标准，来评判李煜是一位有境界的词人。

我们来看看李煜被抓到开封之后，写了什么：

《浪淘沙令》（帘外雨潺潺）下阕："独自莫凭栏，无限江山，别时容易见时难。流水落花春去也，天上人间。"

《破阵子》（四十年来家国）上阕："四十年来家国，三千里地山河。

凤阁龙楼连霄汉，玉树琼枝作烟萝，几曾识干戈？"

在这两首词里，李煜抒发了对已失去的、美丽的故国山河深深的悲伤和怀念，在此之前，很少有人用词这种形式，来抒发家国情怀，多半是写儿女情长、风花雪月。包括李煜还是帝王的时候，创作的题材也基本是这些，比如他很有名的一首《菩萨蛮》，最后的四句是："画堂南畔见，一向偎人颤，奴为出来难，教君恣意怜。"写恋爱中的女孩偷偷跑出来见情郎，依偎在对方身上，身子微微颤抖，娇羞地想要得到更多的爱怜的情态，非常细腻准确。只有当他经历了国破家亡的巨恸，变成身在异乡的李后主之后，他才开始更多地用词来表达士大夫的失落和感慨、人生的感悟与悲凉。

李煜的这些感慨在他被俘的三年之后，978 年农历七夕节，到达了顶点，他写了一首旷世名作《虞美人》："春花秋月何时了？往事知多少。小楼昨夜又东风，故国不堪回首月明中。雕栏玉砌应犹在，只是朱颜改。问君能有几多愁？恰似一江春水向东流。"被俘之后，愁绪如同江水，绵绵不绝，从未消失，句句情真意切，全都是内心最深沉、最真实的感受。

写完之后，李煜不能自已，反复吟咏，并让身边的宫女按照词谱演唱，结果所有人都哭了。宋太宗赵光义听到之后勃然大怒——好吃好喝地养着你，你还写首破歌蛊惑人心？于是，他命人用一杯毒酒，要了李后主的性命，这一年李后主 41 岁，小周后随后不久也伤心而死。

上面这一切，是宋朝人写的一本叫作《默记》的笔记里记载的李煜死因。但是在正史里，只有一句话，"壬辰，赠太师、吴王李煜卒，上为辍朝三日"，也就是李煜是正常死亡，为此赵光义还挺伤心，还为此停止办公三天。至于说哪一个是真相，我们可能永远不知道了。

一代词圣，号称千古词帝的李煜就此谢幕。后人有诗说，"做个词人真绝代，可怜薄命做君王"，说李后主命不好，摊上了皇帝这么一个倒霉差事。可是，如果李煜不是前后生活对比那么大，又怎么能写出"问君能有几多愁"这样的句子？正所谓国家不幸诗家幸，我个人比较喜欢叶嘉莹老师对李煜的评价，她说李煜的才气来自他对生活全身心的投入，无论是享乐，还是痛苦，他都深深地体验过，而有些人一辈子既没好好地体会快乐，也没认真地体验过痛苦，和没活过也差不多。

二、真实的杨家将

就在南唐后主李煜死的这一年，978年，以杭州为首府，占据了今天浙江和福建的吴越国决定向宋朝投降。吴越国当时的君主钱俶对于投降这件事，甚至比宋朝都要着急，连续上书三次，请求归降。赵光义假意推脱了三次，这才接受。你千万不要以为这是无聊的举动，这完全是按照《尚书》里规定的流程来进行的，可以说是颇有古风，双方面子上都很好看。当然，背后是怎么回事，谁都知道，所谓"文化不改，然后加诛"，不投降我肯定消灭你。

因为钱俶这个人很聪明地选择了举起白旗，所以他的下场特别好，后半辈子在汴梁好吃好喝，不仅自己封王，而且几个儿子都当了大官，甚至儿子钱惟演还当了实权宰相，后代也和大宋赵家不断地通婚。我们今天背诵的《百家姓》，是南宋时候成书的，开头就是"赵钱孙李"。"赵"排在第一很正常，因为那是大宋王朝皇族的姓氏，"钱"排在第二位就是因为这个钱俶家族，可见当时钱家势力之大。不仅是当时，就算是到了现代，吴越钱氏也相当兴旺，钱穆、钱锺书、钱其琛、钱三强、钱学森这些大名鼎鼎的人物都是出自这一带。

言归正传，宋太宗赵光义和他哥哥一样，都是锐意进取，成天捉摸着一统天下的雄主。随着吴越国的投降，赵光义把目光转到了北边的北汉，可是北汉没有钱俶的觉悟，于是赵光义选择了亲征。和他一起出征的还有大将潘美。潘美在东路成功地阻击了辽国派出的援军，而北汉太原城在坚守了一段时间之后，守将杨业眼看形势实在无法逆转，就劝当时的北汉国主刘继元投降。

刘继元是个纨绔皇二代，杨业这个北汉第一猛将都劝说要投降了，他也只能献城投降，北汉随之灭亡。《续资治通鉴》里说刘继元先投降了，然后杨业才无奈投降，我考究了一番，觉得和史实不符，应该是往杨业这个英雄脸上贴金的，这里还是按照正史记载，认为是杨业主导的投降。

如果你听着潘美、杨业这些人的名字很熟悉，那就对了，著名的评书《杨家将》里，除了杨六郎、佘太君、穆桂英、金刀令公杨继业，还有坏人的头儿潘仁美。简单地说，杨继业的原型就是原来的北汉大将杨业，潘仁美的原型是宋朝将军潘美。

这里面我们就要问一个问题，评书和历史的真实之间，到底隔着多远？

说实话，差别还挺大的。不过首先应该肯定的是，评书里讲老杨家一门忠烈，精忠报国，这和历史事实是吻合的。杨业劝北汉国主投降大宋，也绝不是为了一己私利，他一心念念不忘的就是灭掉大辽国这帮契丹人，收复中原，所以，当他看到赵光义也是这个意思之后，献出北汉和大宋一起伐辽就成了他唯一的愿望。

就在他归降宋朝的第二年，杨业就强烈要求带兵出击，在雁门关的北面，与潘美南北夹击，大败辽兵，杀死辽国驸马侍中萧咄李，活捉马步军都指挥使李重海，取得了重大胜利。

和评书里一样，杨业在历史上也有七个儿子；但不一样的是，史书上除了说他的一个儿子杨延玉死在战场，还有一个儿子杨延昭比较勇猛之外，其他几个儿子都是籍籍无名之辈。佘太君确有其人，不过并没有关于她以女人身份执掌元帅令符的记录，至于杨家女将、穆桂英等也都没在正史上出现过。

大名鼎鼎的杨六郎是有的，那就是杨业的长子杨延昭，和他爹一样，他一辈子的事业追求，就是和北方的辽国死磕。后来辽国人都有点儿怕这个杨大公子了，认为北斗七星中的第六颗主镇北方，是他们契丹人的克星，所以就送给杨延昭一个外号杨六郎，并不是指他排行老六的意思。

杨六郎最后的结局是病死在前线，可谓马革裹尸，没辱没他爹杨业的名声。在他之后，杨家的第三代杨文广也是一名武将，但那已经是宋英宗和宋神宗时候的事儿了。杨文广主要抗击的是西夏，当然，他也一直主张收复北方燕云十六州。他的媳妇儿是个鲜卑人，复姓慕容，后来明朝小说家描写杨家将的时候，虚构了一个穆桂英，说是杨业的孙媳妇儿，应该就是把"慕容"简化为"穆"，使其听起来更像一个汉人。

杨家的故事大概就这么多，那么，为什么潘美成了大坏蛋潘仁美呢？其实，潘美也并不冤枉，他虽然不是一个奸臣，但他对杨业的死，有很大责任。

986 年，赵光义又一次发动了北伐辽国的战争，试图一举收复燕云十六州。这一次，他没敢自己去，而是派出了五员大将分三路进军，西路军的总指挥就是潘美，副总指挥是杨业。开始的时候，大军很顺利，甚至攻下了云州、应州、寰州和朔州四个州，但随着辽国大军的接连南下，战况就不那么好了，最后发现打不下去了，大家就上报朝廷说要撤退。赵光义说撤就撤吧，但打下来那四个州的汉人老百姓可是朕的子民，同时也是你们的衣食父母，你们把他们带回来吧。

接到这个命令，杨业制定了一个详细可行的计划，可惜被其他人否定了，而且还被笑话说几万精兵的副统帅，对逃跑计划这么精通，可见平时没少逃跑。杨业也没啥办法，他本来就是降将，人家瞧不起他，他连辩驳都显得苍白无力。

杨业最后只能是按照主帅潘美的建议，向北死战。双方约定，杨业会在和敌人周旋之时，把敌人引入陈家谷，潘美和其他将领事先埋伏好，然后大家一起歼敌。

不幸的是，杨业太勇猛了，和敌人战斗的时间太长，结果大家以为他胜利了，想独吞胜利果实，就不顾潘美的劝阻，全都带兵从埋伏的地点出来，准备去打落水狗。可是刚一出发，就听到杨业败了，正在往回跑，大家随即一哄而散，也不管原来的计划了，都撤得远远的。可怜的杨老令公回到陈家谷，别说兵，一个鬼影子都没有啊，在拼死厮杀之后，被俘虏了。

杨业誓死不降，《宋史》里记载，"业因太息曰：'上遇我厚，期讨贼捍边以报，而反为奸臣所迫，致王师败绩，何面目求活耶！'乃不食，三日死"。也就是说，杨业认为赵光义对他实在是不错，他的失败是被奸臣陷害的，这里的奸臣指的是反对他的计划还嘲笑他的那群武将，还是指后来没办法制止军队撤退而导致他送命的潘美，那就不知道了。

杨业绝食而死的消息传回宋朝，赵光义把大将军潘美降职三级，监军王侁免官流放到金州，刘文裕免官流放到登州。

故事就是这么一个故事，你说潘美有领导责任，那是毫无疑问的；但你要是说他故意陷害，我觉得就有点量刑过重。但是到了明朝，小说家们怎么刺激就怎么写，小说《杨家府演义》把这笔账完全算到了潘美的身上，改了一个名字叫潘仁美，把他变成了大坏蛋。

导致杨业之死的这场战争叫作雍熙北伐，失败了之后，赵光义也逐渐认清了现实——大宋的国力还没有强盛到可以拿回燕云十六州的地步，后来对辽朝基本上就采取了防御态度，一直到后来的澶渊之盟。

三、宋朝的疆域

至此为止，大宋王朝基本上固定了它的边界，可是，以汉或者唐为标准的话，宋朝是远远没达到统一的，有好些疆域它都没能拿回来。除了南边的大理国，还有长城以北的大辽和燕云十六州，南边的丁朝等好几个地方。

丁朝就是今天的越南，这地方从秦朝开始，就一直是中国的领土，叫作交趾，或者交州。一千多年来，不管你服还是不服，也不管我们是汉还是唐，越南从来都是北边大一统王朝的固有领土。唐朝的时候，归大唐静海军节度使管辖，就算是到了五代时期，它也不敢独立。

到了968年，有一个叫作丁部领的人，趁着宋王朝在中原大战之际，平定了越南境内的各种势力，宣布独立，管自己的王国叫大瞿越国，自称大胜明皇帝，封儿子为静海军节度使。虽然他还对中原表示臣服，但后代史学家一致认为，这就是越南独立的开始。为了这一天，这群远离中原的汉人和本地人努力了上千年，但我们的史书不管它叫大瞿越国，一般来说称呼它为丁朝，一个姓丁的人建立的王朝。

等赵光义想起这地方的时候，丁部领已经去世了，他6岁的儿子丁睿正坐在皇位上，朝中大权掌握在一个叫作黎桓的大臣手里。黎桓是皇太后，也就是丁睿老娘杨云娥的情夫，自然是要风得风，要雨得雨。

赵光义听了手下人的汇报，心想你丁朝都乱到这个地步了，不收服你，实在对不起老天爷，于是起兵攻打丁朝，这一年是980年。赵光义万万没想到的是，黎桓很厉害，水陆大战丝毫不逊于宋朝，一番争斗下来，宋朝根本占不到任何便宜，甚至在白藤江一场大战，宋军还损失惨重。

最后赵光义只能哀叹一声，收兵回家，不打了，从此之后，越南这个地方算是完全脱离了中国。

除了越南，西北地区还有几块地方，宋朝也没拿回来。其中一个是在陕西北边，包括今天米脂、绥德等地区的定难军节度使，另一个是以今天甘肃敦煌为中心的归义军节度使，以及这两块地区中间夹杂的一大堆以回纥为主的少数族势力。你听名字就知道，此地方原来都是妥妥的大唐王朝领地，可是唐末天下一乱，自然是能独立就独立。

我这里只介绍定难军，早期的节度使就不介绍了，只说关键人物，关键时间，还有关键词。

这里的关键词是党项，这是一个民族的称呼。《隋书》上说，"党项羌者，三苗之后"，就是说他们和羌族一样，是生活在四川松潘高原上的少数族。到了唐玄宗的时候，因为他们总被吐蕃欺负，就向唐朝求救，唐玄宗就把他们迁移到今天甘肃境内。但是很诡异的是，他们几个大的部落头领居然都姓拓跋。前面介绍过，拓跋是东北鲜卑人的第一大部落，赫赫有名的北魏王朝创立者。所以，我有理由相信，这群党项人和流浪在全国的东北鲜卑发生过某种意义上的合体。

安史之乱后，党项族拓跋超光部被迁移到了夏州，也就是今天的陕西靖边北部。等到黄巢起义的时候，首领拓跋思恭因为帮着唐王朝平叛有功，被唐僖宗赐姓为李，改名为李思恭，并且封为夏州节度使，他的部队也被正式命名为定难军。从此之后，定难军在夏州割据一方。

到了五代时期，中原无论谁做皇帝，夏州老李家就是两个字，称臣，每次都能换来大量的赏赐，也进一步巩固了自己在陕西北部的统治地位。

等到了赵光义上台，当时的夏州节度使李继捧因为搞不定家里的各种矛盾，一气之下，直接跑到了汴梁，和吴越国的国王钱俶一样，当了投降派，说他自愿献出地盘。宋太宗自然是大喜过望，以为就此收回了夏州。可是老李家不是只有一个李继捧，他还有一大帮兄弟姐妹，其中有一个族弟李继迁，对着李继捧和大宋王朝表示坚决不服，然后居然把宋朝军队打得大败。然后他转身又和大辽国勾勾搭搭，获得了辽国的支持，被封为夏国王，不仅占据了原来夏州的地盘，还拿下了绥、银、静等州，势力急剧扩大，弄得赵光义郁闷无比。

这时候的西夏，还没有完全脱离宋王朝，表面上，它还是臣服于宋朝的，也就是说，赵光义虽然里子丢得精光，但面子上还不那么难看。西夏的正式建国，要等到几十年后，我们到时候会再介绍。

综上所述，大宋王朝经过了赵匡胤、赵光义两兄弟的努力，最终统一的地区，差不多只有唐朝的四分之一。唐朝是1240万平方公里，宋朝只有280万平方公里，原来的东北、河北北部、陕西北部、甘肃、新疆、南边的交趾、大理国等，全都丢掉了。

一句话，宋朝，绝对不是你想象中的统一王朝。

可是无论如何，它是我们认可的正朔王朝，我们还是要沿着这根主线继续说下去。

四、吕端大事不糊涂

997年，宋太宗赵光义走到了自己生命的尽头，当时的太子叫赵恒，是他的第三个儿子。可惜的是，当年那个连夜召唤赵光义入宫的大太监王继恩，却瞧不上这个赵恒，原因是赵恒看起来很聪明，王继恩觉得自己这一辈子伺候赵光义这个聪明人已经够累了，年纪大了，不想那么累，就想立赵光义另一个有点儿精神病的皇子赵元佐为帝。

王继恩的能力相当强，在他的运作之下，最后不仅一些大臣同意了，就连赵光义的老婆李皇后都觉得这事儿靠谱。你要是问，赵光义的意见呢？很不幸，这个当年十分厉害的皇帝这时候已经处于每日昏睡的弥留状态，没有人再去询问他的意见了。

就在这个关键时刻，997年农历三月初，当时的宰相吕端进宫看望赵光义，发现皇帝正在昏睡，已经危在旦夕，可太子赵恒却不在身边。吕端政治嗅觉异常敏锐，马上觉得这事儿奇怪，于是赶紧写下了"大渐"两个字，交给了亲信，给太子赵恒送去，让后者马上进宫。

"大渐"这两个字在古汉语里经常使用，就是病危的意思，赵恒看到这两个字，马上进宫。而吕端也当机立断，即刻扣押了王继恩，并且在赵光义去世之后，转而说服了李皇后让赵恒走上领导岗位，成为宋朝的第三位皇帝，这就是宋真宗。

从这一点上可以看出，赵光义看人还是很准的，他曾经当着满朝文武的面说，"端小事糊涂，大事不糊涂"，并且用这个理由立吕端为相。现在也正是这个吕端，在赵光义弥留之际和死后，以霹雳手段，把他的太子平平安安地送上了皇帝位置。

997年5月8日，宋太宗赵光义驾崩在汴京万岁殿，享年58岁。他和他哥哥赵匡胤不一样的地方是，他不擅长武功，也不擅长军事，可是喜欢文学，擅长书法，据说写得一手好飞白。而且在位期间，赵光义还让人编著了两部后世有名的书籍——《太平御览》和《太平广记》。"太平"就是他的年号，"御览"的意思就是给皇帝看的，基本上以历史事实居多，和《资治通鉴》类似。《太平广记》是大杂烩，什么神神鬼鬼、传说野史都有，赵光义一天到晚就看这两本书。据说他每天都要读三卷书，头一天没读完，第二天就要补上，还自言自语地夸奖自己，说"开卷有益，朕不以为劳也"，打开书本就有好处，我不累。这也是成语"开卷有益"的出处。

110. 大辽萧太后

997年，占据着中原和江南的大宋王朝迎来了它的第三位皇帝，宋真宗赵恒，而它最大的威胁看起来还是北边那个虎视眈眈的大辽国。此时宋朝的地盘仍只有唐王朝的四分之一，这还是宋朝地盘最大的时候，到了南宋，地盘更是缩水到了唐朝的六分之一。这就让我们不得不问一句，何以如此？

一、为何宋朝地盘小

第一个原因是大宋王朝没有一支能打的军队，输给越南的丁朝，输给西北的李家，这都是明证。其实，赵匡胤刚刚篡权的时候，宋朝军队并不弱，否则在那个群雄争霸的年代，他也早就完了，四川和江南也等不到他来收复，那么，北宋军队是什么时候变弱的呢？

答案是，一直在变弱，从未停止。

前面讲过，961年，宋太祖杯酒释兵权，解除了中央禁军很多将领的兵权，把这些人打发到地方做节度使了。单从这件事本身来看，对大宋边关军力没有影响，甚至还多了几名强将；但是，赵匡胤把中央禁军抓到自己手里，只是第一步，他的终极目的还是要解决五代以来节度使或者说武将权力过重的局面。

等他完全掌握了禁军之后，就开始了下面的改革。

他先是从数量和质量上加强中央禁军,比如说选取了一些身高约1.8米、体重约75公斤的士兵,称之为兵样,也就是士兵的样子,然后给各大节度使下令,要求按照这个标准给中央贡献兵员。结果到后来中央禁军一个个又高又大,地方上的兵都是又瘦又小。你要是说,他把中央军搞得这么猛,就不怕中央军造反吗?当然怕,所以,他才会把禁军的权力牢牢地抓在自己手里。他还有一招是"有职无人",给中央禁军设置了一些官帽子,但是不发下去,导致禁军有很多职位是没有将领的,这就防止了关键时刻,一些将领可以指挥军队。

同时,各地军队还不时地调换一下,那些大将还没等和手下混熟,转眼间,下属们已经换了另一副脸孔,就是想造反,又哪里敢和下属说?

除此之外,赵匡胤还往地方掺沙子,派了一大批官员到地方去管理地方事务,比如说知府、知州、知县、通判、转运使等,都是他创造出来的官帽子。这里的"知"就是主管的意思,这些官员不归节度使管辖,直属中央,而通判就是监察这些知府、知州、知县的。至于说转运使,那是专门管理地方财政的。以前地方财政收入,节度使都会留下大部分,只有一小部分上交中央,但现在赵匡胤说了,你自己贪污多少我也许不管,但地方政府留那么多钱就不行,就此削弱了地方的财权。

这么简简单单地几步之后,节度使们翻翻口袋,比脸都干净,看看手里的权力,比手纸都薄,再看看自己的军队,那是比东北的大地瓜都面,这样一来,还造啥反?彻底老实了。只是,一支弱到不能造反的军队,那自然也是弱到不能保家卫国的。

等到赵光义这个文化人上台之后,更是进一步限制节度使的权力,确立了文官政治,简单一句话就叫作"重文抑武"。

我这里必须解释一下这四个字,它的意思不是不重视武力,实际上,宋朝的军队是当时世界上人数最多的一支军队,巅峰时候达到了惊人的120万,全国军费开支最高峰的时候占据了财政收入的六分之五,这简直就是穷兵黩武了。可是和人数、财力成反比的就是它的战斗力，所以，赵光义"重文抑武"这四个字的真实意思是，在社会地位、工资待遇还有文化宣传上，尊崇文人，也就是知识分子，同时，贬低和抑制武将。

这事儿在《宋史·曹彬传》中有记载。曹彬是大宋王朝打天下一等一的大功臣，打进南京城俘虏了后主李煜的就是他，其他打后蜀、灭南唐、伐北汉、攻辽国，处处都有他的身影。这些功劳一路把曹彬推到了枢密使这样的高官，可是即便是这样一位功高可以盖主的武将，每次迎面碰上士大夫的车马，还是得主动"引车避之"，就是给人家知识分子让路。这样的行为就不仅仅是行政命令能做到的了，这里面包含了当时社会风气的整体反应，也就是文人的地位高出武将很多很多，可以看出，赵光义的"崇文抑武"政策是相当地成功。

这哥俩的几套组合拳下来，宋朝的军队想不弱都不行，大家当兵完全是混日子，结果就是对外只能勉强自保。这还是北宋强盛的时候，后来连靠武力自保都做不到，只好花钱买和平，给人家上贡，以图苟且偷安。

那么，为什么赵匡胤和赵光义对军人和武将如此苛刻？原因很明显，唐末五代将近百年民不聊生的大乱局，让他们深刻地感受到：武将乱命。

赵匡胤自己就是武将掌握了兵权之后，欺负孤儿寡母当上皇帝的，而各大节度使纷纷独立，割据一方，相互之间的军阀混战更是让老百姓倒了大霉，所以这哥俩吸取了历史经验教训，为了他们自己，也为了天下老百姓，采取重文抑武的策略。

本来这是一场有意义的改革，可以说是相当不错的，但他的子孙们上台后，却不懂变革，一味守旧。这种崇文抑武的政策一路狂飙下去，最后宋朝就变成了一只大肥羊，经济搞得很不错，钱赚了不少，到头来，都是给敌人和外族准备的贡品。

我一直都有一个观点，那就是这世界上根本就不存在普世的、恒久的、一成不变的制度体系，统治集团必须时刻地保持警醒，修改国家政策，这才是长治久安的唯一道路。

除了军队孱弱，宋朝地盘很小还有另一个小原因，那就是赵匡胤兄弟俩和后来宋朝皇帝们对于中国版图没什么概念，换句话说，他们格局太小。

在宋朝朝野，一直都有一种说法，说当初宋太祖赵匡胤打下四川的后蜀之后，用斧子在地图上的大渡河比划了一下，说"此外非吾所有也"，意思就是大渡河之南的大理国那地方不是我的。这事儿在很多书籍，甚至重要的政府文档里，比如说《建炎以来系年要录》都有详细记载，不过在《宋史》里没有，所以我这里存疑，赵匡胤不一定说过这话。那为什么后世的宋朝皇帝们放任这种话传播，默认这是他们祖先赵匡胤说的？答案很明显，他们希望这是赵匡胤说的，因为如此一来，他们就不用很辛苦地去四方征讨了。

二、大辽挥师南下

宋真宗其实命很好，赶上了好时候，中华大地上打了百年的军阀混战已经结束，中国人民在唐朝发明的各种先进的农业工具终于都派上了用场。这些工具包括一直使用到清朝末年，甚至我小时候还看见过的曲辕犁，也就是那种弯曲的，可以套在牛或者马身上耕地的铁制犁具；还有筒子车，就是立在小河边，可以实现自动灌溉的水车。

这两种工具，再加上从暹罗（也就是今天的泰国）引进的优质水稻，让宋真宗统治下的农业大国迅速繁荣起来，纺织、染色、造纸、瓷器等手工业以及商业蓬勃发展，贸易盛况空前。老百姓对宋真宗这个带领他们向小康迈进的皇帝也很有好感，甚至当他在汴梁周围巡视的时候，正在干活的老百姓主动停下手里的农活，跪在田野里大喊万岁万岁万万岁，赵恒当然乐得飘飘然。

我估计当时宋真宗想的是小日子就这么过下去，岂不美哉？很不幸的是，树欲静而风不止，他不思进取，不去攻打别人，别人却会惦记着中原的花花世界，这个别人，就是老对头大辽国。

这时候辽国实际掌权的是一个女人，名字叫萧绰，在宋朝人的嘴里，她被称为萧太后。她本来是辽景宗的皇后，生得美艳无双，深受宠爱，可是辽景宗死得早，982年，萧绰成了寡妇。她10岁的儿子辽圣宗即位，问题是她娘家也没人，可以说是孤儿寡母。不过和后周柴荣留下的孤儿寡母不同，萧绰是一个很有手腕的女人。在她的运作之下，北院大王耶律斜轸和南院大王耶律休哥先后和她联合，随后这个小集团就控制住了辽国局势。

当然，能让萧绰顺利掌握大辽国政权的一个重要原因就是她老公景宗活着的时候，体弱多病，很多军国大事已经是萧绰在处理了，甚至辽景宗对记录辽国历史的史官这样说过："皇后言论也应称'朕'。"这一点和当年武则天的情况差不多，所以，你可以这样认为，萧太后就是辽国的武则天。

萧太后守寡的时候才29岁，很自然地，她也有情夫，而且在主动追求男人这方面，好像比武则天还豪放。当时的北院枢密使，汉人韩德让就是她的情夫，这事儿也是萧太后主动的。史书上记载她曾经对韩德让这样说："吾常许嫁子，愿谐旧好，则幼主当国，亦汝子也。"意思是以前我就想嫁给你，现在我俩若是在一起的话，我那个当皇帝的儿子不就相当于是你的儿子吗？这话作为汉人女子的武则天，恐怕是说不出口的，能和这位萧太后拼一下的，也就是战国时期来自蛮夷楚国的芈月小姐了，这个前面说过。

不过萧绰的治国才能确实很突出，986年，北宋太宗赵光义的那次雍熙北伐，也就是杨业被冤死的那次，就是她亲自坐镇北京指挥，击退了当时宋朝的三路大军，让大宋王朝从此彻底丧失了北伐的念头。

到了1003年，已经50岁的萧太后下了决心，要把后周柴荣当年收复的关南之地再次夺回来,保证一个完整的燕云十六州在大辽的手里。这个关南之地,就是今天河北白洋淀以东的一片区域,一共十个县,如果宋朝失去这块地方,那整个河北大平原将完全无险可守,首都汴梁更是直接暴露在辽国铁蹄之下。

开始的时候,战事的进展对于倾巢而出的辽国可以说相当地顺利,宋朝的云州观察使王继忠被俘,辽国大军围住了瀛州,也就是今天河北河间,从而进逼军事重镇定州、澶州,宋朝军队守得十分辛苦。

这时候宋真宗赵恒就面临着一个抉择,是继续挺住,和敌人决一死战,还是转身逃跑,迁都到南方去。史书上记载,无论是真宗本人,还是朝里的大多数大臣,都主张赶紧逃命要紧,辽军一旦攻下定州和澶州,那大宋首都汴梁将毫无意外地成为对方的囊中之物。

来自四川的枢密直学士陈尧叟说,去四川,天府之国,无比美好。可是江南学子参政知事王钦若说,去南京,江南好,风景旧曾谙,一定要去。

就在宋真宗在四川火锅还是南京咸水鸭之间左右摇摆的时候,一个陕西人站了出来,说凡是给陛下出主意迁都的,都要砍脑袋。

说这话的人,名字叫寇准。

三、寇准其人

寇准从小就是一个神童,《宋史》里记载,"准少英迈,通《春秋》三传","《春秋》三传"指的就是《左传》《春秋穀梁传》和《春秋公羊传》三本解释春秋的书籍,这说的是寇准有学问。然后我又查了一下"少英迈"的意思,发现是寇准小时候喜欢喝酒,经常在家里大宴宾客,不喝醉不让走。我们不能一想起古代的文人就是一副弱不禁风、温良恭俭让的形象,其实这群人里,什么性格的都有,有孔子那样身高1.9米,经常带一把刀在外面游历的,有谢安那样身边不离妓女的,也有寇准这样小时候一边读圣人书，一边喝得酩酊大醉的。

长大后的寇准参加科举考试不在话下，考中了进士之后就开始按部就班地在朝为官，他的行事风格就是胆子大，敢讲话。有一次，由于说得实在是太难听了，把当时的宋太宗赵光义气得一转身就想回后宫，我不听了还不行吗？谁料寇准说不行，一步上前，把赵光义的衣角拉住，说您不能走，咱还没说完，《宋史》里的记载是，"准辄引帝衣，令帝复坐，事决乃退"。别说是皇帝，就是你的邻居，人家要回家，你一般也不能干出这种事来，可是寇准就做了，事后宋太宗倒也不生气，反而说："朕得寇准，犹文皇之得魏徵也。"把寇准比作了魏徵。

对皇帝都敢这样，那对大臣更不用说。991年春，中原发生了一次大旱灾，宋太宗召集群臣，说你们都说说咋就大旱了呢？寇准说，根据天人感应，应该是我们做错事了。这话其实就是说，您是天子，老天爷天旱就是想警告您的。宋太宗一听气得回了皇宫，但气消了之后，他又把寇准叫了进来，说你说说，朕做错了什么？寇准说，其实不关您的事儿，是二府官员有问题，但您要把他们都叫进来，我才说。

这意思是，单独打小报告的事儿，寇准不屑于做，赵光义就把二府的官员都叫了进来。寇准说，不久前有两个官员，一个叫祖吉，另一个叫王淮，都触犯法律接受了贿赂，祖吉受贿金额很小，却被杀头，而王淮收受钱财千万，却只被打了几下板子，最后还官复原职。请问各位，这事儿公平不公平？如果不公平的话，老天爷一不高兴，给陛下的江山来一场旱灾，这个责任谁来负？

二府官员里有一个叫王沔的，吓得赶紧出来叩头谢罪，因为王淮是他的弟弟。王沔当时的职务是参知政事，兼知枢密院事，自从990年赵普外调之后，他一直就是朝堂之上的一把手。所谓的参知政事，相当于唐朝的同中书门下平章事，也就是宰相。但是他的另一个职务知枢密院事，我们以前没有说过。为了说明这是一个什么官，我这里要插播一段，讲讲宋朝和唐朝的组织形式有什么不同。

前面讲过，唐朝是三省六部制，三省就是中书省、门下省和尚书省，原则上，这三省的长官是宰相，权力很大。到了唐末的时候，一个叫作枢密院的机构开始崛起，这个枢密院本来是唐朝皇帝的一个秘书机构，就如同中书令在汉武帝时期就是秘书一样，本质上都不属于朝廷，官员最初也都由宦官担任，但最后都逐渐地大权独揽，变成了比朝廷还有权力的机构。这个枢密院后来也毫不例外地凌驾在门下省和尚书省之上，中央政府事实上变成了中书省和枢密院并列的两大核心，也称为二府，枢密院主要掌管的，还是相当重要的军事，这个变化在唐末五代时基本成形。

到了宋初的时候，原来尚书省六部之一的户部，加上新成立的盐铁和度支两个机构，掌握了国家的财政大权，号称三司，它们的首长叫作三司使，权力远远超出了尚书省的其他部门。

也就是说，在宋太宗赵光义时代，三省六部制实际上已经转化为二府三司制，像门下、尚书两省虽然名头还在，但基本属于养老部门。

坦率地讲，如果二府三司的长官都能各行其责，认真负责，那么即便是和三省六部不一样，这个制度也不差，但是坏就坏在赵匡胤因为自己黑暗的发家史，而害怕将来他下面某个大臣也同样造了他的反，对大臣是相当地防范。表现在官员任免上，一个最突出的特点就是，宋朝官员都是临时工。也就是说，枢密院的长官枢密使不能管枢密院自己的事情，要由另外一个官员临时代替他管理枢密院，但是职位当然不能是枢密使，只能是枢密使的副手，这个实际掌握枢密院的副手就叫作知枢密院事。

举一个例子，这就好像今天住建部的部长不能管住建部的事儿，而要由财政部的部长去兼任住建部的副部长，然后管理住建部的事情，同样，这个在住建部被架空的部长，可以去外交部担任副部长，管外交部的事情。

搞得这么复杂的唯一原因，就是赵匡胤、赵光义完全不相信手下的官员，这在宋代叫作"非奉别敕，不得治本官事"。换句话说，如果皇帝给你一个中书令的官，你别高兴，那只是虚职，他可能在另外的圣旨里，差遣你做一个县令。

总之，宋朝官员的职务、官衔、差遣往往都是不清不楚，稀里糊涂。

现在你应该明白了，寇准以一个年轻官员的身份，敢得罪当朝宰相，同时还是二府之一枢密院的实际掌门人知枢密院事，这胆子确实不小。但如果你说他敢怼皇帝，敢告大臣，肯定是一个公正无私之辈，那也不见得，下面这件事，很能说明问题。

1005年，有一个14岁的神童参加科举考试，宋真宗看完这个小孩的答卷十分地高兴，说给一个赐同进士出身吧。我们知道，宋代的科举分为州试、省试和殿试三级，也就是地方考试、礼部考试，最后再由皇帝亲自主持在皇宫内考试，一个14岁的孩子能在天子主持的殿试里面脱颖而出，这份才华是很了不起的。

寇准这时候撇了撇嘴说了一句，这小孩是外地人，怎么能中进士？不过宋真宗最后还是破格提拔了那个小孩儿。为什么寇准不喜欢外地人呢？其实，他口中外地人的意思是南方人，因为寇准是陕西人，属于北方人，从宋太祖赵匡胤起，宋朝二三百年的历史，南方人和北方人的争斗就没消停过。像寇准这种北方的知识分子认为自己是正宗的中原人、汉族血脉，而南方人认为论文化修养，你们北方人就是大老粗。由此可见，即便像寇准这样不畏权贵的人，在现实生活中，也不一定是公正无私的。

晏殊与婉约派

差点被寇准打发回老家的14岁小孩，名字叫作晏殊，后来成了北宋著名的宰相和词人。他任宰相时唯贤是举，推荐了大量人才，范仲淹、王安石、韩琦、富弼、欧阳修等人或者是他的学生，或者是受他举荐的，和他都有千丝万缕的联系。晏殊的第二个成就是对宋词的贡献，他是北宋婉约词派的开山鼻祖。

所谓婉约派，就是柔美和谐，婉转清丽的写词风格，最适合写男女情爱、离情别绪、伤春悲秋等这种有时候被称为"无病呻吟"的诗句。晏殊最擅长的，就是这种类型，他写的"昨夜西风凋碧树，独上高楼，望尽天涯路"以及"无可奈何花落去，似曾相识燕归来"，都是婉约派的经典句子。

言归正传，就在大辽萧太后攻打宋朝，其他大臣建议迁都的时候，寇准站了出来，为宋真宗分析形势。他说，敌人属于孤注一掷，大军离开他们的基地很远，深入到我们境内，只要我们坚壁清野，不给他们留下任何补给，再加上奋力抵抗，敌人很快就会撤退，但陛下您要是离开了，那军心和民心马上就没了，您即便跑到南京或者四川，人家辽军追上那也是很轻松的事情。请问到时候，您又能跑到哪里呢？

那么，宋真宗最后到底跑了没有呢？

111. 澶渊订盟约

辽国萧太后心血来潮,准备一举夺取关南之地,控制燕云十六州。这事如果成了,大宋等于从此门户大开,辽国随时随地都可以南下,到时候是抢一把就走,还是多占点儿地盘,那就看这个北方蛮族的心情了。以寇准为首的主战派苦口婆心劝说宋真宗赵恒,必须要北上迎敌,绝对不能做缩头乌龟。

1005年1月3日,赵恒终于被寇准等人说动,明白其中的利害关系了,起身离开汴梁,一路北上,准备御驾亲征。他告诉留守汴梁的官员,如果连续十天听不到他的消息,就立太子当皇帝,这等于是揣着必死的决心上战场。一路上虽然多次想打退堂鼓,每次都要靠寇准给他打鸡血,但毕竟还是以皇帝的身份走到了两军对垒的最前线,澶州。

一、澶渊之盟

澶州就是今天的河南濮阳,也是春秋时城濮之战的遗址,宋朝的时候,黄河还没改道,恰好在它中间穿过,北边是辽军,南边是宋军。

当宋朝军队看见皇帝的黄龙大旗出现时,顿时士气大振,恰好这时辽军统帅萧挞凛也来到了阵前巡视。当时宋军守城的弩箭又叫床子弩,是一种非常厉害的武器,需要使用绞车才能拉开,一箭出去,别说是人,就是大象也能被射穿。萧挞凛一不留神踏入了宋军的弩箭射程之内,被床子弩射中，当天晚上，他破烂不堪的尸体就被抬到了辽国萧太后的座位前。

萧太后称得上是一个出色的政治家，处理问题相当冷静。她在悲痛之余，没有怒发冲冠去为萧挞凛报仇，而是很理智地分析了一下，觉得宋朝没认怂，也没逃跑，皇帝还亲自来到前线，这仗可能打不下去了，两败俱伤并不是她想要的结局，于是她找到了被辽军俘虏的大宋将领王继忠，让他给宋真宗写信，说你们派一个使者来，我们议和。

王继忠是宋真宗小时候的玩伴，赵恒即位之后，他一路高升，最后升为河北都转运使，在定州上任。中国有一句老话，叫福祸相依，也就是因为官升得太大了，和大辽国打仗的时候服饰太显眼，弄得几十倍的辽军追着他打，最后被俘虏了。王继忠平日里并不是一个贪赃枉法行为不轨之辈，朝里的大臣们对他都比较信任，因此收到了他的来信后，宋朝大多数大臣相信辽国确实有议和的意思。

宋真宗很高兴，虽然他摆出架势御驾亲征，但皇帝的好日子他还远远没有过够，现在有议和的机会当然不肯放过，当然他也知道，对方必然提出各种苛刻条件，于是告诉准备去谈判的曹利用，说如果辽国有土地要求，那是不能答应的，但不妨每年多给对方一些钱财，用来补偿对方。曹利用就问了，给多少合适呢？宋真宗说，一百万也无所谓。

曹利用谢了恩，走出宫殿，准备收拾行李出发，可是寇准拦住了他，说了下面一段话："虽有敕，汝所许毋过三十万，过三十万，吾斩汝矣。"这段记载在《宋史》里的话意思就是，皇帝说给100万，但你要是敢答应超过30万，你回来我就砍了你的脑袋。

为什么寇准要难为这位曹大人呢？这里面并没有一丝一毫的私人恩怨。寇准的真实意图是希望双方议和不成，大打出手，他的判断是，辽军各路已经深入宋朝边境，正好趁宋真宗御驾亲征的机会全歼对方，拿回燕云十六州。

这个计划能不能实现呢？实事求是地讲，不可能。

我之所以这样说,并不是当时宋军太弱,辽国军队不能被击败,相反,我认为宋军要是真的上下同心,一鼓作气,打败辽军是完全有可能的,可事实是宋军做不到上下同心。当时除了寇准,满朝都是议和派,巴不得马上签订合约,他们甚至联合起来,在宋真宗面前攻击寇准拥兵自重。

估计寇准也看到了这一点,也明白,这仗没法打,所以,最后他也只能无奈地同意和谈,而辽国萧太后本来就觉得这仗打不下去了,两边这也算一拍即合。

就这样,公元1005年1月,宋辽两国签订了和约,大致来说,就四项内容:

第一是双方兄弟相称,辽国圣宗年纪小,是弟弟,宋真宗年纪大,是哥哥,但他要管辽国萧太后叫叔母,也就是婶婶;

第二个是双方以河北白沟河为界,这相当于辽国彻底放弃了对关南之地,包括涿、瀛、莫三州的要求,但也相当于宋朝正式放弃了其他燕云十六州之地;

第三条就是宋朝每年要给辽国十万银子和二十万匹绢帛;

第四条就是双方在边界建立市场,老百姓可以做生意了。

这个和约在中国历史上大大有名,叫作"澶渊之盟",从此之后将近120年时间,宋辽两国没有大的战争。

那么,这个和约对谁有利?表面上看,宋朝吃亏了,因为当时它是在军事上占据优势的情况下签署和约的,每年还要给对方这么多钱,而且燕云十六州等于是正式地给了对方。但实际上,就如前文说的那样,当时宋朝军事占优只是表面现象,真打起来,投降派占据了庙堂大多数的宋朝大概率会输;每年给十万银子、二十万绢帛看起来很多,可是那时候一场中等规模、10万人参加的战役就需要300万钱,况且宋朝在双方设立市场之后,每年赚回来的以及和平情况下生产出来的物资,也不止300万。

老百姓是怎么看待这个和约的呢?《宋史》记载:"生育繁息,牛羊被野，戴白之人，不识干戈。"意思是，双方和平之后，北方的草原上遍布牛羊，白头发的老头老太太，都不知道什么叫打仗了，大家的日子过得美滋滋的，从这一点上说，澶渊之盟，善莫大焉。

澶渊之盟不好的一面，就是后来王安石总结的，导致真宗、仁宗、英宗三朝"忘战去兵"，禁军、河北军和京师军"武备皆废"。赵光义的子孙们因为这件事，全都认为，生生世世都可以拿钱买太平了，更加不重视军队建设。

中国自古就有古语，"天下虽安，忘战必危"，还有就是"兵不可废，废则招寇"，说的都是和平年间，千万不能忘了军队建设，你要是忘了，总有一天，强盗们会让你后悔莫及。果然，后来就发生了靖康之耻，后面我会讲到。

且说曹利用在条约上签了字之后，心里长长地松了一口气，在回到宋朝大本营之后，还发生了一个小插曲，可能是任务完成得太顺利，他有点得意忘形，宋真宗问他每年给对方多少钱时，他居然不说话，而是伸出了三个手指头。宋真宗一看，以为是300万，连声说太多了太多了，然后想了想又说，只要能不打仗，多就多吧。这时候，曹利用才像献宝一样，自豪地说，陛下，只有30万。赵恒一听，高兴得像一个孩子一样，又连声说你会办事，你会办事。从此之后，曹利用一路高升，最后做到了尚书右仆射，宰相的位置，不过他一直都没改掉一得意就得瑟的性格，最后因为太得瑟导致官场失意而上吊自杀。

你要是说曹利用的功劳都这么大了，那寇准的功劳不是更大？毕竟没有他，赵恒可能已经被赶到四川吃火锅了。可是，恰恰相反，寇准被罢官了。

这事儿是这样的，"木秀于林，风必摧之"，澶渊之盟签订之后，宋真宗很满意，认为这是自己的功绩，同时对寇准也更加看重。终于有一天，曾经劝宋真宗迁都江南的王钦若私下对宋真宗说，澶渊之盟算是城下之盟，也就是人家打到你家门口，你才签的和约，实在不怎么光彩。宋真宗听到这话很不高兴，王钦若又接着说："陛下闻博乎？博者输钱欲尽，乃罄所有出之，谓之孤注。陛下，寇准之孤注也，斯亦危矣。"这段话意思是，赌徒可能会把身上所有的钱都放在一个赌注上，当年寇准就是一个赌徒，而那个赌注就是您自己，您仔细想想，要是当时寇准赌输了，我们被辽国打败了，他可能没事，去辽国做官，可是您当时就在前线，万一被抓了，是不是就完了？

也不知宋真宗有没有仔细想，但他确实被王钦若这番话说动了。1006年，也就是澶渊之盟签订一年之后，寇准被免去相职，宋真宗把他打发到陕州去做一个知州，虽然后来他又被重新启用，但最终还是被贬到了雷州，并且最终在那里去世。雷州就是今天的广东湛江雷州市，寇准在那里传播了大量中原文化和生产技术，破除迷信，对当地的发展起了很大的作用，至今，那里还建有寇公祠以作纪念。说实话，中国老百姓对于谁对他们好，一直是心里有数并且感恩的。

二、泰山封禅的笑话

不久后，王钦若发现了宋真宗好大喜功的特点，为拍马屁，就伪造了各种祥瑞，鼓动宋真宗赵恒去泰山封禅。

封禅泰山是古代君王的一致梦想，但自从秦始皇干过之后，到宋真宗为止，一共也就四位皇帝干过，分别是汉武帝、汉光武帝、唐高宗和唐玄宗。因为，第一，这事儿太烧钱，国力不强的时候，想干也干不了；第二，必须四海升平，无内忧外患的时候，否则天天不是平叛，就是打仗，你也干不了；第三，必须有儒家认可的大功劳，否则会被知识分子笑话。

这三个条件，前两个宋真宗勉强合格，和辽国签订了和约，中原和江南全都平定，钱财也马马虎虎够用，可是最后一个实在是有点儿难办，唯一一个澶渊之盟还被别人说成是城下之盟，那怎么办呢？王钦若于是伪造了一封信，说是泰山神写给宋真宗的，信的内容大概是，赵恒你是一个好皇帝，可是你怎么不来看我呢？我是泰山神啊，赶紧过来给我烧炷香，再给老天爷敬一杯酒。

接到这封信之后，赵恒虽然很高兴很谦虚地接受了邀请，可是他也知道，这事儿愚弄一下老百姓还可以，朝里那些大臣们不一定买账，他尤其怕宰相王旦反对，左思右想之后，他就把王旦召来喝酒，饮宴正酣时，命人取出一樽酒来赐给王旦说，你带回去，和你的老婆孩儿一起享用吧！王旦觉得奇怪，回家后打开一看，发现里面全是金银财宝，《宋史》上记载，"既归发之，皆珠也。由是凡天书、封禅等事，旦不复异议"。王旦接受了贿赂，从此对封禅这事儿就不反对了。

可见中国古代的皇帝倒也并不是像大家想的那样，什么事都可以独断专行。在比较出名的皇帝里，宋真宗已经是第二位向大臣行贿的皇帝了，第一位是唐高宗，当年为了立武则天为皇后，向长孙无忌行过贿，后来明朝的时候也还有，我们到时候再说。

就这样，1008年秋，宋真宗自汴京出发，千乘万骑，前往泰山，封泰山神为"天齐仁圣帝"，可能是怕泰山神寂寞，还封了一个泰山女神，叫"天仙玉女碧霞元君"，各个大臣们写了无数马屁文章。之后，又是一连串的庆贺活动，包括到曲阜祭祀孔子等，前后花了47天时间，花了差不多800万钱。你现在听到这个数字，还会觉得澶渊之盟规定的那一年30万多吗？

这场由王钦若执导、赵恒主演的闹剧一直演到了主角去世，持续了十多年，史书上记载各种阿谀奉承之徒"争奏祥瑞，竞献赞颂"，歌功颂德成了一种社会风气。而赵恒开始的时候是不得不信，因为他既然对外宣称泰山神请他封禅，那别人跟他大讲泰山神的故事，他就不敢说别人是造谣;到后来,谎话重复一千遍就变成了真理,神神鬼鬼的东西看多了,他很自然地认为那些和尚道士都是金身罗汉,或者得道仙师。《宋史》上记载,晚年的宋真宗经常进入一种满口胡话的癫狂状态,甚至无法处理朝政,只能由皇后刘氏来决断。

《宋史·真宗本纪》直言不讳地批评天书封祀就是"一国君臣如病狂"。宋真宗赵恒把封禅这么美好的事情搞成了天怒人怨,变成了一个笑话,后世皇帝避之唯恐不及,从此之后,再也没有折腾老百姓搞什么封禅泰山的皇帝了,这也算是为后世老百姓做了一件好事。

三、帽妖案

上有所好,下必甚焉,皇上如此,民间信神信鬼的只能更多。1018年,宋真宗接到报告,说洛阳城发现了一个帽妖,也就是形状像一个大帽子的妖怪,飘浮在空中,常常在晚上出现,有时候还能伤人。宋真宗开始没有理会,朕就是神仙,怕啥妖怪?可是后来这事疯传开来,开封、南京、四川等全国各地包括军营里,都有人说看见了帽子妖,而且厉害程度也从"微能伤人",变成了"入民家食人",后来老百姓恐慌起来,拿武器熬夜自保,连军队中都是如此。

宋真宗不得不重视起来,命人追查,最后发现谣言的尽头是一个法号天赏的和尚,还有两个叫张岗和耿概的算命术士。这三个人随即被砍了脑袋,手下的徒子徒孙也全都治罪,这样,流言才算是慢慢地消失,老百姓生活恢复正常。

帽妖案三个月后,1018年中秋节,赵恒下诏册立8岁的儿子赵受益为皇太子,改名为赵祯。这件事现在看来和帽妖案是有关联的。因为赵恒宠信刘皇后,刘皇后是一个甚至可以代他批阅奏章,美貌和才华集于一身的美女,但是却没有儿子,她就半公开半隐秘地阻止赵恒立太子,估计是想等到自己生出儿子后再立为太子，赵恒也就因此迟迟未立太子。朝中大臣眼看着赵恒的身体不行了，就开始着急，担心万一宋真宗还没立太子就死了，那么刘皇后就有可能变成另一个武则天。因此，帽妖案一出，大臣们就三番五次上书，说帽妖这事儿虽然是谣言，但无风不起浪，肯定也代表了一点老天爷的意思，是对我们大宋的警告，陛下您如此英明神武，只有不立太子这事儿有点儿欠考虑，那老天爷警告的肯定是这件事。

宋真宗并不糊涂，大臣们上了几次书之后，他也就顺水推舟，对刘皇后说众怒不可犯，然后立了儿子赵祯为太子。

这样看来，帽妖案就很清晰了，可能是这样：开始的时候，有老百姓看到了天象异常，或者是传说中的不明飞行物——那玩意儿和帽子一模一样；然后这事儿传到了某位一直对不立太子耿耿于怀的大臣那里，他就开始推波助澜；马上，另一位大臣也心领神会，各自一顿忙活，找和尚的，找算命的，最后就演变成了整个北宋境内，大家都开始害怕一个像帽子的妖怪，就是这么简单。

北宋帽妖案在历史上相当有名，如果你看了当时历史资料的记载，你会在感到滑稽的同时，又感到害怕，一个可能谁也没见过的帽妖，让一个国家几乎所有民众陷入恐慌，谣言的威力确实巨大。

太子有了，宋真宗的生命也差不多走到了尽头。4年之后，1022年3月23日，宋真宗赵恒于汴梁延庆殿驾崩，享年54岁，在位共25年。

实事求是地讲，赵恒除了后期对宗教迷信比较痴迷之外，其他方面，应该算是一个还不错的皇帝。他的主要功绩是经济建设和反腐倡廉，这两方面的成绩相当突出，让北宋的统治更加牢固，社会繁荣稳定。

也许你并不知道，"书中自有黄金屋，书中自有颜如玉"这两句著名的诗句是宋真宗赵恒写的，不过原诗是"安居不用架高堂，书中自有黄金屋。娶妻莫恨无良媒，书中自有颜如玉"，这首诗的名字叫作《励学篇》，也就是他站在皇帝的宝座上大声地对天下老百姓呼喊，学习吧，只要你学习好，房子，票子，车子，女子，统统都有。

应该说，宋真宗没有撒谎，相比于其他朝代，大宋王朝对知识分子的确相当好。

112. 老范与老包

中国古典小说《三侠五义》出自清朝贵族子弟石玉昆之手，书中有一个经典的桥段，后来被改编为多个戏曲曲目，名字叫作《狸猫换太子》。故事讲的是，宋真宗的两个女人——刘氏和李氏同时怀孕，为了争当正宫娘娘，工于心计的刘氏把李氏所生的儿子换成了一只剥了皮的狸猫，然后到处说李氏生下了一个妖孽。宋真宗于是把李氏打入冷宫，而将刘氏立为皇后。后来因为老天爷实在看不下去了，一发怒，刘氏生的儿子就死了，而李氏的孩子在经过波折后反而被立为太子，并登上了皇位，这就是宋仁宗赵祯，大宋王朝的第四位皇帝。最后赵祯还在包公包青天的帮助下，知道了事情真相，和自己双目失明的老娘李氏相认，而已经升为皇太后的刘氏则畏罪自杀，上吊了事。

《狸猫换太子》的故事当然大部分都是假的，不过它也有一点点符合历史事实的地方，那就是宋仁宗赵祯是李宸妃所生，但从小就被真宗的刘皇后养大，以至于他一直都把刘皇后当作自己的亲娘，所以，当他12岁登上皇帝宝座之后，一直信赖并且任由刘太后替他执政。这位垂帘听政的刘老太太在野史里叫刘娥，整个人的经历就是一个传奇，而且还是让许多女人羡慕嫉妒恨的传奇。

一、太后刘娥

据说刘娥本来是四川的一个孤儿，年纪轻轻就嫁给了一个做银首饰的手艺人龚美，后来又跟着老公龚美来到了汴梁城。因为实在太穷了，龚美就对外谎称自己是刘娥的哥哥，以这个名义把刘娥卖到了襄王府上，这个襄王就是后来的宋真宗赵恒。

俗话说萝卜青菜各有所爱，刘娥也不知道怎么就被赵恒看见了，然后马上被赵恒当作宝贝，十分宠爱，最后升到了皇后的位置，完成了从四川孤儿、首饰店老板娘到母仪天下的皇后这个三级跳跃。而她那个名义上的哥哥，实际上的前夫龚美也一路高升，最后以武胜军节度使的身份死在了将军的任上。不得不说，虽然我们看不起他的行为，但这个媳妇儿他卖得是相当地值。

前面说过，宋真宗赵恒晚年身体不好，经常需要刘皇后帮他处理朝政，《宋史》的原话是"帝久疾居宫中，事多决于后"。听到这里，你脑袋里应该马上闪现出武则天、萧太后等人的形象，是的，刘皇后和她们一样，老公一死，就把持了朝政，而且真的是垂帘听政，小皇帝宋仁宗赵祯上朝，她就在一块帘子后面和朝臣们一起讨论国家大事。

后来清朝的慈禧就是刘皇后的超级粉丝，曾经多次下令，一切听政的体制都要参照"宋章献皇后旧事"，章献皇后就是刘娥死后的谥号，她是慈禧一生的偶像。

时间一长，垂帘听政的刘太后心里就有了其他想法，她就在上朝的时候问各位大臣，说你们都说说，唐朝武则天是一个什么样的君主？大臣们的智商都在线，一听就明白了，这个女人要当武则天，结果大多数大臣都梗着脖子说那是唐朝的罪人，差一点儿就断送了大唐的江山社稷。

也有大臣觉得这是一个拍马屁的好机会，比如程琳就进献了《武后临朝图》给刘娥，意思是您完全可以学习武则天，当个皇帝玩玩。不过，刘太后思前想后很长时间，最后还是当众把这幅图扔在了地上，长叹一声说："吾不作此负祖宗事也。"没有真正篡位。实际上，这位刘老太太一生都在矛盾里度过，她不是不想当皇帝，但第一觉得把握不大，太多大臣反对这件事；第二，她对宋真宗赵恒还是有真爱的，每次她表露出当皇帝的愿望时，只要大臣一提宋真宗，她就流眼泪，然后不吱声了。

不过，当不上真皇帝，假装当一把皇帝还是让人心情愉悦的。1033年春，刘太后感觉自己活不长了，不顾几乎所有大臣的反对，穿上象征着皇帝的龙袍，去祖庙里祭祀赵氏祖先。这种张扬的举动实际上等于是当面告诉赵匡胤、赵光义这哥俩，我刘娥想夺了你们的江山不是不可能的，只是不忍心罢了。这老太太当时没有佩戴佩剑，也算是给男权社会的那些大臣们留了一点脸面。这么了不得的女性，这样传奇的人生，难怪慈禧把她当作偶像，就连《宋史》里都评价她说，"有吕武之才，无吕武之恶"，认为她的才华不在汉朝吕雉和唐朝武则天之下，但是比那两个女人要善良很多。

一个月后，刘老太太重病身亡，《宋史》里说："太后崩。"有人说，刘娥实际上已经是皇帝了，所以史书里才用"崩"字。这话不太准确，虽然《礼记》里的确是说天子死了才能说是"崩"，但中国大部分时间都是以孝治国，太后死了称为"崩"的也很多，仅以"崩"字判定史学家承认刘娥皇帝身份，那是不妥当的。实际上，刘娥最后的谥号还是"章献明肃"皇后，虽然她是中国历史上第一位谥号多于两个字的皇后，但毕竟还是皇后，不像武则天，叫则天大圣皇帝。

史书里记载，刘太后临死前已经不能说话，但还是拼命用手撕扯身上的衣服，宋仁宗赵祯哭着问群臣，母后这是要做什么啊？当时的宰相、参知政事薛奎说："其在衮冕也，服之岂可见先帝于地下。"意思是你老娘身上现在穿的可是龙袍，怎么能去见你爹宋真宗赵恒呢？仁宗一听，马上让人给刘太后换上了皇后的服饰，刘老太太这才安心地死了。

老太太前脚刚死,后脚就有人对宋仁宗说,刘皇后不是你亲妈,你亲妈是去年刚死了的李宸妃,并且李宸妃还死得有点不明不白。言下之意,是刘老太太害死的。宋仁宗听了之后,无比伤心,这份伤心里面包含了自己被骗多年的屈辱,于是下令把刘太后所有的亲戚都看管起来,然后派人去开棺验尸,去查李宸妃的死因。

验了尸才发现,李宸妃完全是自然死亡,没有中毒和外力的迹象,并且是被刘太后以皇后的礼仪下葬的,换句话说,刘太后对李宸妃可以说是仁至义尽,相当地不错。到了这时候,宋仁宗才感慨地说了一句:"人言岂可信哉?"然后厚葬了刘太后。

不过,人的心理就是这么奇怪,宋仁宗自从知道了刘太后不是亲妈之后,便开始觉得以前那些因为反对刘太后而被赶出京城的官员们都很不错,便又把那些官员召回了京城。这批人里面有一个后世很出名的人,名叫范仲淹。

二、范仲淹三次被贬

范仲淹是今天江苏省苏州人,他爹是武宁节度掌书记,是节度使下面的一个管杂事的普通官员。更不幸的是,范仲淹出生的第二年,他爹就去世了,所以范仲淹早年的生活相当困苦,学习条件也相当艰苦,《宋史》里记载:"昼夜不息。冬月惫甚,以水沃面,食不给,至以糜粥继之,人不能堪,仲淹不苦也。"大冬天用冰水泡脸以刺激自己的精神,没饭吃,就煮一锅粥,凝结之后,划成几块,每顿饭只吃一两块。

在这样的苦读之下,1015年,范仲淹科举上榜,随即走上了仕途,当上了一个九品的参军。几经沉浮之后,被宰相词人晏殊看重,在他的推荐下,进入朝廷当上了京官。

范仲淹有着那个时代知识分子的鲜明特性,就是敢说。不久之后,他就上书请求刘太后还政给宋仁宗，吓得晏殊赶紧劝他住嘴。但范仲淹不但不听，还给晏殊写了一封信，说"事君有犯无隐，有谏无讪"，意思是咱们伺候皇帝，怎能不说实话呢？应该毫无隐瞒，即便是冒犯皇帝，也不应该阿谀奉承，无耻吹捧，噎得晏殊一句话也反驳不了。

后果就是，1030年，范仲淹被赶出了京城，到地方上做了一个通判。不过他仍然不断地给朝廷上书提意见，今天说朝廷劳民伤财，明天批评官员贪污腐败，正是这些信件，让宋仁宗看到他确实是一个忠心为国的人才，《宋史》里记载："事虽不行，仁宗以为忠。"

就这样，刘太后一死，范仲淹就被召回了中央，担任右司谏。这个官说大不大，说小也不小，尤其是在宋朝，它是可以直接上书给皇帝的政府监察人员。

写到这里，我觉得有必要介绍一下宋朝的监察制度，它继承自唐朝。唐朝时的监察人员分为两种：一种是御史，包括御史大夫、监察御史等，负责监督和弹劾大臣，因为他们办公的机构在御史台，所以被称为台官；另一种就是谏议大夫、拾遗、补阙、司谏等这些官员，他们负责对皇帝提意见，称为谏官，大诗人杜甫担任过的最高官职是左拾遗，就是谏官的一种。

宋朝和唐朝稍有不同，这两拨人在职责上开始混淆起来，本来监督大臣的台官可以骂皇帝了，负责给皇帝提意见的谏官也可以弹劾大臣了，所以，他们在宋朝有一个统一的称呼，叫台谏。

在唐朝，如果一名台官弹劾一个大臣，最后发现是诬告，那是要治罪的，这叫作反坐。到了宋朝就不用了，专门描述宋朝典章制度的《宋会要》里说，"台谏者，天子耳目之臣也"，既然是天子的耳朵和眼睛，谁敢治他们的罪？又因为宋太祖还特意立下了"不得杀士大夫及上书言事人""誓不诛大臣、言官"等誓言，所以，宋朝的台官和谏官，权力挺大，自由度也很大。

当然，他们的胆子也很大，比如说，和范仲淹同时代、同朝为官，外号"包青天"的包拯包大人，就是一个屡屡打皇帝脸的大臣，他既做过台官，也做过谏官，最后还当上了枢密副使、三司使这样宰相级别的高位。

包大人不仅敢说，说话的时候还不拘小节。《宋史》里记载，有一次宋仁宗最喜欢的女人张氏想给她伯父弄一个三司使的职位，包拯知道了，马上举牌说俺老包反对，仁宗说反对有效，那就让他当节度使吧。包拯说俺还反对，仁宗就有点生气了，说节度使就是一个粗官，有什么大不了的。从这句话，你也可以看出，宋朝是真不重视武官，在唐朝赫赫有名的节度使搁在宋仁宗这里，就是一个粗官，粗人才当的官儿。

可就是这样，包拯也说不行，不仅说不行，还联合了一批谏官，集体当面驳斥宋仁宗，说太祖和太宗都曾经做过节度使，您咋能说节度使是粗官呢！而且老包是越说越激动，甚至唾沫都飞溅到宋仁宗赵祯的脸上，弄得赵祯是相当地郁闷，一面用衣袖擦脸，一面还要虚心地听着，最后还输了辩论，只能回到后宫对张氏撒气，说你伯父那个事儿没戏了，你只管要官，难道不知道现在包拯是谏官吗？从这里你也可以看出，宋朝到了仁宗的时候，对士大夫的宽容已经达到了一个无与伦比的高度。

包拯杀了陈世美吗？

民间传说包拯不仅是正义的化身，而且身边有王朝、马汉、张龙、赵虎，还有带刀侍卫展昭，以及三口铡刀，上斩君、中斩臣、下斩百姓，铡了驸马陈世美。这些统统是后人编造的。就连陈世美这个千古负心汉的代名词，也是几百年后明朝成书的《包公案》里的虚构人物。这本小说写陈世美中了状元之后抛妻弃子，想娶了公主，做皇帝的驸马，还准备害死结发妻子和两个孩子，结果包青天不畏强权，一刀结束了他的狗命。这只能说寄托了中国人民的美好愿望，现实中的老包虽然敢喷皇帝一脸唾沫星子,但铡驸马这件事是他不可能做也做不到的。

言归正传,范仲淹回到朝廷当了谏官,间接助长了他爱批评皇帝的脾气,结果没几天的工夫,因为反对宋仁宗废掉皇后郭氏,和皇帝以及宰相吕夷简对着干,又一次被赶出了京城。

1034年,范仲淹第三次被召回京城,他和宰相吕夷简的矛盾这一次终于是公开化了,两人身边各有一群人摇旗呐喊,老范又一次失败了,连累了他这一派的所有官员集体被贬,这里面就包括一个叫欧阳修的人,被贬到夷陵做县令。范仲淹的朋友梅尧臣觉得他实在是太喜欢批评别人了,就写了一篇《灵乌赋》劝他少说话,结果范仲淹回了他八个字:"宁鸣而死,不默而生。"就是我宁可不停鸣叫,被猎人猎杀,也不愿意沉默地活着。

三、宋和西夏之战

范仲淹第三次被贬到地方之后,大宋王朝的西北发生了一件大事。前面说过,以今天陕西北部为中心,占据了黄河中上游的夏州在李继迁掌权之后,就相当于事实上脱离了宋朝。它一方面表示不和大宋为敌,另一方面却和辽国勾勾搭搭。所以实际上,辽、宋还有夏州那时候已经是三国鼎立的局面了,再加上南面的大理,正好凑一桌麻将,只不过宋朝不愿意承认而已。

到了1032年,一个叫作李元昊的年轻人,从他爷爷李继迁、父亲李德明手里继承了夏王的位置,成了夏州的第三代领导人。这小伙子无论是能力还是野心,都是相当地大,几年之内,就把地盘扩大了将近一倍,包括河西走廊,也就是今天的甘肃,也完全并入了夏州。

到了这个地步,辽、宋两国自然更加急于讨好他,就全都派使者去封他为王,大辽国给的是西夏王,宋朝给的称号是西平王。可是李元昊这时候却觉得，你们有什么资格给我封号？《西夏书事》记载，他当时就对手下大臣说："先王大错，有如此国，而犹臣拜于人耶？"意思是我们国力如此雄厚，当年我爹还向宋辽称臣，真丢脸！

就这样，李元昊做的第一件事就是废除了当年唐王朝赐给他们的李姓和宋王朝赐给他们的赵姓。不过由于他也不记得自己这一族原来到底姓啥了，更不愿意恢复鲜卑人的拓跋姓，所以给自己创造了一个姓氏，叫"嵬名"，也就是高大的意思。现在你去西北，有一些纪念李元昊的石碑，上面刻的还是嵬名元昊。

李元昊做的第二件事是亲自带人创立了一套文字，创造了大概五千多个字，称作西夏文。虽然这个系统工程花费了三年多时间，也确实很厉害，后人都大加赞颂，但是，实事求是地说，这个西夏文本质上和汉字同宗同源，用史学家的话说就是"论末则殊，考本则同"，也就是乍一看不一样，可是仔细研究之后，你就发现，实际上是一回事儿。

政府的组织形式，更是大体仿照宋朝的二府三司制度，只是略有改变，当然，重文抑武不在李元昊的接受范围之内。

一切准备就绪之后，1038年农历十月十一日，李元昊在兴庆府，也就是今天宁夏银川宣布正式登上皇帝宝座，国号为大夏，史称西夏，夏商周的夏。

到了这个地步，宋朝的反应可想而知，相当于被人一把扯掉了内裤，是可忍孰不可忍？尴尬的是，宋仁宗也不可能去打李元昊，一没有那个胆量，二没有那个能力，只能是破口大骂，进而剥夺了李元昊祖孙三代的一切封号，然后宣布经济封锁新建立的西夏国，不和你们做生意了。最后一招就是到处贴告示，悬赏捉拿李元昊，希望民间出一个武林高手，比如北乔峰南慕容什么的，一刀咔嚓了对方，把脑袋送给朝廷。

宋朝在行动上已经很克制了，你扯掉我的遮羞布，我骂两句还不行吗？但李元昊说不行，你们不承认我这个新皇帝，那就打到你承认为止，于是，他开始主动进攻宋朝。

在这样的背景之下，范仲淹的支持者乘机对宋仁宗说，范仲淹打仗也是一把好手，尤其打西夏人，绝对没问题。于是，1040年，范仲淹第四次被召进京城，得到了一顶陕西经略副使的帽子，和韩琦一起被派到西北，和李元昊打仗，《宋史》里说："及陕西用兵，天子以仲淹士望所属，拔用之。"

虽然范仲淹以前没打过仗，但聪明人就是聪明人，他到了西北，居然干得有声有色。李元昊在别的地方攻城略地，取得了三场大战役的胜利，但对于范仲淹的防区，却没什么好办法，当时西北流行一首民歌，唱的是："军中有一韩，西夏心胆寒；军中有一范，西夏惊破胆！"说的就是韩琦和范仲淹。当然，也有一些历史学家认为，这首歌谣是范仲淹自吹自擂弄出来的，但是，由于范仲淹坚固防守的策略，李元昊没有攻破他们的防线，是铁一样的事实。

古时候打仗打的就是后勤。西夏这地方除了战士和马匹，几乎其他所有东西都要和宋朝做生意才能获得，李元昊既然不能一战击溃对方，长时间的打仗，他肯定消耗不起。渐渐地，他的物资供应跟不上了。

于是，李元昊效仿当年辽国的萧太后，主动向宋朝请和。这事儿如果发生在秦皇、汉武、唐宗时代，那绝对不能忍，你说打就打，说不打就不打，逗我玩呢？可是大宋王朝不是这样的"好战分子"，它是最爱好和平的一个朝代，一听对方要和谈，赶紧打扫好卫生，大开城门，迎接对方的使者。

113. 与士共天下

1044年,西夏和宋朝达成一个和议,史称"庆历和议"。李元昊名义上向北宋称臣,但北宋每年要给西夏7万两白银,3万斤茶叶和15万匹的绢帛,算作是皇帝赏赐给下属的礼物,双方各自收兵。北宋因为人家建国独立,骂了几句,每年就要赔上这么一大笔钱,这生意无论如何看,都是亏本的。

不过西夏这么一搅合,范仲淹因为表现优秀而在朝堂获得了相当高的地位,升到了参知政事这样的宰相位置。他还因为这段时间的军旅生涯,写出了一首改变整个宋词风格的作品,那就是《渔家傲·秋思》:"塞下秋来风景异,衡阳雁去无留意。四面边声连角起,千嶂里,长烟落日孤城闭。 浊酒一杯家万里,燕然未勒归无计。羌管悠悠霜满地,人不寐,将军白发征夫泪。"

宋词最开始都是写男欢女爱、宫廷宴饮,到李煜的时候,加入了慨叹抒情,后来晏殊又开创了清丽的婉约派。现在,范仲淹用一曲低沉、悲壮而雄浑的《渔家傲》,宣告了豪放派的闪亮登场。这首词深深地影响了后来的苏东坡和辛弃疾,他们接过了他的衣钵,开创了宋朝词坛豪放一派,影响相当深远。

一、庆历新政

老爷子写完了词，就开始干正事儿，发起了一项后来被称为"庆历新政"的改革，因为当时国家充满了内忧外患。外患自不必说，对西夏李元昊的独立，宋朝无可奈何，还要给钱；北方大辽国趁机提出新的条件，每年在澶渊之盟约定的款项之外，还增加20万两的岁贡，宋仁宗也只有咬牙答应。如果不是大将狄青先后平定了广西的反叛和西夏李元昊的第四波进攻，还不知要多赔多少钱，甚至有可能割地求和。

至于说内忧，就是一句话：官员太多，钱不够花。北宋的地盘只有唐朝的四分之一，但仁宗在位时官员已经达到了20000多人，对比大唐，最繁华、官员最多的唐玄宗时代也不过是18000多官员，如果把国土面积算上，大宋平均每平方公里上面的官员数量，是唐朝的五倍。这就是大臣宋祁在1039年给仁宗上书所说的冗官现象："州县不广于前，而官五倍于旧。"

为了改变这种内忧外患的状况，1043年，范仲淹向仁宗上《答手诏条陈十事疏》，提出"明黜陟、抑侥幸"等十项以整顿吏治为中心的改革主张。这十条主张针砭时弊，切中要害，只要实行下去，肯定有好处。

可惜，庆历新政并没有成功，原因并不完全是反对派的势力太大。实际上，反对改革的既得利益者虽然是大多数，但庙堂之上，身居高位的人大多数都是变革派。当时主政的宰相，除了范仲淹，还有富弼、韩琦、杜衍，当时皇帝最信任的谏官有四个，分别是欧阳修、蔡襄、王素、余靖，这些人无一例外，全都是改革的坚定拥护者。为什么一场皇帝、宰相和大多数元老重臣都支持的改革，最后还失败了呢？

答案很简单，因为改革派大多数是书呆子。

先说欧阳修，他是赫赫有名的唐宋八大家之一，主持编修了《新唐书》，还独自写了《新五代史》，现在一些很有名的句子，比如"月上柳梢头，人约黄昏后"，"人间自是有情痴，此恨不关风与月"，"泪眼问花花不语,乱红飞过秋千去"等,都出自他的手笔,说他是史学家、文学家毫不过分。可惜的是,有知识不一定等于有政治头脑。

他和当时的御史台领导御史中丞王拱辰是连襟关系,而且两人是同一年考中的进士,相当于同学,这种关系只要稍加示好,就可以成为志同道合的朋友。可是王拱辰当年和欧阳修一起参加科举考试时,中了状元,这让欧阳修一辈子都耿耿于怀,对这位当年压自己一头的状元郎连襟没有任何好感。

这一次,欧阳修跟着范仲淹搞改革,本来应该团结大多数可以团结的力量,但欧阳修还是我行我素地和王拱辰处处针锋相对,于是,很自然地,把改革的中间派王拱辰推到了对立派那一面。

王拱辰作为御史中丞,职责就是监督官员的,因此就发生了下面的事情:在改革刚刚开始的时候,一名陕西官员向仁宗递上去了一本奏折,状告滕子京贪赃枉法,《宋史》里说他"费公钱十六万贯"。这么多钱去向不明自然要查,结果滕子京在查账的人到来之前,一把火把账本全烧了,这一下子,仁宗震怒,要彻底追查。

为什么滕子京有这么大胆子呢?因为他的背后站着范仲淹,两人既是朋友,也是同一年中的进士,而且范仲淹在去西北打仗之前,还郑重其事地向仁宗推荐滕子京代替自己,换句话说,滕子京是改革家范仲淹手下的一名大将。

接下来,御史中丞王拱辰和范仲淹在滕子京的问题上开始了殊死较量,两人都以辞官不做作为要挟,仁宗最后只能妥协,把滕子京贬了一级,打发到岳阳了事。滕子京到岳阳之后,重新修岳阳楼,然后派人给范仲淹送了一张《洞庭秋晚图》,请他给写篇文章。范仲淹大笔一挥,从来没去过岳阳楼的他,写下了千古名篇《岳阳楼记》,里面更是有千古名句:"先天下之忧而忧,后天下之乐而乐。"

无论事实如何,滕子京火烧账簿的行为在程序上是说不通的,而在他被弹劾这件事上，范仲淹的表现可以说是极其不成熟不理智：滕子京的行为于情无理，于法有过，死命保他只能让皇帝认为你范仲淹搞小团体，在结党营私。

除了政敌的反对，改革派内部也不团结。在滕子京事件之后不久，范仲淹又和他的老朋友、改革派元老之一的韩琦，围绕一座防卫西北的城该不该修的问题，开始打嘴仗。改革正处于关键时刻，范仲淹在中央，韩琦在西北带兵，范仲淹因为一座西北的破城和韩琦较劲，这就有点分不出轻重缓急了，实在是有点辱没政治家的称号。

结果宋仁宗收到了无数控告范仲淹结党营私的小报告。

自古以来，皇帝最怕的就是大臣们有小集团，范仲淹先是为明显犯错的滕子京辩护，然后又为了支持一个下属，和老朋友韩琦死掐，这不是朋党，什么是朋党呢？

可惜范仲淹这时候还没醒悟，居然又提出了"小人之党、君子之党"的说法给自己辩护，意思是结党这事儿，分小人之党和君子之党，他范仲淹结的是君子之党。同时，他的队友欧阳修也送上了神助攻，写了一篇文章，叫《朋党论》，这篇千古名著论述的观点和范仲淹一致，认为皇帝若用君子的朋党，天下大治；若用小人的朋党，那就完了。原话是"故为人君者，但当退小人之伪朋，用君子之真朋，则天下治矣"。

这件事证明范仲淹和欧阳修在政治上比较幼稚，宋仁宗不会管你什么君子之党，小人之党，他要的是三个字：不结党。况且，你说自己是君子党，就真的是君子党吗？谁能证明你们不是小人之党呢？

如此这般，改革进行了不到两年，1045年农历正月二十八，刚过了新年，范仲淹就被罢去参知政事，改任陕西四路安抚使；同一天，富弼被罢去枢密副使；第二天，杜衍被罢免，出知兖州；三月初五，韩琦的枢密副使被罢免，改任扬州知州。

到此为止，主持变法改革的主要人物，全都被逐出朝廷，庆历新政宣告失败。

同年夏，欧阳修也被赶出了朝廷，到滁州去当知州。在这里他写下了名作《醉翁亭记》，里面有千古名句"醉翁之意不在酒，在乎山水之间也"。欧阳修是不是真的愿意在滁州当一个醉翁，那我就不知道了。

庆历新政的失败，还有一个原因是，新政得罪了太多既得利益者。比如整顿吏治这一条，范仲淹提出，应把不合格的官员撤职，合格的官员降薪，同时严格限制新进官员的数量，这就动了很多人的奶酪。

原本这一条意见非常正确，因为北宋大官们的工资实在太高了。举个例子，包拯这个老百姓口里的包青天，根据不同专家的估算，他的工资最多时差不多相当于今天的数百万至上千万元。这么高的工资，我觉得我也可以当一个清官，不需要贪污受贿了，但这种高薪养廉，长此以往，政府肯定也受不了。至于说限制新进官员数量，那就更是合情合理，前面说过，宋朝政府里面官员实在太多了。可是，心急吃不了热豆腐，同一时间三管齐下，那就相当于和整个北宋官僚集团同时开战，所有官员，包括那些还在家读书没走上官场的替补官员的利益全都被伤害了，那还不联合起来和你作对？说实话，告你一个朋党的罪名已经算轻的了。

庆历新政失败七年之后，1052年，范仲淹病逝在徐州，终年63岁。宋仁宗对他还是不错的，在他死后，赠兵部尚书头衔，并且给了一个"文正"的谥号。从此之后，范仲淹就被称呼为范文正公，这也算是一种莫大的荣耀。

历史上对范仲淹的评价，历来都是正面的居多。毕竟他一生没什么私心，确实如他自己所说，"居庙堂之高，则忧其民，处江湖之远，则忧其君"，金朝的元好问就曾经这样评价范仲淹，说他是"求之千百年间，盖不一二见"，也就是一千年才出一个的人才。

当然，也有对他评价差的，比如说王安石，他就说过范仲淹"好广名誉，结游士，以为党助，甚坏风俗"——一句话，拉帮结派。

二、柳永的"浮名"

就在范仲淹去世的第二年，1053年，有一个从屯田员外郎官位上退休下来的小官，病死在润州，无亲无故，也没有任何积蓄下葬，最后是当地一些青楼女子，凑了钱让他入土为安。

你也许猜到了，此人就是北宋著名词人，婉约派扛大旗的人物柳永柳三变，也称为柳七郎。他留下了许多名句，比如"杨柳岸，晓风残月"，"衣带渐宽终不悔，为伊消得人憔悴"，"三秋桂子，十里荷花"等。柳永是第一位对宋词格式进行全面革新的词人，在他之前，词都以短小精悍著称，是他开创了长调和慢调，而且他非常高产，创作了慢词87首，长调125首，从词曲的规范和创作这个角度来说，绝对是宋朝词坛第一人。

那么，为什么这么有才的人混得这么惨，死了还要青楼女子凑钱安葬他？首先，关于柳永什么时候去世，正经史书上并没有记载。我这里说的，是一些野史和文人笔记上记载的，所以，他被青楼女子出钱安葬这事儿只能存疑。其次，柳永退休之前的官位是屯田员外郎，这是一个从六品上的官，应该不至于让他死了之后连下葬费都没有。

当然，文人笔记这样说，也并不是空穴来风，因为柳永和青楼女子的关系实在是太好了。早年他考了两次科举都不中，一怒之下，曾填了一首词《鹤冲天》，"忍把浮名，换了浅斟低唱"，把考取功名视为浮名。一直到了40多岁，柳永还是白丁一个，只能在勾栏瓦舍之间给歌女和妓女们填词。

什么叫勾栏瓦舍呢？瓦舍指的是宋朝大城市里专门提供文艺表演的场所，类似于我们今天的某某大剧院，勾栏说的就是搭建在瓦舍里面的舞台，这里当然有青楼女子，而且是必须有。她们为了生活，需要经常唱一些时髦的、新鲜的曲子。柳永满身才华，也算是找对了地方，他给很多歌女写过词，也和很多歌女产生过感情，以至于当时在妓女中间流传一句话,"不爱千黄金,愿得柳郎心",柳郎就是柳永。

南宋的叶梦得曾经总结过,说"凡有井水处,皆能歌柳词"。这样看来,他死之后,不管有钱没钱,很多妓女给他送葬也是很合理的。

柳永在47岁这年,还是科举及第,走上了官场,只是一辈子没当过什么大官而已。他之所以能考取功名,其实和宋仁宗这个人有很大关系。1034年,宋仁宗在刘太后死后亲政,为了照顾那些常年参加科举考试的老年考生,特意下旨,对他们有所照顾,柳永也在被照顾之列。大家不再因为他写过一些艳词而为难他,很自然地,他也就上榜了。柳永对宋仁宗很是感激,写出了"愿岁岁,天仗里,常瞻凤辇"这样的词句来歌颂宋仁宗。

三、"与士大夫共治天下"

我在这里插入柳永的故事,是想举例说明宋仁宗在科举上对知识分子的照顾,实际上,这种照顾是北宋政治策略的一部分,这个策略叫作"与士大夫共治天下"。虽然这句话是十几年之后文彦博说的,但宋仁宗一朝的一些举措,让史学家公认仁宗朝是这种政策的成熟时期。

什么叫"与士大夫共治天下"呢?文彦博的原话是:"为与士大夫治天下,非与百姓治天下也。"意思是,皇族统治的基础是士大夫,而不是老百姓,士大夫的诉求和利益要摆在第一位,皇族要和士大夫一起来治理天下。

这种策略的第一个特点是对士大夫宽容。前面说过,宋太祖立下铁律,不许杀知识分子。范仲淹的一生其实是这句话最好的证明。他几起几落,每次都是得罪了最高当权者,但也就是到地方上当小官,其他没啥惩罚,最后还能重回中枢主持改革变法。庆历新政时期,官场上的人员虽然如同走马灯一样,却一个也没死。事情一过,欧阳修、富弼等人也重回中央，该有的待遇一样也不少。不仅仅是这些知名人士，就是那些籍籍无名的，宋仁宗也相当宽容。

嘉祐年间，苏轼的弟弟苏辙参加殿试，在试卷里公然写道：我听说皇宫中美女数以千计，皇帝天天纸醉金迷，既不关心老百姓的疾苦，也不跟大臣们商量治国安邦的大计。考官们看后，一致认为他疯了，应该弃之不用，宋仁宗却说："以直言召人，而以直言弃之，天下其谓我何？"意思是我们让考生大胆直言，现在人家真说了，你却打击人家，让天下人怎么说呢？于是，苏辙被直接录取。北宋皇帝们对天下读书人的态度，由此可见一斑。

"与士大夫共治天下"的第二个特点就是给当官的知识分子们大量好处，前面说过，宋代高级官员的工资是中国历朝历代最高的，只要升到了一定阶层，当上了一定品阶的官儿，各种工资奖金补助能拿到手软，此外宋朝几乎是唯一一个不抑制大臣们兼并土地的朝代。

第三件可以表现出"与士大夫共治天下"特点的就是科举考试。唐太宗看见科举考试的学子们走进考场，高兴地说，天下人才都被我收入囊中了，不过我觉得宋仁宗更有资格这样说。

唐朝每次录取进士，大概也就十几个、几十个。仁宗一朝，人数多很多。比如说嘉祐二年，也就是1057年欧阳修主持的科举考试，一次性就录取了890人，其中进士科录取了388人，这几乎是把全国人才一网打尽的姿态。那一年可以说是中国历史上"高考"产生人才最多的一年，进士名单上有文学家、政治家苏轼、苏辙兄弟，宋明理学奠基人程颐、程颢兄弟，北宋著名的宰相曾巩、曾布兄弟，其中曾巩和苏轼、苏辙一样，也身在唐宋八大家之列。名单上还有邓绾、吕惠卿这些后来跟着王安石搞改革的著名人物，可谓是人才济济。

皇帝想与士大夫共治天下，士大夫们当然欢欣鼓舞。

范仲淹在《岳阳楼记》喊出了那句"先天下之忧而忧，后天下之乐而乐",可以说表达了当时知识分子的普遍心声,那就是以天下为己任,跟着皇帝拼命干。后来的司马光、王安石、苏轼等人,身上都有这一股子劲头儿。

最能表现这种风气的,是另一位儒家大学者张载说的四句话。张载也是1057年的进士,和苏轼他们是同一年的。他当时年纪比较大,后来也仅仅是当了若干年诸如县令和著书郎之类的小官,所以在那一年群星闪耀的进士里,后世名气就不是很大。

不过在儒家知识分子眼里,张载是神一样的存在,因为他创建了关学,也就是关中学派。关学最大的特征是强调"通经致用",也就是学习是要实践的,注重研究法律、兵法、天文、医学等这些传统儒家不太看重的东西。按照大思想家王夫之的说法,他这一派是足可以和后来的程朱理学以及陆王心学相媲美的,属于中国宋朝之后的一大显学。

更重要的是,这位号横渠先生的张载说出了指引所有知识分子前行的四句名言,作为对宋朝统治者与士大夫共治天下的回应,其文曰:"为天地立心,为生民立命,为往圣继绝学,为万世开太平。"这四句,就是那个时代大量知识分子的信念和担当,我觉得,也应该是今天知识分子的信念和担当,永远不过时。

因此有人说,从秦始皇到清朝末年这漫长的2000多年帝国历史里,知识分子们日子最舒坦、地位最显赫、活得最滋润的时期就是以宋仁宗为中心的前后几十年。一方面科举考试大量扩招,无数穷孩子靠着读书走上了官场,工资待遇还极高,真真切切地实现了书中自有黄金屋;另一方面,言论也是相当自由,除了谋反,其他罪行几乎都不会被砍脑袋,大多数就是贬到远一点儿的地方去当官。

这种说法对不对呢?我认为,也对也不对。

关于知识分子的工资问题,前面说了,当上朝廷大官之后,工资高得确实离谱,但这主要是指高级干部,宋代中下层的官吏们,薪水还是很可怜的。根据史料，那时候一个小县城的县令，每月拿到手的工资大概就相当于现在的几千元。

《宋史》记载，宋仁宗曾经很困惑地问宰相王钦若，说小地方的官员经常有贪污行为，莫非他们的薪水不够花？王钦若就是前面鼓动宋真宗封禅泰山的那位宰相，他对宋仁宗是这么回答的："奉虽薄，廉士固亦自守。"薪水虽然少，但正人君子也应该固守清贫。听起来是多么地大义凛然，道德那叫一个高尚，人品那叫一个清廉，可惜的是，仁宗没有问问他王大人的工资是多少。对于这种人，我们可以送他两个字：无耻。所以，实事求是地讲，宋朝基层官吏们的生活还是很艰苦的。

其实，说宋代皇帝很少杀大臣，或者不杀大臣，这也不太准确。宋朝很少杀大官，尤其是著名的知识分子，但是小官，不出名的读书人，杀起来一点儿都不手软。有一个县令叫张希求，因为贪污被赵光义让人直接杖杀，也就是用木头棒子活活打死。另外，宋朝弄死人的花样也多，除了杖杀，还有腰斩、砍头、勒杀、弃市等。凌迟处死这种刑罚，也是在宋朝正式列入刑罚目录的。只不过，开始的时候，凌迟只是当众砍断四肢，然后割喉而死，后来渐渐地，割犯人的刀数才慢慢多了起来，到了清朝，居然发展出割上几千刀，罪犯还不断气的手艺，简直是令人毛骨悚然。

114. 科技大发展

1063年4月30日，宋仁宗赵祯驾崩在汴梁，享年53岁。他是宋朝历史上在位时间最长的皇帝，整整当了41年的太平天子。他死之后，按照惯例，宋朝要往北边的辽国报丧，因为根据宋辽之间的"澶渊之盟"，两国是兄弟，现在哥哥死了，那必须告诉弟弟一声。

当时辽国皇帝是辽道宗耶律洪基，这名字你要是听着熟悉就对了，因为在金庸的《天龙八部》里，他和大侠萧峰是拜把子兄弟。和小说里不一样的是，此人可没有因为要攻打宋朝而逼死萧峰，恰恰相反，他一辈子也没动过进犯宋朝的想法，更没有任何动兵的行动。

据说崇尚佛教的耶律洪基曾经让人铸造了一个佛像，在佛像背后还刻了几个大字，"愿后世生中国"，这件事并没有记载在《辽史》里，所以真假存疑。不过，有一件事是真的，耶律洪基听说宋仁宗赵祯死了的消息之后，失声痛哭，说"四十二年不识兵革矣"。不仅仅是他，《辽史》上还说，"燕境之人无远近皆哭"，辽国百姓都对这个叫赵祯的宋朝皇帝无比怀念。

至于中原地区，像汴梁、洛阳这些大城市的老百姓给仁宗烧的纸钱更是遮天蔽日，史书上的原话是"天日无光"，据说有官员去四川剑阁出差，看见当地山沟沟里的妇女们也头戴纸糊的白帽子，以示纪念。

一、科技大发展

为什么大家这么怀念宋仁宗呢？实事求是地讲，宋仁宗在位的这41年，不仅知识分子们的日子舒服，宋朝普通老百姓日子也过得很惬意，算得上四海升平，安康富足。我这里可以用一件事说明一下仁宗时代的盛况，那就是，中国闻名于世界的四大发明，有三个出现在仁宗一朝。

中国古代四大发明，大家都知道是造纸术、印刷术、火药和指南针，教科书上说这四大发明对世界影响特别大，你要是以为这是中国人自吹自擂，那就错了，因为四大发明的概念完全是西方人提出来的。

英国16世纪有个哲学家叫培根，就是提出"知识就是力量"的那位，他最先提出，印刷术、火药和指南针是世界上最伟大的三项发明，没有这三样，世界文明根本不可能发展。后来的一些学者，包括马克思在内都纷纷点头称是。

如此一来，就有一些学者去考证，这三样东西到底是从哪儿来的。结果发现，最早使用这三样东西的都是中国人，是经由蒙古的征战四方而传播到西方的。于是，就有了后来英国学者艾约瑟1884年提出的中国古代四大发明的概念，他是把东汉大太监蔡伦的造纸术也加了进去，这种说法同样得到了很大一部分学者的认同。

实事求是地讲，中国古代对世界的贡献何止这四个发明。美国的著名历史学家，斯塔夫里阿诺斯有一本书，叫作《全球通史》，里面列出了很多很多古代中国传播给西方，并对他们造成影响的发明，比如说马镫、铸铁术、铁索桥、水利冶金鼓风机、轮式研磨机、拉式纺织等。马镫的外号叫中国靴子，对整个欧洲产生过翻天覆地的影响，有人甚至说，马镫催生了欧洲的封建社会和骑士制度。

顺便说一句，《全球通史》可以算作是世界通史上的经典之作，迄今已经出版了7次，直到今天，世界上很多学校还是用它的内容来教世界史,不过,斯塔夫里阿诺斯先生已经去世19年了。

在宋仁宗时代,对火药和指南针的详细介绍出现在一本叫作《武经总要》的书里,这是官方修订的一本军事教科书,不过活字印刷是记录在《梦溪笔谈》里的,作者是沈括。

沈括本来是一位官老爷,当过知州。一般来说,这样的小官是上不了二十四史的,不过《宋史》也有他的传记,说他"博学善文,于天文、方志、律历、音乐、医药、卜算无所不通,皆有所论著"。估计就是因为沈括太博学了,元代修撰《宋史》的人才给他立了一个传,可是史书里没说他当官怎样,政绩如何,估计比较一般。不过没关系,他的副业搞得好,《梦溪笔谈》的内容涵盖了天文、数学、物理、化学、生物、地理、气象、医学、文学、美术、音乐等学科,算得上是包罗万象的伟大百科全书。就是在这本书里,他详细记录了活字印刷的方法,包括如何生产雕版,如何印刷,这才让后人知道了毕昇这个人和他精湛的印刷技术。

更有意思的是,沈括在这本书里还提到一种东西,说"此物后必大行于世,自余始为之",意思是,有这么一种东西,我沈括绝对看好它,和你们打赌,这玩意儿以后必然大有用处。他亲自给这个东西取了一个名字,叫作"石油"。是的,就是我们今天说的石油,无论是中国还是日本,都按照沈括的意思称呼这种东西为石油。从这里可以看出,沈括的预见性相当高,可惜,后世子孙不争气,没能抢先一步,把石油好好研究一下,在中国搞出个石油革命来。

除了四大发明这种技术上的进步,宋仁宗时代还有一样东西值得一提,那就是官方发行的交子,也就是世界上最早的钞票。

交子是四川人发明的,"交子"是四川土话,也就是两面都印有字的纸张。那它为什么会在四川先出现呢?当年宋太祖赵匡胤打下四川之后,把黄金白银和铜钱全都运回了中央,规定四川本地只能用铁钱。铁这玩意儿便宜,一大坨可能只能换两筐鸡蛋,结果四川的商人们做点儿大买卖,必须用马车拉着一堆铁疙瘩去付账,十分不方便。就在这样的情况下,交子诞生了。

开始的时候,你要把铁钱存到交子铺,然后老板给你一张凭据,也就是交子,你用这张交子就可以买东西了。仁宗上台之后,为了避免民间发行交子的各种混乱,和时不时就出现的欺诈行为,改由官方在四川发行交子,到了这一步,等于是宣告人类历史上的第一张钞票诞生了。

其实,唐朝的时候,民间就出现过一种"飞钱",也就是富豪们把金银铜等贵金属交给地方的节度使或者更大的富豪,换回来一张证券,然后到另一个地方去取钱,相当于现在的汇票。为什么我们不说飞钱是最早的钞票呢?因为唐朝政府从来没有介入飞钱的发行,飞钱也没有走进老百姓的生活,而这一点,宋朝的交子做到了。

总之,宋仁宗的时代是开明、富裕、商业发达、科技进步的时代。

二、濮议风波

宋仁宗生了3个儿子和十几个女儿,到他去世的时候,却只剩下3个闺女还活着,在传子不传女的宗法制度之下,宋仁宗只能在赵姓皇族里寻找继承人。最后,他堂哥赵允让的儿子赵宗实被选中,过继到他的名下,立为皇太子,改名为赵曙。

为什么要改名字?实际上,北宋的皇帝走上领导岗位之前,都要改名字,背后的原因就是避讳。

那么为什么避讳反而要皇帝们改名字,而不是其他人改名字呢?事情是这样的,中国一直到魏晋南北朝时期,两个字的名字才渐渐地流行开来,以前基本都是单字的,比如汉代刘邦、项羽、韩信,再比如三国的曹操、刘备、关羽等,都是一个字的名字。南北朝开始,就有一些人名字变成了三个字,比如说王羲之、祖冲之、顾恺之等,他们渐渐地发现了两个字作为名字的好处,其中一个字可以用来代表家族里的辈分,这叫作行辈,也叫字辈。同一个大家族的两人第一次见面,只要一说名字,就差不多清楚其中一个应该怎样称呼另一个,很方便。这是汉族人在南北朝之后,经过几百年的演变形成的一个取名方式,一直到现在,还有很多人是这么取名的。

赵光义的子孙们出生的时候,也都按照这种方式取名字,同一辈的名字中都有一个字是相同的,等到其中的一人当上皇帝,麻烦就来了——其他人都得避讳,可又不能都改名字。因为,第一,行辈里面的固定字是祖先定下来的,随便改,对祖先是大不敬;第二,皇族那么庞大,全国各地都有,一旦要改,那就乱套了。

就这样,宋朝皇帝登基之后,为了与人方便,于己方便,马上就改名字,一般都改一个单字的名字,比如说宋真宗赵德昌即位后改名为赵恒,而宋仁宗本名叫赵受益,登基后也改名赵祯。

新皇帝宋英宗赵宗实的新名字叫赵曙,他改名字虽然不是因为换爹,但他因为换爹这事给自己添了一个大麻烦,引起了后世出名的一场大讨论,这就是濮议。

什么叫濮议呢?赵曙的亲爹赵允让曾经被封为濮安懿王,所以濮议实际上是有关这位赵允让的讨论。问题很简单,新皇帝赵曙应该管自己亲爹赵允让叫什么呢?他的皇位是从宋仁宗赵祯的手里继承过来的,那么赵祯相当于是他爹,如果他还继续称呼赵允让为爹,那就等于有两个爹了。这对于一个皇帝来说,行不行呢?

当时的宰相韩琦和副宰相欧阳修认为行,可是司马光说,这事儿不行,按照儒家学说,您应该叫亲爹赵允让为大爷,也就是伯父。换句话说,赵曙只能有一个爹,就是传给他皇位的宋仁宗赵祯。

司马光,字君实,1019年出生在今天山西夏县,他出生的那个地方叫作涑水乡,所以他也经常自称为涑水先生,并且自己的一本笔记就称为《涑水记闻》。

司马光小时候特别勤奋，七岁就喜爱《左传》，并且能给人讲解其中的大概，不过比起读书，他砸缸的故事更出名。说的是他和一群小朋友玩，有一个小孩一不留神掉在了一口装满了水的大缸里，眼看着就要淹死了，司马光小朋友拿起大石头，哐当一声，把缸砸破了，水流了一地，小孩也得救了。《宋史》里对这件事有详细的记载，结尾的一句话是"光持石击瓮破之，水迸，儿得活"，此事足以说明，司马光从小脑瓜子就聪明。

19岁那年，司马光考上了进士，到宋英宗赵曙上台的时候，他的官职是起居舍人同知谏院。"起居舍人"就是记录皇帝起居，没事的时候可以和天子唠唠嗑的小官，但"同知谏院"四个字却让他和一般的起居舍人不一样，意思是谏官里面的二把手。

谏官是专门负责向皇帝提意见的，现在遇到了皇帝称呼谁为父亲这件事，司马光自然要站出来讲两句。根据他对儒家宗法制度的理解，他是真的认为宋英宗不能再称呼亲爹为爹，而且当时大多数大臣都和他持同一观点。比如御史中丞贾黯，临死时还特地为这事留下遗书，请求赵曙一定要称亲生父亲为伯父；另一位同知谏院蔡伉，每次一见到皇帝就哭，说国家兴亡，就取决于这件事了，弄得赵曙心里也特别难受；范仲淹的儿子范纯仁和他的同僚吕大防，更是四处传扬欧阳修和韩琦就是俩小人，请求把欧阳修砍了脑袋，以谢天下。

大宋王朝满朝文武参与的这场"濮议"整整持续了三年，一直到1066年，赵曙的亲爹赵允让才得到了皇考濮安懿皇的称号，但是皇帝应该有的尊号和谥号，依然没得到，随着第二年宋英宗赵曙驾崩，这件事不了了之。

我这里之所以比较详尽地描述这件事，是因为我想揭示一种情形，那就是儒家思想到了宋仁宗之后，随着读书人越来越多，读死书的人也越来越多，慢慢地，它就朝着僵化的方向走去。欧阳修、韩琦这些人就已经算是保守的了，但仅仅因为支持皇帝管自己亲爹叫爹，就被后起之秀司马光等人不停地攻击。从某种意义上讲，这种儒家思想一代代地教条化，最终催生出"饿死事小，失节事大"这种极端理学观点，就一点儿都不奇怪了，我们后面很快就会讲到。

三、宋神宗上位

　　1067年1月，当了4年皇帝的宋英宗赵曙驾崩，他的大儿子赵仲针继位，改了一个名字叫赵顼，这就是宋神宗。宋神宗上位的时候19岁，正是血气方刚，他从小学习相当刻苦，同时具有非凡的志向，时刻想着大展宏图。《宋史》上说他十几岁就"慨然兴大有为之志，思欲问西北二境罪"，意思是少年的他就想恢复汉唐边境，灭掉辽国和西夏。

　　可是理想很丰满，现实很骨感，打仗需要两样东西，一是丰厚的财力，二是一支能打的军队，这两样东西，赵顼一样都没有。

　　你要是说，宋朝军队打仗不行我们都知道，但宋朝应该有钱啊，你怎么说他没有财力？是这样的，宋仁宗在位的时候，政府百姓都有点儿钱，当时范仲淹的庆历新政改革还主要是针对吏治，而不是钱财，可是到宋神宗这个时候，宋朝已经没钱了。实际上，早在他上台的两年前，也就是1065年，宋英宗时代就出现了经济危机，那一年大宋王朝政府的收入虽然达到了创纪录的1.16亿两银子，但是它的开支却高达1.2亿两，再加上一些杂费，当年宋朝的财政亏空是1750万两，这在《宋史》里面是明明白白写着的。

　　关于大宋王朝一年到头赚了很多钱，可是开销特大这一点，前人已经做过总结了，主要有三方面的原因。

　　第一，宋朝与士大夫共治天下，读书人当官的门路大开，再加上前面讲过的官员临时工制度，国家的官员那是多如牛毛，这叫作冗官。

　　第二，当时土地兼并极其严重，大量的农民失去了土地，这虽然让城市里的劳动力多了，为手工业发展带来机会，但另一方面，大量的农村人口涌进城市，城市不可能消化这么多劳力，给社会就带来了很多不安定因素。朝廷于是把这些人都招进军队养起来，美其名曰"军队多一兵，民间少一盗"，可是这样一来，朝廷的开支就大大地增加，这叫作冗兵。

第三，当时国家的任何一个工程，从设计到施工，层层加码，费用极其昂贵，就好像今天的加拿大，花几十亿加元修一条10公里的轻轨，还觉得天经地义。咱们宋朝就经历了这种事，后代的人毫不客气地把这种合法的、集体的浪费事件称为冗费。

冗官、冗兵、冗费，大宋王朝的老百姓再能赚钱，也禁不住这样的败家玩法，用史学家的话说就是"百年之积，惟存空簿"，以前老祖宗攒下的家底，基本上是挥霍完了，政府库房里面空空如也。

志向远大的宋神宗赵顼很快就发现了自己这个国家的真实情况，为了实现他的理想，缺钱就要想办法赚钱，军队弱就要建设军队，自然而然地，他祭出了改革的大旗。

115. 王安石变法

宋神宗想要改革，问题是他不知道怎么干，他也知道自己一个人干不了，当他和朝里大臣们一个个谈过话之后，顿时心凉了半截。宰相韩琦和富弼，还有欧阳修、司马光等人都不赞同他改革，宣仁太后也不赞同改革。这时候，他想起了一个人，一个不在中央任职但人人都知道的大臣，王安石。

一、宋神宗选了王安石

王安石1021年生于江西的抚州，比司马光小了两岁，和司马光一样聪明，很多人考了很多年都考不中的科举，在他们手里就像一个游戏。司马光19岁中进士，王安石21岁中进士。据《宋史》记载，当时已经功成名就成为北宋文坛领袖的欧阳修对王安石推崇备至，甚至写了一首诗夸奖王安石的才气，"老去自怜心尚在，后来谁与子争先"。意思是我老了，还能和你比一比才气，但以后谁还有资格和你争先呢？这实际上就是抬举王安石，给后辈铺路的意思。

这里顺便说一句，北宋时期的知识分子，对于后辈年轻学子，都有一种惜才爱才的雅量。这种风气可以说起源于宰相词人晏殊，他提携了范仲淹、欧阳修，而欧阳修又关照了王安石、司马光，乃至更后来的苏轼、苏辙兄弟。苏轼默默无闻的时候，欧阳修曾经当着很多人的面，认为苏轼将来必定名满天下，原话是，"三十年后，无人再议论老夫"。他还说："老夫当避路，放他出一头地。"意思是我应该给苏轼这个小伙子让路了，成语"出人头地"就来自欧阳修的这句话，后来的事实证明了，欧阳修果然看人很准，苏东坡的大名在后世中国人心里，确实比欧阳修还要响亮。

言归正传，王安石在考中进士之后，并没有待在中央。虽然当时他和曾巩、司马光、欧阳修等人都是好友，但他觉得基层才是锻炼人的好地方，主动申请去地方工作。他也确实牛，无论在哪里工作，都干得有声有色，每到一地为官，就造福一方百姓，宰相文彦博、翰林学士欧阳修等人都先后向皇帝推荐，说这样的人才必须要提拔到中央，但王安石就是找各种理由拒绝。

王安石越拒绝，名气就越大，以至于后来满朝文武，包括宋仁宗都想看看他到底长什么模样。

终于，到了1058年，王安石来到了中央，担任三司度支通判，负责协助三司使管理国家财政的收支。就在这个职位上，王安石给宋仁宗上了一份万言书，历史上称为《上仁宗皇帝言事书》，这是一篇针对大宋王朝当时所有毛病全面开火的战斗檄文，总结为四个字就是"全面改革"。

现在看来，王安石之所以迟迟不到中央，原因之一可能就是要写这份万言书，他要把下面的情况摸熟摸透，然后提出全面改革的意见，借以实现他心中的理想。虽然史书上没说他的理想是什么，不过我个人觉得，"为万世开太平"很有可能就是王安石当时的理想。

很可惜，这份万言书并没有得到重视，一是宋仁宗年纪大了，不想折腾；二是宋仁宗因为自己没儿子接班有点儿郁闷，不知所措；三是范仲淹十几年前的庆历新政失败，给宋仁宗的刺激也很大。

虽然宋仁宗没搭理王安石，但一些文人却开始看不惯他了，这里面以苏轼的老爹苏洵最为激进。

苏洵差不多和欧阳修是同龄人，在文坛上的地位也差不多，两人同为唐宋八大家成员。他写了一篇题目为《辩奸论》的杂文，中心思想就一句话："天下将被其祸，而吾获知言之名，悲夫！"意思是今天我把这话搁这儿了，将来王安石肯定会祸害天下，到时候，你们大家就知道我看得准了！

欧阳修劝他说看在你儿子苏轼、苏辙的份上，少骂几句，苏洵却说，不行，然后继续到处骂。

为什么苏洵对王安石这么大意见？原因是他看不惯王安石，他在文章里写道，"凡事之不近人情者，鲜不为大奸慝"。他列举王安石不近人情之处是："衣臣虏之衣，食犬彘之食，囚首丧面，而谈诗书。"意思是王安石穿着破破烂烂的衣服，吃着猪狗一样的食品，像一个囚犯一样，却到处大谈诗书礼乐，显摆自己的文章，是一个沽名钓誉、大奸大恶之人。

这件事在《宋史》里也有记载，说王安石第一次到京城时，经常不洗脸，衣服更是穿两三个月都不洗，每天就是看书、工作或者和人讨论问题。对于这样一个不拘小节的读书模范，很多人都说他有学问、人品好，是一个贤达之人，但苏洵等一小批人却说他是大奸臣。

那么，应该怎么看这件事呢？首先，王安石不修边幅绝对是真的，这个无论在正史还是野史，完全一致。据说后来他当了宰相，在朝堂之上慷慨陈词的时候，虱子就在他的胡子里爬来爬去，惹得整个汴梁城当天晚上都在谈论宰相胡子里的虱子长什么模样。不过，仅仅因为个人生活习惯不好，不符合爱卫生的人之常情，苏洵就说王安石是一个大奸大恶之人，这怎么说都算是一种偏见，就连苏轼、苏辙都说老爹做得太过了。苏轼的笔记里有"轼与舍弟皆有'其甚矣'之谏"，这样来看，苏洵对王安石的态度，并没有对周围人有太大影响，完全是这老头子一个人在骂街而已。

等到宋仁宗死后，在宋英宗当政的四年中，王安石以给母亲守丧的名义待在老家江宁。

就这样，一直到1067年，宋神宗赵顼上台，急于摆脱北宋当时的困境，四处找人商量改革，就把宝押在了王安石身上。

二、王安石变法的内容

从 1067 年开始，宋神宗先是提拔王安石为江宁知府，随后又给了他一顶翰林学士的帽子，专门召见他征询建议。

王安石一本正经地问宋神宗，您想成为什么样的君主？宋神宗说，我看唐太宗就不错，谁知道王安石嘴一撇，说道："陛下当以尧、舜为法，唐太宗所为不尽合法度。"言下之意，唐太宗算什么，咱要做，就做尧舜之君。他还说，"大有为之时，正在今日"，陛下，现在正是大有可为的时候。

虽然谁也没看过尧舜时代是什么模样，但拜孔夫子所赐，古代君主的最高理想就是尧舜之君，现在王大人说了，只要用我的办法，您就能成为尧舜之君，宋神宗马上决定，依靠王安石来变法了。

1069 年，王安石被提拔为参知政事，正式进入宰相的行列。同时，成立了制置三司条例司，这个机构虽说是临时设置，但是权力极大，可以跨过中书省等决策机构，直接给下面发布命令。

等到了第二年，宋神宗干脆把王安石的头衔改成同中书门下平章事，这就变成了首席宰相，也就是首相，独揽大权。

就这样，一连串的改革措施变成了法律，接连颁布下去。1069 年，颁布均输法和青苗法；1070 年，颁布免役法和保甲法；1071 年，颁布方田均税法、农田水利法，同时改革科举制度；1072 年，颁行市易法。一场轰轰烈烈、疾风暴雨一样的改革开始了，史称"王安石变法"，又称"熙宁变法"。"熙宁"是宋神宗当时的年号，在我看来，"熙宁变法"更符合历史事实，因为这场变法的主导者应该说是两个人，甚至宋神宗比王安石更积极一些。

这场变法的内容大致有三大块，分别是富国、强兵和取士，用现代语言来说，就是经济、军事和教育。

教育方面，和今天推行素质教育差不多，建立太学三舍法，根据平时成绩来决定你是不是优秀；成绩好的，没必要去参加科举这种一张试卷定终身的考试，直接进入后备干部序列。对于明经科这种已经运行了几百年，专靠死记硬背取胜的科目，王安石大笔一挥给废除了，进士科还保留，但不再考诗词歌赋，只考时事问答。

军事方面，王安石的理想和宋神宗一模一样，叫作"恢复汉唐旧境"，也就是国土面积要扩大3倍。这事儿必须要大辽、西夏、大理和交趾这四个国家都同意才行，你要是没有一支强大的军队，那四个国家怎么能同意？所以，王安石出台了保甲法、将兵法等法律，将国家兵制从募兵制过渡到民兵制，也就是平时为民，战时为兵，和府兵制差不多。此外，完善将帅的选拔制度，改良兵器制造水准，以求打造一支精兵出来。

最后是经济方面，这是王安石改革的基石，用的力气也最多，用他自己的说法是"理天下之财以奉天下"，并且"民不加赋而国用饶"。意思就是我们只要掌握了天下财富的规律，既不用给老百姓加税，还能弄到钱。具体怎么做呢？王安石使用了国家机器对经济进行调控，甚至让政府直接参与到经济活动里去。用现代人的话说，就是成立了很多国企，从士大夫官僚、权贵与豪商巨贾手中抢夺利润。他的方田均税法、均输法、市易法、青苗法，都是围绕这一目的进行的。

比如说青苗法。那时候老百姓家里面的存粮，从春天地里长出青色禾苗算起，一般很难吃到新粮食黄澄澄丰收的时候，这叫作青黄不接。这段日子最难熬，老婆孩子往往饿得哇哇哭，困难的农民们只能到处去借粮。谁有粮？地主家有余粮啊，比如《白毛女》里面黄世仁这样的大地主或者大乡绅，农民一般都去找他们借，可是等秋天粮食下来，你不仅要还本，还必须付出很高的利息，还不上的话，喜儿就要去给人家当丫鬟或者小妾。王安石的青苗法就是为了解决这个问题而推出的。做法就是，一把推开大地主黄世仁，对杨白劳和喜儿说，来，有困难找政府，朝廷借给你，只收二分利。这样一来，获得好处的有两个，一个是政府，另一个就是农民，倒霉的自然就是黄世仁，他赚不到钱，更别说把喜儿收入房中了。

三、变法为什么受到反对

自古以来，这样的改革都很难推进，因为触动了大地主、大豪绅和大资本家们的利益，你动了人家的奶酪，人家自然要和你拼命。可是王安石的改革阻力，还不仅仅来自这些既得利益集团，还有一大批元老重臣，这些人就是上面提过的以司马光为首的，包括韩琦、富弼、程颐程颢兄弟、欧阳修、苏轼苏辙兄弟等众多守旧派知识分子。当然，骂王安石最起劲儿的苏轼他爹苏洵要是还活着，肯定是最积极的那个。

那你可能会问了，这些家伙难道看不见大宋王朝的各种问题吗？实际上，这些人都知道国家有问题。韩琦、富弼、欧阳修本身就是参加过范仲淹庆历新政的改革派，司马光设计过服役法的改革，苏辙更是在全国各地考察过很长时间，得出过"田间必改"这样的结论。他们想改革，为什么还反对王安石？这里面的原因极其复杂，简略地讲，大致有五个原因。

第一个原因是王安石本身的问题。他不仅不重视个人卫生，让很多人看不惯，还狂妄自大，认为除了自己，其他人都不怎么样。比如他讽刺欧阳修读书少，原话是"欧公坐读书未博尔"；说宰相韩琦是"如此之人在一郡则坏一郡，在朝廷则坏朝廷，留之安用"；等到富弼被贬之后，他还讽刺说"尚不足以阻奸"，意思是富弼这样的人应该打翻在地，再踏上一万只脚；批评司马光"所言尽害政之事，所兴皆害政之人"，在王安石眼里，司马光没有为大宋王朝做一件好事。可以这样说，只要对他王安石提出一点儿批评反对意见的，马上就被他认定为小人、奸臣，小人和奸臣的意见不仅不能听，还要和他们斗争，把他们彻底斗倒斗趴下。

王安石这种如同好斗公鸡一样的性格，并不是当上宰相以后脾气见长，他年轻时就这样。想当年他中了进士的时候，宰相词人晏殊还活着，同为江西抚州人的他，很欣赏王安石这个年轻人，就请他来家里喝酒，但是宴席之上，晏殊马上就发现这位小老乡有狂妄好斗的毛病，于是就说，我送你八个字，"能容于物，物亦容矣"，意思是，你不要那么锋芒毕露。可惜，王安石回到自己住的地方，却慨叹一声，"晏公为大臣，而教人以此，何其卑也"。言下之意，你晏老爷子居然教我宽容那些小人，我很瞧不起你，从此王安石继续我行我素，眼睛朝天，看不起别人。一个人如果狂妄自大，容不了批评，那必定行事偏激，而且更坏的是，注定了他身边大多数都是一些阿谀奉承的小人，比如吕惠卿、蔡京等。

第二个原因是文人相轻。本来王安石的文学才华就已经让大家妒忌了，结果在仕途上，他也打了大家的脸——俺们这边小心翼翼地伺候皇帝，按部就班地升迁，结果你王安石一进中央，就获得了皇帝的无比信任，这公平吗？《宋史》里记载了这么一件事，苏轼问当时位高权重的宰相曾公亮，说您老人家为什么不阻止变法？曾公亮的回答是："上与安石如一人，此乃天也。"意思就是皇上和王安石早就穿一条裤子了，怎么阻止？这就是天意啊。对司马光这些也很骄傲的知识分子来说，相比起利益，年轻皇帝对王安石的信任，和对他们的冷淡，更令他们郁闷。

第三个原因是南人北人之争。前面说过，寇准作为北方人，瞧不起出身南方的晏殊。一般来说，北方官员比较保守，也比较稳重，但南方的官员有活力，有干劲儿，这一点今天的中国也是如此。大宋王朝前些年那个并不太美好的庆历新政，带头人范仲淹就是南方人，现在又出了一个"南蛮子",对于这事儿,以司马光、富弼、韩琦为首的北方人有一种天然的警惕。

第四个原因就是保守和激进两种改革观点的争论。在保守派看来,王安石的改革是"变法度",也就是修改祖宗定下的法度,制定新的规章制度,这是司马光他们不愿意看到的;他们的想法是"觅良臣",也就是制度能不动就不动,咱们找一些有道德、有学问的大臣来治理国家,一切就都会好的。

为此,他们还创造了一个谣言,说王安石在外面说什么"天变不足畏,人言不足恤,祖宗之法不足守",意思是老天爷的警告我不怕,老百姓的指责我不在乎,祖宗定下来的规矩更是说不遵守就不遵守,这完全就是没安好心。

中国人自古以来就笃信"受命于天",皇帝被叫作天子,而"天听自我民听",老天爷又要听老百姓的,再加上祖宗崇拜,皇帝年年都要去祖庙烧香,所以,上天、老百姓和祖宗,没有比这三者更大的了。现在保守派说,王安石连这三个最大的都不怕,肯定是疯了。这话传进宋神宗耳朵里,宋神宗特意把王安石叫进宫来,问他说:"闻有'三不足'之说否?"王安石立马回答说:"不闻!"这绝对是谣言,我胆子再大,也不敢和老天爷、老百姓和祖宗叫板啊,坚决不承认。不过,你要是说这三句话不是王安石内心的想法,那肯定也不客观,实际上,他即便就是这么想的,也万万不能承认罢了。

上面这四点虽然是王安石被群起而攻之的原因,但如果只是这四点,王安石和宋神宗应该还是可以笑傲江湖,将改革进行到底的。

实际上,第五个原因才是最致命的,也正是这个原因,让宋神宗最后摇摆不定,打了退堂鼓,导致这场熙宁变法虎头蛇尾,黯然收场,而王安石也在历史上留下了很大的争议。那么,第五点原因是什么?王安石的下场如何?且听下回分解。

116. 成败两难说

虽然反对变法的人相当多,但由于宋神宗和王安石在变法还没开始的时候,就已经设想到了这些阻力,想好了对策,所以那些反对派,也就是所谓的旧党,被打得稀里哗啦,挨骂的、罢官的、贬职的,一个个搞得灰头土脸。其中有一个主动辞职的人,名叫司马光。

一、关于青苗法的辩论

司马光从一开始就不赞同变法,他不否认帝国存在的问题,但他给宋神宗开出的药方是,选择有道德有文化有理想有规矩的"四有大臣",国家自然就好了,也就是制度不用变,要在用人上多加筛选。

司马光这套说法对还是不对,我交给大家去判断,不过为了更有助于大家思考,这里我简单地说一下他和苏轼在青苗法上的具体观点。

青苗法前面介绍过,就是政府代替大地主借给老百姓粮食。司马光说,你王安石的这条改革措施,不就是与民争利吗?如果我们继续用黄世仁来举例,那就等于说,黄世仁虽是大地主,但也是民,你从黄世仁手中争利,也是不对的;况且,一个平民土财主借钱给老百姓,都能让杨白劳倾家荡产,喜儿跑到山里当了白毛女,更何况那群如狼似虎的官吏呢?他们可比黄世仁有权有势得多,这叫"况悬官督责之威乎"。

对此,改革派吕惠卿的回答是,"愿取则与之,不愿不强也",我的利息比黄世仁可低多了，并且是自愿原则，老百姓愿意借就借，不愿意借拉倒。这时候，在司马光一边的苏轼开口说道："虽云不许抑配，而数世之后，暴君污吏，陛下能保之与？"你现在说借不借都是自愿，可是这事儿谁能保证呢？等以后出了一个暴君，或者一些贪赃枉法的官员，他们用这个来盘剥老百姓，谁能禁止？苏大才子当时还是很有一些书生意气的，连暴君这样的词都敢当面对着宋神宗说。

在上面的对话里，除了说地主豪绅也是人，与他们争利也是"与民争利"之外，司马光和苏轼还提到了一点，就是无论现有的财主放高利贷还是改革后的朝廷往外借钱，对于农民来说，后果是不是美好，都取决于这些债主是不是贪得无厌，是不是横征暴敛。只要这些人心里想的是如何榨干百姓，那么，无论是按照现在的模式进行下去，还是你王安石的青苗法，都没用。

很显然，这些说辞在宋神宗和王安石面前，是没什么用的，他俩也不生气，但对所有这些意见都无视。

不过宋神宗对51岁的司马光，还是比较看重的，准备让他当知枢密院事。从这一点来看，宋神宗还是很有政治智慧的，让一个旧党领袖，改革的反对派当枢密院一把手，来制衡一下新党的改革家们，是一个比较高明和稳妥的办法。如果历史真是这样走下去，也许王安石变法就是另一个样子了。可是司马光老爷子是一个19岁就中了进士的人，虽然外表不像王安石那样飞扬跋扈，但内心的骄傲一点儿不少，他一看皇帝不听自己的，直接说，在下家里还有点事儿，你们继续，直接回到了地方上，先是去了西安，一年之后，1071年，又到了洛阳，担任了御史台一个闲职，从此15年不理政事。

司马光也没撒谎，他在家确实有事情要干。这事儿要从宋神宗的老爹宋英宗说起，在英宗时代，司马光就利用业余时间，写了从三家分晋一直到秦朝灭亡的这段历史，本来开始是写着玩的，不过宋英宗看了之后，觉得写得实在是太好了，不愧是姓司马的，和老祖宗司马迁都有得一拼，就让司马光继续写，还专门雇了很多文人，给他当助手。可惜的是，没过多长时间，宋英宗就死了，写书这件事，也就耽搁下来。

现在司马光就把这件事又提了出来，对神宗说，先帝当年让我写历史，这事儿我没干完，对不起他老人家，现在要回家接着干。神宗一看先帝都被抬了出来，也只能同意。就这样，司马光在洛阳写史，整整写了15年，这中间的艰辛一言难尽。

据说夏天热的时候，司马光怕流汗滴到手稿上，就让人挖了一个洞，钻到比较凉快的地下去写作。《宋史》上说他"日力不足，继之以夜"，白天干不完，晚上接着干，即便是生病了也不休息。别人说老爷子，您身体要紧，他的回答是"死生有命"。终于，在1084年，他完成了一部史学巨作，从前403年，一直写到五代后周结束，前后1362年的历史，全书294卷，将近300万字。就算是放在今天，有计算机帮着检索，那也是一个浩大的工程，更何况是1000年前，那个查一个历史事实要读十几本书的年代。

写完之后，他把这本书献给了宋神宗，神宗看了之后，百感交集，说"有鉴于往事，以资于治道"，可以命名为《资治通鉴》。"资治"就是帮助治理的意思，"通"就是通史，也是博古通今的意思，"鉴"就是借鉴，书名的整体意思就是读这本书，以古代发生的事情为鉴，帮助治理现在的国家。

这是中国历史上唯一能和司马迁《史记》并列的史学巨作，是司马光在洛阳创作和编著的。古往今来，很多学者对《资治通鉴》的评价都非常高，毛泽东一生里曾经把这本书读了17遍，并且每次都写上很多注释。在他去世之前不久，曾经很伤感地说，这是一本好书啊，但恐怕我是最后一遍读了，这个阅读和批注的次数加上这句感慨，可以看作是主席对这本书最大的敬意。

二、变法的结果

言归正传，司马光等人在这场被称为新旧党争的斗争中暂时失利，宋神宗和王安石自然是甩开膀子，大干一番，那他们的战果如何呢？我们先来看一件事，1074年春，也就是新法实施五年之后，一个在首都看大门的小官员郑侠谎称有西北的紧急军情，通过特殊渠道，给宋神宗上了一幅图画和一封信。

图画叫《流民图》，画的是失去了家园，饿得瘦骨嶙峋的饥民漫山遍野流浪的情形。奏章的内容，则是说王安石的新法害得老百姓变成了流民图里所画的模样，而且上天因为新法而震怒，导致去年到今年一滴雨水也没下。

在这篇奏章的最后，他掷地有声地呼吁朝廷废除新法："如陛下行臣之言，十日不雨，即乞斩臣宣德门外，以正欺君之罪。"意思是，春雨贵如油，农业帝国全靠老天爷赏饭吃，现在老天爷生气了，整个春天一滴雨也没有，如果皇帝您废除新法之后，十天之内不下雨，请砍了我的脑袋。

这在古代中国，叫作死谏，把自己的生命押在了赌桌上。

郑侠是谁？他为什么要死谏？

其实，郑侠比王安石小20多岁，可以算是他的一个忘年交，王安石对他很欣赏，因此在掌权之后，提拔郑侠为光州的司法参军，负责依法判刑等。只要是郑侠判的案子，王安石全都不做改判，相当信任。《宋史》里说，"侠感为知己，思欲尽忠"，郑侠一度是王安石的铁杆粉丝。

为什么这样一个忠诚支持者，最后却不惜以死相谏，也要把王安石扳倒呢？简单一句话就是，郑侠是个正直的人。当他在民间看见变法的种种弊端之后，多次上书给王安石，请求他重新考虑一些法律的执行，王安石不仅不为所动，还把他打发到首都安上门去看大门，然后又让人带话给他，你要是赞同新法，就回来当官。

一般人到这一步，或者屈服，或者破口大骂，然后绝交，可是郑侠却不卑不亢地回答说："相君发言持论，无非以官爵为先，所以待士者亦浅矣。"意思是，您用官帽子来诱惑我郑侠，有点儿小看我啊，然后，他就去做了看门监；但是同时，他却在他管辖的范围之内，尽量避免变法对小商小贩的冲击，既不怨天尤人，也不消极怠工，仍旧尽职尽责。直到他看见城外因为王安石新法而流离失所的老百姓，而王安石又对他的劝告压根不听，这才用了非常之法，直接给神宗上书，以命相赌，要求废除新法。

那么，王安石的新法真的是让老百姓的日子越过越差吗？前面解释青苗法的时候，不是说这是一个既有利于政府，又有利于人民的法规吗？很不幸，这两个问题的答案都是肯定的，法规很好没错，可老百姓日子越来越差也没错。

上一节结尾我曾提到，王安石变法失败还有第五个原因，也是最重要的一个原因，那就是改革派王安石等人急于要看到变法成果的心理，导致法规执行出了问题，而且是很大的问题。

为什么急于想看到改革成果就出了问题？道理很简单，欲速则不达。这可以用人体的免疫来做个比喻，病毒进入身体之后，人体免疫系统需要一个过程，来看清楚这玩意儿长啥样，穿啥颜色的衣服，然后才能发动大规模战役。可是这就需要时间，在这个程序完成之前，如果免疫系统太着急，一看平时亲密无间的小细胞们死了一大片，就提前发动了总攻，那就只能是不分敌我，一顿瞎忙活，把病毒消灭的同时，也把人体健康细胞杀死了，最后大家同归于尽。这叫细胞因子风暴，是新型冠状病毒致死的最大原因之一。

王安石这些改革派就和我们的免疫系统一样着急。还拿我们熟悉的青苗法为例，本来是好事，青黄不接时，政府借给贫苦农民粮食，秋天连本带利收回。可是宋神宗和王安石急于看到成果，他们期待的成果是政府库房里的钱财要急速增加；地方官也急于看到成果，他们要看的成果是老百姓踊跃借粮，积极还粮，皇帝和宰相一高兴，就升了自己的官；下面负责具体执行的官吏更急于看到成果，因为借粮的数目越大，他们经手的钱财就越多，油水自然也越厚。

这样一来，在这些人的默契之下，几乎所有老百姓都要在春天去政府借粮，而且是越富的老百姓越要借，因为你还得起利息。这就相当于我们的免疫系统，本来只应该针对病毒，也就是穷苦百姓，可是现在管你三七二十一，一棒子扫过去，所有细胞，也就是全体老百姓都倒了霉。吕惠卿上面说的那句"愿取则与之，不愿不强"，在具体执行的时候，变成了一句空话。对于老百姓来说，事情不但没有变好，反而更坏了。这就好像是，大地主黄世仁往外借粮的时候，富裕的老百姓是可以不借的，现在每年却必须硬生生地多付出二分本来不应该付的利息，而且，后来发展到他们还要为那些贫穷的老百姓担保。贫苦老百姓本来只需要借一麻袋粮食，可是现在小官吏们嘴一撇，起步价五麻袋，必须借——因为借得多，利息就多，政绩也好看。那最后自然是富裕老百姓破产，贫穷的老百姓家破人亡，可以说怨声载道，民不聊生。

这些情况，王安石和宋神宗是看不到的，或者说他们不想看，他们看见的是，政府的财富迅速而高效地积累起来。

这种朝廷通过青苗法得到的额外财富，也就是老百姓付的利息叫作"青苗钱"，此外还有"免疫钱""市易钱"等。据《宋史》记载，王安石和宋神宗通过变法，让宋朝国库从赤字一下子变成了盈余，史书上说，所收财税，"如一归地官以为经费，可以支二十年用"。也就是变法若干年，国库的积蓄可供朝廷二十年财政支出，这是一个相当惊人的数字。如果这钱真的是以经济手段做大蛋糕之后得来的，那王安石的改革可以说是成功的；但很明显，这些钱里的相当一部分，都来自实质上地对老百姓的盘剥。所以，也就难怪有那么多大臣，比如司马光、苏轼等强烈反对变法，到郑侠这儿，形成了最后的高潮。

也正是因为郑侠的这幅《流民图》和奏章，让宋神宗意识到了大家反对王安石的第五点理由。事实上，他并不傻，各种反馈他也早有耳闻，郑侠成了压倒骆驼的最后一根稻草，神宗这时候对王安石说："朕所以恐惧者，正为人事之未修尔！"我担心的正是这事儿用的人有点问题啊。于是，神宗暂停了向老百姓收"青苗钱"和"免疫钱"，又罢除了方田法和保甲法，一共颁布了十八条暂缓改革的措施。

《宋史》里记载，老百姓对这个举措的反应是"民间欢叫相贺，越三日，大雨"。这个事儿就很神奇了，老百姓对于暂停新法叫好，我们可以理解，为什么三天之后，真的就下大雨了呢？答案我也不知道，像天人感应这么玄妙的事情我是不敢说的。

到了这一步，王安石在宰相的位置上是待不下去了，理想归理想，现实毕竟是现实。1074 年，在变法五年之后，王安石被罢黜了宰相的官职，改任江宁知府，回到老地方去做地方官了。

不过，新法也并没有完全被废除，毕竟宋神宗的库房里堆得满满当当的都是钱，他得到了新法的实惠，哪能那么容易就收手。暂缓改革，王安石罢相，只是安抚老百姓的手段，宋神宗启用吕惠卿接替王安石，继续主持变法。

吕惠卿人品有问题，本来他是亦步亦趋地跟着王安石干的，现在一看王安石倒霉了，就想彻底打倒王安石，让自己成为变法派也就是新党首领。不过，他搞阴谋诡计的水平差了点儿，上蹿下跳几次之后，就被朝廷里依旧想念王安石的大臣们联合扳倒，又把王大人给请了回来。

1075 年春，王安石第二次当上了宰相，但这一次，宋神宗对他的支持明显有保留，《宋史》上说"上益厌之"，也就是越来越不喜欢王安石。对于这一点，王安石自己当然也清楚，重新当上宰相的第二年，他主动上书说，自己儿子死了，没心情干活。

就这样，1076年秋，王安石又一次辞去了宰相，后被封为舒国公，从此，基本上就算是退出了政治舞台。

三、如何评价成败

我们该如何评价王安石变法呢？综合前面所说，基本上就是十二个字：变法有理，施法不当，成败参半。首先变法有理不用说，连司马光、苏轼这些强烈反对王安石的，都认为北宋神宗时代必须要变一变了，而且我也认为这些人里面，王安石是最具有改革能力的。其他人批评王安石的时候口吐莲花，唾沫横飞，可是你只要问他们一句，国家没钱，你说怎么办？那些孔夫子的好学生马上就会闭嘴，因为他们除了道德文章，别的一概不会。

王安石曾经说过一句话："盖制商贾者恶其盛，盛则人去本者众，又恶其衰，衰则货不通。"意思是一个社会既要有私人商人资本家，但也不能任由他们发展，没有这类人，社会就是死水一潭，物流不畅，大家谁也富裕不起来，可是如果让这些家伙完全兴盛起来，变成华尔街那样的大鳄，那么工农业都会受到影响，这就叫作"去本者众"。这个道理即便就是在2023年的今天，也是振聋发聩的警醒，更别说是在1000年前的宋朝了，可以这么说，对于商业社会的认知，王安石远远高出司马光、苏轼等人。

其次就是施法不当，步子迈得太大，太急了。国家就像一辆汽车，国家越大，惯性也越大，如果在行驶当中急打方向盘，小车可能没事，比如说像新加坡这样的国家，但是大货车那百分百要出事故，比如苏联，那弯儿就拐得太急了。当然，施法不当还包括一个原因，就是王安石他们对人性的考虑实在是欠妥，他以为赞同他改革的都是好人、君子，反对他的都是坏蛋、小人，结果就是他的改革派阵营里大部分都是附炎趋势的小人。

为什么说是成败参半呢？失败是肯定的，因为老百姓的利益受损太大，最后不得不停止一部分新法，但朝廷收到了大笔的银子，而且由于保甲、将兵和军器法这些的实施，部队强大了很多，这又是成功的一部分。

这里面最典型的例子就是"熙河开边"。"熙河"指的是熙州和河州，分别是今天的甘肃临洮和临夏。"熙河开边"的意思，就是占领了甘肃西北的六个州。

这地方本来是少数族聚居区，既不服大宋王朝，也不理会西夏政权，不过平日里和宋朝的关系还算好，大家做做生意，小日子本来很平和。但宋神宗在王安石变法后，军事稍微强大了一点儿，就采用了王韶的建议，准备拿下甘肃西北，以便对西夏构成前后夹击的势态——你别忘了，王安石和宋神宗可是一直想着恢复汉唐的江山。

1072年，王韶率宋军出击，这一仗打得很顺利，到了1075年，拿下了甘肃的六个州，设立了完全由宋朝主持的政府、市贸等机构，形成了对西夏的夹击之态，《宋史》上说"宋几振矣"，也就是宋朝差一点就振作起来了。从这个角度看，这也是改革成功的一部分。

不过，差一点儿就是差一点儿，最后随着王安石的下台，宋神宗独木难支，大宋王朝的开边行动也就到此为止了。

117. 千古苏东坡

1079年,一个反对变法的保守派成员被调到湖州任知州,按照惯例,他要写一篇文章,谢谢皇帝老子给自己这个职位。很不幸的是,他是一个诗人,写《湖州谢表》的时候难免带了一些感情,里面有这样的句子:"陛下知其愚不适时,难以追陪新进,察其老不生事,或能牧养小民。"意思是四十多岁的我又愚蠢又老迈,只能来湖州这破地方当一个地方官了。

谁都能听出来,这话有怨气,改革派的新党战士们在王安石下台之后,改革进行得正艰难,一个个憋着一肚子气,现在看到一个顽固的保守派居然也敢抱怨,便把铺天盖地的指责和诬告砸向了这个知识分子,北宋著名的"乌台诗案"随之诞生。这个案件的主角名字叫苏轼,号东坡。

一、乌台诗案

苏轼是王安石变法最坚定的反对者之一,出生于1037年,比司马光和王安石小了快20岁,比欧阳修小近30岁,是名副其实的小字辈。但自从他20岁那年中了进士之后,就得到了当时文坛领袖欧阳修的赏识,欧阳修多次说他"他日文章必独步天下",还说想要让他出人头地。欧阳老爷子如此不遗余力地为之造势,苏大才子自然是名声大噪,一时之间,人人都认为,苏轼日后必然飞黄腾达。可惜的是,苏轼不像和他同年中进士的吕惠卿那样会投机,就在王安石如日中天的时候,他跳出来反对新法,然后被打压得只能在下面兜兜转转做地方官，杭州、密州、徐州，他都去过了。

在密州的时候，一个中秋夜，苏轼因为太想念弟弟苏辙，喝了酒一时兴起，就填了一首《水调歌头》，开篇是"明月几时有，把酒问青天"，结尾是"但愿人长久，千里共婵娟"，这首词中国人基本都会背。

南宋有一个文学评论家，叫胡元任，他这样评价苏轼的这首词："中秋词，自东坡《水调歌头》一出，余词俱废。"这句评语今天看来，确实不过分。虽说文无第一，每个人喜欢的风格都不一样，但上千年过去了，在宋词当中，苏轼的这首水调歌头如果说排第二，无论是谁排第一，心里难免都是忐忑不安的。

王安石下台之后，按照苏轼心里的想法，自己肯定应该被调到中央了，结果却还是在地方转来转去。也许就是在这种失落心情的驱使下，他才在《湖州谢表》里抱怨了两句，结果惹了一个大麻烦。

一开始也仅仅针对文章，大家的焦点都在《湖州谢表》上，即便真是有罪，问题也不大。但是，就在这时候，科学家沈括跳了出来，他拿着早年从苏轼那里得到的一些诗稿，宣布苏轼这个"反动派"一贯如此，过去写的很多诗都是讥讽朝廷的。

大家一听他的解释，顿时觉得很对："根到九泉无曲处，世间唯有蛰龙知"，不就是说世间没有真龙，只能到九泉之下去找吗？苏轼这是对当今的真龙天子怀有巨大的仇恨啊，才能写出这么恶毒的句子！宋神宗听到这番添油加醋的报告之后，异常恼怒，直接把苏轼从湖州抓到了京城，关在御史台。因为御史台的另一个名字也叫乌台，所以这个案子也被称为"乌台诗案"。

很快，京城里面以前讨厌苏轼的一些大臣就上下奔走，运作一番，最后以四大罪名起诉苏轼。若这情形继续下去，苏轼当时肯定要归天，那《赤壁赋》这些千古名篇就不可能产生了，关键时刻，有人救了他。

按照现在流行的说法，是王安石救了他。

已经下野在江陵城里闲居的王安石写了一封信给神宗，为苏轼求情，信里有一句话："安有盛世而杀才士乎?"这是一句顶一万句的话，因为别人都是给苏轼求情，而王安石这句话的高明之处就在于，他是站在宋神宗的角度看问题的：苏轼就是一个有点儿学问的知识分子，杀不杀就是您一句话的事儿，可是如果您杀了苏轼，让别人怎么评价您呢？历朝历代，凡是盛世，从来都不杀有才华的人。

杀一个人把盛世给弄没了，这买卖实在不划算，宋神宗掂量之下，饶了苏轼一命，将他打发到黄州，担任团练副使。团练副使这个职位，和唐朝的司马差不多，就是安置被贬官员的，手里什么职权也没有。

王安石为什么要为政敌求情？要回答这个问题，必须先问一句，王安石救苏轼这事儿是真的吗？很遗憾，《宋史》上没有记载，史书上就一句话，"神宗独怜之，以黄州团练副使安置"。也就是说，虽然很多大臣群情激愤，一定要置苏轼于死地，但宋神宗独自做主，网开一面，把苏东坡打发到了黄州。

我个人选择相信《宋史》，苏轼不是王安石救的，是宋神宗自己赦免的。

原因有两个。第一，杀苏轼不符合宋神宗甚至整个宋朝的一贯作风。苏大才子当时的才华和名气让他在宋朝，尤其是北宋，是不可能被杀的，王安石作为最了解宋神宗的大臣，他一定知道苏轼不会死。

第二，宋神宗从始至终，对这个案子没表态。最高法院大理寺的初始判决是流放两年，只是御史台也就是监察部门不同意，一定要重重地治罪，原话是"特行废绝"，但也没说一定要杀头。所以，即便王安石真的写信，也不会说"安有盛世而杀才士乎"，因为这属于无的放矢。宋神宗接到信肯定一头雾水——我可还没决定呢，你不好好在家里休养，非要搅和这事干啥？所以，我认为事实上，王安石应该没写这封信，不是不救，而是不需要救。

那么，以王安石的人品，如果苏轼最后真的被判决，要被砍脑袋了，他会不会救苏轼呢？我觉得应该会的。

从现存的所有史书上，我们都能得出一个结论，王安石和司马光两人，在官场上你踩我一下，我踹你一脚，打得相当激烈，但这两人私下里的德行，却都没得说。从人品、道德、修养上看，二人都堪称楷模，为官清正，廉洁自律。别说贿赂，就连朋友的礼尚往来都没有。比如，王安石有一次得病，有人送来一根老人参治病，被王安石一顿痛骂，赶出门去；再比如，当时养妾成风，不找几个小老婆都不好意思见人，苏轼甚至把一个12岁的小女孩养成了小妾，这个小妾叫王朝云，在历史上也挺有名。就在这样的风气下，王安石、司马光两位都拒绝纳妾，据说最后王安石的老婆都看不过去了，对王安石说，你不纳妾，让外人怎么看我？会不会说我是一个喜欢妒忌的女人啊？以前讲过，古代男人可以用七种理由合理地把老婆赶回家，其中之一就是妒忌，换句话说，古代阻止老公找小妾是一件挺丢人的事情，所以，王安石的老婆就偷偷地给王安石买了一个小妾，但王安石居然直接把人赶跑了。

更有甚者，王安石不坐轿子，他认为让别人抬自己，违背了心中人人平等的公平正义原则。这样的王安石，虽然对政敌毫不手软，但把对方整死，从肉体上消灭对方，他是万万不愿意看到的。

二、变身苏东坡

乌台诗案发生之后，被贬到黄州的苏轼和之前的苏轼，无论从诗词风格还是人生态度，都是完全不同的两个人。在那之前的苏轼，是写出了"老夫聊发少年狂"的锐意进取的儒家学者，"西北望，射天狼"这种随时准备为国效力的诗词，更是写了不少，可是乌台诗案之后，苏轼变成了苏东坡。

首先说一下为什么他被称为苏东坡了,因为到了黄州,当一个团练副使,那点儿薪水根本就不够他一家子人的花销,没办法,他只能带领家人,开垦城东的一块坡地,种田糊口。就这样,他自嘲地给了自己一个号,"东坡居士"。

苏东坡和苏轼的区别很大。先是信仰从儒家转到了佛和道,以前开口闭口就是"致君尧舜上",而现在,基本上就是谈论佛家禅理,或者是翻翻道教书籍。可能很多人不知道,苏东坡还给自己起过一个"铁冠道人"的号,听起来像是跑江湖卖假药的。

随着信仰的转变,他的性格也从超逸豪放变成了亲近大自然,体悟人生,老年到了惠州,更是旷达淡然。这一切反映到诗作上,就是中年有一种无奈的慨叹,而老年是旷达的淡然。

我这里就不叙述他的词作品了,因为名句实在是太多了,既有"欲把西湖比西子,淡妆浓抹总相宜"这样写景的,也有"人生如梦,一尊还酹江月"这样慨叹人生的,还有"一蓑烟雨任平生"这样豪迈大气的。可以这样说,这是一个全能型选手,既能婉约,也能豪放,宋词在他的手里被提升到了一个全新的高度。

他不仅长于诗词,还是文学家、书法家、画家,各方面都有很深的造诣。他的墨竹画得特别好,为此说过一句很出名的话:"故画竹,必先得成竹于胸中。"意思是你想画竹子,那你心里面首先要有一棵这样的竹子,这就是成语"胸有成竹"的来历。

书法方面,宋代书法四大家是"苏黄米蔡",苏东坡排在第一位。今天台北故宫博物院还收藏着他亲笔书写的,也是他最出名的一篇文章《前赤壁赋》,那可是蒋介石当年千挑万选运到台湾的国宝级的文物,超级值钱。

1084年,苏轼在去往常州的路上,路过南京,拜会了王安石。按照一些野史和文人笔记的说法,先是苏东坡身穿便服下了船,对王安石说,不好意思啊,今天我像一个野人一样来拜见大丞相。王安石潇洒地一挥手道,繁文缛节岂为我辈所设?颇有金庸笔下黄老邪的风采。两人在南京城玩了几天,苏东坡走后,王安石很伤感地说,也不知道再有几百年才能看见这样的人物了。

《宋史》对于这件事只记录了几句对话,说苏东坡希望王安石能给宋神宗写信,劝一劝皇帝老子不要再对西夏打仗了。王安石对这个请求敷衍了事,一开始还说"安石须说",后来就是"出自安石嘴,入于子瞻耳",最后就是"笑而不言",相当于委婉地拒绝了。苏东坡只好告辞了。

其实,苏轼和王安石之间说了什么不重要,重要的是,苏东坡的这次拜见表明了他的一个态度,就是他已经放弃了那种坚决反对新法的态度,转而向王安石请教。

那么,他为什么要让王安石劝宋神宗不要继续打仗?因为就在一年多以前,宋朝军队在对西夏的战役里大败而归。前面说过,经过王安石变法之后,宋朝的军队变强了一点,正好西夏国内这时候外戚当权,比较腐败。1081年,宋神宗就派人去打西夏,本来只是试探一下,结果挺好,一下子就占了人家2000多里的土地。这一下他就来了精神,像一个赌徒一样,在第二年,押上了血本,派出了大军,准备一举拿下西夏。

可惜的是,这一次他选错了主帅,这位名字叫徐禧的主帅是《三国演义》里马谡和战国时宋襄公的合体。他先是像马谡一样,在三面绝壁而没有水源的地方建筑了一座永乐城,随后,当西夏大部队来攻击时,手下人劝他趁着对方乱哄哄渡河的时候发动猛攻,他又宋襄公附体,说"王师不鼓不成列",人家对方渡河的时候,怎能攻击人家,干这么不仗义的事情?结果,等西夏军团上了岸,这位徐禧大将军被人一顿猛攻,打回了永乐城,又因为城里没有水源,大部分士兵渴死,他最后也城破身亡。

据西夏方面的资料,这一仗宋朝损失20万军队,当然,这个数字可能夸大了。消息传回京城,宋神宗当着群臣的面放声大哭。

以上就是苏轼给王安石写信,劝神宗不要继续打仗的现实背景。我个人觉得，在政治上，苏轼还是要差王安石一个等级。王安石心里很清楚，按照宋神宗那种前怕狼后怕虎的性格，他只能自己郁闷，而不会再次去打西夏，可是如果自己这时候写信去劝，很可能他老人家就会把气撒到自己头上，这时候，最好不说话，所以他对苏东坡的劝告笑而不言。

后来的事实证明，王安石的政治嗅觉的确要比苏轼高上好几个等级，他完全算对了——宋神宗是既不敢再去打西夏，也没找到撒气筒，只能自己对着自己生气，很快，就把身体气得不行了。

三、"元祐更化"后

1085年正月，宋神宗的身体渐渐不行了。

当时的宰相叫王珪，外号三旨宰相，皇帝决定的事儿，他就等着领圣旨，每天上班就是取圣旨，回去之后对下面说的第一句话就是"已得圣旨"，领圣旨、取圣旨、得圣旨，所以人称三旨宰相。换句话说，完全不履行宰相的职责，就是一个传话筒，对神宗的话从来不说半个不字。

现在他一看，皇帝躺在床上，已经没办法给他下圣旨了，那怎么办？王珪马上想到了宣仁太后高滔滔，一有事就找高太后拿主意。高太后马上立了神宗的第六个儿子，9岁的赵煦为太子，开始临朝称制。三旨宰相王珪自然是毫无意见。

顺便说一句，王珪的后代有两个人特别出名，一个是他的外孙女，名字叫李清照，还有一个就是他的孙女婿，大名鼎鼎的秦桧。这两人后面都会说到。

公元1085年4月，宋神宗赵顼驾崩，年仅37岁。他这一辈子很难评价，你要是说他碌碌无为，那没有一个史学家会赞同，但你要是说他干出了啥名堂，他自己也不一定承认，否则也不会郁闷而死，而他和王安石联手搞出来的改革前面已经讲过了，那也是一笔糊涂账，很难说清楚。

由于即位的宋哲宗赵煦才9岁，朝政大权自然就落在了他奶奶宣仁太后高滔滔的手里。这位高老太太是一个厉害角色，不仅孙子对她言听计从，所有大臣，也都立马放弃了调皮捣蛋的心思，乖乖地唯高太后马首是瞻。

高太后执政之后的第一件事，就是写信给洛阳的司马光，史书上说她"迎问今日设施所宜先"，意思是，你说说，这个国家现在应该如何治理。

其实这就是做给别人看的，天下人有谁不知道司马光是反对变法的？高太后只不过是想借司马光的嘴，来实现自己的保守政治抱负而已。果然，司马光的回信说了，要广开言路，对老百姓施以仁政，重中之重当然是必须废除所有新法，他说那些新法"病民伤国，有害无益"。

结果，司马光、吕公著、范仲淹的儿子范纯仁，还有苏轼、苏辙兄弟，这些旧党分子纷纷从外地被召回，担任国家领导职务。他们聚在一起，干的第一件事便是逐条废除新法，什么方田均税法、市易法、保马法首先被废。就在大家商量着如何废除免役法和青苗法的时候，司马光病倒了，病床上，他还对吕公著说，青苗法还没有被废除，我死不瞑目啊。

司马光这种与新法势不两立的态度，让苏东坡看不下去了。多年来，他在下面兜兜转转担任地方官，实践出真知，他的感受、结论和司马光这个躲了15年，专门写《资治通鉴》的人不一样。苏轼现在认为，王安石的新法确实有可取之处，只要执行得当，很多新法都比原来的法规要好，这也是他此前专门拜见王安石的原因。于是，苏东坡站了出来，他说，对于新法要"较量利害，参用所长"，意思是新法不能全废。苏东坡还说，自己曾经在密州亲自实践过王安石的免役法，效果相当不错。

司马光自然不听，两人吵了一架之后，苏轼气得回到家里大骂司马光，就这样，他现在又得罪了保守派，在京城又混不下去了，又一次被外调出京。

高太后和司马光主导的这场废除新法运动，在历史上称为"元祐更化"，元祐是小皇帝宋哲宗赵煦的年号，"更化"是指变更新法。就在他们干得热火朝天的时候，1086年5月，南京传来了一个消息，那个制订了这些法令的始作俑者，王安石老先生去世了，享年65岁。

王安石死的时候有点凄凉，因为大家都怕得罪太后和司马光，所以葬礼很简单，就在南京半山寺后面的山坡上挖了一个土坑，既没有墓室，也没有神道墓志铭这些。葬礼上可能也只有他的家人出席，当时有人写了一首七绝，其中有一句是"恸哭一声唯有弟，故时宾客合如何"。不过也有一些文人听到了消息，虽然没来参加葬礼，但写了一些诗词来悼念，其中就包括后来大名鼎鼎的陆游的爷爷陆佃，他是王安石的学生。"遥瞻旧馆知难报，绛帐横经二十秋"，我跟着您学习了二十年，现在想报答也无处报答了。能写出这样的诗句，还敢发表，陆佃还是挺有良心的。

从大宋朝廷这方面来说，也没亏待他，《宋史》里说："赠太傅……谥曰文，配享神宗庙庭。"不仅追赠他一顶皇帝老师的大帽子，还给了一个相当不错的谥号，叫作"文"，最重要的是，还让他的牌位放在宋神宗的庙庭里，有了和宋神宗一起吃冷猪头的资格。

王安石这个人，从他的学识来说，是最适合搞变法的，因为他的思想体系本质上是儒家的，又掺杂了很多法家的学说，也就是儒法兼用的状态。可是同时，从他的性格来说，又是最不适合搞变法的。我们看他写的一首诗："墙角数枝梅，凌寒独自开。遥知不是雪，为有暗香来。"梅花在大雪和大寒之中，孤独而倔强地盛开，这差不多就是王安石的写照。他始终都是孤傲的，甚至很多时候连皇帝都不理睬，让他进京当官都不去。至于说大臣们，他更是一个都看不上，这种性格去搞改革，那只能等着别人来砸他的场子了。

再说回苏东坡，自从再次被调出京后，他这个在新党和旧党之间挣扎的人物就不停地四处漂泊，什么颍州、杭州、定州、惠州、儋州都去过。知道的,明白他到各个州都是当官的,不知道的,还以为他是管旅游的干部,下去视察工作的。

他在杭州西湖修过苏堤,著名的"苏堤春晓"现在还是杭州十大美景之一;他在海南的儋州办学堂,传播文化,硬是教出了儋州的第一名进士,当地人称为"破天荒",今天的儋州,依旧流传着很多和苏东坡有关的典故。

这中间,苏轼也不是没有重回中央的机会,比如说1091年,他就被特旨召回了京城,可是他回去后还是那副脾气,不会钻营,照样得罪人,马上就又被踢到了地方。

史书上记载了一个著名的故事,说有一天,苏东坡吃完了饭,抱着大肚子问周围的侍妾,你们猜我肚子这么大,里面都是啥?有人说才华,有人说见识,只有那位从12岁就跟着苏轼的美女王朝云说,"一肚皮的不合时宜",苏轼哈哈大笑,说知我者,朝云也。

不得不说,这位如夫人朝云小姐说的还是很对的。苏轼在给宋神宗的奏折里写过一句话,叫"法相因则事易成,事有渐则民不惊",法规要有连续性,干什么事都要慢慢来,只有这样,老百姓才能得到好处。这样的观点和行事方式,在一个大多数人都在走极端的朝堂上,自然会被认为不合时宜。无论是王安石的新党,还是司马光的旧党,都不会把苏轼认可为自己人,都觉得他可能是对方阵营的,很自然地,谁上台都不会提拔他,更不会听他怎么说。

就这样,兜兜转转之下,1101年,中国历史上罕见的一位文学奇才,唐宋八大家里面最有才华的一位,集诗、词、赋、书、画于大成者,苏轼,病逝在常州,享年64岁。千古以来,他是我最喜欢的古代文人,没有之一。

118. 文青宋徽宗

上一节讲过，王安石死得比较凄凉，不过朝廷还是待他不错，"赠太傅，谥曰文，配享神宗庙"。之所以在新法废除之后，还能如此待他，是因为当时手握重权的司马光抱病给宋哲宗的奶奶，当时大宋王朝的实际掌权者高太后上书，说："介甫谢世，反复之徒必诋毁百端，光意以谓朝廷宜优加厚礼，以振起浮薄之风！"大意就是，王安石这个人，是和我们政治斗争失败之后死的，这属于君子之争，可是外面那些反复无常的小人们不会这样想，他们看见今天的局面，必然落井下石，百般诋毁王安石，我认为，朝廷应该抵制这股歪风邪气，给他一个相对好的评价。

这件事说明了司马光人品确实不错，对王安石还是很敬重的，没有对王安石打倒在地，再踏上一万只脚。当然也应该看到，司马光这时候也已是时日不多了，大概也有"兔死狐悲""同病相怜"或者"人之将死其言也善"等百感交集的心态，在死亡面前，没有什么事情是放不下的，尤其是曾经的一些官场争斗，不值一提。

一、如何评价司马光

五个月后，1086年10月，司马光留下一句"吾无过人者，但平生所为，未尝有不可对人言者耳"，与世长辞，享年67岁。司马光真是他自己描述的这种人吗？我的回答是，差不多。他对于改革派的新党一点儿好感也没有，但也没使用什么上不得台面的阴谋诡计，都是堂堂正正地对着干。从这一点上看，他很坦荡。他和王安石，很有点儿像美国开国国父亚当斯和杰斐逊两个人，相爱相杀一辈子，最后同日而死。这种事在中国文化上，有一个词可以形容，那就是宿命，他们是命运安排的对手和同志。

不过，虽然都是尘归尘、土归土，但比起王安石，司马光的尘土就风光得多，他被追赠了太师和温国公的头衔，还有一个谥号"文正"。谥法上对"文"和"正"这两个谥号有很多解释，经纬天地曰文，道德博闻曰文，慈惠爱民还是文，内外宾服曰正，靖恭其位也是正。司马光活着的时候，就特别喜欢这两个字，他曾经很羡慕地说：文正是谥之极美，无以复加。现在他死了，大宋朝廷如他所愿，把这两个字给了他做谥号，估计他躺在棺材里都能笑醒。

因此，在他之后，文正两个字就被认为是人臣极美的、最好的谥号，皇帝绝对不会轻易给人。甚至到了明清的时候，如果死了能给个"文正"的谥号，你让人自杀，说不定他都会立马抹了脖子。

司马光的葬礼办得很风光，《宋史》里记载，当时京城的百姓"鬻衣以致奠，巷哭以过车"。为了参加司马光的葬礼，有些人宁可把衣服卖了，也要凑一份份子钱，买个花圈什么的，而且大街小巷哭声一片，纷纷来为他致祭。

无论司马老爷子死得多么惊天动地，我个人对他的看法是，他其实最适合做学者、大学校长、教务处主任，但不适合为官。这有两个原因，第一，虽然他写了《资治通鉴》，但他并没有非常突出的政治家的才能，看完他反对王安石的那些言论，感觉他就是在背书，除了"先人法度不可废"这类话语之外，很少有建设性的建议和措施。

第二，他品德刚正，学富五车，很有文人风骨，可是不能容人。在他心里，只有一条，谁支持新法，我就反对谁；反过来，谁积极反对新法，谁就是好人。

明末清初的大思想家王夫之，如此评价司马光和他身后的那些旧党："皆与王安石已死之灰争是非，寥寥焉无一实政之见于设施"，只会吵架，不干实事。这个评价在我来看，在某种程度上是比较客观的。

有时候，天下的事情就是这么神奇，虽然司马光等人没有什么具体措施，仅仅是废除了王安石的一些改革新法，大宋王朝却进入了一个稳定富足的阶段。从1085年到1093年这八年，在高太后统治之下，经济繁荣，政治清明，天下小康。这就难怪后来很多人说王安石的新法不好，而对司马光、高太后这些保守派的旧党充满了感情，甚至就连北边的大辽和西边的西夏都说，高太后是"女中之尧舜"。

难道是王安石改革真的错了？当然不是！

王安石当初为啥改革？四个字，国家没钱！宋神宗上台的时候，穷得叮当乱响，国库空虚到连工资都发不出来，可是经过王安石改革之后，国库里的钱甚至可以用20年之久。可以说，国家是确确实实地富了起来。之所以国家富裕了，王安石还会被否定，是因为他伤害了贵族和平民老百姓两方面的利益，现在废掉了新法，大家自然高兴，只是我们也要明白，司马光、高太后这些旧党的人享受的还是王安石弄到国库里的财富。

这里说一句题外话，我认为，国家的制度、政策、方针这些玩意，绝对不能是一成不变的，这世界上没有绝对普世的、永恒的制度和政策，否则的话，国家也就不需要领导人了。作为领导人，最主要的责任就是随时调整好方向，让国家这艘大船能快速又稳妥地前行。

二、宋哲宗重启新法

1093年秋天，旧党人士的保护伞，宋哲宗的奶奶，掌权的高太后病重。她知道自己可能不行了，就把当时的宰相，旧党的两个头目吕大防和范纯仁等叫到了后宫。范纯仁是范仲淹的儿子，虽然他爹当年也把改革搞得轰轰烈烈,但范纯仁自身是保守派,不过他和苏轼差不多,都是在保守中也赞同部分改革的,也都曾经对司马光进言,说有一些新法还是保留的好,可以说是一个正派的人,这也是为什么高太后对他一直很器重。

不过,高老太太这次叫他和吕大防进宫却并不是升他们的官,而是让他们辞职远走的。她说:"老身殁后,必多有调戏官家者,宜勿听之,公等亦宜早求退,令官家别用一番人。"在宋朝,"官家"这个词往往指的就是皇帝,意思是,我死了之后,我那个孙子,皇帝宋哲宗一定会恢复新法,你们要是现在不走,到时候可能会倒大霉。

俗话说知子莫若父,其实当奶奶的,对孙子的了解也很深刻。《宋史》说,高太后之所以知道宋哲宗赵煦想恢复王安石新法,是因为一件小事。宋哲宗小时候经常使用一个旧桌子,高太后就对他说,孙子啊,你这个破桌子,早就应该换掉了啊。赵煦表面上唯唯诺诺地答应,但每次换了之后不长时间就又叫人搬回来,高太后就问他为什么,赵煦的回答是:"父皇遗物",这是俺爹留给俺的,舍不得扔掉。据说就从这件事上,高太后就认定,这个孙子极其崇拜他爹,将来亲政之后,必然要恢复他爹宋神宗和王安石的新法。

高老太太料事如神,事实也确实如此,她刚去世不久,宋哲宗赵煦就把年号改为绍圣,打出了"绍述"的旗号。"绍述"这两个汉字在古代经常用,相当于现代汉语里"继承遗志"的意思。赵煦这是昭告天下,他坚决反对奶奶和司马光的保守派做法,就是要继承宋神宗和王安石的遗志,把改革进行到底。

他做的第一件事,就是把新党的领袖章惇从外地叫了回来,担任宰相。章惇这个人,早年和苏东坡关系不错,据说经常一起游山玩水。有一次到了一个叫黑水谷的地方,两边是万丈深渊,中间只有一条横木为桥,苏轼吓得两腿发软,而章惇却满不在乎地沿着横木走到对面,在石壁上写下"章惇、苏轼到此一游",完了又慢悠悠地走了回来。我们今天可以批判章惇是到处刻字的不文明游客，不过这不是重点；重点是，由此可见，章惇是那种不怕事，胆子很大的人物。当时苏东坡就拍着章惇的肩膀说："子厚必能杀人！"苏东坡认为，连自己性命都不在乎的人，还怕杀人吗？

章惇当了宰相之后，变脸很快，所有旧党成员，包括当时还活着的老朋友苏轼，马上都被贬到了外地。而且苏轼还是被贬得最远的，一下子就被扔到岭南，虽然他嘴里说着"日啖荔枝三百颗，不辞长做岭南人"，但实际生活还是很艰苦的。六年之后，苏轼就死在了北归的路上，这个前面讲过了。

你或许会问，旧党已经掌权七八年了，为什么章惇一上台，他们就不行了？这首先是因为旧党的最大靠山高老太太死了，现在高高在上坐着的，是宋哲宗，有他给章惇撑腰，大家确实难以招架。

不过这不是主要原因，前面多次说过，在中华帝国大部分时间里，大臣们要是想架空皇帝，并不是一件难事。旧党之所以迅速地垮台，主要原因还是他们不团结，内斗得太厉害了。

当时旧党内部分三派，分别是以刘挚为首的朔党、以苏轼为首的蜀党和以程颐为首的洛党。三个派别整天争来斗去，大多数时候争论的就是一件事——谁才是这个时代的君子？争论的结果就是，除了自己这个派别的，其他都是小人。后来程颐、程颢哥俩开创宋明理学，里面就充斥了"谁是君子，谁是小人"这样无聊的问题。

不过，宋哲宗和章惇也并没有把所有旧党的人都驱逐。有一个人，不仅没有被驱逐，后来还当上了高官，他就是蔡京。

蔡京是福建人，出生在1047年，比苏轼小10岁，本来是支持王安石变法的，在王安石风光的那些年，是新党里面的著名人物，可是到了1085年司马光掌权之后，要废除所有新法，其中有一条是免役法，司马光只给了五天时间，要求各地把它改回到原来的差役法。在各衙门县府都抱怨时间太短的时候，当时担任知开封府事的蔡京，用了不到五天，就光荣地完成了任务,而且小跑到司马光大人面前报告。

司马光这个人,谁反对新法,他就支持谁,当时自然喜出望外,《宋史》里记载,"光喜曰:'使人人奉法如君,何不可行之有!'"意思是,如果大家都像蔡京这样,什么事干不成啊?!从此之后,蔡京就成了旧党成员。

现在宋哲宗上台了,朝廷的风向又变了,蔡大人故技重施,又一次小跑到新的宰相章惇面前说:"取熙宁成法施行之尔,何以讲为?"宰相大人啊,咱们要马上实行新法,千万不能犹豫,错过深化改革的大好时机。

不知道新宰相章惇是不是也像当年司马光那样表扬了他一句,不过,宋哲宗上台,蔡京没有被赶出京城,官职还升了半级,却是千真万确的。

就这样,大宋王朝的改革之路在宋哲宗的主持之下又延续了八年。

八年之后,1100年,23岁的宋哲宗走到了他人生的尽头,一场急病让他几天之后辞世了。《宋史》里对宋哲宗的评价分为两段,先说他"登俊良,辟言路,天下人心,翕然向治",意思是这个年轻皇帝上台的时候有干劲,有能力,干得很不错,但接下来话锋一转,"党籍祸兴,君子尽斥,而宋政益敝矣",公开指责他把旧党都贬到了地方,这就叫作"君子尽斥"。根据这些描述,我们可以得出一个结论,后来编写《宋史》的蒙古人,也是儒家老学究,这本书是偏向于保守派的。

在我来看,北宋从宋神宗之后开始走下坡路,最大的问题并不是行新法还是旧法,而是在这两者之间来回折腾,并因此产生党争。这种争斗让那些不好意思使用阴谋诡计的人都远离了中央,留下来的都是像蔡京这样的真正小人,还有马上就要出场的童贯、朱勔这类的真正奸臣。当然,能让很多奸臣聚集在朝堂之上的皇帝大人,那也是不简单,这就是继宋哲宗之后的北宋第一昏君,宋徽宗赵佶。

三、宋徽宗亲政

其实，赵佶原本是不能继承皇位的。宋哲宗没有儿子，他去世后只能在其他皇室子孙中找继承人。中国人从汉朝开始，就以孝治国，按照法律程序，确定新皇帝这事必须要向太后点头。当时的宰相章惇对向太后说，按照儒家的《礼经》和大宋朝的法律，和宋哲宗同一个母亲的赵似可以立为新皇帝，因为他算是嫡子，如果赵似不行，那在宋哲宗这一辈人里的老大哥赵佖也可以。这听起来是相当合理，有嫡立嫡，无嫡立长。可惜的是，向太后没按套路出牌，她想立端王赵佶为皇帝。

赵佶是宋神宗的第十一个儿子，也就是宋哲宗的同父异母弟弟，吃喝玩乐，无所不精。据说在他降生之前，他爹宋神宗没事观看自己收藏的书画，看到南唐后主李煜的画像时，再三地感慨赞叹，说我要是有这么一个文采飞扬的儿子就好了。也不知道是不是皇帝金口一开，好运自然来，后来赵佶诞生了，果然在文学艺术方面拥有极高的天分，可以说是南唐后主李煜再世。

赵佶自幼爱好的文体项目有笔墨、丹青、骑马、射箭、蹴鞠，而且对奇花异石、飞禽走兽有着浓厚的兴趣，尤其在书法绘画方面，更是表现出了非凡的天赋，著名的"瘦金体"就是他创造出来的，在书法界地位超群，后来流行的"宫体画"也是在他的推动之下，才得到了极大的发展。

这样一个文艺青年，现在被向太后看中了，推出来作为皇帝的候选人。宰相章惇坚决反对，他虽然不是保守派，但对于一个文艺青年做皇帝，应该有一种天生的警惕和反感。而且当时他态度相当强硬，在和向太后的辩论之中，甚至说出了赵佶"轻佻，不可以君天下"这样的话语。

这句话完全可以和一千多年前孟子的那句"望之不似人君"交相辉映，在人人都温文尔雅的宋朝，那是相当过分。结果向太后把脸一沉，抬出了死人宋神宗，说："先帝尝言，端王有福寿，且仁孝，不同诸王。"

章惇没办法再反对。就这样，18 岁的文艺青年赵佶在向太后的支持下，于 1100 年走马上任，担任了大宋王朝第八位皇帝。赵佶上台之后的头两年，实际上是向太后掌权。我觉得向太后之所以坚持立赵佶为帝，一个相当重要的原因就是她看中了赵佶听话。

　　中国历史上有名有姓的太后分为两种，一种是大唐武则天、北魏冯太后、大辽萧太后这种私生活极其精彩的女人，一般都是改革派，也就是倾向于变革，想要有所作为，尝试着对这个社会做一些改变；一种是像高滔滔高太后这种私生活比较保守的，通常都反对任何变法。向太后是第二种，她掌权之后，朝廷开始驱逐新党人物。

　　章惇既是新党，又说过"赵佶轻佻"这种大逆不道的话，不出意外地，被辗转放逐到距首都开封八百公里外的睦州，也就是今天的浙江建德，最后死在了那里。

　　最善于左右逢源的蔡京这次也没能幸免，也许是朝廷这个弯儿有点儿急，他还没来的及改变立场，就被赶到了杭州。

　　不过向老太太也没有掌握很长时间权力，一年多之后，她驾崩在开封，宋徽宗赵佶开始亲政。

　　也就是从这个时候开始，北宋的奸臣们开始大批登场。首先就是那位中国历史上最牛的太监，牛到什么地步呢？这人占据着中国历史上的很多第一：中国历史上握兵时间最长、军队官衔最高的太监，当时掌管着最高军事机构枢密院；获得爵位最高的太监；第一位代表国家出使外国的太监；唯一一位被册封为王的太监。如果古代的太监们开一个会，他只要把这些荣誉头衔证书亮出来，估计其他太监，包括后来的九千岁魏忠贤、李莲英，都会甘拜下风。

　　那么，这位太监是谁，都干了点儿啥？且听下回分解。

119. 水浒的故事

宋徽宗上台之后，中国历史上最牛的一位宦官出场了，他的名字叫童贯。童贯是开封本地人，《宋史》里描述他"状魁梧，伟观视"，长得伟岸雄壮，与此同时，《宋史》又说他"生性巧媚"。想象一个身材魁梧的壮汉摆出一副巧媚的姿态，不免有点恶心，不过这就是童贯在史书上的形象。

他之所以能成为中国历史上最牛太监，和蔡京不无关系。

一、童贯的发迹

蔡京这个人，除了见风使舵的本事之外，书法和绘画特别好。宋代有"苏黄米蔡四大家"的说法，讲的是在书法上成就最高的四位书法家，"苏黄米"三位分别是苏轼、黄庭坚、米芾，关于"蔡"却有争议，一般说是指蔡京的堂兄蔡襄，但很多人认为应该是蔡京，只不过因为他后来名声太臭，才用了蔡襄来代替他。不管怎样，蔡京是一位了不起的书法人才，写得一手好字，据说就连以狂妄著称的米芾都公开承认，自己的字写得不如蔡京。

你也许会问，懂得书画会写字有什么用呢？这要看他遇到的上级是谁。他很幸运，文青皇帝宋徽宗赵佶也是一位书法大家，在他亲政之后，就派太监童贯去江南，给他寻找民间的书画作品，而前两年被赶到杭州的蔡京敏锐地感觉到，童贯这个太监应该是能在皇帝面前说上话的。于是乎，两人开始联手，童贯需要蔡京对于书画的鉴赏能力，而蔡京需要童贯在宋徽宗面前帮他说话，一来二去，宋徽宗终于感受到了蔡京的忠心和能力。恰恰也在这个时候，新任宰相韩忠彦和曾布两人不和，韩忠彦为了对付曾布，也极力向宋徽宗推荐蔡京。

最后的结果是韩忠彦也没想到的，宋徽宗就坡下驴，把韩、曾两人都赶下了相位，启用蔡京为尚书左仆射，名副其实的宰相。据说宋徽宗在蔡京上任的那一天，没有和他谈论书画，而是对他说："朕欲上述父兄之志，卿何以教之？"我赵佶要继承父兄之志，实行新法改革，你蔡京有没有什么好办法啊？这个时候，谁能说，谁又敢说没有办法呢？蔡京把胸脯一挺，说您放心吧，我当年是新党改革派，您说的事情，小菜一碟。史书上记载，"京顿首谢，愿尽死"。

可惜的是，宋徽宗说完就忘了，而蔡京这个宰相，根本就不知道什么是改革，他知道的是打着恢复新法的旗号玩弄权术，贪赃枉法。不过他也没有忘记老朋友童贯，从他当上宰相的第一天起，就极力推荐童贯监军西北。

不知道这是蔡京的意思，还是童贯的想法，反正这件事最终成全了童贯，他在西北混得如鱼得水。当时正赶上西夏国内混乱，民不聊生，童贯率兵连续打败了西夏很多次，收复了甘肃的大片土地。从那时候起，一直到他最后被砍了脑袋，童贯执掌大宋军权长达20多年，成为大宋王朝名副其实的元帅。

到了1111年，童贯被封为检校太尉，出使大辽国，开了太监出使外国的先例。有人就很疑惑，用一个太监做使臣，难道大宋没别人了吗？宋徽宗的回答是，童贯打败了西夏，让他去辽国看看有什么了不起？结果童贯从辽国回来之后，一顿自吹自擂，又升为太尉，不久，开府仪同三司。不到三年，他就开始主管枢密院，封为太傅、泾国公。当时的宋朝人称呼蔡京这个正牌宰相为"公相",同时称童贯为"媪相","媪"就是大妈的意思,因为童贯是太监,叫他一声大妈宰相,也不能算错。

童贯当上大官之后,和蔡京一样能贪,当时的开封府流传一句话,"三千索,直秘阁;五百贯,擢通判",只要你肯出钱,就能当官。"通判"这个职位,相当于地方州府的副职,你花五百贯,就能当上一地的二号长官。那么这些钱到谁的手里了?自然是蔡京、童贯这类贪官手里。

贪污就像一种传染病,一明一暗两位宰相都是大贪官,这个病很快就在宋徽宗的朝廷上传染开来。北宋诞生了著名的六贼,也就是六个奸臣,除了蔡京和童贯,还有御史中丞王黼、苏州应奉局的朱勔以及另外两个大太监梁师成和李彦。这些家伙嚣张到什么程度呢?不要说对普通老百姓,就算是朝廷里的门下侍郎许将这样的高官,王黼也敢在光天化日之下,把人家一家老小全赶到大街上去,就为了霸占人家的房子。你要知道,门下侍郎是仅次于侍中的门下省二把手,正四品的大官。

二、"花石纲"之祸

六贼已经目无法纪到了这种程度,皇帝宋徽宗在做什么呢?

他很忙。首先他后宫的女人特别多,有名有姓,在史书上留下字号的就140多位,这个数字在历代帝王里那也是很显眼的存在。除了后宫,他还经常出宫游玩,据说和一名叫作李师师的妓女关系密切。这件事记载在很多名人的笔记里,正史上是没有的。不过正史上虽然没有李师师这个名字,还是留下了一点点儿蛛丝马迹,《宋史》里就有这样的记载,"帝多微行,乘小轿子,数内臣导从……次日未还,则传旨称疮痍,不坐朝"。这段话的意思就是,宋徽宗经常坐着小轿子出宫,如果第二天没回来,就告诉大家,皇上生病了,今儿不上朝了。结合各种民间的野史和笔记,李师师这件事十有八九是真的,换句话说,宋徽宗在女人身上花费了太多的精力。

宋徽宗忙的第二件事是修建一座园林，名字叫作艮岳。"艮"是八卦里东北的方位，"岳"就是山，简单地说，就是在首都汴梁城东北位置的一座土山公园。为什么要修这个园子？宋徽宗崇尚道教，从登基开始，就有人引用《周易》中的词句来忽悠他，说什么"丰亨，王假之""有大而能谦必豫"，称赞宋徽宗当皇帝一定是太平盛世，然后还出现了"黄河水变清"、母鸡孵出了凤凰、黄牛生出了麒麟等大量祥瑞，最后更是有林灵素这样的道士进宫，说宋徽宗是天上神仙下凡，满朝的大臣都是神仙，蔡京原是天上的左元仙伯，王黼是文华吏，等等。

到了最后，宋徽宗被忽悠得迷迷瞪瞪，完全相信了。是啊，自己本来只不过是父皇的第11个儿子，和皇位一点关系都没有，就因为哥哥早死、太后欣赏等一系列的阴差阳错，这才当上了皇帝，如果自己不是天上的神仙下凡，那怎么解释这些奇迹？如此一来，他就成了最虔诚的道教徒，还给自己起了两个名字，一个叫作"教主道君皇帝"，另一个是"太霄帝君"，听起来无比霸气。

宋徽宗修艮岳和他信道教有相当大的关系。道士刘混康对他说，开封东北角的位置太低了，影响了陛下的生育能力，只要把那地方垫高点儿，保证您多子多孙。巧的是，这之后宋徽宗仅仅是在东北角填了一些土，王皇后当年就给他生下一个大胖小子，就是后来的宋钦宗赵桓。宋徽宗一看，这事儿靠谱啊，马上坚定了决心，东北角不仅要垫高，还要更高，那就修一座土山公园。

皇帝有了决心，奸臣们自然是努力办事，六贼之一的朱勔马上赶到江南，去寻找奇花异木和各种精美的大石头，把这些奇花异草和石头源源不断地运到开封，移植到艮岳公园里，满足宋徽宗生儿子的雄心壮志。由此诞生了著名的"花石纲"。"花石"指的是花草和石头，"纲"的意思是一组船队，通常把十条船叫作一纲。

你要是说，身为皇帝，修建一座大山包，弄几块石头也不算啥大事吧？那你要看这事儿是谁去操办，让司马光、苏东坡这类心里有老百姓的官员去做，可能也不会出什么大乱子，但让朱勔这样的贪官去运作"花石纲"，就弄出了大事。

弄出大事的原因有两点，第一个是底层官吏的横行不法。这些家伙是去找石头的，这玩意儿家家都有，往往一个小官吏想要弄点油水，或者看上了谁家的丫头，就跑到这户人家，随便指着一块石头说，这是皇家需要的物品。这就麻烦了，在这块石头上船之前，这户人家就要小心翼翼地看着这块石头，万一出点问题，石头掉了一块角，那就是"大不敬"之罪，要掉脑袋的。更有甚者，如果被指定的石头是你家房子地基，那你怎么办？只能求爷爷告奶奶说对方应该看错了，咱们伟大的皇帝应该看不上这块石头，当然，这些是需要拿钱或者把闺女送上去消灾的。一个社会，最容易激起老百姓不满的，就是底层官吏的胡作非为，朝廷里的权贵利用权力贪污几个亿可能一点儿声响都没有，但一个基层衙役搜刮一个农民几十两银子，却有可能弄出人命，最终导致一个村子暴动。所以，花石纲行动引起了当时老百姓大面积的怨恨，《宋史》里记载，"流毒州郡者二十年"。

第二个原因是大石头不好运。史书记载，安徽灵璧县产的一块巨石，运到开封之后，太大了，进不去城门，宋徽宗大手一挥，拆！哐当一下，把首都的城门拆了，几千个人合力把巨石搬到了艮岳公园里。皇城都是这样的待遇，那就不用说州县的那些桥梁建筑了，凡是阻碍大石头运输的，就是一个字，拆。结果对各地经济造成了巨大破坏，因为拆完了你还要重建啊，钱从哪里来，只能是搜刮老百姓。

顺便说一下，这个艮岳公园后来被金朝的第四个皇帝完颜亮彻底拆毁，一些石头被运到了今天北京北海公园里的琼华岛，感兴趣的可以去看一看，那可是文青皇帝宋徽宗当年的宝贝。

就是在这样的大背景下，今天山东梁山县东南一带一片八百里的水泊,也就是梁山泊,或者叫梁山泺的当地政府,为了解决花石纲运输中产生的财政困难,宣布将整个梁山泊八百里水域全部收为公有,规定百姓凡入湖捕鱼抓虾、采藕采莲,都要依船只大小重新交税。你要是不交,你就是盗贼。那些本来就穷得叮当响的农民与渔夫自然交不起,只能真的去当强盗。

就这样,1119 年,在宋江的领导下,梁山起义爆发了。

三、宋江起义和《水浒传》的差别

说到这里,你就应该很熟悉了,拜《水浒传》所赐,水泊梁山 108 条好汉的故事人人都知道。不过,我们既然是讲历史,就要看看史书上是怎么说的。实际上,这次造反在《宋史》上的记述很简略,"淮南盗宋江等犯淮阳军,遣将讨捕,又犯京东、江北,入楚、海州界,命知州张叔夜招降之"。也就是说,宋江带着一群人起义,在山东和江苏两个省折腾了一年多,最后被张叔夜打败,宋江就投降了,和小说比起来,精彩程度差得太远了。

《水浒传》里的梁山 108 将,什么 36 天罡、72 地煞是没有的。当然,你也不能说它完全是瞎说,因为《宋史》里也说了,宋江"以三十六人,横行齐魏",也就是说,他刚开始造反的时候,确实是 36 个人,这里面有杨志、史斌、解宝等,这就是 36 天罡将的最初版本。其中比较厉害的是史斌,他在宋江之后,于 1127 年再次举起反旗,并且公然在陕西称帝,虽说最后被打死了,但这份气魄确实比宋江要大,他也是《水浒传》里九纹龙史进的原型。

至于李逵、林冲、鲁智深、吴用等人,史书上是没有写的。迫害林冲的高俅高太尉,在历史上倒确有其人,不过他只是一个小人物,《宋史》里甚至没有他的传记,只在别人的传记里很偶然地提到了他的名字。我们今天关于这位高俅的资料，基本出自《靖康要录》《建昌乡土志》《挥麈录》这类笔记图书，真假难辨。有两点应该可以确认：第一，高俅本来是苏轼的书童，是靠着踢球（当时叫作蹴鞠）这个文体活动得到宋徽宗的赏识，进而走入官场的；第二，他虽然贪钱如命，大肆敛财，但民愤并不是很大，而且他对原来的主人苏轼的家人一直都很照顾，算是一个知道感恩的人。

那么，《水浒传》为什么要把高俅写得那么坏？原因有两个：第一，拿高俅做代表，写他坏可以衬托水泊梁山好汉们造反的正义性，所谓的官逼民反。第二，重点写高俅，而不是别的奸臣，是因为高俅的发家史比较另类，他是靠着踢球发家的，而踢球和唱戏一样，在古代是文人士大夫最瞧不起的。蔡京虽说比高俅更坏，但他是靠着书画这类艺术形式得到皇帝欣赏的。写蔡京，不足以让士大夫和百姓生起足够的鄙夷之心；写高俅，那就能让人既愤恨，又鄙视。

武松这个人在正史上也是没有的，可是在《临安县志》《浙江通志》上都有关于他的记载，所以，此人应该是真实存在过，而且他也确实是一名捕快，史书上称他为都头。"都头"是当时对警察的统称，并不特指警察局长。当时真正县一级的警察头目应该叫作班头，所以，武松当时只是一名普普通通的小警察。武松因为看不惯蔡京的侄孙蔡鋆在县里横行不法，欺男霸女，手提尖刀把他当街刺死了。很自然地，现实不是小说，当朝宰相的侄孙被杀，那还了得，武松在监狱里被各种酷刑慢慢折磨而死。归根结底，这就是一个小人物悲壮反抗社会的故事，施耐庵把这个小人物写在了《水浒传》里，也算是一种纪念，不过武松和宋江没有任何交集，这是确定无疑的。

可能有些朋友会问，那武大郎呢？潘金莲呢？很显然，无论是《水浒传》，还是《金瓶梅》，关于武大郎和潘金莲的故事都是编造出来的，生活中并没有什么原型。有人说明代的一个叫武植的进士，是武大郎的原型，这事儿不靠谱，因为武植比《水浒传》的作者施耐庵晚出生了100多年。

言归正传，宋江的这次起义在北宋历史上300多次农民起义里面，无论是规模还是影响，都是很小很小的，连浪花都算不上。它之所以在后世这么出名，完全是因为《水浒传》的缘故。

北宋农民起义影响最大的，是1120年在南方爆发的方腊起义。

四、方腊起义

拜《水浒传》所赐，中国人对于方腊起义也不陌生。但有一点必须说明，宋江投降之后去打方腊这事儿，史书上是没有记载的。

方腊本人，应该算作是一个小农场主，不是一个纯粹的无产阶级，可是随着宋徽宗花石纲的规模越来越大，他那个农场估计是经营不下去了。偏偏他是一个有野心的人。1120年11月，他对外宣称，自己得到了上天的委任状，叫作"符牒"，也就是说，老天爷给他发布了一道命令，让他率领农民去杀死替宋徽宗搜刮花石的朱勔，因此他就在安徽歙县起义了。

誓师大会上，他先是控诉了一番大宋朝廷，说我们每天从早上干到晚上，可是老婆孩子还是饿得哇哇哭，不造反怎么办？然后又说："诸君若能仗义而起，四方必闻风响应，旬日之间，万众可集。"只要我们起兵，百姓都会跟着我们造反。

这一点方腊的预测很准，他一起兵，各地就纷纷响应。

造反的主要有两拨人，一拨是盐商，也就是走私食盐的，这些东南沿海的私盐贩子在中国的造反历史上一直都是活跃分子，前有唐朝的黄巢，后有明朝的张士诚。我觉得这和性格有关，毕竟贩卖私盐就是和死神抢饭吃，盐贩子胆子都很大，一听说有人要干造反这样的大买卖，万一成功,不仅是自己,自己的子孙们全都不用愁了,面对这么有前途的事业,他们马上就热血沸腾。

另一拨配合方腊造反的就是当时东南沿海的摩尼教徒。摩尼教是波斯人摩尼创立的一种混合型宗教,你可以说它是基督教、拜火教与希腊一些哲学的混合体,到中国后又吸收了佛教的一些东西,理论基础极其强大。因为和佛教结合,在唐朝唐武宗会昌灭佛的时候,摩尼教徒跟着佛教倒了大霉,被迫向东南迁移,躲到了沿海地区。现在机会来了,他们便打着拯救老百姓的旗号,加入了方腊的造反大军。

顺便说一句,金庸的小说《倚天屠龙记》里,使用的是摩尼教的另一个名字——明教。

有了盐商和摩尼教徒的支持,方腊的部队很快就人多势众起来,据说一度达到上百万的规模。我觉得这个数字不靠谱,很可能是宋朝军队平叛之后往自己脸上贴金,把造反派的人数多说一点儿,功劳变大一点儿。无论如何,方腊当时觉得自己很了不起,甚至说出了"十年之间,终当混一矣"这句话,意思是,给我十年时间,我还你一个太平盛世。很可惜,理想很丰满,现实很骨感。

有两件事是方腊万万没想到的:第一,大宋王朝西北方面的精锐部队,在不到两个月的时间内,居然就集结到了他造反的地方;第二,起义军的战斗力实在是太弱了。

1121年正月,方腊的军队在浙江湖州遭遇到了童贯率领的大宋军队主力军团,随后就是一系列的败仗。到了四月份,方腊彻底战败,连同老婆孩子一大群部下被抓到开封,砍了脑袋。到了十月份,所有起义军都被打败,也就是说,整个方腊起义,虽然影响了几十个县几百万人口,但满打满算才折腾了11个月,可谓是夏天的一场大雷雨,来势汹汹,转瞬就不见了。

为什么这次宋王朝的西北精锐能集结和行动得如此之快,打了起义军一个措手不及？原因是，这一次的军队调动本来并不是为了方腊，在方腊起义之前，队伍就已经开始调动了，只能说方腊太不走运，就好像去银行抢劫，正好赶上了一群警察去领工资。

那么，宋王朝调动军队是去打谁？

120. 大金起东北

一、金辽对决

宋军准备去打的是大辽，这事和又一群从东北走向中原的少数族有关，叫女真。中原人很早之前就知道他们，秦朝以前，这些人被称为肃慎，汉晋时期称挹娄，南北朝时期称勿吉；到了隋唐，他们又被叫作靺鞨；辽宋的时候，才被称为女真。

他们发源于今天的黑龙江一带，比鲜卑人离中原更远，当然，也显得更加"不文明"。在这次崛起之前，他们祖祖辈辈都是东北人，从来没有和中原有过大规模的接触，连文字都没有。

在契丹人建立辽国之后，女真的所有部落都臣服了辽国，辽国人把女真里面较为强大的部众强行迁入辽东，称他们为"熟女真"，意思就是比较开化的女真部落；剩下的，居住在松花江北段，还有今天吉林扶余市附近的，就是"生女真"，未开化的女真人。

女真人被辽国奴役，主要是因为女真人数比较少，部落之间比较分散。若论剽悍程度，女真人应该是在契丹之上，后世有一句著名的口号叫作"女真不满万，满万不可敌"，意思是，幸亏这些家伙人丁不旺，否则大家都完了。

这事儿可以用一个历史事实来说明：1019年，也就是北宋宋真宗赵恒在位的时候，大约 3000 名女真海盗，大摇大摆地乘坐 50 艘海船，入侵日本的九州地区，杀了几百名日本的士兵和僧人，抢了 1000 多名日本老百姓和几百头牲畜，又大摇大摆地回来了，史称"刀伊入寇"事件。这里的"刀伊"就是当时朝鲜人和日本人对女真人的蔑称，实际上，"刀伊"就是汉字"东夷"的音译，本来是中原人称呼朝鲜人和日本人的，他们也知道不是好词，所以一转身，又套在了更野蛮的女真人身上。女真人的剽悍，由此可见一斑。

到了 1113 年，在生女真完颜部，一个叫完颜阿骨打的人当上了部落老大。熟悉《天龙八部》这本小说的，对这个人应该不陌生，他是萧峰在塞北结拜的兄弟，赤手空拳可以打死虎豹，相当凶猛。在真正的历史里，他同样相当凶悍，但很有谋略。

阿骨打看到当时辽国内部已经腐朽不堪，根本没能力继续管理女真各部，所以刚一上台，就领着部落里的 2500 名战士起兵反辽，仅仅用了两年时间，就获得了女真各部落的支持。1115 年，完颜阿骨打统一了女真所有部落。也是在同一年，他攻占了当时的东北重镇黄龙府，也就是后来岳飞说的直捣黄龙府的所在地，位置在今天的吉林省农安县。

拿下黄龙府之后，完颜阿骨打宣布建立国家，国号为大金，首府在今天黑龙江哈尔滨的阿城区。他为什么要定国号为大金呢？据《金史》里记载，当时他对大家说，"辽以宾铁为号，取其坚也。宾铁虽坚，终亦变坏，唯金不变不坏"。意思是，辽国的"辽"字是镔铁的意思，表示很坚硬，可是铁终究会生锈，生锈之后终究会变坏，这世界上，只有金子不生锈，存在的时间最久，所以我们女真人要用"金"来做国名。幸亏他不知道"钻石恒久远，一颗永流传"，否则，他可能会把国家叫成钻石国了。当然，就算是以金为名，也只是他的一个美好愿望罢了，实际上，大金比大辽的寿命还短。

辽、金和西夏是中国的正统朝代吗？

有些历史学家把辽、金和西夏称为塞北三朝，认为它们也是中国历史上的正统朝代，对于这一点，我部分赞同。辽和金应该是算作正统朝代，你从二十四史上就能看出来，后来元朝给辽和金做传，分别叫《辽史》和《金史》，那就是承认它们在一定程度上代表了中国或者说华夏。不过，把西夏称为朝代有点儿不伦不类，它最多算是一个割据的地方势力，应该是和大理国一样的。不过，由于对汉人王朝的偏爱，我在本书中对辽和金的称呼还是使用辽国和金国。

金国建立之后，它的天然敌人是辽国，这是毫无疑问的。这时候辽国皇帝是天祚帝耶律延禧，他爷爷就是辽道宗耶律洪基，《天龙八部》里和萧峰结拜的兄弟。可以说，萧峰是结拜这件事上最厉害的人物，三个结拜兄弟分别是金太祖完颜阿骨打、辽道宗耶律洪基和大理国宪宗皇帝段和誉。

言归正传，辽国天祚帝一听女真人造反了，马上调集兵马前去攻打。他可能忘了，这时候辽国的军队早就已经不是他祖宗辽圣宗那时候的队伍了，现在的辽军上层腐败，士兵全无战斗力。

结果辽军和完颜阿骨打的女真军队遇到一次打一次，打一次就败一次，最后天祚帝觉得这仗实在没法打，决定采用怀柔政策，派出使者去讲和，册封完颜阿骨打为东怀国皇帝，意思就是我承认你是皇帝，但是你那个国名大金我不承认。打得正来劲的完颜阿骨打当然不同意。女真人还发话说，少扯那些没用的，不仅要承认我们大金国，你还得管我们的完颜大皇帝叫哥哥。

大辽国虽然输了几次局部战争，但是骨子里的骄傲还在，觉得就凭这群女真人，怎么能反抗得了我们这些契丹好汉，于是乎，两国在北边摆开人马，打得人仰马翻。女真人胜在剽悍，契丹人的优势是财大气粗，家底雄厚，一时之间，也打了一个势均力敌。

二、海上之盟

北边打得这么厉害，大宋王朝当然知道。其实，早在1111年，大太监童贯对辽国进行友好访问的那一年，宋朝就知道了女真人，而且还产生了一个很有创意的想法。

事情是这样的，那一年的十月，童贯在辽国南京，也就是今天的北京附近的一个招待所下榻，这个招待所位于今天的卢沟桥附近，所以，你可以叫它卢沟桥招待所。晚上，一个名叫马植的辽籍宋人，秘密潜入童贯的房间，希望童贯能带他重回祖国的怀抱，叛辽归宋。童贯还是有点办法的，他居然就把这个辽国叛徒带回了开封。马植随后给童贯和宋徽宗出了一个主意，说如果按照这个策略行事，咱们一定可以拿回燕云十六州。

我们都知道，燕云十六州是从赵匡胤开始，宋朝历代皇帝的一个心病，宋太祖甚至留有遗言，无论是谁，不管是种地的还是当官的，只要能拿回这块地，立马封王，毫不含糊。

马植的策略也很简单，就是联合辽国北边的女真人，一起消灭大辽。当时完颜阿骨打刚刚起兵不久，还没有和辽国开战呢，这说明马植还是有一定眼光的，他当时信誓旦旦地保证，女真人必然崛起，崛起之后，必然会和辽国死磕。

对于这个计策，宋徽宗是举双手双脚赞同。之所以他会赞同，用四个字形容，是"好大喜功"，用两个字形容，那就是当年章惇给他的评语"轻佻"。宋徽宗骨子里是一个文人，自视甚高，觉得自己可以写两个好看的字儿，写几篇锦绣文章，天下的事儿就都不是个事儿了，因此他觉得马植的这个建议很好——很简单，不就是三步走吗？第一步，和女真人联盟；第二步，打败辽国；第三步，拿回燕云十六州，完事。

高兴之余，宋徽宗就赏赐给马植一个名字，说你聪明到几乎和老赵家的人一样了，就叫赵良嗣吧。可惜的是，这位原来叫马植，后叫赵良嗣的人，最后因为和童贯关系太密切，被宋钦宗给弄死了。

　　既然定下了这个策略，从1112年，宋徽宗就经常派人去和女真联络，但总是阴差阳错，联系不上。终于，到了1118年，女真人建立大金国的3年之后，他们的势力完全扩展到了渤海湾一带，宋朝的武议大夫马政才终于和女真人联系上了，双方最后商议好，一起消灭辽国的这群契丹人。历史上，把这件事称为"海上之盟"，也有人称之为"宋金灭辽"。

　　"宋金灭辽"这件事到底对宋朝是不是有利呢？换句话说，宋徽宗这一手远交近攻的策略是不是很高明呢？说实话，这事儿不高明。因为，在三十六计里，"远交近攻"这个计策的实施是有前提条件的。

　　前面讲战国的时候我讲过，这个计策最早是范雎向秦国的秦昭王提出来的，他说要将地理位置较近的韩国、魏国作为秦国攻击的主要目标，同时与地理位置较远的齐国保持良好关系，这样就可以"得寸则王之寸，得尺则王之尺"，一点一点地蚕食天下的土地。秦国也正是靠着这个策略，最后一统天下的。不过，如果我们站在齐国的立场上考虑一下就会发现，它和秦国联盟，也正是远交近攻的策略，但它最后被秦国给灭了。原因只有一个：秦国强大，齐国弱小。这事实上说明了，远交近攻是只有强者才能采取的策略，弱国如果用这个策略，那就不是远交近攻，那是为虎作伥，助纣为虐，最后倒霉的还是自己。

　　那么，宋徽宗的宋朝和完颜阿骨打的大金相比，谁相当于强大的秦国，谁相当于弱小的齐国呢？从经济和人口上，宋朝是老大，可是从军事上来说，重文抑武的宋朝远远不是大金的对手。

　　这件事就算是开始的时候宋徽宗不知道，但1118年，金国已经和辽国打了3年多了，他要是还不知道，那就是装糊涂了。其实宋朝有很多官员对此都看得非常明白，当时有一个叫宋昭的从七品小官，他给宋徽宗上书说:"夫灭一弱虏而与强虏为邻,恐非中国之福,徒为女直之利。"咱们把一个弱小的邻居干死了,换一个凶悍的邻居,恐怕这是一个赔本的买卖吧? 他还说:"北虏以夷狄相攻,尚不能胜。倘与之邻,又将何求以御之乎?"女真是一个强大到连辽国都打不赢的蛮夷,而我们抵抗辽国都费劲,如果真的和女真人做邻居,又拿什么来抵御他们呢?

宋昭是从利弊的角度出发分析问题,还有一些大臣从道义出发,也反对联合金国灭辽。大将种师道是从一个九品的小武官干起,一步一个脚印升到正四品的大官,可能是当时宋朝唯一能打的将军了,他对宋徽宗说:"今日之事,有如盗入人家,既不能救,又从而分其宝也,毋乃不可乎?"意思是大宋朝和辽国自从澶渊之盟到现在,已是一百多年的好邻居了,现在女真人如同强盗一样闯进了邻居家里,我们就是不去救援,也不能趁火打劫吧?

不仅仅是中国人,就连朝鲜半岛上的高丽国国王听说了这件事,也同样认为宋徽宗联金灭辽这事儿不靠谱,他给宋徽宗写信说:"辽为兄弟之国,存之足为边捍,金为虎狼之国,不可交也。"

可惜,所有这些意见,宋徽宗一概听不进去,他念念不忘的,就是如何和女真人合伙,拿回燕云十六州。他身边信任的大臣们,诸如童贯、蔡京,还有蔡京那个已经当了宰相的儿子蔡攸这些人也一个劲儿地鼓吹,这件事是多么容易,辽国现在就像一个破旧的房子,咱们上去一脚,女真人再给他一拳,它就塌了,然后,燕云十六州就是我们的了。

就这样,1120年,宋金两国正式达成盟约,内容也不复杂,它规定金国负责攻打大辽的上京和中京,也就是今天的内蒙古和辽宁一带;宋朝的任务是攻打辽国的西京和南京析津府,也就是今天的山西大同和北京;等辽国灭亡,大家胜利会师之后,宋朝将原来每年给辽国的钱转给大金,换回来的果实就是拿回燕云十六州。

我们有理由认为,这个时候的宋朝和金国,彼此都是真心实意地想按照盟约执行，无论是大宋还是大金，都觉得如果能联手平分了辽国的土地，那就是最幸福的事情了。

三、战败的"盟国"

按照这个海上之盟，宋朝要去打辽国的南京析津府。当时大家也都知道这一仗很关键，于是调动了宋朝最精锐的西北军团，大军开始往中原集结。不巧在这个时候，南方的方腊率领一帮老百姓起义了，本着攘外必先安内的原则，正好赶到中原的童贯率领军队先去灭了方腊，可是等方腊被平定之后，宋朝君臣回头一看才发现，人家女真人攻打辽国的速度不是一般地快。

1120年，就在宋金刚刚达成盟约的那年，金兵就攻进了辽国上京，一年多之后，1122年正月，辽国的中京大定府被拿下。不到两年时间，女真人已经完成了宋金海上之盟的任务，而且前锋队伍已经到了古北口，今天的北京密云东北，兵锋直指大辽的南京析津府。

这一下，宋朝就有点儿不知所措，宋徽宗赶紧地让童贯做统帅，蔡攸为监军，种师道为都统，去攻打当时辽国的南京析津府，这也是海上之盟宋朝的任务。

当时的局面是，由于辽国天祚帝狼狈地向西逃窜，在析津府的辽国人一商量，就推举燕王耶律淳当上了新的大辽皇帝。童贯面对着这群犹如惊弓之鸟一样的契丹人，心里琢磨着，就凭我十几万大宋军马，对付你们这些残兵败将，那还不是手到擒来，甚至可以不战而屈人之兵？他以为在析津府的辽国人一定会投降。

可惜的是，大宋王朝已经上百年没有和北方的邻居交手了，无论是宋徽宗还是童贯，都被契丹人在女真人面前的溃败蒙蔽了双眼，认为大辽军队是豆腐渣。让他们万万没想到的是，面对背信弃义的宋朝，契丹人个个红了眼睛,像疯了一样、猛扑大宋军队。正所谓"哀兵必胜",结果就是,宋朝十几万大军,一战而败,事实终于证明了,辽、金、宋三朝中,宋朝的军队才是真正的豆腐渣,一碰就碎。

童贯并不服气,这年十月,他再次领兵进攻析津府。丢脸的是,宋朝军队又一次损兵折将地被打了回来。

远在北边古北口的金国军队目瞪口呆,一座残兵败将守卫的孤城,南边那个叫大宋的王朝,用了几倍的兵力打了两次居然都打不下来?这实在太弱了吧!这些女真人正在琢磨着要怎么办的时候,大宋王朝的军队统帅童贯发来消息,请求金国帮助他们攻打这个辽国南京析津府。

女真人对于这个请求,很爽快地就答应了。两个月后,金太祖完颜阿骨打大摇大摆地攻进了析津府,到此为止,建国210多年的大辽国算是彻底灭亡,两年之后,它的最后一个皇帝天祚帝也在穷山沟里被金国俘虏。这里顺便说一句,大辽国是亡国了,可是耶律家族有一个相当神勇的人,叫耶律大石,他跑到了西域,也就是今天的新疆,在那边建立了一个存续长达100年的西辽帝国。高昌回鹘、东西喀喇汗国以及花剌子模国,都先后臣服于这个西辽帝国;更重要的是,此人间接地阻止了伊斯兰教的传播,这个我们讲到清朝乾隆平定新疆的时候会多说一点。

言归正传,看着完颜阿骨打进入析津府,童贯和宋朝这才彻底明白,自己和女真人的金国在军事上差别实在是有点大。问题是,就在这个时间点上,女真人对这件事也是心知肚明了。于是乎,在接下来分蛋糕的讨论当中,金国很自然地不再按照原来协议的规定,把燕云十六州顺利交还给宋朝,他们提出的条件是增加100万贯的金钱,20万石的粮食作为犒劳军队的费用,同时,还要把幽州城辖区内150贯以上家产的3万余户人家交割给金国。就算是这样,金国也仅仅是把六个州加上析津府交给宋朝。

在这件事上,宋朝就是告到联合国——如果那时候有的话——在安理会上和金国辩论,宋也赢不了,因为海上盟约写着,宋朝必须打下辽国西京和南京，问题是大宋没有打下来，都是大金打下来的，那这份盟约还有什么用？在大金看来，能给你六个州，都是看你可怜，照顾你的情绪了。

1123年正月，宋徽宗全盘接受了金国的条件，女真人在撤出析津府之前，把这座城市大部分居民都迁到东北做他们的奴隶，同时劫掠了城市内所有能拿走的值钱的东西。当然，不用他们自己搬，析津府里有多少壮实的小伙子，现在都是他们的奴隶了。《宋史》上对大宋接手的这座空城有一个精确的描述，叫作"城市邱墟，狐狸穴处"——哪里是什么辽国南京，简直就是野生动物园，一座残破不堪的空城而已。为了去去晦气，宋朝人把这座曾经的辽国南京析津府，改名为燕京府，也就是现在的北京。

在谈判的过程中，还发生了一个小插曲。宋徽宗说辽国的那个西京，也就是今天的山西大同，本来是我们汉人的地方，能不能也一次性地还给我们？金太祖完颜阿骨打说，这事儿可以，但是这个大同本来是应该你们去打的，结果你们不行，我们打下大同也死了不少人，你得给点钱，20万两白银吧。宋徽宗只好给钱，可是女真人拿了钱之后，却绝口不提交割大同府的事情，最后宋徽宗只能自认倒霉，估计在后宫里一连声地骂了无数句小人。

虽然付出了几百万贯的金钱，但是看着失而复得的六个州和析津府，宋朝君臣们还是开始了狂欢派对。以收复燕云之功论功行赏，宋徽宗宣布大赦天下，同时封童贯为豫国公，再进封广阳郡王。太监封王，这在中国历史上是蝎子尾巴——独一份。升蔡京的儿子蔡攸为少师，宰相王黼由少师进位太傅，赏玉带。赵良嗣，也就是那个最初提议联金灭辽的辽国叛徒马植，被封为延康殿大学士。

除此之外，宋徽宗还让人写了一篇文章，刻在延寿寺的石碑上，用来纪念自己收复燕云六州的丰功伟绩，这就是有名的《复燕云碑》。这件事说明宋徽宗还真把天下人都当作傻子了，可以说，无论他的文学造诣有多么深，他在本职工作上都是不及格的。

1123年9月，金国的开国皇帝，金太祖完颜阿骨打驾崩，享年55岁。他弟弟完颜晟继位，这就是金太宗。金太宗上台之后，依靠完颜宗翰和完颜宗望两名大将继续东征西讨，俘虏了辽国天祚帝，逼迫西夏投降。从此后，在西部和西北部，大金国彻底没了敌人。

女真人这些天生的战士，一旦没了敌人就相当难受，放眼望去，南边就是宋朝这只又大又肥还软弱无比的绵羊，他们怎么可能不动心？

不过，如何找一个借口进攻宋朝，也是比较头疼的事情，两国从互相认识的那一天，就算是盟友，还有那个"海上之盟"，可以说墨迹未干。虽然说欲加之罪何患无辞，想揍你无论如何都会找到借口的，但真的要找出一个让大多数人都说不出话的理由，也不是那么简单的。

让金国想不到的是，很快，大宋朝就主动给他们送上了一个借口。

121. 靖康耻难雪

据《金史》记载，1124年，金国大将完颜宗翰给金太宗上了一封奏章，上面写道："盟书曰：'无容匿逋逃，诱扰边民。'今宋数路招纳叛亡，厚以恩赏。"意思是，我们和宋朝联盟的时候说好了，双方都不许接受对方的叛徒和逃犯，也不能接收对方逃亡的平民百姓，可是现在南边的宋朝根本不守盟约，不仅招降纳叛，还重重地赏赐我们这边的叛徒。完颜宗翰对此的结论是："盟未期年，今已如此，万世守约，其可望乎！"这份合同还不到一年，人家宋朝已经不遵守了，我们还能指望他们以后守约吗？

客观地讲，完颜宗翰说的是对的，宋徽宗君臣在这一点上，实在是让人无语。不错，在归还燕云六州这件事上，金国是相当霸道，宋朝吃了大亏，可是一来是因为你实力不行，二来那是在达成协议之前，达成协议之后你宋朝再搞小动作，不遵守协议，那只能是授人以柄，让人家有借口打你。

一、南下的借口

那宋朝搞了什么小动作？为什么会搞这些小动作呢？

原来，在辽国原来的地盘上，也就是今天的河北、山西大部分地区，生活着很多汉人，他们本来老老实实地呆在辽国，因为契丹人的汉化程度比较高，那里和汉人生活区没有太大区别。但是自从被金国占领后，生活就大变了，一群东北来的连文字都没有的野蛮人，突然成为他们的统治者，他们就忙着往大宋王朝这边跑。按照协议，宋朝不能收留他们，但是宋徽宗不知怎么想的，偏偏就收了。这让本来就人丁稀少的金国很是气愤。

不仅如此，在辽国天祚帝被抓到之前，宋徽宗还给这位流亡中的皇帝写了一封信，邀请他到大宋来，说："归来后，则待以兄之礼，位燕、越二王上，筑第千间，女乐三百人，礼待优渥。"意思是，你来吧，兄弟，我给你盖大房子，美女娇娃，应有尽有。

你要知道，天祚帝那时候是金国四处抓捕的逃犯，而宋朝是金国名义上的盟国，宋徽宗这么搞，等于违背盟约了。后来天祚帝被抓之后，女真人拿着这封信质问宋徽宗，宋徽宗果然无言以对。

宋徽宗出于什么目的要给山沟里的天祚帝写这样一封信，史书上没有讲，我只能解释为好面子的炫耀。想想吧，曾经的大辽国皇帝如果来到汴梁城，从此之后天天对着我赵佶早请示晚汇报，那真是太爽了。

1125年，在上面这些小动作的基础之上，宋朝还干了另一件愚蠢的事情，这件事情最终导致金国彻底翻脸，或者说被金国最终拿来做了进攻大宋的借口。

这件事情是这样的。辽国曾经有一名叫作张觉的将领，在国家灭亡之后，投降了金国，可是混了一段时间，觉得没前途，一转身，又造了金国的反，但很快就被打败了，他只好跑到燕京府，请求宋朝收留。

宋徽宗开始的时候，和以往一样，也是相当高兴，给钱给官，但这一次，金国认真了，他们逼迫宋朝一定交出张觉。宋徽宗一看对方真急眼了，只能赔着笑说，闹着玩，何必认真呢，回头咔嚓一下，砍了张觉的脑袋，送还给了金人。但是，晚了，1125年八月，金太宗命令完颜宗翰和完颜宗望两路大军齐进，以这件事为借口，一路从今天的秦皇岛直攻燕京府，另一路从山西的大同直取太原，女真人开始全面侵犯宋朝。

其实，宋徽宗敢于收留张觉，就是因为前两年这种事情他也没少干，金国虽然嘴上嚷嚷说不行，但实际上并没有什么动作，这就让宋徽宗天真地以为，招降纳叛这事儿没什么。他不知道的是，之所以前两年金国没动作，是因为他们要忙着向西挺进，逼降西夏，抓捕天祚帝。

现在那些事儿都干完了，金国回过头来，以招纳金国叛徒为借口，向宋朝举起了屠刀。我们甚至可以认为，宋朝以往的小动作也是在金人的有意纵容下搞成的，文艺青年宋徽宗哪里知道这些政治军事上的阴谋诡计，他以为金人不说话，就是默许了，胆子大到都敢给天祚帝写"情书"了，没想到这些都是要秋后算账的。

二、开封保卫战

金国的两路大军之中，东路军的完颜宗望进展最顺利，很快就打到了宋朝首都汴梁城下，但西路的完颜宗翰遭遇了太原宋朝守军的死命抵抗，进展缓慢。

大太监童贯本来是在太原城里的，一看完颜宗翰来了，一溜烟地跑回了汴京。《宋史》里记载，太原守将张孝纯长叹一声："平生童太师作几许威望，及临事乃蓄缩畏慑，奉头鼠窜，何面目复见天子乎？"我张孝纯真想不到啊，童大将军原来是这样的货色，叹息完了，这位张守将带兵死守，还真的就挡住了完颜宗翰的进攻步伐。

就算只有一路金兵逼近首都，宋徽宗也吓得要死，尤其是他派出去和金兵谈判的使者李邺回来说的一番话，更是让他胆战心惊。李邺是个二百五，他当着满朝文武的面，把女真人是一顿猛夸，说什么金兵"人如龙，马如虎，上山如猿，下水如獭，其势如泰山，中国如累卵"，气得当时的主战派官员直骂他长别人威风，灭自己志气，给他起了一个外号，叫他六如宰相。

在当时宋朝的主战派里，有一个人叫作李纲，他的职务虽然是太常少卿，也就是管理祭祀，逢年过节给祖先们上冷猪头的，但却是一个坚定的主战派。他也看出来了，宋徽宗这时候很害怕，就和别的几个大臣一起建议，让宋徽宗把皇位传给儿子赵桓算了。宋徽宗一听，这正合朕意啊，赶紧让皇后去给儿子颁旨，说从今儿开始，你就是皇帝了。

李纲这些人以为老皇帝害怕，新皇帝年轻气盛，应该能硬一下，可是他们没想到的是，太子赵桓一听让他当皇帝，马上就晕了过去。太监们赶紧掐人中，泼凉水把他弄醒，半拖半抱地弄到大殿上，宣布他就是新皇帝了，这位后来被称为宋钦宗的新皇帝赵桓一听这话，马上又晕了过去。

宋徽宗退位之后的第一件事就是向东逃跑，不过他的托辞是去向天祈福，保佑我大宋王朝，然后一溜烟地离开了首都汴京。

宋钦宗一看，老爹不仅甩锅，还撂挑子了，那自己还等什么？也想要逃跑。当时的宰相白时中和李邦彦也都说，京城守不住了，要赶紧跑。关键时刻，还是李纲站了出来，他说我来守，我能守住。就这样，宋钦宗任命李纲为尚书右丞，兼任东京留守。东京就是首都汴梁城，东京留守相当于东京的军区司令，全权负责保卫首都。

宋钦宗赵桓的性格就是优柔寡断，反复无常，可以说是一天三变，李邦彦这些软骨头和他聊天，他穿上裤子提上鞋，就决定要跑；等李纲进来和他聊两句，他又发誓说和金人死磕。最后李纲只能声色俱厉地说，陛下现在就算是跑，能跑得过金人的战马吗？他才算是消停了。

实际上，金国当时在汴梁城外的队伍，满打满算也就是6万人，眼看着宋朝各地支援京城的军队越来越多，完颜宗望心里也没底儿了，决定议和。他提出的条件是，要宋朝拿出500万两黄金，5000万两白银，牛马1万头，绸缎100万匹，尊称金国皇帝为伯父，再加上割让太原、中山、河间三镇，派宰相和亲王到金国为人质。

这条件可以说是狮子大开口，而且还是血盆大口，李纲说绝对不能答应，可是宋钦宗和李邦彦之流想都不想就答应下来，甚至为此去搜刮汴京城里的妓院，让妓女们把私藏的金银全都交出来。就算这样，整个汴京城也才凑了20万两黄金，气得李纲在朝堂上怒斥李邦彦是祸国殃民。

不过，大宋王朝的皇族，赵光义的后代里，倒是有一个人很令人刮目相看，那就是当时19岁的康王赵构，他是宋钦宗的亲弟弟。他听说了辽国提出的要派亲王去当人质的条件后，主动对宋钦宗说，国家危难，舍命亦不敢辞，愿去金国当人质。

宋钦宗答应了，就这样，赵构和宰相张邦昌到了完颜宗望大营去做人质。不过，《宋史》记载，"留军中旬日，帝意气闲暇"，意思是赵构神态自若，根本没把金人当回事。金人私下里就琢磨，这样一个不怕死的家伙，肯定不是长在皇宫里的皇子啊，是不是宋朝人骗我们，拿一个小兵当皇子？于是就要求宋钦宗换一个。就这样，康王赵构被退货了。之后他就没回汴梁城，直接去外地召集兵马去了，这个很爷们的赵构就是南宋的第一个皇帝宋高宗。

就在宋钦宗和投降派大臣们焦头烂额地为大金国搜刮金银的时候，宋朝各路勤王大军纷纷到了汴梁，尤其是西北军团，由种师道率领的10万精锐，更是让完颜宗望很是忌惮。双方交手了几次，各有胜负，而且西路军完颜宗翰还被堵在太原，那怎么办？撤军呗，就这样，第一次开封保卫战以女真人中途撤军了事。

在这之后，终于回过神来的宋钦宗一边派种师道去解救太原，一边派李纲去接回他爹宋徽宗赵佶。

李纲这边倒是没啥问题，宋徽宗领着童贯、蔡京之流灰溜溜地回到了汴梁。接着宋钦宗为了顺应民意，把童贯砍了脑袋，蔡京贬出京城，处置了六贼。

种师道解救太原却一点儿都不顺利，这位75岁的老将确实是年纪太大了，有点儿力不从心。经过一番商议，宋钦宗再次派李纲去接替种师道,不过宋朝军队积弱已久,实在不是金兵的对手,最后种师道病死在京城,李纲被人陷害,无端多了一个"专主战议,丧师费财"的罪名,被贬到了夔州,也就是今天的重庆奉节。

总结来说,在第一次女真人撤走之后的几个月内,大宋朝堂上的主战派,能打的大臣诸如种师道、李纲都消失不见了,那些原来的大奸大恶之徒所谓六贼也都消失不见了,留下了宋徽宗、宋钦宗爷俩乾纲独断,大权独揽。

三、靖康之耻

1126年秋,完颜宗望和完颜宗翰两路人马再次南下。

这一次,太原没有成为阻碍,完颜宗望和完颜宗翰一共带了8万人马,仅用了两个多月的时间,就连下30多座城池,在汴梁城下胜利会师。年末,对汴梁城的合围形成。宋徽宗这个太上皇这一次也不知道是没来得及跑,还是他儿子宋钦宗不让他跑,反正他和儿子都被堵在了汴梁城里。

中国有句古话,叫"国难思良将,家贫想贤妻",宋钦宗这时候想起了第一次开封保卫战的李纲,但李大人已经被贬到了四川,他只好又把希望寄托在当时的兵部尚书孙傅的身上。可是这位孙大人却很不靠谱,竟然相信手下士兵郭京的法术可以破敌。据说郭京在当兵之前是一个得了道的神仙,身怀佛道二教之法术,他声称只需要7777个士兵,就可以施展道门的"六甲法"以及佛教的"毗沙门天王法",让金兵望风而逃。很可惜,这位郭京大师做法失败了,7000多名士兵战死了一大半之后,汴梁城也随之被金兵攻破,宋钦宗、宋徽宗两个皇帝,文武百官以及后宫嫔妃统统做了金国的俘虏。

公元1127年春,在汴梁城里城外肆虐了四个多月后,金兵觉得不能再待下去了，因为宋朝全国各地的勤王军队，还有自发的各类武装集团已经渐渐逼近汴梁。虽然金兵凶悍，但是汉人的人口数量对他们是一个巨大的威胁，说不怕那是不现实的。所以，两个完颜率领的金兵对汴梁城最后又洗劫了一番，然后带着无数金银珠宝、皇家珍藏，押解着徽、钦两个皇帝，连同后妃、宗室、百官数千人，以及汴梁城内的各种手艺人和年轻女人，总数近两万人的俘虏，心满意足地撤兵而去。

因为这一年的年号是靖康，所以史称"靖康之变"，后来南宋岳飞在其《满江红》这首词里说"靖康耻，犹未雪"，指的就是这件事。这是中国历史上，汉族政权的一个巨大的耻辱，后来的中国人提起这件事，很少不扼腕长叹的。

你要是问，以前皇帝也有被抓走的，为什么说这次的耻辱最大？答案是因为下面两个事实。

第一个事实是，金人对被抓走的汉人女性，尤其是宋朝皇族和贵族女性的羞辱。拿她们发泄性欲，甚至丢到最底层的妓院那是最平常的，还有一些更深层次的侮辱。比如牵羊礼，就是让宋朝皇族无论男女，都脱光上衣，披上羊皮，跪着到金太祖的庙里去磕头，周围还有无数女真人一边喝酒，一边欣赏这一幕，这比强奸的侮辱性更大。宋钦宗的朱皇后在被强行参加牵羊礼之后，悲愤交加，上吊自杀不成，随后投水自尽。宋徽宗、宋钦宗的成年和未成年的女儿们，统统被赏赐给各级军官，等怀了孕，女真人还故意召集两个皇帝，当着众人的面向他们道喜。还有一些更残忍的，这里就不说了。用侮辱对方女性的方式打击对手，古今中外都有，可是像女真人做得这么过分的，少有。不过，后来蒙古灭了金国，也没放过他们的女性，据说比靖康之变还要惨烈百倍。

第二个事实是，汉人的两个皇帝和大臣们的表现实在是太差劲了！当汴梁城破的时候，很多汴梁城的女性都用黑土擦脸，这样至少被侮辱的时候，还能保持一丝丝尊严，可是大宋的两个大臣，吏部尚书王时雍和开封府尹徐秉哲却不惜自己拿钱，也要把这些女人抓住洗干净再打扮起来，送到金军大营供人家玩乐，就为了能让两个完颜大将军高兴一点。你要是觉得这两个高官干的事情让人恶心，那你是不知道他们的上级、宋徽宗、宋钦宗两位皇帝做的丑事。按道理说，国破之后，皇帝是最应该负责的，最该死的，可是这俩人没有殉国。这也就算了，怕死是人的天性，问题是这父子俩居然在自己闺女们怀孕之后，用最无耻的语言给女真人写感谢信。这事连没文化的女真人也觉得不可思议，你赵佶、赵桓到底是啥心态？既然想不明白，就要问问明白人，女真人把这些信收集起来，出了一本书，叫作《御制诗集》，然后都拿到宋朝去卖，顺便问问汉人，这是什么文化传统？

到此为止，可以说，宋徽宗主导的联金灭辽最后是搬起石头彻底砸了自己的脚。但可惜的是，老赵家不长记性，一百多年后，又来了一次联蒙灭金，最后效果也基本一样，这是后话。所以，现在有些知识分子说最愿意回到宋朝，因为那时候文人受重视，社会发达，生活富足，我自己是不太愿意的，原因只有一个，我看不起宋朝的一些皇帝，对别人说我是宋朝人，我会觉得丢脸。

这里顺便说一句，宋徽宗被抓之后，还和天祚帝见了一面。想想一年多以前，他还以救世主的姿态写信，邀请人家来汴梁，谁知道世事难料，两人最后会以这种方式见面。更尴尬的是，天祚帝这时候已经被金国人封王，宋徽宗只被封了一个昏德公，按照礼仪，他赵佶是要跪下向天祚帝请安的，也不知道他做了没有。

关于靖康之变，现在有一些学者认为，王安石要承担一部分责任，说他要是不变法的话，宋朝就不会出现激烈的、持续几十年的党争，后来也就不会让蔡京、童贯之流奸臣占据庙堂，然后就不会导致这场祸事。我认为这就是瞎扯，按照这个逻辑，那赵匡胤要是不建立宋朝，也就没有靖康之变了。

实际上，靖康之变的罪魁祸首是宋钦宗。这位登基时晕过去好几次的年轻皇帝，在第一次金兵撤退的时候，玩弄手腕，一举清除了朝堂之上他看不顺眼的所有大臣，什么主战主降的，凡是不合我意的，都滚蛋，政治手腕那叫一个高明。可是面对金兵的时候，他却是首鼠两端，一会儿说死拼，一会儿说议和，弄得下面的大臣和各路兵马无所适从，把本来不应该灭亡的北宋直接推下了万丈深渊。

无论如何，1127年，随着钦宗和徽宗被俘，立国达167年之久的北宋灭亡。

122. 高宗南逃去

金人押解着宋徽宗、宋钦宗两个窝囊皇帝北上的时候，一个在汴京城里住了二十几年的中年人，跟随着逃难的队伍，一路向南，最终到了江南，这个人名叫孟元老。二十年后，已经垂垂老矣的孟元老写了一本书，书名叫《东京梦华录》。

一、《东京梦华录》和《清明上河图》

这本书主要是记载了宋徽宗崇宁到宣和，也就是1102年到1125年间首都汴梁城的风土人情，它描述的范围包括了当时京城的外城、内城、河道桥梁、皇宫内外官署衙门的分布、城内的街巷坊市、店铺酒楼、朝廷朝会、郊祭大典以及京城的民风习俗、时令节日、饮食起居、歌舞百戏等，几乎无所不包，可以说是一本相当详细的百科全书。

在当时宋朝人眼里，这本书也许就是流水账，可是在今天的历史学家眼里，那就是无价的宝贝。

通过这本书，我们可以得出两个结论：第一，北宋汴梁城在被金人攻破之前那是真繁华；第二，当时的北宋人是真会玩。至于说如何繁华，如何会玩，你有时间可以翻翻这本书，或者去看一看北宋大画家张择端的名画《清明上河图》。

《清明上河图》和《东京梦华录》一样，描绘的也是北宋汴京城的繁华场面，只不过时间上比孟元老的书要早几十年，也就是金国人还没有南下攻破汴梁城的时候，而且《清明上河图》这个名字，就是那个窝囊的宋徽宗亲自用他的瘦金体写在这幅画上的。不过宋徽宗虽然题了名，但并没有说明为什么把这幅画题为《清明上河图》，所以，后世就有无数个解释。

在众多解释里，我个人觉得最靠谱的一个是，"清明"意味着政治上的清明时代，这也许是张择端拍宋徽宗马屁，也许是宋徽宗自吹自擂，而"上河"的意思应该是"人们去赶集"的一种说法。当然，你完全可以不同意我的说法，这个也没有定论。

无论是中国还是外国，对《清明上河图》的评价都很高，《大英百科全书》里说它是具有重要历史价值的风俗长卷，中国人也把它当作国宝一样珍藏，现在保存在北京的故宫博物院，但一般情况下，你买张票进去是看不见的，实在想看的话，上网搜一下，用放大镜慢慢看，这事儿我也经常干。

上面我们说的这传承到今天的一书和一画，足以证明一件事，北宋汴梁城在当时，那绝对是世界上最繁华、最富足，人民生活最惬意的城市。

就是这样的一座高度文明、高度发达的城市，因为统治者没有自保的能力，最后毁在了野蛮女真人的铁蹄和钢刀之下，那些通宵开放的集市，成百上千种的美食和店铺，各种各样的戏曲杂技，勾栏瓦舍，统统消失不见了。

二、李清照和易安体

不仅如此，当时受苦受难的，还有那些被迫离开京城，向南面逃难的无数贵族先生、太太和小姐们。国家不幸诗家幸，有一些文人，就在这种时候，创作出大量令人惊艳的作品，比如唐代"安史之乱"时期的杜甫，大宋统一天下时的南唐后主李煜等。这一次"靖康之难"，也成就了大批诗词作者，其中最出名的，是一位女词人，她的名字叫作李清照。

李清照出身名门，是含着金汤匙长大的，无论是父亲家族还是母亲家族，都是高官。不仅如此，她爹李格非还是文学家，和苏轼的关系还挺好，据说苏东坡是把李格非当作最器重的学生来培养的。在这种环境中长大，加之天赋过人，李清照从小就是一位才女。

长大之后，她嫁给了对青铜器和金石铭文很有研究的赵明诚，一对富贵人家的才子佳人，一不用下田种地，二不用烧火做饭，举案齐眉，琴瑟和谐。那段时间，李清照的诗词基本都是闲愁，"花自飘零水自流。一种相思，两处闲愁"，"知否知否？应是绿肥红瘦"，不过我们必须承认，就算是闲愁，李清照写出来就是比一般人更有韵味。

说到这里，我想插播一段故事。比李清照大39岁的北宋另一位名人黄庭坚，是一位在书法、诗词、绘画上都相当了不起的人物，当时和苏轼并称为苏黄，而且在书法上也名列"苏黄米蔡"四大家，被后世子孙仰望着。据说他26岁的时候，遇到一位老妇人，聊天之中惊奇地发现，自己这些年来写的所有文章，看过的书，都锁在这位老妇人家里的一个柜子里，而这个柜子居然是老人26年前去世的女儿所有。黄庭坚看过了所有物证，当时就明白了，自己就是这位老人家的女儿转世，那些天才一样的文章只不过是上辈子的积累。清朝大才子袁枚听到这个故事，感慨地说了一句，"书到今生读已迟"，意思是，文学是讲究天分的。

黄庭坚是不是女人转世这种事就没必要讨论了，但我对袁枚这句话深有感触，像李清照、李煜、李白这种人的诗词境界，并不是读书就能读出来的，确实要讲究一个与生俱来的天赋。靖康之变发生之后，已经40多岁的李清照和她丈夫也逃离了京城。就在向南逃难的颠沛流离中，她写下了一首《夏日绝句》："生当作人杰，死亦为鬼雄。至今思项羽，不肯过江东。"这首我心目中的五绝第一，全世界公认的五言绝句前十的作品，意味着李清照文学创作风格的转变。在那之后，她又经历了丧父、丧夫、孤苦伶仃、再嫁人、官司缠身等各种生活磨难，形成了一种叫作易安体的独特风格。所谓易安体，就是用最普通的话语来作词，却能化俗为雅，而且融入国家兴亡之叹。比如说《武陵春·春晚》中的"只恐双溪舴艋舟，载不动，许多愁"，再比如《声声慢》中的"寻寻觅觅，冷冷清清，凄凄惨惨切切"，都是最平常的语句，但是放在一起，那种感觉，却是相当打动人心。

三、搜山检海抓赵构

言归正传，就在孟元老、李清照这些文人南迁的时候，今天的河南商丘，当时叫作应天府的地方，有一个人正手忙脚乱地披上黄袍，戴上旒冕，爬到龙椅上，正式登基为大宋的第10个皇帝，同时也是南宋的第一个皇帝，这就是宋高宗赵构。

赵构为什么能当上皇帝呢？答案很简单，在没有被金人抓到北方去的老赵家的这些皇族子孙里，他最有资格。

前面说过，他自愿去金营当人质，结果被退货了，宋钦宗就让他直接去河北召集人马，后来又被任命为河北兵马大元帅，实际军队的将领是副元帅宗泽，两人在河北拉起了一干人马，准备和金兵殊死一搏。

等到宋徽宗、宋钦宗被押送到北方之后，赵构就在大家劝说之下，登上了皇位。你要是问，这时候开封不是还有一位金国人立的皇帝张邦昌吗？那个张大皇帝对赵构当皇帝是什么看法？答案就是四个字，全力支持。实际上，赵构能当上皇帝，就是伪皇帝张邦昌努力的结果。

这事儿是这样的，张邦昌很清楚，自己当女真人立的皇帝那是要招致千古骂名的。《金史》里记载："邦昌誓自裁，或曰：'相公城外不死，今欲死，涂炭一城邪？'遂止。"这段文字意思是，当初为了不当这个皇帝，张邦昌甚至要自杀，可是金国人说了，你自杀，我们就把汴梁城所有百姓全杀了给你陪葬。他因此只能憋憋屈屈地当了这个大楚皇帝。

等金兵退走,前脚刚刚渡过黄河,他就脱下帝袍,去除帝号,把玉玺什么的给在应天府的赵构送了过去,同时写了一封信道:"所以勉循金人推戴者,欲权宜一时以纾国难也,敢有他乎?"我当皇帝只是为了黎民百姓的权宜之计,现在请您继位。后来有人说张邦昌这是假惺惺,我不这么看,他虽然是一个投降派,什么本事也没有,但是对于大宋,他应该是发自内心的忠诚,篡位应该是从来没想过的。

不过张邦昌最后也没落得好下场,宋高宗还是整死了他,什么罪名呢?《宋史》上只有五个字,"诏数邦昌罪",也就是张邦昌有几条罪名,但并没说是什么罪。

有人说是他在汴梁城当伪皇帝的时候,和宋徽宗的妃子有不干不净的关系,这事儿并没有历史依据。张邦昌之所以必须去死,是因为宋高宗要杀鸡给南宋朝廷上那些猴子大臣们看。

对于宋高宗上位,张邦昌辞职,大金国很愤怒,这种愤怒里还夹杂着后悔,原来那个赵构,真的是一个皇子,而且看起来还是一个有点儿本事的皇子,为什么当初就没看出来呢?

于是,金兵又一次南下。这一次带队的叫完颜宗弼,是金太祖完颜阿骨打的第四个儿子,他在汉人老百姓里有另一个名字,叫完颜乌珠,民间称为金兀术。

金兀术这一次不是以攻城略地为目的,而是专门想抓住宋高宗赵构,因此他把这次行动称为"搜山检海",也就是不惜一切代价,以抓住大宋新皇帝为终极目标。

这时候的宋高宗虽然启用了主战派的名臣李纲为宰相,但并没有要主动出击和金国人打仗的想法;相反,他听说金国再一次大举南下的消息后,准备采取黄潜善等避战南迁的政策,预备南行"巡幸",也就是准备逃跑到襄阳、扬州一带。这个态度,和一年之前慷慨陈词为了国家去金营当人质的态度完全不同,可谓是一百八十度大转弯。也许此一时彼一时,现在赵构已经是皇帝了,身价见涨,而且身负一国的重任,觉得自己不能随随便便去死了。

但是,下面的臣子里面,就是有人不会来事,非要劝说他去打仗。

当时他的副元帅宗泽,手下有一个 24 岁的武翼郎,不管不顾地向宋高宗上书:"臣愿陛下乘敌穴未固,亲率六军北渡,则将士作气,中原可复!"这就是要拉着皇帝一起去干金兀术的意思了。

武翼郎是一个多大的官呢?宋朝武臣官阶一共有五十三阶,武翼郎属于第四十二阶,说是个中级军官都有些勉强。这样的身份想改变最高当权者的决策,结果自然是不太美好,最后他得到的回报是八个字,"小臣越职,非所宜言",被革除军职、军籍,逐出军营,任其自生自灭去了。

这个热血武翼郎的名字叫岳飞,字鹏举。

1103 年,岳飞出生于今天河南汤阴县的一个普通农民家庭,《宋史》记载,"飞生时,有大禽若鹄,飞鸣室上,因以为名"。这样看来,他爹也是一个有点学问的人。

岳飞从小就喜欢读书和练武,而且还都取得了相当不错的成绩,他熟读《左传》《孙吴兵法》,还练就了一身神力,可以拉开 300 斤的强弓。

他 23 岁的时候,也就是公元 1126 年,正赶上金兵攻打大宋,岳飞就辞别了老母和妻儿,投入宋军中效力。后世的评书《岳飞传》里称,在他走之前,他老娘给他后背刺了四个字,"精忠报国"。这里要澄清一下,正史上,这四个字不是"精忠报国",而是"尽忠报国"。按《宋史》上的记载,岳飞被审判的时候,"飞裂裳,以背示铸,有'尽忠报国'四大字,深入肤理",意思是他因为被指控卖国而受审判的时候,感到冤屈,就脱光了衣服,说你们看看,我后背上刻的字,我是一个卖国的人吗?这是这四个字在正史里的唯一出处。

岳飞在后背刻字的原因并不复杂,那时候宋朝流行"刺字为兵"。

不过，这四个字是不是他娘给他刻的呢？正史上没说。一直到明代之前，民间也没有岳母刺字这种说法。最先提出这件事的是清代小说《说岳全传》，那这里面的水分，就不知道有多少了。不过，无论他背上的字是谁刻的，都不重要，重要的是岳飞这一辈子，确实对得起他后背的这四个字。

岳飞被开除之后，投靠了河北大名府的张所，从一名小兵再度干起。很快，他就被升为统制，带着一小波人马和金兵接着干，相当于敌后游击队队长。

关于他的故事，后面再讲，现在说回宋高宗赵构。他并不关心一名下层军官的死活和去留，最后听从了投降派的意见，再次罢免了李纲。不过他也没有完全投降，而是任命宗泽为开封留守，全面负责北方的军事事务，自己则一溜烟地向南，先是逃到了扬州，然后是镇江，最后到了杭州，你可以说他的策略是让手下去打一下试试看，自己能跑就跑。

俗话说屋漏偏逢连夜雨，赵构刚刚跑到临安，也就是今天杭州，手下的两名将领苗傅和刘正彦就造反了。这两人杀掉了赵构亲信的宦官和大臣，逼迫宋高宗把皇位让给了他只有两岁的儿子赵旉，然后在各地勤王军队的合围之下，他们居然又投降了，让宋高宗复辟，重新当上了皇帝。一个月后，宋高宗就把这两人在闹市寸斩，也就是传说中的千刀万剐。

南宋这一场"苗刘兵变"，造成了三个后果：

一是从此之后，宋高宗特别害怕武将掌权。你要知道，这次兵变是宋朝唯一的一次武将兵变，赵构大概在心里想，事实证明，赵家老祖宗太祖、太宗说得对，武将就是不能权力太大。

二是金兀术趁着宋朝内乱，率领金国军队在无人阻拦的情况下，长驱直入，直接打到了临安，随后又攻破了建康，也就是今天的南京。

第三个后果有点儿无厘头。据说宋高宗在金兀术打到临安的时候，正和一个宫女在床上做不可描述的事情，当时情况紧急，吓得他裤子都没提上就往外跑,这一下子,就落下了毛病,从此之后,生不了孩子了。这事儿的真假我们并不知道,但宋高宗南渡之后没孩子是真的,也正是因为他没孩子,后来不得不在宋太祖赵匡胤的后代里挑了一个继任者——在那之前,北宋的皇帝都是宋太宗赵光义的后代,而南宋在宋高宗之后,皇位又回到了宋太祖赵匡胤这一支里。

宋高宗在金兀术的穷追猛打之下,先是逃到了浙江宁波,随后没办法,又坐船出海,在今天的舟山群岛、温州、福州三个地方来回转悠。在海上漂流了四个多月,鱼虾大螃蟹估计是吃了不少,很多时候,吃的还是生鱼片,那是绝对新鲜,不过这皇帝当得,也是相当狼狈。

金军大多数是骑兵,来之前根本没想到宋高宗会和他们在海上玩捉迷藏,最后金兀术气得跳脚大骂一番之后,只能撤兵。和上次靖康之变一样,金国对于大宋,当时只能短暂突击,没办法长时间占领,因为宋朝的人太多了,新占领区恨他们的人也多,长时间待在一个地方,最后很可能被大宋无与伦比的人口优势给困死。

1130年正月,金兀术一把火烧了临安,带着无数战利品,想从镇江回到北方老巢。就在这时候,他的两个克星出现了,一个是我们前面提到的岳飞,另一个是韩世忠。

四、黄天荡之战

韩世忠比岳飞大13岁,从小喝酒赌博,不拘小节,经常和人打架,练出了一副好身手。这样的人在宋朝,一般最后都进了军队,前面说过,把这样的人收入军队,在宋朝算是国策,所谓的军队多一兵,民间少一盗。

后来,在跟着大太监童贯讨伐方腊的时候,韩世忠的运气来了。《宋史》上记载,韩世忠"问野妇得径……渡险数里,捣其穴,格杀数十人,禽腊以出",也就是他和乡村妇女聊天之后,知道了方腊的藏身地点,带着几个人，一举生擒了方腊，那是相当勇猛。以此为起点，韩世忠步步高升，金兀术气势汹汹来抓赵构这一年，他已经是两镇节度使、御前左军都统制，一个二品的大将。

韩大人有一个在民间特别出名的媳妇儿，叫梁红玉。传说中，梁红玉本来是妓女，从良之后嫁给韩世忠，可是这事儿在正史上找不到任何痕迹，《宋史》里只说她姓梁，并没有说她来自何方，叫什么名字，是不是妓女等，这些统统没有。

《宋史》里提到她的原因，也并不仅仅是因为她是二品大官的夫人，还因为她自己就很了不起。当年苗刘兵变的时候，就是她快马加鞭逃出杭州，给老公韩世忠报信儿，然后两口子带兵回来，一举平定了苗刘兵变。

现在梁夫人听说金兀术要渡河北上，和韩世忠一合计，就在今天南京和镇江之间的黄天荡设下埋伏，等金兀术渡河的时候，利用金兵不善于驾驶船只，也不了解地形的劣势，把十万金兵困在了黄天荡。梁夫人亲自爬上十几丈高的船楼，擂起战鼓，为宋兵加油，史书上说，"夫人亲执桴鼓，金兵终不得渡"，确实强悍。

最后金兀术还是突围而去。听起来好像是行动失败了，可是根据《宋史》，这两口子只用了8000人就把10万人的金兵阻截了46天，这成绩是相当地了不起，而且影响力也挺大，史书上说"知国有人，天下诵之"，我们国家还是有能打仗之人，还是有希望的。

当然，这里顺便说一句，《宋史》里强调说8000对10万，但是《金史》里就说，宋朝这些家伙吹牛，俺们当时只有4000人，而且最后我们还打赢了。我的观点是，两边都吹牛，不过金兵不善于水战是真的。

123. 冤死风波亭

好不容易摆脱了韩世忠、梁红玉之后,金兀术以为自己能早点儿回家,享受一下老婆孩子热炕头,可是,他遇到了岳飞。

岳飞一直在敌后打游击战,兜兜转转,靠着无与伦比的军功,逐渐又升为武德大夫,英州刺史。在金兀术摆脱了韩世忠之后,南宋的最高军事统帅张俊就给岳飞下了命令,骚扰一下金兀术。岳飞先是尾随攻击金兀术,取得了无数小战役的胜利,然后在清水亭设伏,大胜金兵,史书说,"又大捷,横尸十五里",也就是十五里的道路上,堆满了金兵的尸体。最后,岳飞又在南京附近的牛头山,夜间偷袭金营,大败金兀术。

这些胜仗令岳飞很快声名远扬,张俊在朝堂之上,对着宋高宗把岳飞一顿猛夸,"盛称岳飞可用",于是,岳飞很快就被提升为通州镇抚使。

然而,无论岳飞、韩世忠多么勇猛,当时的大宋朝还是没有实力可以把金兀术的10万大军全歼,对方最后还是平安地回到了北方。

一、抗金八年后,为何宋高宗变成了主和派

对于金国来说,既然宋高宗没有臣服,那就要重新建立一个汉人政权,用来控制黄河以南的占领区。这一次他们选定的国号叫作齐国,选定的皇帝叫刘豫,是宋哲宗时候的进士,宋徽宗时代的济南知府。和张邦昌不一样的是,刘豫是主动投敌,心甘情愿地做金国人的走狗。

从这一年开始，南宋和金国，还有伪齐国进行了八年的战争，在宋高宗的支持之下，南宋进行了很多次的北伐，仅仅是岳飞，就进行了三次大规模的北上活动，每一次都取得了很辉煌的战绩。他率领的岳家军从3万多人，最后扩展到10万人，在南宋的四大抗击金国的将领里，属于最年轻、资历最浅却最能打的一支军队，就连金兵都说，"撼山易，撼岳家军难"。

四大抗金将领中的另外三位分别是韩世忠、张俊和刘锜。也正是这四个人，在南宋刚刚建立的时候，保证了南宋政权的稳定和巩固，所以他们被史学家称为"中兴四将"。《宋史·张俊传》里有云："南渡后，俊握兵最早，屡立战功，与韩世忠、刘锜、岳飞并为名将，世称张、韩、刘、岳。"

岳飞是不是民族英雄？

近年来有一种观点，认为岳飞这类当年拼死抗击金国女真人的将领不是民族英雄，因为现在56个民族是一家了，你打的是自家人，算什么民族英雄啊？我觉得，这种逻辑实在有点刻舟求剑的味道。我们谈历史，不能脱离当时的社会环境和价值标准。按照这种逻辑，苏东坡老爷子就应该以引诱未成年少女和重婚罪被起诉，钉在历史的屈辱柱上，因为今天的法律是这样规定的。对待历史，应该有历史唯物主义的视角，岳飞等四人身为南宋大将，保家卫国，收复失地，和入侵的强盗殊死搏斗，这样的人到任何时候，都值得我们伸出一根大拇指，赞一句英雄。

1138年，宋高宗正式定都临安，也就是今天的浙江杭州，这暗示了一件事，那就是南宋打算放弃北伐计划，接受和大金或者说伪齐政权划江而治的局面。为什么在打了八年之后，宋高宗的态度转变了呢？这里面直接的原因是一件事和一个姓秦的人。

首先说这件事儿,那就是淮西兵变。1137年,宰相张浚因为和大将刘光世不合,解除了刘光世的淮西军队兵权。这个张浚不是刚刚提到的"中兴四将"里面的张俊,而是一个纯粹的文人宰相。他解除刘光世兵权之后,却没有好好管理刘光世的那些部下,导致淮西将领之间矛盾重重。到了八月份,原刘光世的部下郦琼杀掉了一些宋朝官员,率部众4万,挟持了官员、眷属、百姓一共20万,大肆掠夺一番之后,渡过淮河,投降了刘豫。

这事儿让南宋朝野震动,大家有点儿手足无措,几十万人投敌,那宰相必须要承担责任,更何况这事儿还真的和张浚有很大的关系。于是,宰相张浚只能下课。

问题是,无论张浚人品如何,他是铁杆的主战派,他在宰相的位置上,宋高宗就算是心里想议和,也要掂量掂量朝堂上主战派的力量。现在张浚下台了,继任者赵鼎虽然也是一位主战派,号称南宋的中兴名相,一辈子刚正不阿,为人极为正直,可是他有一个最致命的地方,就是和张浚势如水火,现在张浚下台他上台,就开始清理张浚一派的力量,这一清理,主战派都倒霉了。鹬蚌相争,渔翁得利,最后得了大便宜的,就是我下面要说的这个姓秦的人。

1138年三月,南宋最大的主和派秦桧,被宋高宗任命为尚书右仆射,同中书门下平章事兼枢密副使,登上了权力的顶峰。同年十月,赵鼎被罢黜了宰相的职务。秦桧独掌宰相大权,南宋朝堂之上,主和派占了上风,就这样,宋高宗的政策从抗战转向了议和。

那么,秦桧到底是一个什么样的人呢?

其实,在发生靖康之变的时候,秦桧也曾经很爷们儿地站出来怒斥金国,因为这个,还被当时的金国统帅完颜宗望抓到了北方。按理说,当时担任御史中丞的秦桧是不应该被押往北方的,因为金国的两个完颜大元帅在离开汴梁之前,选了张邦昌做新皇帝,必然要留下一批大臣来辅佐张邦昌，秦桧如果不吱声，应该是被留下来的那一批。可是，时年36岁的秦桧站了出来，向金人呼吁"请存赵氏"，他给两个完颜写了一封信，信的内容有理有据，令人动容，最后一句是："桧不顾斧钺之诛，言两朝之利害，愿复嗣君位以安四方，非特大宋蒙福，亦大金万世利也！"意思就是我即便是死也要说，你们要是还立一个老赵家的人，对我们两国都有好处。

女真人看了信之后挺生气，结果秦大人就被抓到了金营审问，新皇帝张邦昌要了几次，也没要回来，就这样，秦桧最后被押上囚车，带回了北方。

到了北方之后，他被金太宗赏赐给了弟弟完颜昌。我们到今天都不知道这两人是如何互动的，只知道秦桧一家子都没受什么罪，反而被任命为参谋军事，可以参与金国对宋朝军事行动的谋划和机密。

我个人的猜测是，完颜昌和秦桧两个人可能是一见如故，对天下形势有比较一致的看法。秦桧也可能并不一定是卑躬屈膝地投降，或者贪生怕死地想苟且偷生，他有可能是认为宋朝肯定打不过金国，从而得出一个结论，两国和平地划江而治是最好的。这一点，和完颜昌的想法不谋而合，用两人的说法就是"南归南，北归北"，以淮河为界，南北双方属于两个国家，和平共处，并且双方也不能接纳对方跑过来的人口。

现在我们并不知道这两人当时是不是有什么密谋，不过，到了1130年，戏剧性的一幕出现了，完颜昌率领金兵攻打淮安，却下了一道命令，让秦桧一家子都跟着出征。就在这次金国的军事行动里，秦桧带着老婆孩子，包括奴婢和佣人，一大家子先是陆路，然后又出海登船，最后跑回了临安，《宋史》里记载，"桧与妻王氏及婢仆一家，自军中取涟水军水寨航海归行在"。

两千里左右的路程，中间无数关卡，秦大人就在这样的情况下，异常神武地带着一家老小回来了，用他自己的话说，"杀金人监己者奔舟而来"，也就是秦大人轮着片刀砍死了监视自己的金兵，这才跑了回来。

这事儿不仅是今天，就是当时，南宋朝堂之上也没几个人相信他的这番鬼话，你当自己是郭靖郭大侠吗？但就在一片质疑声中，有三个人相信了，只要这三个人信了，别人就都没辙了，因为他们分别是宋高宗、宰相范宗尹和枢密院李回。一把手和二把手都相信秦桧，你再质疑，那不是自己找别扭吗？

就这样，秦大人不仅回到了朝廷，还当上了礼部尚书。过了几年，因为左右逢源的功夫，他当上了宰相，不久之后，他就提出了那个著名的"南归南，北归北"的理论。可是当时的南宋朝廷还是以张浚、岳飞、赵鼎这样的主战派为主，宋高宗也不愿意讲和，就说了一句，"桧言'南人归南，北人归北'。朕北人，将安归？"我赵构是北方人，难道你们要把朕送到金国那边？此言一出，秦桧被罢免了宰相的职务。

可是，经历了淮西兵变，赵鼎又因为打击异己把一帮主战派清理下去之后，形势就变了，主和派占了上风。于是就出现了前面说的一幕，1138年，秦桧重新当上了宰相。

事实上，秦桧之所以能当上宰相，主要还是因为宋高宗的想法已经变了，从坚持抗金转到了要和金国议和。

打了七八年了，为什么宋高宗这时候不想再打下去了呢？

一直以来，很多人都探讨过这个问题。流传最广的说法是，高宗怕他爹宋徽宗和他哥宋钦宗回来和他抢皇位。我个人不这么看，别说这时候宋徽宗已经死了，就算是活着，回来之后也是威望全无，有什么资格和已经当了10年皇帝的宋高宗竞争？

还有人说，因为宋高宗很软弱无能，怕和北边的这些野蛮女真人打仗。这个也不太靠谱，宋高宗赵构当年也是白衣飘飘去金营侃侃而谈毫无惧色的爷们，更何况这仗都打了8年了，两边基本就是胶着状态，南宋和大金谁也奈何不了谁，金国靠的是强弓硬弩和铁骑，大宋依赖的是地利、人口还有名将，宋高宗也不可能到了1138年就突然害怕了。

那么，到底为什么呢？在我看来，应该是两点原因：第一，连年对北方用兵，那是需要大量金钱物资做支撑的，朝廷的钱哪里来的？自然是向老百姓要的，老百姓被搜刮得狠了就起义，当时的南宋可以说是遍地都是各种强盗和所谓的起义军，宋高宗身子下面的龙椅有点儿不稳，尤其是淮西兵变之后，更是人心惶惶。

连年打仗带来了另一个后果：在外领兵的大将们，一个个手里都握着大量军队，甚至像岳飞这样不懂政治的，都开始干涉立太子的问题了。前面说过，宋高宗南渡之后一直都没有孩子，以前的一个儿子还夭折了，因此他迟迟不立太子，可是岳飞这种一心为江山社稷考虑的人却担心万一皇帝哪天死了，没有指定继承人，国家就会更乱套。在一次出征之前，岳飞甚至还郑重其事地上书，说最好立您的养子赵某某为太子。

中国历史上，在任何朝代，武将插手立储君，都是大忌，手里握着重兵，还有废立皇帝的权力，请问哪一个皇帝可以容忍？宋高宗毫不客气地在回信里把话挑明了："卿言虽忠，然握重兵于外，此事非卿所当预也。"我想他心里一定在骂娘，就因为连年打仗，在外的武将们已经如此不把我这个皇帝当一回事了。

综上，我认为，1138年，宋高宗是在秦桧的鼓动之下，加上考虑到经济困难和武将坐大两个原因，才转向要和金国和谈。

最后的结果就是，在金国的完颜昌和南宋秦桧的主持下，两国达成了一个和约：金国撤销了其扶植的那个齐国，归还了河南和陕西的大部分地区；宋朝对金国称臣，年年上贡品。

这个和约对于南宋不算是特别差，毕竟曾经的首都汴梁城都拿了回来，至于说上贡，大宋从立国不久就已经开始往外送了。

二、岳飞之死

对于这次和谈的结果，金国内部却有一些人不愿意了，凭啥我们辛辛苦苦打下来的地盘要还给宋朝这群南蛮子？这些人以金国元帅金兀术为首，在第二年就发动政变，杀死了主和派的完颜昌，然后在金国第三个皇帝金熙宗的支持下，撕毁条约，再一次大举南下。

金兀术的这次南下，进展并不顺利，甚至可以说败多胜少。尤其是在汴梁城附近的郾城和颍昌，在女真人最拿手的骑兵对决中，两次败给岳飞的岳家军，可以说是丢了大脸。岳家军之中有一个叫杨再兴的将领，此人是我在正经史书上看到过的最神勇的将军。据说他先是在郾城之战中，单骑刺杀金兀术，虽然没成功，但是在一万多名敌人的包围之下，杀死了几百名将士之后，毫发无损地跑了回来；然后又在小商河战役里，被几十倍的金军主力包围，最后杀敌二千余人，才被乱箭射死，火化之后，从他的遗体上掉下来几十个箭头，《宋史》里说，"焚之，得箭镞二升"。岳家军里有这样的猛将，那确实是金兀术的噩梦，但同时我也想说，这样的猛人，岳飞实在是不应该让他轻易送死。

无论如何，金兀术是有点儿害怕了，他甚至绝望到要渡过黄河，向北跑路。可是就在这时候，一名宋朝投降的官员提醒了他，"自古未有权臣在内，而大将能立功于外者"，金兀术马上醒悟过来，是啊，秦桧这些主和派身居宰相职位，岂能眼睁睁地看着岳飞这个主战派在外面一枝独秀？他屯兵开封附近的朱仙镇，决定静观其变。

结果，秦桧确实没有辜负金国人的期望，他一方面命令韩世忠、刘锜这些将领停止进军，一方面对宋高宗说，岳飞现在是孤军深入，为了岳将军的安全，请陛下下旨让他暂时撤军。

宋高宗坐在临安城里，两眼一抹黑，并不知道前线的情况，说孤军深入，那很危险啊，赶紧地，让岳爱卿回来吧。于是乎，中国历史上最著名的十二道金牌的故事发生了,这事儿在《宋史·岳飞传》上就一句话,"一日奉十二金字牌"。金字牌是宋朝紧急军情的一种信息传递方式,这种金牌发出,要用快马不停歇地传递,据说一天可以跑400多里。从杭州到朱仙镇,2000多里,要用五天,可能是宋高宗觉得路上不安全,所以一天之内,派出了12个信使,至于说是不是这样,那我们只能相信《宋史》的记载了。

岳飞接到这样紧急的军令,自然是不敢不从,据说班师的时候气得大叫:"十年之力,废于一旦!"

一直到今天,都还有人说,如果不是这十二道金牌,岳飞可能已经打败金兀术,甚至渡过黄河,"直捣黄龙府",把宋钦宗救回来了。不过,我们讲历史,必须实事求是,按照当时的敌我力量对比,岳飞继续北进,打败金兀术是有可能的,但是说打到东北去,彻底灭掉金国,那根本就不现实,是一个美丽的梦而已。甚至能不能渡过黄河,都要看运气。

言归正传,岳飞撤军之后,金兀术马上重新占领了北方,但是也没敢太过前进,宋金就这样相持了一年。在这之后,宋朝决定再次议和,为了表达诚意,宋高宗把刘锜、岳飞和韩世忠三人的兵权解除,调回枢密院当起了大官。岳飞的官职是枢密副使,一个从一品的大官,可是没什么用,因为手里一个兵都没有了。

不过金兀术觉得只要岳飞活着,就是一个祸害,所以他听到宋朝想讲和,就给秦桧写了一封信,信中写道:"汝朝夕以和请,而岳飞方为河北图,必杀飞,始可和。"意思是,你们虽然说和平共处,可是你们那个岳飞,一个劲儿地说要渡过黄河,直捣我们的黄龙府,这家伙就是一个和平的障碍啊,得先把他杀了,再说和谈的事情。

无论历史上金兀术是不是真写了这封信,既然秦桧说他写了,那就证明秦大人确实想除掉岳飞。于是,一场惊天大阴谋就此展开,1141年七月,右谏议大夫万俟卨(Mò Qí Xiè)、御史中丞何铸、殿中侍御使罗汝椿等人纷纷上书弹劾岳飞。八月，岳飞被罢官。九月，岳家军的副统制王俊告发岳飞谋反，十月，岳飞、岳云父子被逮捕。

下面的事情大家都知道了，1141年十二月，岳云和岳飞的部将张宪被杀；第二年，1142年1月27日，除夕夜，宋高宗下旨赐死岳飞。岳飞最后是被勒死的，还是喝毒酒死的，或者被装进麻袋打死的，现在我们都不知道了。不过他死于当时的杭州大理寺，也就是宋朝最高法院里，是确定无疑的。后世所说的风波亭，本来是大理寺里面的一个小亭子，用来代指大理寺也是可以的，冤死在风波亭，就是冤死在南宋最高法院大理寺里，没什么区别。

现在我们提起岳飞被害这件事，一般都会说一句"莫须有"，这三个字出自秦桧之口。当时韩世忠听说岳飞被抓，就找秦桧问是怎么回事，说岳飞不可能谋反。秦桧的回答是，"飞子云与张宪书虽不明，其事体莫须有"，这句话翻译过来就是，虽然他儿子和部将谋反的书信没有找到，但岳飞造反这事儿也不是不可能的。气得韩世忠当场质问道："'莫须有'三字，何以服天下？"

一直到今天，大家仍然经常讨论，岳飞之死到底谁是主谋？关于这事，史书上也有记载。岳飞入狱之后，第一个审判官是御史中丞何铸，他审来审去，觉得岳鹏举确实没什么大的罪过，就如实上报，并且对秦桧说，咱们不能"强敌未灭，无故戮一大将"啊。可是秦桧回答说，"此上意也"，这可是宋高宗的意思。随后他罢免了何铸主审官的资格，让自己的亲信万俟卨审理，终于把这件大冤案搞定。

这样说来，似乎是宋高宗要杀岳飞了。我的观点是，无论宋高宗一开始想不想杀岳飞，至少他是不反对的，而且最后也是他下的圣旨，没有他点头，秦桧绝对不敢，也没有那个权力处死一名从一品的大员，这一点很多人都看得清清楚楚。明代书法家文徵明说过："笑区区，一桧亦何能，逢其欲。"意思是秦桧只不过是宋高宗的走狗罢了。后来蒙古人写宋史的时候，虽然说岳飞"卒死于秦桧之手"，但同时也说，"高宗忍自弃其中原，故忍杀飞"，言下之意是宋高宗决定要放弃中原，那岳飞这员大将对他就不是帮助，甚至可能反过来，是威胁了，因此杀岳飞是顺理成章的事情。

如果是这样，那为什么千古以来，大家都说是秦桧两口子和万俟卨害死了岳飞，还让这三个人光着膀子，跪在杭州岳王庙前面，并且一跪就是上千年，不让起来呢？

答案很简单，因为20年后，接替宋高宗的宋孝宗一上台，就给岳飞平反了，可是他绝对不能说这事儿是宋高宗的错误。儒家讲究为尊者讳，宋高宗就相当于宋孝宗的爹，爹错了，儿子是不能说的，那就只好甩锅，这锅就扣在了秦桧的脑袋上。

最后一个问题是，秦桧冤不冤？要我说，那是一丁点儿都不冤。此人自从逃回南宋之后，一直是坚定的主和派，奉行割地、称臣、纳贡这三大议和政策，凡是说可以和金国一战的，他就极力排挤人家。在岳飞之死这事儿上，从弹劾、下狱到换主审官，最后捏造供词，每一步他都参与了，那还冤什么？必须让他在岳王庙前继续跪下去，以警告后来的汉奸们。

对于岳飞的死，最高兴的当然还是金国的将领们。当时被扣押在金国的宋朝使者洪皓，给南宋朝廷的密信中写道："金人所畏服者惟飞，至以父呼之，诸酋闻其死，酌酒相贺。"女真人怕的人只有岳飞，用"岳爷爷"来称呼他，现在他们眼中的大魔头终于死了，这些家伙终于可以喝酒狂欢了。

如果你做了一件事，敌人一片欢呼雀跃，这件事意味着什么，是不是傻子都知道？遗憾的是，在当时秦桧和宋高宗眼里，女真人已经不是敌人了，两家很快达成了协议，这就是著名的"绍兴和议"。南宋以称臣赔款，割让从前被岳飞收复的唐州、邓州、商州以及秦州的大半为代价，签订了这个协议。这个协议最重要的就是划定了两国的分界线，宋和金东以淮河、西以大散关为界。北面中原的万里江山，祖宗基业，宋高宗都不要了。

124. 词龙辛弃疾

1150年年初,金太祖完颜阿骨打的一个庶出的孙子,杀掉了当时的金国正牌皇帝金熙宗完颜亶,篡位成功,当上了金国第四位皇帝,这就是金海陵王完颜亮。

据《金史》记载,完颜亮曾经说过一段话:"吾志有三:国家大事,皆自我出,一也;帅师伐国,执其君长问罪于前,二也;得天下绝色而妻之,三也。"意思很浅显,我有三个理想:第一个是国家所有事情,都是我说了算;第二个是领着军队,把别的国家都干掉;最后一个是我要娶天下最漂亮的女人为妻。

一、完颜亮葬身江南

完颜亮当上皇帝之后,第一个梦就算实现了,于是他马上积极地准备实现后两个梦。

他首先把很多女人都弄到了他的后宫,变态的是,这些女人原本是他的堂姐妹、婶婶、舅妈、外甥女、侄女、弟媳妇儿等,他为此不惜杀掉了自己的叔叔、舅舅、哥哥、弟弟们,剩下的男性亲属们对他极其痛恨。

接着,他开始为第二个愿望努力,要领着军队,去把其他国家打垮。南宋人写的一本小说《鹤林玉露》里记载,当完颜亮偶然间读到北宋柳永写的一首词,里面说杭州这地方有"三秋桂子,十里荷花",顿时眼前一亮，起了讨伐南宋的念头，并且为此还写了一首诗，说要"提兵百万西湖侧，立马吴山第一峰"。

就这样，1161年秋，岳飞被杀20年之后，金帝国的完颜亮撕毁了"绍兴和议"，兵分四路，对南宋发动全面进攻：一路自海上进攻临安；一路从河南出发，进攻荆州，也就是今天的湖北江陵；第三路从陕西凤翔进攻大散关，目标指向是四川；最后一路他亲自率领，进军寿春。

史书上说，金军"号百万，毡帐相望，钲鼓之声不绝，远近大震"。搞得惊天动地，和当年淝水之战时苻坚大帝进攻东晋差不多，完颜亮也和苻坚一样坚定地以为自己必胜。

战争刚开始的时候，他进展还挺顺利，南宋的军队很快就支持不住，江北全线失守，损失了几万人之后，宋军全体退守江南，和金兵隔着长江对峙。

就在这时候，后院失火了：

他有一个叫完颜雍的从弟，此人有一个青梅竹马的老婆乌林答氏，两人从小就定了娃娃亲，结婚后十分恩爱。完颜亮听说乌林答氏很漂亮，就下旨召乌林答氏入宫，可是乌林答氏十分刚烈，走到离首都70里左右的地方，趁着看守没注意，投河自尽了，给丈夫留下了一封密信，上面有"殿下其卧薪尝胆，一怒而安天下"的句子，希望老公最后能夺取皇位，给她报仇。因此完颜雍没有辜负亡妻的遗愿，趁着完颜亮领着大军攻打宋朝的时候，他在东京，也就是今天的辽宁省辽阳篡位称帝。

可想而知，就凭完颜亮平时种种变态的行为，人缘肯定不太好，不仅仅是留守在东北的女真人拥护完颜雍，就是跟着他一起南征的将士，也有很多从前线逃回去拥护完颜雍的，再加上女真人不善于水战，面对长江有点儿一筹莫展，可以说军心已经动摇。

这时候，完颜亮周围的人都劝他先回兵去攻打叛军，这是最正常也是最常用的策略。就像当年赵匡胤身边的宰相兼首席谋士赵普说过的一句话:"中国既安,群夷自服,是故夫欲攘外者,必先安内。"要是想排除外患,必须先把内部平定,一般来说,在外征战,如果后院失火,那都是必须先回去救火的。

可是完颜亮的想法是先拿下南宋,再回师北伐,因为在他心里,觉得无论是南宋还是完颜雍都不堪一击,先平定哪一个无所谓——反正都是盘中的菜,我喜欢先吃南宋,不行吗?

结果老天爷说不行。当时南宋派在前线慰劳军队的有一名中书舍人,名字叫作虞允文,已经51岁了,热血不减,一边四处统合宋朝无人管辖的军队,一边进行慷慨激昂的爱国主义教育,再加上金钱的鼓励,最终集合起一支将近两万人的军队,准备和金兵决一死战。

他周围有一些官员觉得不可思议,说老爷子,您就是一个慰问军队的文官,主要管敲锣打鼓放鞭炮,现在却干这些武将才应该做的事情,您就不怕将来万一失败了,别人把失败的原因归罪于您?虞允文当时的回答的是:"危及社稷,吾将安避?"国家都这个鬼样子了,我还避什么避?如果用另外一句话代替这八个字,那就是"天下兴亡,匹夫有责"。

在虞允文的号召之下,南宋的士兵不仅集结起来,而且士气还不低。《宋史》里说,当时的士兵对着虞老爷子宣誓说,"今既有主,请死战",大家都决心誓死抗击金兵。

这样一来,完颜亮就倒霉了,他的15万大军,在当时的采石矶,也就是今天安徽马鞍山市附近,遭到虞允文率领的1.8万人的痛击,全线溃败。以将近对方十倍的兵力输给对方,这在宋金两国交战的历史上,是从来没有的事情。究其根本原因,是金兵这时候毫无斗志,很多将士的老婆孩子都在东北,既然完颜雍已经宣布登基为帝了,那自己为什么还要在这里为完颜亮拼命呢?

霹雳炮

相传，李白有一日在采石矶坐船喝酒，一不留神喝多了，看见江水里的月亮十分美丽，就对同船的人说了一声，我要去把月亮捞上来，让她陪酒。然后一个猛子跳进江里，结果就升天了。所以，虞允文在采石矶以少胜多之后，有人就说这是诗仙大人在护佑汉人。

事实上，除了金兵缺乏斗志外，宋军的新式武器也是这场战争能制胜的重要因素。这种新式武器叫船载霹雳炮。霹雳炮就是大炮，装上石球，利用火药发射。在这之前，宋朝的一些军队已经装备了这东西，不过主要是用来攻城或者守城。虞允文把大炮直接搬到了船上，相当于现代的驱逐舰，金兵的船只远远地看见对方船上火光一闪，自己脚下一晃悠，船就开始进水，都觉得南宋军队在使什么魔法。客观地说，宋朝士兵的战斗力虽然不行，可是他们的装备在当时一直都领先大辽和大金，甚至是领先全世界的。后来蒙古人把这种霹雳炮学会了，又传给欧洲，这才让西方从冷兵器进入热兵器时代。

采石矶之战失败后，完颜亮依旧不撞南墙不回头，转而进兵扬州，想从这里横跨长江，而且这一次他破釜沉舟，命令手下的金军3天内渡江，否则全都处死。

本以为这道命令下去，金兵肯定玩了命地冲锋，干掉南宋指日可待。可惜的是，这时候金国有两个皇帝，听完颜亮的话，有可能明天就死了，不听完颜亮的，却等于是效忠另一个皇帝完颜雍。有一些将士因此就做出了选择：杀掉完颜亮。

1161年12月15日，完颜亮手下的兵部尚书完颜元宜突然在前线造反，率领金兵杀掉了完颜亮，然后率军北返，向新皇帝完颜雍效忠去了。

这样一来，完颜雍的皇位就稳当了，他也就成了金世宗。金世宗后来当了29年金国皇帝，没有再立皇后，在他心里，只有一个皇后，就是他那个投了河的青梅竹马，昭德皇后乌林答氏。

二、词龙辛弃疾

在完颜元宜率领金兵北归的路上，有很多占领区的汉族老百姓，听说金兵败了，就结成义军，攻击败退的金兵。这里面有一支队伍，是一个叫耿京的人率领的，他手下一个人名叫张安国，因为各种小矛盾，一发狠就把耿京一刀砍死了，然后投奔了金营。

他万万没想到的是，耿京手下另有一位牛人正从外地赶来。此人一听耿京耿大哥死了，马上问，谁干的？——张安国！那他现在在哪里？——在金兵大营，被几万人保护着呢。此人二话不说，召集了50多个敢死队员，一马当先，一阵风地冲向金兵大营，在几万名金兵之中，活捉了张安国，然后一口气跑到了南宋的建康，把这个叛徒交给大宋朝廷处决。

你也许会想，这么神勇的人物，肯定是一名赫赫有名的将军？其实，他就是南宋豪放派扛大旗的词人，有"词中之龙"美誉的辛弃疾，号稼轩居士。

活捉张安国是辛弃疾这一生在战场上最辉煌的成就，可惜的是，也是他最后一次上战场，那一年他才22岁。

为什么他后来没上战场呢？有两个原因。一个是他的身份有问题，像辛弃疾这样从北边敌后占领区跑回到南宋的，都被称为归正人，在南方不受待见，一般来说，南宋朝廷不让这类人带兵打仗；第二个原因就是南宋后来和金国以和谈为主，是主和派的天下，双方基本没有打仗，这也是为什么南宋一直保持比较富庶和繁华的原因，这个我们后面再说。

当然，辛弃疾这种战场上的猛人，对南宋不和金国打仗，意见是非常大的。他到了南宋之后就拼命上书朝廷，说给我几个兵吧，我要打仗，大宋一定要血洗金国，收复失地，报仇雪恨。在他这些文章里，比较出名的有《美芹十论》《九议》，慷慨激昂，豪迈至极。其中《美芹十论》是一部关于军事建设相当有价值的著作，后来差不多成了辛弃疾的代称。郭沫若先生曾写过一副对联，上联是"铁板铜琶，继东坡高唱大江东去"，下联是"美芹悲黍，冀南宋莫随鸿雁南飞"，这里的"美芹"说的就是辛弃疾。

问题是由于上面所说的两个原因，南宋朝廷并不把辛弃疾的上书当回事，辛大人最后只好把一腔忧愤都倾注在诗词上，填了很多词。他也是现存词作最多的南宋词人，我们熟悉他的很多词句，比如《破阵子》中的"醉里挑灯看剑，梦回吹角连营"，《贺新郎》中的"男儿到死心如铁，看试手，补天裂"。当然，最出名的还是那首《永遇乐·京口北固亭怀古》，里面既有"四十三年，望中犹记，烽火扬州路"的雄壮，也有"凭谁问，廉颇老矣，尚能饭否"这样的无可奈何和伤心郁闷。

作为一个词人，辛弃疾最大的特点就是什么都能写，而且不拘一格。在一首《鹧鸪天》里，他写道："些底事，误人哪，不成真个不思家。"这完全是俚语大白话。同样的还有"最喜小儿无赖，溪头卧剥莲蓬"，甚至像"我见青山多妩媚，料青山见我应如是"这种充满情趣的，也出自辛老爷子之手。

他的词风豪放，但有时也很细腻深情，而且含蓄。那首著名的《青玉案》的结尾"众里寻他千百度，蓦然回首，那人却在，灯火阑珊处"，写主人公在宝马香车美女云集的元宵节夜晚，在一次次的寻觅中突然看到一位立于灯火零落处的孤冷女子的情形，没有直接写心情，却能让人感受到心情的惊喜与激动；没有直接写美人，却刻画出了一种甘守寂寞、不慕荣华的美人的意象，可以说是十分高级的作品。

在众多对辛弃疾诗词的评价里，我比较认可刘熙载在《词概》里所说，"稼轩词龙腾虎掷，任古书中理语、瘦语，一经运用，便得风流"，意思是辛弃疾的词里有虎啸龙吟，他天资极高。这都是确评。后世的人因为他和李清照是老乡，都是济南人，把他二人称为"济南二安"。更有名的是把他和苏轼联系起来，并称"苏辛"，说他们一脉相承，激昂雄迈，风流豪放。我也认可。区别就是苏东坡的"谈笑间，樯橹灰飞烟灭"是想象，苏老爷子一辈子可能连一只鸡也没杀过，可辛弃疾的"想当年，金戈铁马，气吞万里如虎"是亲身经历，那是死人堆里爬出来的真实的感受。

纵观辛弃疾的一生，他在南宋官场并不如意，不是被调任，就是在被调任的路上，四十几年里，换了四十多个职位，每一任官职短的几个月，最长两年，中间还有10年左右是在家待着的。

这有两个原因：第一就是他主张北伐，得罪了朝廷的主和派；第二个原因有可能是经济上有瑕疵和私生活不检点。他经常被弹劾，每次被弹劾，里面往往有"好色贪财，淫刑聚敛"之类的指控。虽然正史上比较少提及这一点，不过从很多的笔记中都能看到他妻妾成群，经常逛青楼，并且财务上有可疑之处的一些蛛丝马迹，估计不完全是捕风捉影。他的小妾有名有姓的就有七八个，他那个叫"稼轩"的大宅子也很奢华。同朝为官的朱熹家里也很有钱，但参观完辛弃疾的大宅子之后，都艳羡不已，说"耳目所未曾睹"，这次算是开了眼了，辛大官人，你家的房子真豪华。辛弃疾洋洋得意之余，也禁不住说自己家是"青山屋上，古木千章，白水田头，新荷十顷"。客观地说一句，这种豪宅，靠着他老人家那点儿工资，应该是建不起的，搁在现在，至少也要解释一下巨额财产的来源。

虽然有一些作风问题和经济问题，但总的来说，辛弃疾留给后人的印象还不错，1207年，61岁的辛弃疾在去世之前，还大呼"杀贼，杀贼"，老爷子的一生，那是相当传奇。

三、宋高宗退位

1162年7月，也就是完颜亮南侵的第二年，宋高宗赵构宣布不干了，要把皇位传给养子赵昚。

皇帝当得好好的，怎么突然就不干了呢？《宋史》上给出的原因是"倦勤"，也就是皇帝这活儿实在是太辛苦了，厌倦了。

这可能是一个重要的原因，55岁的赵构这时候已经干了36年的皇帝，中间还有颠沛流离，海上吃鱼虾的经历。有很大的可能性，他确实是想歇歇了，但这里面应该还有另外的一个小原因。赵构这个皇帝很多时候当得都很窝囊，他的亲爹宋徽宗在北方给人家当俘虏，他的亲妈韦贤妃，原配皇后邢夫人，还有五个亲生女儿都被金兵掳去，遭遇悲惨。就因为这个，金国人也从来不把他放在眼里，史书上记载，金国使者经常是"状貌不恭，言语鄙俗"，而"上号恸归禁中"。一国的皇帝，被对方的使者在朝堂之上用语言挤兑得嚎啕大哭，这实在太惨了。

不仅仅是金国，就算是权臣，宋高宗也驾驭不了。从1142年岳飞死后，一直到1155年，13年时间，朝政大权都是把持在秦桧手里，据说秦桧死后，赵构长长地出了一口气，说："朕今日始免靴中置刀矣！"从此之后，我靴子里再也不用藏着匕首了。原来他总以为秦桧要害死他，这事儿明明白白记载在《宋史》里，应该是不假，一个皇帝怕权臣怕成这个样子，还对对方无可奈何，那也真是窝囊。

实际上，赵构如此窝囊，如此委曲求全，只是为了过两天安生日子，他的要求真不多，就是平安一辈子，可是完颜亮的这次南下，让他觉得只要当皇帝，就不可能有消停日子。痛定思痛，他认为做太上皇比做皇帝自由，皇帝的责任太重不说，而且敌人来了之后，你要是转身就跑，总是会有一群大臣拉着你的袖子说。当了太上皇就不一样了，吃喝玩乐一样不少不说，而且百无禁忌，说跑就跑。史书记载，两年之后，宋孝宗北伐失利，宋高宗知道以后，"日雇夫五百人，立殿廷下，人日支一千足，各备担索"，车马一切都准备妥当，时刻摆出跑路的架势，这个就是当太上皇的自由，应该是从他爹宋徽宗那里学来的。

总之，1162年，宋高宗把皇位传给了宋孝宗赵昚。新官上任三把火，宋孝宗上台之后的第二个月，就把主战派老将张浚找了回来，然后给岳飞平反，承认老赵家杀错人了，岳鹏举是大大的功臣。十几年后，宋孝宗又赠给岳飞一个谥号，叫武穆，威强敌德曰武，布德执义曰穆，从此岳飞就有了岳武穆这个称号。金庸老先生写《倚天屠龙记》的时候，凭空杜撰出来一本《武穆遗书》，说是岳飞留下的兵法，这个书名就来自宋孝宗给岳飞的这个谥号。

那么，为什么宋孝宗一上台，就敢打宋高宗的脸，给岳飞平反呢？

125. 朱熹与理学

宋孝宗敢打宋高宗的脸,上台的第一件事,就给岳飞平反,而宋高宗对此不仅不反对,暗中还大力支持,原因是,情况变了。

首先是完颜亮刚刚撕毁和议,朝野上下群情激愤,需要做一个主战派的表情,来顺应民意,凝聚人心。这对于政权稳固有好处,对宋高宗也有好处。

其次,他现在明白了,和金国是不能够永远和平相处的,岳飞这个主战派被平反是早晚的事儿,若现在这时候平反,因为自己还活着,宋孝宗会把岳飞之死的所有责任都归于秦桧,把这个锅完全扣到秦大奸臣的身上,宋高宗一点儿责任也不用承担。

后来的历史事实也证明,当时的和后来的大多数老百姓完全认可了官方的说法,认为岳飞就是秦桧害死的。因为这个原因,民间还把一种传统面食做成了秦桧夫妻的模样,放在油锅里炸,这就是后世的油条。

一、隆兴北伐与陆游

1163年春夏之间,为了报复完颜亮的南侵,上位仅一年的宋孝宗任命张浚为大将,发动北伐,史称"隆兴北伐"。可惜的是,只打了十几天,宋朝大军就在今天江苏徐州附近的符离被金兵打败,只好再次与金国达成和议,"隆兴北伐"变成了"隆兴和议"。

"隆兴和议"和"绍兴和议"的主要区别是，宋朝皇帝对金朝皇帝不用称臣了，改称侄，也就是宋孝宗管金国的金世宗叫叔叔；每年给金国的钱也不叫"岁贡"了，叫"岁币"，并且在陕西那边给金国又割让了两块土地。

从此之后，两国又和平了40多年。

"隆兴北伐"为什么会失败？这里面有两个原因：第一就是朝中无大将，岳飞、韩世忠、刘光世十几年前就死了，剩下一个刘锜在这次北伐的前一年也逝世了，新生代没有一个能带兵打仗的名将，朝中只剩一个张浚；第二个原因就是太仓促了，根本没有积极有效的准备。这一点，包括辛弃疾在内的很多人当时都看得清清楚楚。当时的镇江府通判给张浚上书说："岂无必取之长算，要在熟讲而缓行。"意思就是要有长远之计，不要仓促出兵，可惜张浚没听。

这位很有军事头脑的镇江通判名字叫陆游，时年38岁。陆游大家都很熟悉，和辛弃疾一样，他一生都在官场上厮混，竭力奔走，呼吁北伐，也同样一生都"不务正业"，在诗词上取得了无与伦比的成就，只不过辛弃疾是填词，陆游是诗词全来。前面讲李商隐的时候就说过，中国古代诗词最出名的所有人物，填词作诗基本都是业余爱好，按杜甫的说法是，"名岂文章著，官应老病休"，写文章实在是细枝末节的东西，这些文人的最高理想无一不是齐家治国平天下，也就是儒家的入世，以天下苍生的幸福为己任。

可惜得很，他们之中的大多数最后只能把理想寄托在诗词里，陆游也是如此。他这辈子，没当过什么太大的官，大多数的时候是通判，也就是府州官的副手。除此之外，还当过宝章阁待制，替皇帝编历史书，最后什么也没干成，只能把平生志向寄托在诗词上，写下了"僵卧孤村不自哀，尚思为国戍轮台。夜阑卧听风吹雨，铁马冰河入梦来"，"自许封侯在万里，有谁知，鬓虽残，心未死"这些句子，最后只能在田野之间像辛弃疾那样慨叹一句："却将万字平戎策，换得东家种树书。"

《平戎策》是陆游年轻时在前线实地考察之后，给朝廷写出来的抗金复国的战略建议书，这时候只能当废纸卖了。无论是辛弃疾还是陆游，他们的词都以豪放著称，但这种豪放都是不能去杀敌而被憋出来的豪放，可以说憋得相当地难受。当然，陆游最出名的还是他临死之前的那一首《示儿》："死去元知万事空，但悲不见九州同。王师北定中原日，家祭无忘告乃翁。"没能够带兵北伐，收复中原，是这位老爷子最大的遗憾之一。

陆游另外一件人生憾事，是和表妹唐琬之间的爱情故事。早年的时候，他娶了表妹唐琬，这事儿在古代很常见，中国古代讲究同姓不婚，但是表亲可以。唐琬嫁给陆游之后，她的姑姑兼婆婆对她极其看不顺眼，据说是因为唐琬不能生孩子，也有人说是陆游被唐琬迷得神魂颠倒，以至于耽误了学业，无论如何，最后陆游迫于母命，把唐琬给休了，娶了王氏为妻，而唐琬也再嫁给了另一个知识分子赵士程。

十几年后的1151年，26岁的陆游去当时一个沈姓富豪的私家园林游玩，很巧的是，他在这里看到了赵士程和唐琬夫妇。不知道唐琬是不是旧情难忘，就让人给陆游送去了一些酒菜，陆大诗人看见唐琬现在成了别人的媳妇儿，心里很郁闷，喝了点儿小酒之后，就提笔在墙壁上写了一首词，这就是后世著名的《钗头凤》，其中的"一怀愁绪，几年离索。错，错，错""山盟虽在，锦书难托，莫，莫，莫"等句子哀婉凄绝，成了千古名句。

唐琬看到这首词之后，抑郁成病，不久就辞世了，陆游非常悲伤。从此之后，他经常去沈园凭吊。从30来岁开始，直到他去世的85岁，写了很多怀念唐琬的诗词，70多岁还写下"伤心桥下春波绿，曾是惊鸿照影来"的诗句。去世的前一年，陆游84岁了，还颤颤巍巍地来到沈园，悼念年轻时的爱侣，挥笔写下了"也信美人终作土，不堪幽梦太匆匆"这样的句子，可谓是相思极深。

也就因为这段故事，坐落在今天绍兴市的沈家花园相当有名，是国家

5A 级景区，有机会，你们也不妨去游览一下。

陆游和唐琬的故事，除了给我们留下很多凄美的诗词，也说明了宋朝对妇女改嫁还是很宽容的，被夫家休回去的女人，都可以很容易地找到婆家，而且没事的时候，还能出去逛逛大街什么的。

我们也都知道，在宋朝之后，中国对妇女的限制越来越多，女人死了丈夫，或者被休回家，一般都不太容易再嫁人，正所谓，"饿死事小，失节事大"。那么，这种风气是不是从宋朝开始的呢？要想解释这个问题，就要先讲讲朱熹。

二、朱熹理学

朱熹生于 1130 年，比陆游小 5 岁，比辛弃疾大 10 岁，完全是同一时代的人。在民间，也许陆游和辛弃疾的名气大，可是在官方，朱熹才是真正的大名鼎鼎，号称"朱子"。按照他们这一派的学说，在孔子和孟子之后，1400 多年里，就没有出一个圣人，一直到朱大圣人平地一声惊雷般诞生。

朱熹这一派学说被称为理学，或者说道学。这里要注意，平时我们说的宋明理学，包括了宋朝的程朱理学和明朝的陆王心学，我这里说的理学，专门指程朱理学。至于说陆九渊和王阳明的心学，等我们讲到朱元璋大皇帝的明朝再说。

所谓程朱理学，程就是北宋程颐、程颢，朱就是朱熹。实际上，这一派还包括写出了"出淤泥而不染"的周敦颐，喊出了"为万世开太平"的横渠先生张载，开创了"梅花易数"的邵雍。程颐、程颢、周敦颐、张载和邵雍这五个人号称"北宋五子"，朱熹继承了他们的学说，这五位老先生平时说的话都被朱熹记录在《近思录》里，这本书也是程朱理学的理论基础。

程朱理学到底是讲什么的呢？其实也没有脱离儒家的范畴，所谓理学，也就是新儒学，改良的孔孟之道。它的核心思想就是天地之间有一个理。在一切自然现象和社会现象之前，这个理就存在了，它就是宇宙万物的起源，很自然地，也包括了伦理道德的基本准则，而且它本身是善的，放到人身上，就是人性，人的本性。在日常的修养中，你如果好好地养护自己身上的这个天理，就可以达到"天人合一"，然后就到了孔老夫子说的"从心所欲而不逾矩"的境界。到了这个地步，个人的欲望已经和天理结合到了一起，你也可以说，人欲消失了，只剩下了这个善良的天理，这就是理学"存天理，灭人欲"的含义。

对于普通人来说，如何分辨自己身上的天理和人欲呢？朱熹说，简单，"饮食者，天理也；要求美味，人欲也"，也就是说吃饱饭是天理，想吃龙虾、熊掌、大螃蟹，就是人欲。可以这样说，儒家在理学之前，虽然也提倡生活简朴，但到了朱熹这里，已经披上了浓厚的禁欲主义色彩。

除去吸毒的那些人不说，普通人身上的人欲，其实差不多就是两个字，所谓的"食色，性也"。理学既然和禁欲挂上了钩，那么，它最后提出来"饿死事小，失节事大"那也一点儿都不奇怪。不过，这句话最早却不是朱熹说的，它实际上出自北宋五子之一的程颐之口。

有人曾经问程颐，说寡妇贫苦无依，能不能再嫁人，他的回答是："怕寒饿死，故有是说；然饿死事极小，失节事极大。"意思就是什么贫苦无依，就是怕挨饿受冻呗，可是饿死了这事儿很小，失去了贞洁却是很大的事儿。

不知道程老爷子当时说这话的时候，家里面是不是有女人宁可饿死，也不改嫁。实际上，朱熹对他这句话也只是有保留地赞同，他说："自世俗观之，诚为迂阔，然自知经识理之君子观之，当有以知其不可易也。"翻译过来就是老百姓当然认为为了守节而饿死是一件很迂腐的事情，但君子们却知道这世上有一些气节是不能改变的。

很明显，朱熹对于妇女改嫁这事儿其实是无可无不可，他自己后来也说，这句话是"使士大夫有所矜式，非为愚夫愚妇言也"，意思是，我们是对读书人说这话的，要求他们要有气节，并不是要求一般老百姓的。不过，后来随着朱熹在儒家的地位节节攀升，同时读死书、死读书的读书人越来越多，"饿死事小，失节事大"就变成束缚普通老百姓的一道枷锁，以至于妇女改嫁都成了滔天罪恶，民间遍地都是贞节牌坊，这其实不是朱熹和理学的原意。

说到这里，你可能认为理学就是规范我们日常生活道德的，其实也不是，理学的范围很广，它从世界观和方法论上对儒学进行了改造，涵盖了哲学、思辨、甚至自然科学等。朱熹认为，世间万物都包含这个理，那么通过推究事物的道理（他称之为"格物"），就可以达到认识真理的目的，这叫作"致知"。所谓的"格物以致知"，是宋朝之后很多知识分子都信奉的真理。

同时在朱熹的著作里，也有很多对自然科学的探讨，比如大气运行规律和地质学等。英国科技史家李约瑟就曾经说过，"朱熹是一位深入观察各种自然现象的自然学家"，这句话明确写在《李约瑟文集》里，应该不是传言。

理学在刚刚问世的时候，并不是一帆风顺，后来的宋宁宗还曾经搞出了"庆元党禁"，专门针对朱熹和理学，把他的学术称为伪学、妖术，把他的学生们一律打成逆党。朱熹老爷子也差一点被当成特务给砍了脑袋。最后在 1200 年，一个凄风苦雨的春天，在朝廷的监视居住当中，朱熹默默地走完了 70 载春秋。

这样看来，朱熹在世时，理学并没给他带来很多的荣誉，那么为什么他后世的名气那么大？这里有三个原因。

第一是书院。中国的书院出现在唐玄宗时代，到了宋朝，由于整个社会崇文抑武的政策，书院开始大行其道。朱熹在 1179 年重修了著名的白鹿洞书院，开始招生讲学，制定校规等，还多次跑到位于湖南长沙的岳麓书院去讲学。这两所书院当时就名列天下四大书院，朱熹教出的学生无数，这些人里面有一些后来功成名就了，很自然就会替老师宣传。

第二个原因是"四书"。在朱熹之前，中国的学子科举考试都是要考经书，也就是孔子编写的《诗》《书》《礼》《易》《春秋》等。朱熹用一生的力量，编写了一本集注，把《论语》《孟子》，还有《礼记》里面的两篇文章《大学》和《中庸》加上了自己的看法，编成了一本小册子，叫作《四书章句集注》，这四本书因此合称"四书"。比如说儒学的"三纲领八条目"就是朱熹从《大学》这篇文章里总结出来的，所谓三纲领，即"明明德""亲民""止于至善"，八条目就是"格物""致知""诚意""正心""修身""齐家""治国""平天下"，这个三纲领八条目是宋朝之后所有知识分子的行动指南。

给圣贤书写个注解这事儿本来也没什么，很多知识分子看书的时候都喜欢这么干，可是到了元代，元仁宗因为喜欢朱熹，钦定《四书章句集注》为科举必考项目，这样一来，读书人为了当官，一个个拼了命地研究"四书"。随之而来的，自然是朱熹的地位也水涨船高。

第三个原因是朱熹的这套学说特别符合帝王的要求。"饿死事小，失节事大"，这样的言论很轻松地就可以转化为只有对君王尽忠，那才是好人。宋宁宗不识货，搞出了一个"庆元党禁"迫害朱熹，可是后来上台的宋理宗马上意识到，这套玩意用来治国，那是极其好使，就把朱熹抬到了圣人的位置。

再后来元、明、清三代的皇帝全都大力提高他的地位，从小就没读过书的朱元璋大皇帝说"四书""五经"是天下最牛的书，考试必考。一代雄主康熙大帝说，朱熹简直就是圣人转世，必须大力宣扬这位老爷子的故事。就这样，朱熹和他的理学就逐渐成神了。

不过，俗话说，抬得越高，摔得越惨，到了清朝后期，就有人开始批判朱熹，比如戴震就公开说，人欲没什么不好，只要不影响别人，是可以光明正大地追求的。此外还出现了很多关于朱熹道德败坏的流言，比如有谣言说朱熹为了打击异己，陷害官员唐仲友，公然刑讯逼供妓女严蕊；再比如说他让自己儿媳妇怀孕，还和两个尼姑有染等。这些都是无稽之谈，是后世不喜欢朱熹的人给他泼的污水，但如果现在你去网上搜搜，可以看到这些事情已经被很多人相信了。

这是为什么呢？原因很简单，五四运动之后，礼教成了万恶之源，道学，也就是程朱理学，也成了国家受苦受难的罪魁祸首。以鲁迅为代表的新一代文人对此抨击得最为激烈，"存天理灭人欲"这句话成了桎梏人性的枷锁，成了影响中国社会进步的制度性症结。到 1949 年后，鲁迅这批人的立场也是一直被长期肯定的，我小时候书本上还有"吃人的礼教"这个说法，自然而然地，批判朱熹就成了政治正确。

三、"孝宗中兴"

言归正传，隆兴和议之后的 41 年，大宋和大金基本上是和平共处。在宋孝宗的治理之下，南宋度过了一段政治清明、社会稳定、文化昌盛的时期，史称"孝宗中兴"。

我觉得，"中兴"这个词有点儿言过其实，宋孝宗并没有改变大宋朝往外掏银子送给北方的事实，不过他确实让南宋在经济和文化上得到了很大的发展，不仅是上面提到的理学，陆游、辛弃疾这些人所光大的诗词，其他诸如苏轼以前倡导的蜀学，还有王安石的新学，也得到了很大的发展。

除此之外，航海罗盘发明于南宋，瓷器的生产和贸易也广为发展。

航海罗盘的发明可以说是被逼出来的，北边的丝绸之路走不通了，就只能向南边大海上发展。以前只能靠定期的海上季候风和天上的星星来判定方向，经常迷路，把船开进东海龙宫里去。现在的考证发现，最先使用海上罗盘的，可能是中国的海盗，他们把磁针放在稻草上，使它浮在一碗水上，装在一个小匣子里，这样不论是阴天还是大雾，始终能保持对方向的判断。后来经过层层改进，最终形成了一个成熟的技术，这对整个人类文化有很大的贡献。后来哥伦布发现新大陆以及欧洲那些海上帝国，都是有了中国罗盘之后，才成为可能。

另外一个代表南宋高度文明的是瓷器，英语里 China 这个词的原义就是瓷器，中国从南宋开始对外大规模地出口瓷器，无论是生产规模还是质量，都相当可观。一直到 19 世纪的时候，日本还努力地苦心仿造，但就是不成功，欧洲的技术就更不行了，一件件小小的瓷器，出口赚了一千多年外汇，也算是一个奇迹。

宋朝的士大夫，你让他们去疆场厮杀，抵御侵略，那是比较弱的，可是你让他们吃喝玩乐，搞各种他们嘴里大骂的奇技淫巧，享受生活，他们还是很厉害的，他们最后把临安搞得比当年的汴梁城还繁华，还好玩。

出生于 1123 年的南宋诗人林升当年在临安城里生活过一段时间，是亲身经历者，他偶然间在宾馆墙壁上写的一首诗一直流传到今天，诗的名字叫《题临安邸》："山外青山楼外楼，西湖歌舞几时休。暖风熏得游人醉，直把杭州作汴州。"临安的繁华可见一斑。

公平地说一句，社会上虽然充满了享乐主义，但宋孝宗赵昚这个人还是比较勤政和节俭的，史学家公认他干得还不错，说他"卓然为南渡诸帝之称首"，也就是如果进行绩效考核，宋孝宗在南宋皇帝里应该排第一。

126. 漠北起豪雄

1187年，80岁的宋高宗赵构驾崩在临安，这老爷子这辈子其实相当不错了，在国破家败的情况下，居然能够脱颖而出，当上了皇帝，而且最终也算是守住了半壁江山。当然，我们现在很多人都恨其不争气，没有收复中原，甚至还杀了岳飞，自毁长城，但也必须看到，他对于稳定南宋的局势，发展江南的经济，让老百姓免受刀兵之苦，也是做出了一点儿贡献的。

宋高宗死后，宋孝宗赵昚虽然不是亲儿子，却和死了亲爹一样，一定要为赵构服丧三年，为了不耽误朝廷的正事儿，他特意让儿子，也就是当时的太子赵惇参与政事。

一年半以后，宋孝宗觉得自己还是太伤心了，没办法办公，不顾众人反对，将皇位禅让给了儿子赵惇，这就是宋光宗。赵昚自己继续给宋高宗守丧，一直到五年之后寿终正寝为止，所以，宋孝宗还真是对得起他庙号里面的这个"孝"字。但世上的事情就是这么奇怪，如此讲究孝道的一个皇帝，偏偏培养出一个相当不孝顺的儿子。

一、绍熙内禅

宋光宗赵惇是个老实巴交的人，42岁登上皇帝宝座已经是心满意足了，可是很多老实人在性格上都有一个特性，那就是怯懦。

怯懦的宋光宗偏偏娶了一个强势的老婆。他的妻子李凤娘，是宋朝乃至中国历史上著名的泼妇。

李凤娘这名字听起来像一名村姑,但她的父亲其实是一名节度使。一个节度使也算是不小的官了,怎么会给闺女起这么一个土气的名字?原来他父亲李道本是一个土匪,不过是一个爱国的土匪,金兵打过来了,他带人反抗,因此当上了南宋的节度使。不客气地说,他算是一个暴发户。有人说暴发户一般都飞扬跋扈,有时候,暴二代比他们的老子还要飞扬跋扈,这个李凤娘就是典型例子。

她因为长得漂亮,家里条件好,从小就养成了颐指气使的毛病。当上皇后后,就更加飞扬跋扈了。

有一次,宋光宗看见给自己端洗脚水的宫女有一双洁白如玉的小手,就夸赞了对方两句,可是第二天下午,李凤娘就给他送来了一个饭盒,打开一看,里面正是那宫女的一双手,生性怯懦的宋光宗当场心脏病发作,差点儿被吓死。

更过分的是,光宗的一个宠妃黄贵妃怀了身孕,竟然被这个李凤娘一刀给杀了。那可是赵氏血脉,所谓的龙种,连这种事李皇后都敢做,还有什么事儿她不敢做的?

事实也是如此,在一次宴会上,李凤娘当着宋孝宗和宋光宗的面,提出要立自己儿子嘉王为太子,当时已经是太上皇的宋孝宗说,你丈夫都才刚刚当上皇帝,不着急立太子吧。李凤娘居然当场说道:"妾六礼所聘,嘉王,妾亲生也,何为不可?!"意思是,我是宋光宗明媒正娶的老婆,嘉王是我亲生的孩子,为什么不能立为太子?

你要是说这话也没错,那是你不懂这里面的指桑骂槐。地球人都知道,宋孝宗并不是宋高宗的亲生儿子,当时坐着一起喝酒的谢皇后也不是宋孝宗的原配夫人。李凤娘的这句话,相当于把自己公公和婆婆都骂了一遍,气得宋孝宗当场拂袖而去。

就算这样,宋光宗也没敢废了这个皇后,自己反而气出了一身的病，精神也开始不正常了。宋孝宗听说儿子病了，就让人给送来了一些药丸，可是宋光宗在李凤娘的挑拨之下，竟然相信他亲爹给他的药里有毒，想要害死他，从此之后，居然恨上了宋孝宗。

宋光宗的不孝顺到了什么程度呢？1194年，太上皇宋孝宗驾崩，在媳妇儿的教唆之下，宋光宗连见他爹最后一面都不去，给老爹主持葬礼、服丧这些事也都不去做。

到了这个地步，就引发了群情激愤。中国自汉代开始，帝王们都是以孝治天下。宋光宗这事儿别说是宋朝，就算是放到今天，那也是要被唾沫星子给淹死的。

于是，当时的枢密使赵汝愚联合了大臣郭杲、韩侂胄等人，发动兵谏，逼迫宋光宗退位，然后扶立了他的二儿子赵扩上台，这就是宋宁宗。宋光宗就变成了新的太上皇，历史上把这次事件称为"绍熙内禅"，给宋光宗留了几分面子，算他主动下台。

这里顺便交代一下，宋光宗退位之后，他和李凤娘两口子等于是被软禁起来了。到了这时候，李凤娘一反常态，再也不撒泼了，天天安慰宋光宗，经常陪着他喝点儿小酒，并且叮嘱宫女们，谁也不许当着宋光宗的面儿提"禅让""太上皇"这些词，怕宋光宗赵惇伤心。

有一些人确实天生就不能登上太高的权力舞台，用宿命论的话来说，就是没有那个命，享不了那个福，即便强行把她推上去，也会自己作死，古话叫作"德不配位"。李凤娘就是这类人，她注定当不了母仪天下的皇后，一旦失去了那个位置，反而心态平和了，正常了。这两口子最后在1200年，也就是退位之后的第六年双双去世，中间相隔不到两个月，算是寿终正寝。

到此为止，南宋的前三位皇帝都不是死了之后才交权的，全都是活着的时候就把皇位让了出去，所以有人开玩笑说，南宋才是废除领导干部终身制的第一个朝代。

二、庆元党禁

在宋宁宗赵扩登基的过程中,赵汝愚和韩侂胄两个人厥功至伟。他俩也都不是无名之辈,赵汝愚是宋太宗赵光义的后代,正宗的皇室成员;韩侂胄是北宋和范仲淹齐名的名臣韩琦的曾孙,也是铁杆的官四代。

虽说一起拥立宋宁宗,可是革命胜利之后,韩侂胄的职位没有得到任何提升,赵汝愚却当上了右相,也是宋宁宗手下唯一的宰相,大权独揽。可想而知,韩侂胄的心里开始不平衡了。

朱熹此时正在赵汝愚手下做事,他对赵汝愚说,应该对韩侂胄"厚赏酬劳,勿使干预朝政",意思就是给韩侂胄金钱美女大房子,让他赶紧退休,以绝后患。可是,赵汝愚自高自大惯了,没采用这个计策,认为自己是正宗的老赵家的人,现在还是宰相,韩侂胄他敢不服吗?

韩侂胄表面上并没有表现出什么不满,私下里,却采用了下属刘弼的策略,把一些亲近自己的官员放到台谏的位置上。台谏的官不大,但是骂人和整人相当厉害,他们可以不受监督地制造言论,同时弹劾官员,《宋史》里记载,"于是言路皆侂胄之党,汝愚之迹始危",也就是无论朝野,舆论渐渐地向着不利于赵汝愚的方向发展。

1195年,韩侂胄指使一个台谏官员,右正言李沐,向宋宁宗汇报,说赵汝愚是皇室宗亲,现在掌握宰相大权,不利于社稷安定。这话说得相当重,言下之意,赵汝愚从血统上来说,也是有资格当皇帝的,现在权力还这么大,您赵扩难道就不担心吗?宋宁宗赵扩刚上台一年,自然担心自己身体下面的椅子是不是牢靠,再加上外面的舆论沸沸扬扬,对赵汝愚的人品和野心描述得绘声绘色,宋宁宗马上决定,免去赵汝愚的丞相之职,将他外放到福州。

这时候,国子祭酒李详、博士杨简、太府丞吕祖俭等人纷纷上书,说赵汝愚是好人啊,大忠臣、实干家,可不能让他离开朝廷。本来宋宁宗还觉得这样对待拥立自己的赵汝愚有点儿内疚，可是一看，怎么着，赵汝愚有这么多人支持？这肯定是要篡位的节奏啊，于是乎，一道圣旨，把赵汝愚又贬到了永州，罪名是"倡引伪徒，图为不轨"。

公元1196年，赵汝愚死在了赶赴永州的路上，史书上说是"暴卒"，也就是突然死亡，原因不明。不过他并不糊涂，在离京之前，他曾对送行的亲友说："观侂胄之意，必欲杀我。我死，汝曹尚可免也。"一个大明白人，就因为骄傲，就此退出了历史舞台。

赵汝愚死后，韩侂胄权力就大了起来，那个曾经建议让韩侂胄退休的朱熹大圣人就倒了霉。监察御史沈继祖给朱熹列出了六大罪状，不忠、不孝、不仁、不义、不恭、不谦。后来沈御史还捏造了朱熹的一些生活作风问题，比如说"诱引尼姑，以为宠妾"，前面说过，由于种种原因，这事儿一直到今天，还是有人信以为真。

后果就是，朱熹被免除了一切官职，回家种地去了，然后他的理学也被打成伪学，所有支持他的人都被罢官或者流放。这场运动持续了六年，一直到1202年，才稍有松动，史称"庆元党禁"，这个前面也说过。

朱熹的理学后来被帝王利用，变成禁锢中国知识分子的一个利器，这是事实，可是批判、打倒朱熹的"庆元党禁"是不是好的呢？当然也不是，实际上，"庆元党禁"并不是学术争论，本质上就是南宋统治阶级打着学术争议的名义，进行的一次官场大清洗，借助这次大清洗，韩侂胄终于彻底掌控了南宋的权力。这种事在中国历史上，多次重演，实在是稀松平常。

三、开禧北伐

韩侂胄掌权之后，要做的事情还是很霸气的，八个字：北伐金国，收复中原。

这首先是当时的社会大环境决定的，自从1164年签订了"隆兴和议",南宋和女真人已经四十年没打仗了,这期间社会财富飞速增长,科技和经济也高速前进,南宋君民上下都有一种强大了的感觉,感觉自己已经相当了不起。再加上陆游、辛弃疾这些文坛领袖接连不断的倡导,朝野之间就弥漫着一种要和金国说道说道的气氛。宋宁宗更是下诏,把秦桧的谥号从"忠献"改成了"谬丑",这个比直接剥夺了秦桧的谥号还狠,剥夺了最多是什么也没有了,可是"谬丑"就意味着你姓秦的就是小丑一个,而且,我要让你的后世子孙全都知道。与此同时,宋宁宗还封岳飞为王,鼓舞全国的抗金热情。

在这样的背景下,韩侂胄琢磨了一番,觉得打金国这事儿值得干,更何况,这时候金国的情况很不好。

当时的金国,皇帝是金章宗完颜璟,你要是说他不思朝政,他其实政治挺清明,文化经济两方面搞的都不错;但你要是说他是个明君,那也不对,因为他喜欢的东西就是琴棋书画,诗酒年华。换句话说,他属于南唐后主李煜这类的君主,虽然比起李煜,他不那么昏庸,但另一方面,他却大搞赵光义重文抑武那一套。

现在位于北京海淀区的钓鱼台国宾馆为什么叫钓鱼台呢?就是因为这个完颜璟。当年此人觉得那地方实在是一个钓鱼的好地方,就派人特意在那里建造了一个高台,然后天天搬着小板凳,和几个亲近的大臣到此以垂钓为乐,偶尔还整点儿小酒,写两首诗词。可以这样说,他已经完全汉化,或者说宋化了,身上已经看不到东北女真人的任何血气了。

这样一个皇帝,遇到太平盛世还是没问题的,可是,当时在金国的北边,有一个少数族或者说政权,正在迅猛崛起,那就是后世威名赫赫的蒙古铁骑,首领名字叫铁木真,又名成吉思汗。

这些蒙古人是从哪里冒出来的呢?前面说过,中国北边最古老的少数族有一个叫东胡,司马迁的《史记》记载,"在匈奴东,故曰东胡",也就是咱们祖先把匈奴东边的所有披头散发的少数族都叫作东胡,这里面就包括建立北魏的鲜卑人、建立了大辽国的契丹人，还有一个在唐朝之前一直待在大兴安岭以西，今天呼伦贝尔草原上的室韦。

室韦有一个分支，居住在额尔古纳河以南地区，叫作蒙兀室韦，也被称作室韦蒙古部，这个部落最早被记录在《旧唐书》里面，他们就是蒙古人的祖先。

有人说室韦和契丹都出自鲜卑人，这个现在还有争议，不过鲜卑、契丹和室韦都是东胡的后代，这一点应该是毫无疑问，而且室韦和契丹关系更近，应该是同种同源。《北史》上说，"南者为契丹，在北者号为室韦"，也就是说他们有同一个祖先。这样说来，后来室韦的后代蒙古人灭了女真人的金国，那就算是给自己的兄弟，契丹人的大辽国报了仇。

到了11世纪，蒙兀室韦开始迅猛崛起，逐渐向周围扩张。一百多年后，1162年，蒙兀室韦乞颜部落里，酋长也速该的老婆给他生了一个孩子，起名为铁木真。据说铁木真降生时，手中拿着一个血块，这个寓意就是，老天爷赐予他生杀大权。你可以认为这是蒙古版的天降祥瑞，和中国皇帝出生时红光满屋、凤凰落在屋檐上一样。

俗话说，天将降大任于斯人也，必先让其吃尽苦头。也速该在铁木真很小的时候，就被敌对部落塔塔儿部害死了，之后铁木真一家就被乞颜部孤立了，生活得十分艰难。铁木真有四五次险些丧命，最惨的时候，连老婆都保护不了，只能只身逃进深山——比刘皇叔还惨，人家虽然老婆也丢了，至少还有关羽、张飞跟着。当然，铁木真要是那时候死了，全世界后来就会少死很多人。

最后铁木真凭着谋略、勇气和手腕，不仅收拢了他家离散的部族，夺回了妻子和继母，还取得了全部落的认可，1189年，27岁的铁木真被推举成为蒙古乞颜部的可汗。

接下来，此人就开始了东征西讨、扫荡蒙古草原的过程，金庸老先生在他的名著《射雕英雄传》里，对此也有详细的描写。

1206年，铁木真在草原上的最后一个对手札木合被消灭，蒙古各个部落全都统一在他的旗下。就在这年春天，蒙古贵族们在斡难河，也就是今天的鄂嫩河源头召开大会，蒙古诸王和群臣为铁木真上了一个尊号，叫"成吉思汗"。

"汗"就是皇帝或者国王的意思，"成吉思"的意思却有很多种讲法，最流行的说法是突厥语"海洋"的意思，意思是成吉思汗就是像海洋一样伟大的皇帝。

除此之外，还有两种说法。《蒙古源流》说，他即位前三天，每天清晨都有一只五色鸟在鸣叫，声声如"成吉思"，铁木真认为是一种吉祥的征兆，便给自己取了这个名字——这个我觉得不太靠谱，铁木真虽然大字不识，可不是大老粗，他即位之后颁布的《成吉思汗法典》可是人类历史上应用范围最广泛的成文法典，里面将行政权及司法权分开，硬生生地在最落后的草原上搞出了分权制的具有民主色彩的君主制度，这个两权制约制度，比美国的三权分立早了500多年。这样一个具有远见卓识的人，会用鸟儿的叫声来做自己的名号，这有点不像是真的。

最后一种说法是，按照蒙古语，"成吉思"有"天赐、强大"的含义，而"成吉思汗"就是天赐予蒙古族的强大君主。

成吉思汗如同狂风扫落叶一样扫荡蒙古草原，这样一来，就和金国的一些势力碰撞起来。很可惜，金章宗光顾着钓鱼，重文抑武，手下一个能打的大臣都没有，导致属国纷纷叛离，原来从属于金国的蒙古部落都回到了新的蒙古帝国的怀抱，漠北就此失去控制，再加上天灾不断，所以金国的日子是老太太过年，一年不如一年。

蒙古崛起，金国内部不稳，这些事儿南宋当然是知道的。当时南宋的一个使臣李壁，在访问金国回来之后，就对韩侂胄说："敌中赤地千里，斗米万钱，与鞑为仇。"也就是金国这时候大旱，境内一斗米要一万钱，而且和新兴的蒙古结仇。

韩侂胄就是在这样的大背景下，想着去打金国的。1206年，也就是铁木真刚刚成为成吉思汗的这一年，南宋在宰相韩侂胄的号召之下，决心北伐金国，恢复中原。

在宋宁宗写的北伐檄文里，开头第一句就是："天道好还，盖中国有必伸之理，人心助顺，虽匹夫无不报之仇。"这话说得是慷慨激昂之中还带着一点悲愤的情绪，很有点儿"楚虽三户，亡秦必楚"的意味，可以说是相当给力。是的，从"靖康之耻"开始，汉人就被你们这些女真人欺负来欺负去，现在老天爷帮助我们，要向你们来讨还公道，我们全体大宋百姓更是同心合力，一定会从一个胜利走向另一个胜利。

可惜，大宋王朝的实力远远没有它喊出的口号那么给力。

在这场被称为"开禧北伐"的军事行动中，开头两个月南宋攻城略地，也弄了一个不亦乐乎，比如猛将毕再遇带着87个人就拿下了泗州城，可是两个月后，形势急转直下，不仅各路宋军纷纷失败，而且金国军队乘胜追击，反而准备来一个"南伐大宋，一统天下"。韩侂胄十分着急，就准备和金人和谈，可是金章宗要求将韩侂胄送到金国，等候发落。

韩侂胄大怒之下，撤换了几名官员，然后自出家财二十万，准备再战。很可惜，历史不会给他第二次机会了，公元1207年11月24日，就在上朝的路上，韩侂胄突然被几名士兵挟持到一个叫作玉津园的地方，然后被一顿胖揍，活活打死了，这件事在历史上称为"玉津园之变"。

一国宰相，在上班的路上，光天化日之下被人活活打死，这事儿到底是谁干的？为什么要这么做呢？

127. 龙马风云会

南宋宰相韩侂胄在上班的路上被人蒙上麻袋,一顿闷棍打死这事儿,按照正史记载,是礼部侍郎史弥远和宋宁宗的杨皇后一起谋划的,然后交由殿前司夏震,也就是负责皇宫安全保卫的保安头目,由后者下的黑手。

一、嘉定和议

你若是问,这事儿宋宁宗事先是不是知道,答案是肯定的,他百分百知道,并且支持。这样说的证据有两个。

第一就是《宋史》里明确写了,保安队长夏震最初接到来自史弥远的命令时,是不愿意做的,你一个礼部侍郎,给我保安大队下命令杀掉当朝宰相,这就是造反啊。可是随后,史弥远就掏出了宋宁宗的亲笔信。夏震"初闻欲诛韩,有难色,及视御批,则曰:'君命也,震当效死'",原来是大老板的意思,那我夏震肯定服从。

第二是史弥远杀掉韩侂胄之后,为了和金国议和,把韩侂胄的脑袋砍下来,送到了北面的金国。这种事,如果不是皇帝支持,他怎能干得成?宋宁宗糊涂是不假,但是他不瞎也不傻,史弥远杀大臣,砍脑袋,去议和,这些事情宋宁宗怎么可能看不见,不知道?况且事后史弥远还步步高升,成了宰相。这一切,都说明杀韩侂胄,宋宁宗就是幕后最大的那只黑手。

韩侂胄的北伐之所以失败，有很多种原因，比如对金国估计不足，用人不当等，但最大的原因还是准备不足，在乐观主义的情绪之下仓促上阵，而有了一点儿小挫折之后，又惊慌失措，应对不当。可以说，"开禧北伐"的失败，不是韩侂胄一个人的失败，是当时整个朝野上下错误估计形势，又轻举妄动的一个必然结局。最后失败了，账却算在韩侂胄一个人身上，甚至搞暗杀铲除，这已经不是十分公平了；更过分的是，在朝廷的刻意宣扬之下，韩侂胄在历史上的名声极差。元朝人写的《宋史》里把他当作南宋四大奸臣之一来描绘，说他和秦桧、接替他的史弥远，还有后来的贾似道一样，都不是好东西。

韩侂胄本来不是那么坏，为什么后来的宋朝人乃至元朝人一定要说他是大奸臣？原因是朱熹又登上了神坛，理学变成了显学，而韩侂胄之前是在批判朱熹理学的"庆元党禁"里获得最高权力的。

到现在为止，南宋在宋高宗之后进行了三次北伐，一次比一次惨，这一次，甚至连主帅的脑袋都要用盒子装上，送给金国，让人家消消气。这事儿在当时就引起宋朝人的强烈不满，大臣王介就说："侂胄头不足惜，但国体足惜！"是的，那送的可不仅仅是一颗人头，是整个大宋朝廷的脸。

不过那又有什么办法，你自己弱就别怪人家不给你脸，何况很多时候，还是宋朝主动地不要脸，上门去惹事，结果都是惹了事儿还不能平事儿。在我看来，宋朝这帮人其实就适合每天喝点小酒，写点儿小诗词，把经济搞上去，过点儿"西湖歌舞几时休"的日子，这在历史上叫作"两宋风流"。对比"大汉雄风"和"隋唐盛世"的说法，你自然可以知道不同点在哪里。

为了表现议和的诚意，宋宁宗和史弥远不仅把韩大人的脑袋送了过去，还给秦桧平反，恢复了秦桧的申王爵位及忠献的谥号。金国人很满意，1208 年，两国再次和谈成功，签订了"嘉定和议"。40 多年前，宋孝宗签订的"隆兴和议"规定了宋朝皇帝要管金国皇帝叫叔叔,这次金国人说不行了,看来你们对叔叔不太尊重啊,要改口,叫大爷,也就是从叔侄之国改成伯侄之国。

除了要叫大爷之外,每年的进贡从 20 万增为 30 万,另外还要一次性支付"犒军银"300 万两。如此屈辱的一个协议,史弥远连讨价还价都没有,马上就拿笔签字,弄得金国人也很后悔,早知如此,应该多要点儿。

从宋宁宗的角度看,却觉得礼部侍郎史弥远办事得力——你看看,金国人不是很快就撤退了吗?于是,加升史弥远为右丞相,也就是宰相,从此之后,史大人在南宋开始了他长达 20 多年的专权历程。

二、蒙古、花剌子模国和西夏的灭亡

1208 年年底,"嘉定和议"签署没多久,金章宗完颜璟驾崩,由于他没有儿子,就由他的叔叔完颜永济即位。

前面说过,现在蒙古大草原上各部落统一成了蒙古帝国,可是这时候名义上,蒙古还是金国的附属国,完颜永济当上了皇帝,很自然地,要派人去蒙古草原上宣布一下,告诉这些游牧民,你们的老大现在已经换了。

金国的钦差大臣到了草原上之后,在各部落酋长集会的时候,就命令成吉思汗像过去那样,跪下来接圣旨。成吉思汗这时候就问,新的皇帝是哪一位?钦差大臣答是完颜永济。成吉思汗是见过完颜永济的,对他的昏庸很了解,当时就吐了一口口水在地上:"我以为南方皇帝都是天上人,原来是这个蠢货。"说罢,转身上马,在所有人的目瞪口呆中,扬长而去。

这个举动绝对是帅呆了,酷毙了,用东北话说,这是一个爷们,纯的。当然,如果在大金国强盛时期,这也是一个作死的举动。不过大金国早就不是当年的女真人了。

平心而论,金国新皇帝完颜永济优柔寡断,没有治国才能是真的,但这个人并不坏,而且相对来说还很简朴。成吉思汗这一口吐沫,实际上吐的不是完颜永济,而是整个金国。这个大字不识一个的蒙古汉子,已经不满足于在草原上骑马射雕了,他想扳倒蒙古人曾经的主子大金。

1211年,成吉思汗宣布,他爷爷的父亲的一个堂兄,一个叫作俺巴孩的蒙古酋长,很久很久之前被金国害死了,他现在要报仇。一句话,蒙古对金国宣战。于是,铺天盖地的蒙古骑兵向金帝国扑去,金国的西京,也就是今天的山西大同几乎没有任何抵抗,就落在了蒙古人手里。

很快,蒙古军团就攻破了今天北京昌平的居庸关,一直打到北京,当时叫作金中都。因为这个中都城又高又厚,打不下来,蒙古军就在燕云十六州的大部分州县肆意扫荡了一番,然后扬长而去。

这就是成吉思汗第一次对金国的出手,可以说是雷霆一击,势不可挡,但只是一次试探。两年之后,蒙古兵团卷土重来,攻破居庸关,金国当时的主力部队几乎全部被歼,一百五十公里的道路上遍布金兵的尸体,中都再次被包围。

完颜永济就派人去质问总司令胡沙虎,为什么打得这么惨?你是不是光吃饭不干活儿啊?胡沙虎一听,皇帝陛下这是要甩锅啊,伴随着这口大黑锅的,一定是寒光闪闪的大砍刀,于是,他把心一横,索性带兵叛乱,杀了完颜永济,另立完颜永济的侄儿完颜珣当皇帝,这就是金宣宗。

最令人惊奇和感叹的是,这位胡沙虎成功地杀了完颜永济,一转身,就去质问下属高琪,为什么打得这么惨?你是不是吃饭不干活啊?然后逼着对方出城去死拼,原话是"今日出兵果无功,当以军法从事矣"。结果高琪直接效仿胡司令,带人包围了他的家,把他杀死了。如果评选人类历史上最快的也最相似的因果报应,这位胡沙虎估计可以排进前几名。

完颜永济和完颜亮一样,都是被手下杀死的,俗话说的横死,因此也没有谥号。

新上台的金宣宗这时候虽然没什么内部威胁了,但是城外的蒙古大军却是实实在在的，除了投降讲和，他也没有任何办法。最后在他献出了闺女岐国公主和童男童女各500名之外，又额外给了蒙古3000匹战马和大批来自宋帝国进贡的金银绸缎，蒙古人才高高兴兴地撤退，回到了草原。

蒙古军团离开后，金宣宗觉得中都这地方离蒙古人实在是太近了，立马急三火四地把首都搬到了原来北宋的都城，河南开封。

成吉思汗听说之后，马上装作怒火中烧的样子，对手下的大将们说，看看，刚刚签署了协议，两国友好，金国就往南边跑，肯定是没安好心，想联合宋朝一起打我们。于是，蒙古军团第三次南下，1215年，金国中都，也就是北京，被蒙古人占领，改名为燕京。

蒙古摆出了彻底吞掉金国的架势。如果没有意外，金宣宗一定活不过这年的春节，但恰恰就在此时，远在西边3500公里之外的花刺子模国，伸出援手，挽救了大金国。

事情是这样的。前面讲唐王朝的时候，介绍过伊斯兰教的兴起以及阿拉伯帝国和大唐在西域的几次交锋。仗打完了，士兵死的死，回家的回家，但是宗教却留了下来。就在今天伊朗和土库曼斯坦的那块地方，1077年左右，崛起了一个以伊斯兰教逊尼派为主的王朝，就是花刺子模国。

成吉思汗在草原上崛起之后，开始根本就没有去西边的想法，他一心一意想对付的，就是金国，可是蒙古有很多商队，他们总是四处贸易，难免就到了这个花刺子模的地盘，一些商队就被当地人洗劫一空，人也被杀。这种事当时在各国都很平常，但是成吉思汗听说了，就派了一个使团，去花刺子模，要求对方道歉并保证蒙古商队的安全。

花刺子模国王的反应却是，你们是谁派来的？蒙古？没听说过，来人啊，把他们一半人砍了脑袋，一半人烧掉胡子赶回去，这件事在金庸的《射雕英雄传》里有详细的描写，当时郭靖郭大侠也在场。到了这个地步，为了新兴帝国的尊严，也为了蒙古商队的利益，成吉思汗决定先不打金国了，要去西边，找这个花刺子模国王算算账。

花剌子模国王摩诃末绝对想不到,他给中亚,乃至整个欧洲带去了一场什么样的灾难。

1219 年,成吉思汗命令木华黎留守,以游击战术对付金国,他自己则带着蒙古主力兵团,开始西征。

实话实说,蒙古人的这第一次西征是试探性的,可是一出门,成吉思汗就发现了,原来自己这么强大,从蒙古一直到位于今天伊朗的花剌子模,这中间是神挡杀神,佛挡灭佛,简直就是如入无人之境,而花剌子模国更是毫无抵抗之力,被摧枯拉朽一般地打倒。

这是一个转折点,本来并没有太大野心的铁木真和他的那些杰出的儿子们,现在是备受鼓舞。这些胜利让这些射雕英雄们的三观完全转变了。成吉思汗在收兵回去的路上,就决定了两件事:第一,要马上征服西夏和大金国,稳定后方;第二,西方有一大群绵羊一样的国家,以后没事就要去打几仗玩玩,顺便抢点儿金钱、牲口和女人回来。

1227 年春天,蒙古军团西征回来,马上进攻西夏。西夏是党项人建立的,这时候的皇帝是夏末帝李晛,他实际上才当了半年的皇帝。不得不说,李晛领导的西夏,亡国的过程是很悲壮的,在战场上,大将和皇族子弟们宁死不屈,神宗的前太子李德任在战场上被俘虏,誓死不降,他七岁的小儿子眼泪都没有一滴,只是请求跟着父亲一起去死;那些没上战场的大臣也竭心尽力,三朝老臣右丞相高良惠在首都被围之后,日夜巡逻,坚守都城,别人都说您年纪这么大了,去歇歇吧,这老头子哭着说道:"我世受国恩,不能芟除祸乱,使寇深若此,何用生为?"最后活活累死在城头上。

不仅是大将和大臣,就是普通士兵,也是焦土抗战,寸土必争,城市被攻破后,即转入巷战,甚至地下,给蒙古军团造成了很大的伤害。

可是,勇敢和决心,并不是决定胜负的唯一要素。1227 年夏末,在陷入了山穷水尽的绝境之后,李晛不得不向蒙古人投降,但是提了一个要求,说给我一个月的时间,我安抚一下老百姓,再把给你们的贡品准备好。

成吉思汗答应了他，没有想到的是，8月25日，在患病半个月后，一代天骄成吉思汗驾崩在宁夏南边的六盘山脚下，今天甘肃境内的清水县，享年65岁。

关于他的死因，《元史·太祖本纪》里就两个字，"不豫"，就是生病的意思。民间则有人说他是被儿子毒死的，有人说是骑马掉下来摔伤的。最无聊的说法是，他是被雷电劈死的，这是罗马天主教堂的手法，估计是欧洲人后来被成吉思汗子孙们的西征吓坏了，希望上帝显灵，把他劈死。这些说法无疑是瞎说，因为成吉思汗在死前很从容地留下了很多条遗嘱，他若是被雷劈死的，应该没那个时间。

成吉思汗留下了三条遗嘱。第一条是死后不能发表，免得还没有彻底投降的西夏起了二心，不再投降。果然，因为西夏皇帝李睍并不知道成吉思汗死了，到了日期之后，他还是按照预定的那样，带领西夏王公大臣、后宫家属向蒙古投降。可惜，对于蒙古人来说，投降并不是活命的代名词，几天之后，李睍和西夏李氏皇族所有人，全都被蒙古人杀了，立国达189年的西夏正式灭亡。

第二条遗嘱是按照蒙古人的方式下葬，直接埋到地下，让1000名骑兵踏平埋葬的地方，不要纪念碑，不要陵墓，四周啥标记都不要有。直到今天，成吉思汗死了已经快800年了，还没有人知道他到底埋在了哪里。

第三条遗嘱是"假道宋境，包抄汴京"。也就是说，对付大金国不用硬打，而是利用宋朝和金国的世代血仇，向宋朝借道，直接攻击金国的首都汴梁。这样的话，金兵在潼关的守军肯定都会回去救援汴梁，但是"千里赴援，人马疲弊，虽至弗能战，破之必矣"，这样一战可以灭掉金国。成吉思汗没有读过兵书，可是这条遗嘱结合了中国古代的假途灭虢和围魏救赵两条计策，简直就是神来之笔。后来他的儿子窝阔台和托雷，也正是用他的遗嘱灭掉了金国，这事儿在《射雕英雄传》这本小说里，也有详细的描写。

三、龙马会

《射雕英雄传》还写了一件事，那就是成吉思汗曾经把全真七子之一的丘处机老道爷请到了蒙古。这件事是真的。不仅这件事是真的，全真教、王重阳，还有全真七子，这些在历史上都是确有其人。

出生在1113年的王重阳本来是一个富二代，陕西咸阳人，文武双全。在他还是一个少年的时候，靖康之变发生了，从此中国北方被女真人占领。王重阳等了很长时间，最后终于看明白了，南宋朝廷肯定是不想恢复中原了，他气得在地下挖了一个坑，住了进去，这就是金庸笔下的活死人墓。据说他一住就是七年，七年之后，走出活死人墓的王重阳创建了全真教。这个教很奇特，看起来全是道士，实际上，讲究的是"三教合一"，也就是儒释道三家全信。你只要看一下全真教平时学习的三本经书就明白了，那就是道家最基础的经书《道德经》、儒家十三经之一的《孝经》和佛教的《般若波罗蜜多心经》。

王重阳收的七个徒弟就是《射雕英雄传》里的全真七子，名字也是一模一样，但是他们的武功是不是出神入化，史书上没说。

1203年，丘处机成了全真教的掌教，也就是一把手，这时候全真教已经是大名鼎鼎了，金国的金宣宗和宋朝的宋宁宗，都曾经邀请丘老道去金国首都和宋朝都城讲学，可是丘处机都没去。他说金国皇帝有"不仁之恶"，而宋宁宗是"失政之罪"，意思就是你俩本职工作都没做好，我老丘懒得搭理你们。

神奇的是，当远在漠北的成吉思汗邀请他的时候，丘处机说了一句："我循天理而行，天使行处无敢违。"这不是铁木真叫我去，而是老天爷让我去铁木真那里，我可不敢跟老天爷较劲，必须去。

1220年正月，丘处机以72岁的高龄，带领尹志平、李志常等18位徒弟离开山东，向西而行，最后在1222年四月，走到了位于今天阿富汗境内的八鲁湾行宫，见到了成吉思汗，行程一共是 35000 里，史称"龙马相会"，因为成吉思汗属马，丘处机属龙。

成吉思汗真心敬仰丘处机，称呼他为神仙，而丘处机也确实把这份信任转化为对老百姓实实在在的好处，因为他一句话而在蒙古军刀下活下来的士兵和百姓不计其数。乾隆皇帝曾经写了一副对联赞美丘处机，说："万古长生，不用餐霞求秘诀；一言止杀，始知济世有奇功。"这个"一言止杀"说的就是丘处机和成吉思汗相处这一年，救活了无数百姓的故事。

也就是在这次攻打西夏之前，成吉思汗还给已经回到山东的丘处机写信，里面有"朕常念神仙，神仙毋忘朕也"这样的话，同时下旨把北京的天长宫改名为长春宫，以示对丘处机的尊重，这个地方就是今天的北京白云观。比较神奇的是，1227 年 8 月 22 日，79 岁的丘处机就在这个长春宫里无疾而终，突然离世，道家称为羽化了。仅仅三天之后，成吉思汗在遥远的西夏驾崩，两人等于是携手魂归天国。

丘处机不愿见金国和宋朝皇帝，却以 70 多岁的高龄，不远 3 万多里去见成吉思汗，这里面到底有什么天机，两人在一起有什么密谈，我们都不得而知。蒙古帝国在成吉思汗死后，并没有停止征伐的脚步，反而是更加迅猛地向四周扩张，最终形成了人类有史以来，地球上邻接版图最辽阔的国家，这却是事实。

128. 联蒙去灭金

天才的军事家成吉思汗在攻打西夏的时候,病重身亡。在历史上,那些没什么文化,靠着野蛮军事起家的帝王,如果不慎暴死,那他千辛万苦经营起来的帝国常常会马上瓦解,而且帝国越是强大,瓦解得越是迅速,比如亚历山大大帝的马其顿王国,查理曼大帝的法兰克王国等,都是很好的例子。可是正在成长中的大蒙古帝国,虽然是一个很野蛮,甚至可以说最野蛮的帝国,而且领袖还是大字不识一个的老粗,却没有在成吉思汗死后马上分裂,这件事虽然说不上多么神奇,但至少说明成吉思汗管理家族的本事还是挺大的。

一、为什么是窝阔台继位

成吉思汗活着的时候,后宫女人无数,不过比较令人佩服的是,史书上记载,他的大部分子女都是原配孛儿帖所生,这个女人一共生了五个女儿和四个儿子,这四个儿子分别是术赤、察合台、窝阔台和最小的儿子托雷。前面说过,孛儿帖在成吉思汗还很弱小的时候,被蔑儿乞人抢走过,虽然很快就夺了回来,但是不久就发现怀孕了,随后生下了术赤,这样一来,很多人对于术赤和蔑儿乞人之间的关系感到很好奇。

从成吉思汗给孩子起名叫术赤这个角度来看,他应该也知道,这个孩子很可能不是自己的,因为在蒙古语里,"术赤"是"客人"的意思。

但看起来成吉思汗对这事儿并不在乎,仍旧把术赤当作自己的亲生儿子一样看待,这件事在《射雕英雄传》里也有描述。不过《射雕英雄传》说因为术赤的弟弟察合台认为他是一个"杂种"而瞧不起他,最后两个人各自带兵打成一团,被郭靖郭大侠化解之后,成吉思汗才决定让老三窝阔台来继承他的事业,这纯属虚构。

实际上,大蒙古国的传统,和中原的汉人不一样,对于汉人来说,如果不是老皇帝强势地指定接班人,那一般都是有嫡立嫡,无嫡立长,可是大蒙古国却正好反着来,习惯由最小的儿子即位,这叫作"幼子守灶"。

按照这个传统,应该是托雷继承王位,但成吉思汗在考虑了很长时间之后,决定还是不按照传统,而是选择他认为最合适的接班人,那就是第三个儿子窝阔台,这件事在他去攻打花剌子模之前就定了下来。之所以选择窝阔台,除了平衡儿子们的势力之外,我个人认为,还有一个重要原因,那就是窝阔台是他的儿子里面对汉文化最热衷、最喜欢的一个。治理一个辽阔的帝国,需要一种比较成熟的文化和制度,对于这一点,成吉思汗心知肚明。

不过,窝阔台真正掌握大权,却是在成吉思汗死了两年之后。这又是为什么呢?原来,大蒙古国还有一个传统,那就是最高领导人必须由库里台民主大会选举产生。你可以把库里台民主大会看成是今天的议会或者国会,当年成吉思汗本人也是这么被推举出来的。那时候的蒙古想要开一个会是非常不容易的,没有飞机、高铁,连汽车也没有,出门就是牛和马,帝国的面积还不小,所以,库里台大会一直拖到1229年才召开,在这之前,一直都是托雷代替窝阔台管辖,兄弟之间可以说相当和睦。

现在有人就说了,成吉思汗家族后来之所以被称为"黄金家族",就是因为兄弟同心。这事儿其实不太对,成吉思汗的四个儿子之间确实关系不错,但是到了孙子辈,那就打得你死我活,头破血流了。

"黄金家族"这个词的来历,另有一个故事:

成吉思汗往上数十一代的祖先，有一个叫作阿兰高娃的祖奶奶，她在丈夫死了之后，又生了三个儿子，别人就很奇怪，说为什么你丈夫都死了，还能自己生孩子？阿兰高娃说，我这三个儿子是感受到一位"金黄色神仙"的光芒之后怀孕生下来的，是老天爷的儿子。那时候蒙古人都很淳朴，就全都信了。从此之后，这三个儿子的后人就被称为"纯洁出身的蒙古人"，也就是"黄金家族"，而成吉思汗就是他们中的一支。在成吉思汗之前，根本也没人关注这个所谓的黄金家族，但是在他之后，他的这四个儿子，术赤、察合台、窝阔台和托雷的后代都被称为黄金家族，只有他们，才有资格继承蒙古帝国的四大汗国，因为他们是神仙的后代。

二、联蒙灭金

窝阔台即位第二年，按照老爹的遗嘱，向南宋借道，准备攻打金国，可是四王子托雷派出去的使者却被南宋陕西的一名守将很随意地砍了脑袋。托雷大怒，亲自带兵从陕西大散关，也就是今天陕西宝鸡西南，杀入宋朝的国境，一路上如入无人之境，直接打到金国的边境，今天的湖北老河口。

1232年冬天，蒙古三路大军，分别由大汗窝阔台、四王子托雷和大将速不台率领，从北、东和南三个方面向金帝国发起总攻。战争的进展完全按照五年前成吉思汗临死时制定的计划进行，令人惊奇的是，金兵也是相当配合，经过一场三峰山大战，金兵主力损失了一半，接着潼关守军千里返回，驰援开封，结果在开封城下被全歼。

这时候，金宣宗已经死了，金国在位的是他的儿子——金哀宗完颜守绪，你一听这个谥号就知道了，大金国快要完了。

金哀宗趁着蒙古三路大军还没有合围开封之前，请求谈判，可是等速不台派来谈判代表后，完颜守绪却在身边宁死不降派的忽悠之下，又杀掉了蒙古使者，然后带人逃出了开封，准备到黄河北边坚持抗蒙。可惜的是，愿意跟着他去打仗的没几个，最后他只能逃进了蔡州，也就是今天河南的汝南，准备做困兽之斗。

没有了金哀宗的开封，群龙无首，守将崔立选择了投降。崔立的做法相当卑鄙，他把金国皇宫中的那些皇后、嫔妃、亲王、公主、驸马全都用绳子捆好了，送入蒙古军的大营。106年前，也是在开封这座城市，北宋的两个皇帝和他们的后妃们凄凄惨惨地被金国俘虏，押往北方，现在风水轮流转，金国后宫的女人们同样被绳子串好，放到马背上，押往北方，可谓一报还一报。

和靖康之耻比起来，这次的事件有两点不一样。第一点，金国的这些王子王孙和金枝玉叶的女人们，很快就没有了消息，蒙古人把她们运回北方之后，根本就没有人再关心她们的死活，并不像当初北宋的皇帝和女人，引起史学家强烈的关注。考虑到蒙古人历来对待俘虏，尤其是女性俘虏的态度，我们有理由相信，她们的下场比北宋的那些女人们更悲惨。第二点，金国的皇帝没有被拉上马车，运往北方，金哀宗完颜守绪此时还正安坐在蔡州城里。

完颜守绪刚刚到蔡州的时候，身边只剩下几百人，而且还是衣冠不整的，据说当时是一边哭着一边逃进蔡州的，可是他在蔡州呆了几天之后，就觉得这地方离蒙古很远，并且好像蒙古人正忙活着往漠北草原运送他留在开封的女人，没时间南下，那是不是蒙古人就此收兵了呢？我完颜守绪是不是可以消消停停地当几天皇帝，甚至把这个职业一直干到死呢？基于这样的认知，他居然开始张罗建造宫殿，四处搜刮美女了。

很可惜，完颜守绪的如意算盘只扒拉了半年，1233年秋，蒙古和南宋两面夹击，兵锋直指蔡州，完颜守绪一下子陷入了绝望的境地。

也许你会问，南宋和蒙古怎么又好上了呢？很简单，蒙古人虽然善战，但他们也不想多死人，况且成吉思汗临死的时候，给他们留下的嘱托就是联宋灭金。

当蒙古人打下开封之后,就派使者去了南宋,说我们还想和你们联合灭金。这时候的南宋,宰相史弥远已经病重卧床了,是宋理宗赵昀亲自执政。赵昀被史弥远压制了八九年,现在一听,怎么,曾经牛气冲天,把自己祖宗们按在地上揉搓的大金国要不行了?那这个落水狗一定要打啊。

当时南宋大臣们的意见并不一致,有人想起了当年和金国联合灭掉大辽国的那个海上之盟,说唇亡齿寒,和蒙古联合灭了大金国,会不会重蹈覆辙,我们会被蒙古人再次欺负,而且欺负得更狠呢?当然,大多数人还是同意宋理宗的说法,认为终于可以一雪靖康之耻了。

金哀宗在绝望中亲自给宋理宗写了一封信,这封信被全文收录在《金史》里,里面有段话是这样的:"大元灭国四十,以及西夏,夏亡及于我,我亡必及于宋。唇亡齿寒,自然之理。若与我连和,所以为我者亦为彼也。"意思是,蒙古灭了西夏,轮到了我,我要是完了,下一个一定是南宋。

这时候的宋理宗哪里还会听金哀宗的,他连回信都懒得写,一门心思地等着和蒙古灭了金国,平分金国的地盘。

1234年正月,宋蒙联军攻破了蔡州。金哀宗完颜守绪不愿意做亡国之君,匆匆忙忙地把皇位传给了完颜承麟,自己一根绳子吊死在幽兰轩的房梁上。

这边新皇帝完颜承麟正领着大臣们祭奠金哀宗,还没哭完呢,外面咔嚓一声,内城也被宋蒙联军攻破,史书上说"哭奠未毕,城溃"。完颜承麟也是一条汉子,马上披挂上马,以大金皇帝的身份出战,最后战死在城市的街道上,立国119年的大金就此与历史告别。

到此为止,中国唐末分裂出来的,和宋朝并立的所谓塞北三朝,也就是党项人的西夏、契丹人的辽国和女真人的金国,全都和宋朝挥手拜拜,反倒是一贯被欺负的南宋,依仗着长江天险继续苟活着。

在宋蒙联军攻破蔡州的这场战争里，宋朝的大将孟珙表现得相当抢眼，他不仅多次打败金兵，而且还从蒙古人手里抢到了完颜守绪的一部分尸体，《宋史》上明确记载，"珙与倴盏分守绪骨"。敢从蒙古人手里抢东西，还能抢到，抢了之后还什么事也没有，说明这位孟珙还是有两下子的。

等到孟珙把金哀宗烧成焦炭一样的残缺尸体带回临安，南宋君臣个个欣喜若狂。

宋理宗命令在皇家祖庙举行大型庆祝活动，呈上金哀宗残缺的尸体，以告慰祖先，我们百多年的血海深仇，现在终于得到了报复。全国狂欢的同时，他们也没有忘记羞辱那些被俘虏的金国大臣。当时的临安知府薛琼指着被俘虏的金国宰相张天纲的鼻子问："有何面目到此？"谁知道张天纲毫不含糊地回答："国之兴亡，何代无之。我金之亡，比汝二帝何如？"这个回答是相当给力，意思是，我大金国亡国了，很正常，自古有不亡的朝代吗？可是我们大金亡国的皇帝们很给力，一位自杀，一位战死，可没有像你们宋徽宗、宋钦宗那两位，居然被人活着抓住，押往北方，光着身子披羊皮耻辱地活着。

张天纲是有资格说这句话的，按照中国最权威的书籍之一《礼记》上的要求，一国之君，必须和国家共存亡，原话是"国君死社稷"。这一点金国皇帝做到了，反观宋朝的皇帝，不但不死社稷，当了俘虏还写诗赞美敌人让自己的闺女怀孕，这样一比较，丢脸的到底是谁，不言而喻。

薛琼听了张天纲的回答，一句话也说不出来，只好恼羞成怒地让人把张天纲拖了出去。

关于南宋联蒙灭金这件事，古往今来，有无数的人评价过，大多数人的结论都是南宋没有吸取当年联金灭辽的教训，重蹈覆辙，重复了历史。

我认为这个说法只有一部分是对的，无论是联金灭辽，还是联蒙灭金，都是三十六计里面远交近攻的策略，宋朝最大的错误就是它一直都没认识到，它是没有资格用这个策略的，因为那是属于强者才能使用的计策，可是，联金灭辽和联蒙灭金并不是一回事。前者是宋朝主动走出去，找到新兴的大金国要求合作，而后者根本就不是。换句话说，联蒙灭金是一个伪概念，想当年蒙古的四王子托雷找人联合宋朝，使者甚至都被南宋将领杀掉了，所谓借道灭境，最后还是硬生生打出来的，哪里来的联蒙灭金？至于说南宋在蒙古对金国最后一战——蔡州战役里，和蒙古合伙欺负金哀宗，那也是看着金国灭亡已成定局，而匆匆忙忙和蒙古签署的一个协议，这件事应该叫作痛打落水狗，而不是联盟。实际上，到了这个地步，南宋也只有和蒙古联合这一步棋可走了，因为无论你联不联合，蒙古都能灭掉金国。

我的结论就是，联蒙灭金属于无奈之举，它既不是一步错棋，也不是一步臭棋，实际上就不是南宋下出去的一招棋，而是被动地接受。

三、端平入洛

宋理宗赵昀在亲政之后的前几年表现并不算差，不仅不差，史学家对他的很多改革措施还是赞赏有加的。在权臣史弥远活着的时候，他没什么作为，但在1233年史弥远死了之后，他做的事情，比如说澄清吏治、谨慎选拔人才、整顿财政等，也取得了一些效果，史称"端平更化"。

"端平"是他的新年号，"更化"的意思是变更和教化，也就是政治经济教育改革的意思。"端平更化"应该算作是南宋历史里一个小小的亮点，可惜的是，宋理宗在端平年间还做了一件事，却是一个大大的黑点儿。

这个黑点就是"端平入洛"，事情是这样的：

自从宋理宗把金哀宗的尸体献到祖庙之后，精神上就有点儿自大，觉得自己真的很了不起，又能当皇帝，又能改革，还能替祖宗们报仇雪恨，那还有什么是我不能的呢？于是，他决定趁着金国灭亡，蒙古军队北撤的这个空隙，收复中原，实现大宋王朝的复兴。

1234年五月,也就是金国灭亡的三个月后,宋理宗看到河南一带的蒙古军大部分都撤走了,就发起三路大军,向北进发。开始的时候,一切顺利,大将赵葵、全子才在没有遇到抵抗的情况下,收复了开封和归德,也就是河南应天府;七月,另一位大将徐敏子也在没有遇到抵抗下,收复洛阳。可是,南宋还没来得及摆酒庆祝,八月份,蒙古兵团就卷土重来,发动反击,结果宋军全线溃败,北方彻底失守,南宋和蒙古重新以秦岭和淮河为界,这件事后来被称为"端平入洛"。

你可以这样理解,宋理宗在得到金哀宗一段烧焦了的尸体之后,野心膨胀,在端平年间派部队去洛阳附近溜达了一圈,除了让十几万精锐宋军从此长眠在北方,其他的,南宋什么也没得到。

要知道,那时候的蒙古人的特点是,能打仗绝对不闲着,就算是南宋老老实实呆着,他们都有很大可能性去打你,更何况你现在还主动招惹。

第二年,也就是1235年,以"端平入洛"为借口,蒙古大汗窝阔台命令儿子阔出和阔端各带一路人马,分别攻打襄樊和四川。襄樊是襄阳和樊城的简称,在今天的湖北襄阳市区内,一南一北,夹着汉水,地理位置相当重要,拿下这块地方,可以顺流而下,杀向江南的花花世界。

蒙古人选择襄樊作为突破口,拉开了进攻南宋的序幕。但是,让全世界包括蒙古人甚至我们这些后人都感到惊奇的是,南宋,这个在中原地区谁也打不过的常败将军,居然坚持了40年。整整两代人的时间,南宋都没有落在蒙古人手里。

这里面的原因在我看来,一共有三点:

第一,蒙古人在这40年里,死了两个大汗。领袖死一次,他们内部就大乱一次,攻打南宋就要中断一次,这样算下来,实际进攻南宋的时间仅仅是15年左右,有将近30年两边是不打仗的。

第二,南宋这段时间的边境将领比较给力。

第三,南宋在蒙古进攻之前,有一百多年凭借长江天险打防御战的经验，占尽地理优势，而且蒙古这个马背上的民族，也确实不善于水战。

下面我们就来看看这段历史。1235年的这次蒙古南下，史称"第一次宋蒙战争"，一共打了六年，最后南宋的大将杜杲和孟珙分别在东线和西线大破蒙古军，尤其是孟珙，先是协同杜杲在襄樊一带战胜蒙古，收复很多失地，转头又独自带兵进入四川，打败了蒙古的西路军团。

1241年，孟珙正打得来劲的时候，蒙古军团突然全线撤退了，因为窝阔台病死在漠北草原。

在窝阔台之后，他的儿子贵由当了两年蒙古大汗，也去世了。在这之后，蒙古就出现了内乱，成吉思汗的几个孙子谁也不服谁，相互之间争来斗去，一直到1251年，原来四王子托雷的儿子蒙哥才合法地当上了新的大汗。即位之后，他先是清理了内部的反对势力，然后派他的弟弟忽必烈率领十万大军进攻今天云南的大理国。

大理国这时候又弱又小，哪里能够抵抗蒙古军团，1254年，大理灭国。忽必烈也没为难段氏子孙，说大理这块地方吧，还是你们老段家说了算，只是千万要记住两点，你们替我们蒙古人管理大理这块地方，以后就别不要脸地管自个儿叫皇帝了，要叫总管；还有，蒙古如果需要你们做点什么，你们必须无条件执行。现在第一件事就是要借助你们这里当跳板，进攻南宋。

大理末代皇帝段兴智马上跪下山呼万岁，说我都答应。于是乎，大理就这样不以国家的名义又存活了100多年，一直到后来明朝朱元璋手下的沐英彻底平定了这块地方，把它收入大明版图。

严格来说，如果不算夏商周三个朝代，大理段氏应该是中国大地上存在时间最长的政权了，400多年，比汉朝还长，只是不算正统朝代罢了。

灭掉大理之后，1258年，蒙哥组织三路大军，又开始全面进攻南宋，此时距离1235年窝阔台的第一次伐宋，已经过去了23年。

这一次，北路军由蒙哥的弟弟忽必烈率领，进攻武汉；中路军由大汗蒙哥亲自率领，南下四川，直扑重庆；南路军从云南大理出发，经广西，方向是长沙。

蒙古人是这样计划的：大家在武汉会师，然后直捣临安，也就是杭州。

可是，生活中永远都不缺少意外。先是蒙古的中路军在合州遇到了宋朝大将王坚和张珏的殊死抵抗，接着，1259年8月11日，在合州钓鱼城下，也就是今天重庆市合川区城东五公里左右的钓鱼山上，又发生了一件彻底改变世界历史的事情，计划搁浅了。

129. 大哉之乾元

1259 年 8 月,四川合州钓鱼城下发生的这件影响到整个世界的大事是,蒙古帝国最高领袖大汗蒙哥去世了。

那么,蒙哥是怎么死的?为什么说此人的归天,对世界有重要影响呢?

一、上帝折鞭

关于蒙哥之死,历史上有很多种说法,一种说法是,南宋某一个不知名的小兵偶然间打了一炮,直接打到蒙哥的身上;第二种是,他在战场上偶尔受了伤,没钱买抗生素吃,伤口发炎严重,就此死去;最后一种说法是,蒙哥是病死的,这个在《元史》里有清晰的记载:"是月,帝不豫……癸亥,帝崩于钓鱼山,寿五十有二。"

我倾向于最后一种说法,因为当时蒙古军中正好流行疟疾,蒙哥染病的可能性很大,同时,作为大汗,他上前线受伤的几率实在太小,更别说让一个小兵用一门土炮给轰死了。

为什么说蒙哥一死,就改变了世界呢?原因很简单,当时的蒙古帝国不仅在攻打南宋,实际上,自从第一次西征打下了花剌子模,蒙古人就自信心爆棚,发动了世界大战。每一次,只要他们内部统一了,就对外出兵,而且是几个方向同时出兵,除了金国、大理和南宋,西亚乃至欧洲都是他们的目标。

在征服中亚和欧洲的道路上，因为打下来的地方实在是太大，离蒙古本部又实在太远，只能建立地方自治政权，成吉思汗把它们称为汗国。

蒙古第一次西征，诞生了两个汗国，察合台汗国和窝阔台汗国，等到窝阔台当上了大汗，他们的第二次西征又催生了钦察汗国。窝阔台死后，蒙哥当上了大汗，这帮蒙古人在出兵南宋的同时，又进行了第三次西征，统帅就是蒙哥的另一个亲弟弟旭烈兀。旭烈兀和忽必烈一样，能征惯战，勇武异常，他领着蒙古军团一路向西横扫，摧毁了伊斯兰文明的两大中心巴格达和大马士革，使伊斯兰世界的重心被迫转移到了埃及的开罗。然后他建立了伊尔汗国，就是蒙古四大汗国里面的最后一个，也是疆域最辽阔的一个，势力范围一直到地中海。

旭烈兀对基督教相当有好感，他甚至给西欧的法国国王路易九世写了一封信，说我把耶路撒冷给你打下来，献给基督教的教皇大人，然后你们和我一起出兵，占领北非的埃及。现在，蒙哥死在了四川合州钓鱼城下，蒙古帝国的大汗位置一下子就空了出来。

理论上来说，蒙哥的弟弟们，旭烈兀、忽必烈和阿里不哥都有资格继承汗位。当时阿里不哥就在大蒙古国的首都哈拉和林，近水楼台先得月，更何况他还是托雷最小的儿子，正所谓幼子守灶，所以在1260年春，他被蒙古本土的贵族库里台大会推举为大蒙古国新的大汗。

这一下，忽必烈和旭烈兀都不干了，几乎是同时从各自的战场上撤离，带着重兵返回蒙古草原，准备抢夺汗位。

听说旭烈兀撤兵了，欧洲人和非洲人几乎是同时松了一口气，这个瘟神总算是走了，一打听，原来旭烈兀之所以撤兵，是因为蒙哥在一个叫什么钓鱼城的地方死了，那这肯定是上帝显灵啊。这群人在被蒙古人打得狼狈不堪的时候，认为蒙古人和几个世纪之前的匈人阿提拉是一样的，都是上帝的鞭子，是上帝在惩罚自己，现在蒙哥死了，旭烈兀撤兵了，就好像是鞭子断了，意味着上帝的惩罚结束，于是兴高采烈地给四川钓鱼城起了一个新名字，叫作上帝折鞭处。不过那时候中国人并不崇洋媚外，没搭理这群弱小的欧洲人，否则这个名字可能就被刻在城门楼子上了。

二、蟋蟀宰相和弱智皇帝

当忽必烈从鄂州，也就是今天的武汉撤军的时候，鄂州守军不仅没有像欧洲人那样烧香庆幸，而且还尾随蒙古军，杀了一百多人。

敢和蒙古人叫板的这个人，名叫贾似道，是当时南宋的右丞相，同时负责鄂州防务。

贾似道的姐姐是宋理宗的一个贵妃，也就是说，他是宋理宗的小舅子。按照《宋史》上的记载，贾似道从小就不学好，游手好闲，寻衅滋事，什么事都干，但是人聪明，就在一路玩乐之下，居然还考中了进士。

那时候的宋理宗，也不是刚开始亲政的宋理宗了，在执政的后期，也许是感觉人生短暂，也许是担心蒙古人随时都可能撕破南宋防线，他也开始纵情享受人生。当年宋徽宗找李师师还要挖个地道，偷偷出宫，可是宋理宗根本就没有任何顾忌，直接把妓女唐安安叫进宫来。大臣们不敢拿宋朝老祖宗说事儿，就用唐朝的例子来劝他，说陛下您可得注意一点儿，当年唐玄宗就是因为宠信杨贵妃太过，才被人赶出了首都。宋理宗的回答是，"朕虽不德，未如明皇之甚也"，我虽然不怎样，但是比唐玄宗肯定要好一些。

在这样的情况下，宋理宗就比较喜欢他这个吃喝玩乐无所不精的小舅子贾似道，两人臭味相投，关系相当不错。

当忽必烈进攻武汉的时候，已经贵为右丞相的贾似道被宋理宗派到了武汉前线，他的运气也相当好，在前线待了一段时间之后，蒙哥就死了。贾似道并不明白蒙古大汗的即位程序和中原地区不一样，他只是觉得趁着对方的"皇帝"归天了，和对方议和应该是一件不太困难的事情，于是马上联系忽必烈，许下的承诺是，称臣、岁奉20万两银和绢20万匹。

忽必烈本来就不打算继续打下去了，自然是没有任何理由不答应，双方私下里议和之后，忽必烈匆匆忙忙撤军，回漠北草原和弟弟阿里不哥争夺汗位去了。

到了这时候，贾似道忽然明白过来了，这个忽必烈是极有可能成为新的蒙古大汗的人物之一，而他一定会回去夺位，不会和自己死磕。明白了这一点，贾似道也不管什么协议了，马上率兵出击，痛打落水狗，把蒙古军团后面的老弱病残杀了一百多个，然后向宋理宗报告大捷，奏章里写道："诸路大捷，鄂围始解，江汉肃清。宗社危而复安，实万世无疆之休。"言下之意是全靠着大家不要性命地拼死杀敌，敌人才撤退的，对蒙哥死了、自己私下里和蒙古人议和这两件事，绝口不提。那年代也没有互联网和微信朋友圈，宋理宗一时之间哪里知道事情的真相，还真的以为自己这个小舅子和卫青一样，在战场上勇猛无比。就这样，贾似道被晋升为卫国公与少师，从此之后大权独掌。

贾似道平生最大的爱好是斗蛐蛐，蛐蛐就是蟋蟀，也叫促织。他斗蟋蟀上瘾到什么程度呢？据说他上朝的时候，袖子里也经常装几只蟋蟀，有一次还爬到宋理宗的脸上去了。他还专门写了一本书，叫《促织经》，详细阐述如何挑选和培养蟋蟀，这也是世界上第一部这个专题的书籍，贾大人号称蟋蟀宰相，确实是学有所成。

《宋史》上因此把贾似道和秦桧、韩侂胄、史弥远列为南宋四大奸臣。

前面说过了，说前三位完全是奸臣，或多或少有偏颇之处，这位贾似道也是如此。

据《元史》上记载，和忽必烈在鄂州打仗的这几个月，贾似道还是有功劳的。忽必烈曾经对手下人大发脾气，训斥道："彼守城者只一士人贾制置，汝十万众不能胜，杀人数月不能拔，汝辈之罪也！"也就是说，南宋武汉城里就是一个贾似道，你们十万人打了几个月打不下来，都是白吃饭的吗？忽必烈还说："吾安得如似道者用之。"我这样的大英雄怎就找不到一个像贾似道这样的人才呢？俗话说，敌人的敬重往往是一个将领最高的荣誉，这说明贾似道在1258年开始的鄂州保卫战里，还是有所作为的。

事实上，在忽必烈退走，贾似道彻底掌握南宋大权之后，他一开始也还是想为南宋做一些事情的，这里面最出名的就是公田法，发生在1261年。

公田法是南宋在边境暂时无事的情况下，由贾似道主持的一场经济改革，目的是想把大地主、大官僚、大豪绅侵占的土地夺回来。然而，南宋的官僚集团早就是铁板一块，以贾大人的能力，实在不足以和他们打擂台，最后就算是贾似道把自己家里的田都捐出去了，这个改革还是进行不下去，一直到他死，还是没什么成效。

很多现代史学家也认为，贾似道被《宋史》打入奸臣行列，和他这十几年对公田法的坚持有很大的关系，南宋的那些大知识分子往往也是大地主，家里也都是有田有地的，这些人掌握了当时的话语权，对贾似道恨之入骨，当然不可能说他的好话。

1264年，当忽必烈在北边打败了阿里不哥，当上了新的蒙古大汗时，宋理宗的生命也走到了尽头，11月16日，他驾崩在临安。

宋理宗当了40来年的皇帝，前十年时史弥远替他掌权，他什么也干不了；好不容易把史弥远熬死了，自己掌权了，弄了一个"端平更化"，想做一番改革，就摊上了蒙古帝国的全面进攻。好在外面的将领比较给力，这才拖了30年，混了一个寿终正寝。《宋史》对他的评价是"四十一年之间，日恒月升，谨终如始"。这话我倒是赞同，他这个皇帝当得是四平八稳，虽然老年的时候比较好色，但也不算是一个大毛病。不过他死后的遭遇比较惨，尸体被元朝的盗墓贼挖出来，脑袋被做成一个骷髅碗，送给了藏传佛教的大宗师八思巴，直到朱元璋主持公道，派人抢回了这个艺术品脑袋，才重新以帝王之礼下葬，所以宋理宗泉下有知，是应该对朱元璋说一声谢谢的。

朱熹的理学，就是在宋理宗当政期间得到很大的发展，最后成了显学，统治了中国思想界700多年，五四时期被骂作是吃人的礼教。在这一点上，宋理宗和汉武帝的"罢黜百家，独尊儒术"有得一拼。

因为宋理宗没有儿子，就只能由他的侄子即位，这就是宋度宗赵禥。这位24岁继位的皇帝天生智力低下。导致这个问题的，既不是近亲结婚，也不是赵匡胤、赵光义的基因不行，纯粹是人祸。

赵禥的娘本来是一位地位低下的小妾，怀了孩子之后被正房夫人欺负，逼着吃下了打胎药，可是赵禥的脾气实在是太犟了，硬是不肯下来，在他娘的肚子里和打胎药做殊死搏斗，神奇的是，他居然赢了，足足待满了10个月，这才慢悠悠地出来。赵禥同学在和打胎药斗法的过程中，不慎伤到了大脑，7岁才会说话，智力是明显低于正常人水平。可他是宋理宗赵昀唯一的一位侄儿，也是他们这一支下一代唯一的男丁，就这样他当上了太子，最后又当上了皇帝。

宋度宗虽然在智力上不行，但在某一方面却是超常，根据宋朝皇宫里的规矩，如果某个女人被临幸，第二天早晨要到阁门感谢皇帝的宠幸之恩。主管的太监就会详细记录下这个日期，因为这关系到龙种是不是纯正的大问题，必须慎重。让主管太监大吃一惊的是，有一天早上，到阁门前谢恩的宫妃有30多名，这事儿记载在《续资治通鉴》里，原文是"及帝之初，一日谢恩者三十余人"。

至于说朝政，宋度宗根本搞不明白，不过他使用了一个简单的逻辑推理，那就是他大爷宋理宗智商肯定比自己高，能力也比自己强，那么，宋理宗活着时相信的人，自己肯定也可以相信。于是，贾似道就变成了赵禥心中唯一的心腹，所谓的肱骨之臣，相当看重。最后甚至还特批，贾似道可以十天才上朝一次。老贾干一天工作，可以休息九天，估计在家把蟋蟀斗得不亦乐乎。

三、大元建立

宋度宗君臣忙着吃喝玩乐，蒙古人却在开疆扩土。

1268年，已经把蒙古大汗抢到手里的忽必烈，在稳定了内部之后，重新率领蒙古大军南下，一下子就重新包围了襄阳和樊城。和一些流行的观点截然相反的是，贾似道在襄阳和樊城被围之后，并没有隐瞒不报，不去救援，相反的是，他一共组织了14次大规模军事救援，这里面涌现了张世杰、范文虎、张兴祖等一大批南宋末年的名将。1271年，他还派遣范文虎率十余万大军驰援，可惜的是，都被击败。

1271年，发生了一件大事。12月18日，忽必烈公布《建国号诏》，他采纳了汉人儒家学者刘秉忠的建议，在《易经》里"大哉乾元，万物资始，乃统天"这句话中，取出了两个字，"大"和"元"，然后宣布，新的王朝为了继承历代中原王朝的中华正统，把国号从大蒙古国改为大元，建立了元朝。首都就是今天的北京，当时叫作中都，后来又改名大都，也就是所谓的元大都。"大都"这个词并不是"大都市"的意思，它在蒙古语里有另外的含义，就是"可汗之城"。

严格来说，这是北京第一次成为中国历史上正统朝代的首都，以前金国的完颜亮虽然也曾经把北京作为金国首都，但金朝是不是中国正统朝代，现在还有争议，况且完颜亮自己就是连谥号都没混上的伪皇帝，他办的事儿，我们都打一个问号。

此外，元朝是中国历史上第一个把"大"字加入正式国号里的，比如唐朝就叫唐，叫它大唐是尊称，而不是正式的国号，但元朝的正式名称就是大元。在它之后，明和清也效仿它，正式国号分别是"大明"和"大清"，没办法，这么叫就是显得好听霸道，有气势。

忽必烈按照汉人习惯建立一个王朝，这一点应该是早有预谋的。早在1260年，他就设立了中书省，这是汉人朝堂上的中枢机构；1263年，他又在蒙古设立了汉人的枢密院；打败阿里不哥之后，1267年他又把都城迁移到北京，并且在第二年，全面设立御史台等汉人国家机构，一直到1271年宣布成立元朝。

不过，他这么做也是有代价的，那就是蒙古宗室不承认他的汗位。前面说的四大汗国里，除了他弟弟旭烈兀的伊尔汗国，其他三个汗国在他定都北京之后都宣布，从此不奉忽必烈的命令。到此为止，蒙古帝国也就算是解体了，变成了一个大元王朝，加上四个蒙古汗国。

1273年正月，元军攻破了南宋的樊城；这一年二月，南宋襄阳守将吕文焕在粮尽援绝的情况下，望着首都临安痛哭了一场，献城投降。到了这个地步，几乎所有人都知道，南宋岌岌可危，很大的可能性，要亡国了。

弱智皇帝宋度宗在这个时间点上，因为酒色过度而驾崩在临安，似乎他到人间走一圈就是为了享乐的，在娘胎里浑然不惧各种药物，按时出关，24岁当上皇帝享受了10年之后，在宋朝就快要亡国的时候，潇洒地挥一挥衣袖走了，也不做亡国之君。

《宋史》评价他"拱手权奸，衰敝事势"，"历数有归，宋祚寻讫，亡国不于其身，幸矣"。前一句是说他把朝政都交给了贾似道这个奸臣，导致南宋更加破败，后一句说，政权更替很寻常，可是宋度宗居然没做亡国之君，真是幸运啊。有时候，你得承认，投胎的技巧和运气比智商、情商更重要。

宋度宗死后，3岁的儿子赵㬎继位，由孩子的奶奶谢太后临朝听政。孤儿寡奶，面临着国亡家破，唯一的倚靠就是贾大宰相，在谢老太太的逼迫、全体官员的恳请、首都太学生的一致呼吁之下，贾似道只好率领部队"亲征"。

可惜到了这时候，他的"亲征"已经没有用了。忽必烈任命了新的大元军团统帅，此人的名字叫伯颜。"伯颜"是汉语里的"财主"或者"富翁"的意思，伯颜这个名字在蒙古草原上很普通。新统帅伯颜旺财不是普通人，他信奉基督教，曾经跟着旭烈兀西征中亚和东欧，见识过世界上各个文明体系的军队，手下不仅有刺客组织阿萨辛、中亚的重装武士，还包括来自亚美尼亚王国和安条克公国的十字军骑士。

1275年，伯颜以襄阳降将吕文焕为先锋，顺流东下。沿途都是吕文焕原来的旧部，他们看见吕大人都投降了蒙古，掂量掂量自己的分量，大多数宋军都选择了投降。这一年二月初一，南宋的诸军总统，也就是海陆军总司令范文虎在安庆投降。这一下贾似道彻底慌了，只好派人去和伯颜和谈，但是伯颜在占尽优势的情况下，怎么可能答应和谈，直接拒绝了贾似道。

两军最后在丁家洲相遇，贾似道以南宋最后的家底13万人列队迎敌，然而南宋军队已是毫无斗志，再加上将领各怀异志，不能齐心协力，终于以惨败而结束。此战过后，南宋实际上已经没有大的抵抗力量了。统帅贾似道在逃回临安之后，被谢太后免职，但没有被杀，只是被贬到了循州，也就是今天的广东龙川。不过他也并没有去循州，因为他走到福建漳州时，押解他的差官郑虎臣把他拖到厕所，一顿胖揍，他被打断了肋骨，吐血而死。

我个人认为，贾似道这个人是有一点儿能力的，但是他的能力却不足以挽救风雨飘摇的南宋，而且他对待工作的态度有很大的问题，喜欢玩弄权术和蟋蟀，从来也没有扎扎实实地做事。话又说回来，要是南宋君臣都能上下一心地做事，历史也就不是我们现在看到的历史了。

130. 崖山皆悲歌

南宋在丁家洲战役中丧失了最后的主力军团，丁家洲位于今天的安徽铜陵，离南宋首都临安已经不远了。接下来，元朝的军队一路势如破竹，向东猛进。这期间只有保康军承宣使、总都督府诸军张世杰曾经在元朝军队手里短暂地抢回了几个城市，可是也没有什么用，因为其他地方不是很快投降，就是城破人亡。张世杰最后也在焦山一战中，败给了伯颜手下的大将阿术，这样一来，南宋完全丧失了长江天险，临安危在旦夕。

一、南宋灭亡

张世杰出生在今天的河北涿州，那地方从来就没属于过宋朝，赵匡胤宣布建国的时候，涿州是大辽的，接下来就是大金的，后来大金没了，这地方又变成大元的了。所以张世杰年轻的时候，本来是一个蒙古将领，或者说大元的官员，在河南杞县驻守，为蒙古人看家护院。由于我们今天并不知道的原因，他犯了法，《宋史》上的原话是"少从张柔戍杞，有罪"，至于犯的是什么罪，书上没说，只说他一路向南，跑路来到了南宋，当上了宋朝的将领。严格来说，张世杰首先是元朝的一个逃犯和叛徒，然后才是宋朝将领。不过，我们将会看到，张世杰并不缺赤胆忠心，一腔热血最后都留给了宋朝。

1276年农历正月初三，南宋临安城里的谢太后和宋恭帝赵㬎刚刚吃完新年的饺子，筷子还没放下呢，就听到了嘉兴府守将开门投降的消息。当时临安的大臣里面，说话有分量的，或者说还敢于站出来承担责任的，就是宰相陈宜中、保康军承宣使张世杰、礼部侍郎陆秀夫，还有临安知府文天祥这几个人。

文天祥是状元出身，《宋史》对他的长相有很多赞美之词，说他"体貌丰伟，美皙如玉，秀眉而长目，顾盼烨然"。据说他出生时，他爹梦见有一个婴儿脚踏紫云飘然而过，然后就将孩子命名为云孙，取字叫天祥，长大后，他自己改名为天祥，重新取了一个字，叫履善。

1256年，20岁的文天祥考中了进士。自唐朝武则天开始，考中了进士的，就要去参加殿试，也就是走上金銮殿，由皇帝做主考官，再考一次，由此决定谁是状元郎。文天祥文章写得好，人长得帅，名字也好，当时的宋理宗一边看着卷子，一边看着人，嘴里就嘟囔着："天之祥，乃宋之瑞也"，这是不是老天爷赐给我们大宋的一个祥瑞呢？那必须要收下啊，于是乎，文天祥被钦点为当年的状元。

在随后的二十几年时光里，文天祥默默无闻，基本上没有什么出彩的动作。《宋史》上对他有一句记载是，"天祥性豪华，平生自奉甚厚，声伎满前。至是，痛自贬损，尽以家赀为军费"。意思是，文天祥平时从来不亏待自己，舍得花钱，声色犬马，小日子过得很舒坦，但在宋朝快要亡国的时刻，他幡然醒悟，把家产都捐了出来，当作军费，准备和元军死磕。

文天祥、张世杰等人和谢太后商量了一下，最后的决定是谢太后带着宋恭帝赵㬎去投降，具体谈判的事儿就由文天祥负责。同时，由宰相陈宜中和陆秀夫带着宋度宗的另外两个儿子，8岁的益王赵昰和4岁的广王赵昺赶紧南逃，去福建泉州一带。保护他们南逃的重任就落在了张世杰的身上。

这是一个分工明确，一颗红心两手准备的计划，如果蒙古人大发慈悲，允许赵宋王朝作为附属国苟延残喘下去，那么，宋恭帝就继续做皇帝，否则，那就在南方另立朝廷，能不能活下去，要看老天爷的恩典了。

谢太后在给伯颜的降书里是这样写的："权奸似道背盟误国，至勤兴师问罪。"然后又说："伏望圣慈垂念，曲赐存全，则赵氏子孙，世世有赖，不敢弭忘。"意思是，你们兴师南下这件事，既不是你的错，也不是我的错，都是那个已死了的贾似道惹的祸，我们之间是误会，希望给我们一条活路，以儿皇帝的身份存活下去。

谢太后在谈判大使文天祥出发之前，给他升了官。这很正常，代表大宋朝廷去谈判，一个临安知府的官职自然不够看，必须升职到一个能代表国家的级别，就这样，他被紧急任命为右丞相兼枢密使，以宰相的身份去元军中讲和，这就是后来人们称呼文天祥为文丞相的原因。可惜的是，文丞相到了元朝军营中，和大元的伯颜将军没说上几句话，就针锋相对地辩论起来，伯颜一生气，直接把他扣留了，等于是没完成任务。

投降大使的任务没完成，但是这个降还得投，1276年2月4日，农历正月十八，南宋宋理宗的老婆，当时的太皇太后谢老太太抱着5岁的小皇帝宋恭帝赵㬎走出了临安城门，向元朝无条件投降。

这时候还不能说宋朝灭亡了，只能说南宋灭亡了，因为张世杰、陈宜中、陆秀夫等逃到福建的人手里还有两个龙种，不满10岁的赵昰和赵昺。

二、文天祥被俘

就在元朝大军带着南宋投降的君臣北返的途中，文天祥和他手下的12个人在夜里偷偷逃跑了，他能跑掉，说明元朝那时候从上到下，并没有把他这个临时丞相当回事儿。

经过一路的颠簸，文丞相最后跑到了温州，就在这一年的6月14

日,他和陆秀夫等人拥立赵昰在福州当上了皇帝,这就是宋端宗。然后文天祥因为和陈宜中、陆秀夫等人对国家以后的方向意见不一致,就独自来到了福建南平,带领军队开始抗元。

1277年是文丞相最辉煌的一年,这一年,他率军攻入江西,在江西南部大败元军,收复了赣州十县和吉州四县。这简直就是奇迹,让很多人都有了错觉,觉得宋朝心脏复苏了,还可以再抢救一下。可惜的是,医生们都知道,这属于回光返照,等元军主力缓过劲儿来,醒悟到原来文天祥还挺能打的,他就倒霉了。最后宋军大营被破,败退到福建长汀,损失惨重,文天祥的老婆孩子都被元军俘虏。

1278年冬天,就在文天祥率部向广东海丰撤退的途中,在五坡岭做饭的时候,遭到元朝大将张弘范的攻击而兵败,文天祥吞下随身携带的冰片企图自杀,不过他身体的抵抗力太好了,毒药没起太大作用,只是昏迷过去,随后被俘。

张弘范这个名字听上去是一个汉人,实际上,他的确是一个汉人,但同时也是不折不扣的元朝人,因为他出生在1238年的河北易州,1234年金国灭亡之后,那地方就属于蒙古人了。你要是说他是汉奸,那也是指他爹张柔,但张柔也是从金国投降蒙古的,所以,张柔即便是奸臣,也只能算金奸,不能说是汉奸。前面提到的张世杰,在逃到南宋之前,就是跟着张弘范的老爹张柔混日子的。

张弘范虽然是不折不扣的元朝将领,不过他比较同情南宋,就在他抓到文天祥之前,刚刚平定了台州的叛乱。按照元朝军队的惯例,投降了然后又叛乱,是要屠城的,可是张弘范没这么做,《元史》里记载,"部将请屠城,弘范不许,但诛其守将",只杀了挑头儿闹事的。

现在逮到了文丞相,他也没打没骂,只是劝文天祥,赶紧写信招降南宋那个也挺能打的张世杰。文天祥真就写了,不过,这封信就是一首诗,而且是后世相当出名的一首诗,那就是《过零丁洋》:"辛苦遭逢起一经，干戈寥落四周星。山河破碎风飘絮，身世浮沉雨打萍。惶恐滩头说惶恐，零丁洋里叹零丁。人生自古谁无死？留取丹心照汗青。"这首七言律诗无论是格律，还是意境，都是上上乘之作。张弘范读了两遍，"笑而置之"，既没说什么，也没难为文天祥。

三、崖山悲歌

文天祥打仗的时候，南宋剩余的将领张世杰等人带着小皇帝赵昰登船入海，逃到了今天广东汕头的南澳岛。岛上没有淡水，便又再逃到了今天香港的九龙城，在这里待了7个月。

香港这地方，自古以来，沾染皇家气息除了这次，可能就是700多年后的英国皇家了，所以香港老百姓至今对宋端宗待过的地方，比如宋王台和侯王庙这类遗址，还是顶礼膜拜，觉得他虽然是落难的皇帝，也是真龙下凡，比普通人还是要高贵得多。

1278年春，文天祥在江西开始顶不住的时候，张世杰等人也受到了元兵的猛烈攻击，结果小皇帝宋端宗逃跑时，在船上没坐稳，扑通一下掉海里了。一个不到10岁的孩子在这种朝不保夕、天天提心吊胆的日子的折磨之下，身体早就弱得不行了，这一下更是生起病来，痛苦呻吟了两个月之后，驾崩在今天广东省湛江市附近。

他6岁的弟弟赵昺随后被陆秀夫和张世杰拥立为帝，这就是宋末帝。然后大家一起逃往崖山。崖山在今天的广东省江门市新会区以南50公里的大海上，实际上是一座伸出海面上的小山，张世杰领着南宋剩余的陆海军，还有新会当地军民一共大概20万人，在这里安营扎寨，准备和元军一决雌雄。

后来史学家都认为，张世杰选这地方和蒙古人打一场是没错的，但是他的心态有问题。当时有人曾经劝他说，应该控制出海口，这样万一打败了，也可以继续向西撤退，到海南岛，甚至越南，流亡政府总比没有政府要好一点儿吧？可是张世杰的回答是："频年航海，何时已乎？今须与决胜负！"意思就是在海上漂来漂去，什么时候是个头儿？还不如和他们拼一场。然后他就把大船都连起来，形成一个水寨，准备和元朝军队拼个你死我活。这是一种赌徒的心态，可是元朝现在坐拥整个大陆，赌资是你张世杰的千倍万倍，你怎么和人家玩？正确的做法确实应该是，打一场，小赢一下，然后赶紧撤退，不说日后卷土重来，最起码也能多苟延残喘几年。

可是张世杰决定赌了，赌场叫作崖山。

战争从1279年2月开始，打了一个多月，3月19日，宋军大败，张世杰率领十多艘小船突出了重围。

眼看着敌人已经打到了中央小皇帝赵昺的坐船，文臣陆秀夫站了出来，他先是在自己船上，用剑逼着老婆孩子都跳入大海，然后又来到赵昺的船上，背着小皇帝跳到了大海之中。《宋史》上的记载是，陆秀夫"度不得出走，乃负昺投海中，后宫及诸臣多从死者，七日，浮尸出于海十余万人"，也就是跟着陆秀夫和赵昺跳海自杀的脚步，南宋君臣和老百姓大概有十万多人集体跳海，全部殉国。

逃出去的张世杰在听到这个消息之后，看着大海上的台风就要来了，拒绝了下属们让他上岸的请求，而是说"今若此，岂天意耶！"《宋史》关于他的最后记载是，"飓风坏舟，溺死平章山下"，也就是不上岸，宁愿死在台风之下，也算是自杀殉国。

至此，立国达319年的大宋王朝就算是正式灭亡了，在最后几年流离失所的逃亡路上，宋朝贡献了两个历史名词，一个是"宋末三帝"，也就是宋朝末年的三个小皇帝，宋恭帝赵㬎、宋端宗赵昰还有宋末帝赵昺，他们都是傻子皇帝宋度宗的儿子。赵昰和赵昺早死，但投降了元朝的赵㬎，却娶了蒙古公主为妻，后来又跑到西藏出家当了一个藏传佛教的和尚，一直活到52岁，才因为被人诬告谋反，被元朝的元英宗赐死。

民间一直有一种传说，说元朝最后一个皇帝元顺帝的老娘曾经去西藏听过赵㬎讲经，回来之后不久就生下了元顺帝。听和尚讲经不稀奇，女人生孩子也不稀奇，可是把这两件事连在一起说，那就让人浮想联翩了。当然，这事儿现在看来，基本就是造谣污蔑加抹黑。

另外一个历史名词就是宋末三杰，指的是陆秀夫、张世杰和文天祥。这三个人是宋朝末年的忠臣烈士。这个说法是对的，不管他们本人的能力如何，陆秀夫和张世杰都可以说是为了宋朝流尽了最后一滴血。尽个人最大的力量，乃至牺牲生命也在所不惜，如果这不是忠臣还有啥是忠臣？

如果我们放大了看，那么在南宋灭亡的过程中，为了忠义而死节的，又岂止是这三个人，简直就是车载斗量，确实不少。崖山一战，十几万南宋军民集体殉国，很悲壮。还有很多其他地方的官员也差不多，潭州城破的时候，守将李芾叫来一个名字叫沈忠的心腹，对他说："吾力竭，分当死，吾家人亦不可辱于俘，汝尽杀之，而后杀我。"让沈忠帮助自己一家人自杀，《宋史》记载，在李芾的坚持之下，沈忠先是伏地磕头，脑袋都磕破了，血流了一地，然后用酒把李芾一家灌醉，再一个一个地杀掉，随后，这位连官员都算不上的沈忠回到自己家里，杀掉妻儿老小，跪地自刎。

池州守将赵卯发，也是在城破之后，和妻子一起穿上朝廷上发的官服，吊死在自己亲手书写的"可以从容"堂的匾额之下。中国古代有一句话说"慷慨杀身易，从容就死难"，赵卯发给自己的这间房子起名叫"可以从容"，可以看出，他早就下定了必死的决心，而且非常坚决，从容就死。就连元朝统帅伯颜看到这个匾额之后，都默不作声，叹息良久，然后命人好好安葬赵卯发和他老婆。

可以说，南宋末年，在国家即将灭亡的时候，真不缺忠臣孝子，这里面有很大一部分的原因是朱熹理学影响。对"忠臣孝子"这四个字，很多人不以为然，同时也有很多人确实铭刻在心，奉为圭臬。

131. 弱宋也风流

陆秀夫和张世杰死在海上的时候，文天祥就在张弘范的大船上，但他被绑得像一个粽子，即使想大呼一声我也来了，然后投海自尽，也做不到。随后，文天祥被张弘范押着北上。在进入江西地界时，他开始绝食，但他的体格太健壮了，饿了八天之后，还没死成，他就又恢复了饮食。

有人说，他原计划是绝食八天，等船到故乡吉安时，差不多正好饿死，这样一来，就可以像伯夷、叔齐那样留下美名，可惜他第二次自杀失败。

一、文天祥之死

死了两次没死成，文天祥也就暂时打消了死的念头，准备等到了元朝首都大都再说。

令人想不到的是，当时南宋有很多人，日日夜夜地盼望文天祥能赶紧自杀，他们觉得，文状元要是不死，万一投降了，他们就都跟着丢脸了。这里以他的学生王炎午的行为最是离谱，王炎午写了一篇叫作《生祭文丞相》的文章，等于是提前给文天祥开追悼会的意思。

王炎午本来是一个富家子弟，为了资助文天祥抗击元朝，他散尽家财，并且追随在文天祥左右出谋划策。后来因为他爹死了没人给下葬，他娘又病了，他就回家尽孝去了。现在听说文天祥被抓了，他就写出这样一篇文章，劝文老师赶紧去死，可以说是情深意切，饱含热泪，而且还怕文天祥看不到,抄写了几百份,字大如斗,在文天祥被押往北方的路途之上,到处张贴。

文天祥到底看没看到这篇文章,史书上没说,可是被押送到元大都的文天祥不想死了,却是有史可查的,《宋史》里明确记载,当10个宋朝降官代表元朝去劝他投降的时候,他的回答是:"傥缘宽假,得以黄冠归故乡,他日以方外备顾问,可也。"也就是说,给你们蒙古人当官是万万不行的,你们要是让我去当一个道士,然后我以世俗之外的身份给元朝出出主意,那我可以答应。

文天祥还解释了为什么要这样做,他说:"遽官之,非直亡国之大夫不可与图存,举其平生而尽弃之,将焉用我?"如果我现在就当高官,那就是抛弃了我毕生追求的忠义思想,将被众人唾骂,这样的我你们怎么用?

这10个官员一听也觉得有道理,就准备回去向忽必烈报告,按文天祥的这个建议办,可是其中有一个叫留梦炎的人反对,他说:"天祥出,复号召江南,置吾十人于何地!"意思很简单,要是文天祥出去了不做道士,而是重新造反,那我们10个人的脑袋一定会齐刷刷地被忽必烈砍下来。大家一听,可不是么,差点儿被文天祥给忽悠了,这事儿可不是闹着玩的,于是就此作罢。

那么,文天祥是真的心灰意懒想出家活命,还是要继续造反?我觉得两者都有可能,不想死是真的,如果能活命,将来要是有机会造反,他肯定也会造反。当然,如果当了道士对方看得紧,没机会造反,他也不会上吊抹脖子就是了。

就这样,文天祥又被关了三年多,在监狱里又写了很多诗,其中以《正气歌》最出名。一直到1283年年初,忽必烈突然想起了他,亲自召见,劝他投降大元。忽必烈还把那个已经投降了的宋恭帝赵㬎也叫出来,说你看看,这个是你原来的老板,他都投降了,吃得白白胖胖的,我还准备给他娶一个蒙古媳妇儿,而且他也同意你跳槽,你就降了吧。文天祥的回答是："为宰相，安事二姓？愿赐之一死足矣。"你什么也不用说，我就是忠贞不二，赶紧杀了我好了。

忽必烈明白，这人关了三年还这样，那就什么也不用说了。第二天，文天祥的死刑判决书就发了下来。不管文天祥心里是怎么想的，他确实是做好了充分的死亡准备，刑场上从容不迫，向着南方跪下，磕了几个头之后，站起身子说，"我事已毕"，然后面不改色，慷慨就义。

据说忽必烈是后悔了的，觉得应该再多劝文天祥几次，说不定对方就降了。《宋史》上记载，"俄有诏使止之，天祥死矣"，也就是说忽必烈想刀下留人，谁知道刽子手下手太快了。

二、文天祥死得其所吗

易中天先生在《易中天中华史》里，说到文天祥的死，对王炎午这个人物进行了口诛笔伐，不仅说他是伪君子，而且给他扣上了一顶变态狂的帽子，因为王炎午写文章劝文天祥自尽，而他自己却不去死。

关于这事儿，我的看法和易先生略有不同，原因就是对儒学和理学的理解。前面说过，儒家的"五经"之一，《礼记》上明明白白地写着，"君王死社稷"，国破时君王不应该苟活，这是死节，但是《礼记》里从来不要求普通老百姓这样去做。从儒家发展出来的理学也一样，在它的义理谱系里，不同的人承担的道德责任也不一样，文天祥作为南宋的丞相、状元、士林领袖，所有文人们的大领导，他需要去死节，甚至可以冷血地说，他有义务这样做。但王炎午不一样，他在宋朝既没有功名，也没有职务，更没有影响力，一句话，白丁一个，他在传统的儒家和理学道德体系里，没有任何死节的义务。

另外，王炎午后来终身也没有当元朝的官，无论多少人来请，就是不去，这其实就已经是保存了他作为宋朝读书人的气节了。所以，王炎午虽然做出了我们今天看起来无比恐怖的事情,劝自己的老师去自杀,但我们不能简单地说他是伪君子。他后来多次拒绝蒙古人让他出来做官的要求,这不仅仅是财富的损失,也是一种掉脑袋和不掉脑袋的赌博,只要摊上一个脾气差一点的元朝皇帝甚至官员,他的命就保不住了。

易中天先生的另一个观点,是认为文天祥本来是不必死的。当时,南宋都已经亡了四年了,他这个丞相死不死,意义已经不大了。那么,他最后怎么还是死了呢?按照易老师的观点,他是被理学或者说理教害死的。这一点我同意,但我认为用理学害死文天祥的,不是王炎午,也不是大汉奸留梦炎,更不是老百姓,恰恰是文天祥自己。

为什么这样说呢?我们来看看他的遗作。文天祥死后,妻子为他收尸的时候,看见他口袋里有这样的绝命诗:"孔曰成仁,孟曰取义,唯其义尽,所以仁至。读圣贤书,所学何事?而今而后,庶几无愧。"这首诗现在叫作《衣带歌》,从这首诗中,我们可以清楚地知道文天祥追求的是什么了。

儒家或者理学,最厉害的地方就是,它能让读书人产生一种完全不是动物应该有的欲望,为了一个"忠君爱国"的名声,可以牺牲一切,老婆、孩子、自己的生命,和这个名声比起来,都什么也不是了。这在一匹狼或者一头大猩猩看来,肯定会问,你们人类是不是傻?那么,这种事儿是不是要批判呢?

我个人倒也不这么看,如果这种害死了文天祥的东西彻底没有了,那么人类和动物还有什么区别?崖山那十几万名投海的宋朝人,确实是不应该死,也不必死的,我们更不能鼓励他们去死,可他们的死也绝对是值得尊重的,这种人类特有的东西,叫作气节。

无论如何,1283年,南宋最后一位丞相文天祥殉国,宋朝算是彻底从历史舞台上消失了。

三、如何评价宋朝

宋朝从始至终都不是一个大一统的政权，从地域上来讲，它从来也没有统一过中国，与它并立的有西夏、辽、金、大理等朝代和政权。你可以说它和南北朝的北魏、北周、宋、齐、梁、陈等也差不多，而且在它存在期间，几乎年年都给北方政权送钱。

就是这样一个政权，我们今天却认它为正统朝代，而且对它的认同超过了对北魏等朝代，唐宋元明清的提法，不是随便说说。陈寅恪先生甚至说："华夏民族之文化，历数千载之演进，造极于赵宋之世。"也就是说，他认为宋朝是中华民族文化最顶峰的一个朝代。

陈先生的意思是说，虽然宋朝军事上经常被人欺负，也没有从地域上统一中国，但是它在"华夏民族之文化"上，是登峰造极，傲视整个世界的。

在我看来，有五点理由导致了这个结论。

第一点，儒释道三家在宋朝得到了很大发展，而且开始了三家归一，也就是确立了以儒学理学为主，释道理论为辅的三家合流，最终形成了中华主体文化。

第二点，贸易和科技文化大发展。四大发明有三个出现在宋朝，而宋朝的海上贸易更是极度发达，以南宋这么小的面积，不断给北方送钱，还能维持富得流油的奢华生活，没有海外贸易产生的巨大经济利益，是不可能的。

第三点，无与伦比的教育系统。据《宋元明清书院概况》统计，宋代共有各种高等书院203所，这在当时是惊人的。《舆地纪胜》这本书里说："家乐教子，五步一塾，十步一庠，朝诵暮弦，洋洋盈耳。"也就是不仅有高等学员，基础教育也达到了人人都能入学的程度，放在今天，这也是一个奇迹。

第四点，它发展出了高度的城市文化。黄仁宇写过一本书，叫《中国大历史》，书中说"历史进入了宋朝就好像从古代进到了现代"。唐朝十万户以上的城市最多也就是10多个，可是到了宋朝，增加到了40多个。汴京和临安继长安、洛阳和南京之后成为世界上第4、第5个超过百万人口的城市，也就是古代历史上全世界前五大城市，都在中国。那时候已经有了城乡差别，史书上说："汴都数百万家，尽仰石炭，无一家然薪者。"大城市家家都烧炭，不烧柴禾，不过乡村当然没有这个待遇。至于说茶室、饭馆、旅店、澡堂子、酒肆、冷饮摊、外卖这些城市基础设施，宋朝可以说是应有尽有，一幅《清明上河图》和一本《东京梦华录》足以说明这一切了。

《宋史》还记载："若丐者育之于居养院；其病也，疗之于安济坊；其死也，葬之于漏泽园，岁以为常。"也就是说，城市里的弱势群体，没钱没家人的，乞丐可以住在居养院，有病了可以到安济坊治病，死了之后还可以葬在漏泽园，这些都是政府负责，不用你掏钱。这样的城市文化和福利，就算是今天的发达国家，也不一定全都能达到这个标准。

除了上述四个方面，最后一个理由就是知识分子们超级喜欢宋朝。一代又一代，知识分子天天给宋朝唱赞歌，这里面当然包括陈寅恪。他们为什么膜拜宋朝呢？八个字，"与士大夫共治天下"。这既是因为赵匡胤、赵光义兄弟俩定下的基调，也是因为从宋朝开始，贵族阶层彻底垮台，科举制全面普及的客观社会现实。

在宋朝，只要你会读书，读好书，就可以做官，然后就算是进入了统治阶级，从此之后，妇人美酒，吟诗作画的好日子就来了。兴致上来了，还可以骂骂皇帝，讽刺一下上级，最多也就是流放到外地做官。宋朝简直就是知识分子的天堂，他们当然喜欢。

只是，没有人理会宋朝对普通老百姓的严刑峻法，比如贩卖私盐超过二十斤就是死刑，贩卖茶叶超过二十斤也是死刑；造反的，那就是凌迟处死，而凌迟这种最不人道、最残忍的刑罚，就是起源于宋朝。

总之，我们可以这样总结：中国从唐朝和五代时期的半贵族时代进入了宋代的平民和市民时代，而整个社会的基调，也从那种贵族主导的慷慨激烈的大汉雄风和盛唐气象，转变到了以小市民、小知识分子为主的浅斟低唱，文雅安闲。历史学家们比较客气地给了一个相当好听的评价，叫作"两宋风流"。

最后，让我们以那个盼着文天祥快点死的王炎午的一首追念故国的《沁园春》，来告别这个风流大宋：

又是年时，杏红欲脸，柳绿初芽。

奈寻春步远，马嘶湖曲；卖花声过，人唱窗纱。

暖日晴烟，轻衣罗扇，看遍王孙七宝车。

谁知道，十年魂梦，风雨天涯。

休休何必伤嗟，谩赢得，青青两鬓华。

且不知门外，桃花何代；不知江左，燕子谁家。

世事无情，天公有意，岁岁东风岁岁花。

拼一笑，且醒来杯酒，醉后杯茶。

132. 元朝的扩张

这一节开始讲元朝那些事儿。

元朝建国之后也开始了汉化，经济基础决定上层建筑，汉人的数量和祖祖辈辈的生活方式，决定了他们必须使用农耕文明那一套来治理国家。

不过，以后来人的角度观察大元这个政权，却很容易发现，它的汉化程度不仅比不上后来女真族建立的清朝，就连五胡十六国时期的那些少数族都比它汉化得彻底。北魏鲜卑拓跋氏甚至连老祖宗拓跋这个姓都不要，改姓元了，可是这个本身就叫作大元的朝代，却是一直到灭亡，都像《元史》里批评的那样"既行汉法，又存国俗"，保留了很多蒙古帝国的习俗，比如很长时间没有科举考试，不重视农业，允许当官世袭制，对佛教过度依赖，把僧侣摆在儒家知识分子的前面等。

通俗地说，元朝是一个四不像的政权。

为什么元朝汉化不彻底，或者说速度很慢呢？现在有一种流行的说法，说这都是因为汉人李璮。

一、元朝汉化为什么不彻底

李璮本是金国人，蒙古人打过来的时候，他一方面和蒙古权贵勾勾搭搭，一方面公开投降了南宋，玩起了无间道。后来忽必烈还封他为江淮大都督，可见他玩得还是相当不错的。到了1262年，忽必烈和弟弟阿里不哥为了蒙古大汗的位置正打得不可开交，李璮觉得时机到了，就起兵反蒙，准备乘机自立为王。但是，权谋玩得再好，最后还是要看实力，实力不行的无间道高手李璮被忽必烈用两个月的时间就彻底打败了，脑袋也被砍了下来。

为什么说这事和元朝汉化有关系呢？因为李璮众多的老丈人当中，有一个叫王文统，当时的职位是忽必烈手下的中书省平章政事，相当于宰相，他和大和尚刘秉忠是忽必烈最信任的汉人官员，可是他也卷入了李璮的谋反案，最后被查到了证据，脑袋也跟着搬了家。所以，后来就有学者说，忽必烈就是被王文统的反叛戳到了小心脏，伤心了，从此不信任汉人，进而停止了汉化的脚步。

我认为这个说法站不住脚。首先时间不对，1271年，大元建国的时候，忽必烈汉化之路还走得风风火火的，怎么能说是9年前的一场反叛让他停止了汉化？其次，汉人反叛的很多，无论是他手下的谋士还是忽必烈自己，都很清楚，减少这种反叛的一个重要措施就是加深汉化，又怎么会因为反叛而停止汉化？

那么元朝汉化不彻底的根本原因到底是什么呢？主要的原因有两点。

第一，蒙古帝国在灭掉宋朝建立元朝之前，实在是太辉煌了，称得上"世界大帝国"，这导致蒙古贵族自信心爆棚，无论是对自己的能力人品，还是对自身的政治，都形成了一种盲目的自信，对待汉人和其他民族有一种天生的傲慢。对于汉化，更是有一种天然的抗拒，觉得按照自己的既定模式走下去，肯定会从一个辉煌走向另一个辉煌。

这就好像是今天的美国，你要是对他说，你们的制度有问题，必须改革，否则你们美利坚不久后可能就要玩完了，大多数的美国人都会说，您歇歇吧，俺们的制度是世界上最好的，改什么改？！可是，制度这玩意只有适应不适应的区别，根本就没有普适的、完美的、永恒的、放之四海而皆准的制度。来到了中原，还顽固地保留以前大草原上的制度，那就好象从北极来到了赤道,却死活都要穿着羊皮大衣,戴着狗皮帽子一样不靠谱。后来的女真人就多少吸取了他们的教训,这个后面再讲。

第二,无论五胡十六国还是后来的清朝,在崛起的过程中,学习和征服的对象都只有一个,那就是汉人的文化和文明,但蒙古人是见过世面的,在西征的路上,欧洲基督教文化、中亚伊斯兰文化和吐蕃的喇嘛教文化,都对他们产生了巨大的影响。而且,在我看来,这种影响比儒家文化对他们的影响大得多,以至于在元朝丢掉了中原即将灭亡的前夕,北元的元昭宗仍旧说出这样的话来:"李先生教我儒书多年,我不省书中何义,西番僧教我佛经,我一夕便晓。"这说明,对于中原文化,一直到了最后,他们依然是一知半解,用东北小品演员宋小宝的经典台词来说,那就是"我这书啊,都看杂了",硬是把《水浒传》看成了刘关张桃园结义,然后一起保护唐僧去西天取经了。这样的大杂烩,就是蒙古大元的文化特点。

看到这里,你可能会问,这个吐蕃喇嘛教文化是什么呢?

吐蕃就是西藏,喇嘛教是佛教在西藏的变种,喇嘛就是藏语"高僧"或者"师傅"的意思。佛教在印度不断发展的过程中,后期产生了一个叫作密宗的流派,这个流派被密宗莲花生大士带入西藏之后,和当地的苯教结合在一起,就形成了一个既不是印度密宗,又不是汉传佛教的流派。一般来说,我们把它称为藏传佛教。

无论什么组织,最后都要分化出很多派别。藏传佛教也是一样,它后来也分出了无数派别,其中有四个是最重要的,称为藏传佛教四大派。按照出场时间的先后,分别是喜欢戴红帽子的红教宁玛派,总穿着白色条纹衣服的白教噶举派,喜欢红白黑三种颜色的花教萨迦派,还有最后一个,戴黄色帽子的黄教,格鲁派。

1240年,蒙古大军攻入吐蕃后,准备找一个能管事的人,向蒙古投降,可是找来找去,发现吐蕃那时候既没有中央政府,也没有皇帝,于是只能找来势力最大的藏传佛教领袖——萨迦班智达·贡嘎坚赞到凉州讨论这件事。萨迦班智达是花教萨迦派的，回去之后就帮着蒙古人在西藏驻军、普查人口、设立驿站。不仅如此，班智达还派自己的衣钵传人，萨迦派的五祖八思巴去朝见忽必烈。

八思巴就是金庸老先生《神雕侠侣》里金轮法王的原型，在历史上，那也是一个极其了不起的大和尚，口才了得，才华出众。

前面说过，成吉思汗在四处征伐的时候，和中原的道教结下了很亲密的关系，甚至还称呼全真教的丘处机为活神仙，因为这个关系，蒙古人对全真教一度推崇备至。但八思巴几乎是以一人之力，扭转了这个局面。

从1255年开始，在蒙哥、忽必烈时期，佛道两家一共进行了四次公开的辩论，最激烈的就是1258年的第三次大辩论。双方都派出了豪华阵容，道教是全真教掌教张志敬亲自带队，200多人的队伍；佛教这边以少林寺为首，会同了大理国师、五台山长老、圆福寺长老，再加上来自新疆和西藏的佛教大师们，300多人。八思巴以藏传佛教萨迦派第五代掌门人的身份，也位列其中，本来角色并不突出，最后硬是脱颖而出，口若悬河，把道教17名辩手说得哑口无言，不仅赢得了辩论，还让全真教17名道士当场剃光了脑袋，走进寺庙，开始修行佛法。

蒙哥和忽必烈本来就是有意以佛教压制势力越来越大的道教，否则也不必举行什么辩论会；加上八思巴的学问和口才确实出众，一战成名，所以，在此之后，他们也借着这场辩论，开始焚毁道家的经卷，并且把以前道教全盛时期占据的佛教寺庙全都归还给佛教。

1260年，八思巴被忽必烈封为国师，受玉印，统领天下释教，十年后又封他为"大宝法王"。所谓的法王，本来是佛祖的尊称，忽必烈把它给了八思巴。从此之后，这个称号经常被历代君王赏赐给大和尚，尤其是西藏的大和尚，"法王"这两个字，也从佛祖的专有称呼，变成了一种和尚荣誉称号。

到了1263年，八思巴又被封为藏区政教之主，受赐珠宝册印，满载荣誉，光荣地回到了西藏。1264年，元朝建立总制院，也就是后来的宣政院，专门管理西藏的事务，八思巴又兼任了总制院使，相当于西藏之王，直接受元朝中央的管辖。

到此为止，就形成了两个事实：第一，是西藏（那时候还叫吐蕃）从此彻底归进了中原的版图，变成了中国的一部分；第二，藏传佛教成了元朝的国教。《元史》里记载，"百年之间，朝廷所敬礼而尊信之者，无所不用其至。虽帝后嫔主，皆因受戒而为之膜拜。正衙朝会，百官班列，而帝师亦或专席于坐隅"，也就是说，大皇帝和皇后妃子们全都信奉这个混杂了密宗和苯教的藏传佛教。大和尚可以在朝会上坐着，文武百官全都靠边站着，这当然是很威风的一件事情。

后来八思巴还为忽必烈创造过一种新的蒙古文字，称为八思巴文，元朝曾经一度使用它作为官方文字。可惜，这位全才的大和尚死得早了点儿，他于1280年农历十一月二十二日，在萨迦南寺圆寂，享年只有45岁。

二、元朝为什么征服不了一众小国

元朝建立之后，秉承成吉思汗黄金家族的传统，扩张并不止于西夏、金国、宋朝、大理、吐蕃这些地区，忽必烈又发动了五次侵略战争，分别针对的是日本、缅甸、占城、安南和爪哇。

早在1259年，蒙古帝国征服东北的高丽王国之后，就听说东边的大海上，还有一个叫日本的小国。到了1266年，忽必烈大大咧咧地派了一个使节去招降日本，可是日本当时的龟山天皇和镰仓幕府的将军们，根本就不知道世界上有一个什么蒙古帝国，无知者无畏，对这种来历不明的使节，都不怎么搭理。蒙古使者很没面子地回去之后，添油加醋地说，小日本太瞧不起我们蒙古爷们了。

1274年，忽必烈出兵15000人，战船900艘，攻打日本。当时的日本人，对中华帝国以外的国家一概不服，集结了12万人迎战。蒙古人把所有弓箭和补给都打光了，最后遇到了大台风，只好撤退，第一次攻击日本就这样无疾而终。

南宋陆秀夫背着小皇帝跳海之后的第三年，也就是1281年，忽必烈设立征东行省，派出两路大军再次进攻日本。日本人像一头犟牛，拒不投降。老天爷也出来帮助日本人，八月初一，就在元军大举登陆，日本人惊慌失措的时候，一场持续四天的大台风骤然而至，4400多艘元朝战船就像鸡蛋壳一样，在大海上相互碰撞，几乎全都毁灭。所有的军粮武器都还在船上，也全都丧失。南军的主帅，也就是宋朝的降将范文虎，带着一些高级军官登上残余的几艘战舰，悄悄地逃走了。已经登陆的十万军队就这样被遗弃了。这些人互相一打听，也没有谁在日本有亲戚，只能组织起来自救，伐木做舟，准备逃回去。可是欣喜若狂的日本人没有给他们机会，八月初七，日本人组织军队开始反攻，两天两夜之后，没有粮食，也没有多少弓箭武器，对地形更是两眼一抹黑的元朝军队彻底溃败，六七万人被杀，没死的二三万人，于八月初九被日军驱赶到八角岛，凡是蒙古人、高丽人和汉人，全都砍下脑袋，只留下南人免死，充作奴隶。

汉人和南人

当时所谓汉人，指淮河以北的汉族人，因为宋朝并没有统一中国，所以淮河以北一直都是外族在统治。宋末元初的时候，为了区分，就把淮河以南，原来南宋统治区里的人，叫南人，淮河以北的叫作汉人。这种叫法一直持续到元朝灭亡，朱元璋建立明朝才渐渐停止。

这场损兵折将征讨日本的军事行动，元朝也不是一点收获都没有。打了败仗的残余部队，顺着洋流飘到了台湾西海岸和澎湖列岛附近，就顺便在这里设置了一个澎湖寨巡检司的机构，准备下次打日本时从这里出发。这个澎湖寨巡检司，就是中国第一次在台湾范围内设立行政管理机构。

元朝后来没有再对日本发动过任何军事行动，日本人事后一打听，也知道了蒙古人过去是怎样战无不胜的一个存在，结结实实地吓了一跳，惊惧欣喜之余，焚香念佛，感激老天爷帮忙，当然，最重要的是感谢那一阵台风，他们把它称之为"神风"。

从那时候开始，"神风"一词在日本就有了无数粉丝，碰到天大的难事，就把神风他老人家请出来，拜上一拜，灵验了就大肆宣扬，不灵验就默不作声。不过也有全天下都知道神风不好使的时候，那就是二战后期，日本组织的自杀式攻击飞行大队，叫作神风特攻队。那一次，神风没显灵，美国人最后还是完成了元朝没干完的活儿，占领了日本。

如果说元朝进攻日本是被一阵风吹回来的，那么元朝进攻越南，就是被一堆虫子给咬了回来。从1282年开始，元朝三次大规模进攻占城和安南，这两个地区一个在南、一个在北，都在今天的越南境内，当时是两个国家。南宋灭亡之前，陆秀夫和张世杰都有投奔占城的想法，只是没有实现。

忽必烈本来以为，灭掉这两个小国就像碾死两只虫子一样。可惜的是，他的部队真的遇到了虫子，不是两只，而是铺天盖地。你要知道，在越南这种热带地方，森林遍野，密不见天日，里面到处都是北方士兵见都没见过的毒蛇猛兽、蚊虫蚂蟥，一句话，满眼都是大虫子。这样的地形，这样的大虫子，就连20世纪的美国大兵都心惊胆战，最后不得不灰溜溜地撤退，元朝人自然也没什么好果子吃，最后无功而返，等于是败给了虫子。

安南和占城国王都是很聪明的人，他们也知道，要是把忽必烈真的惹怒了，结果也是大大地不妙。于是，打退了对方的第一次攻击之后，两国的使者也跟着进入了元大都，对忽必烈说，您何必和我们较劲，我们心服口服，年年给你进贡还不行吗？忽必烈就坡下驴，暂时算是安定下来。等到后来忽必烈改了主意，准备第四次进攻越南时，却突然去世，进攻越南也就没有了下文。

元帝国最后一次远征的对象是爪哇王国，也就是今天的印尼爪哇岛，比日本还小，而且还远。忽必烈为什么突然对这么一个小岛感兴趣了？前面说过，忽必烈打败了弟弟阿里不哥，等于是篡夺了蒙古大汗的位置，蒙古的钦察汗国和察合台汗国都反对他当老大，只有远在西亚的他的亲弟弟旭烈兀的伊尔汗国支持他。可是从陆地上去伊尔汗国的道路被钦察汗国和察合台汗国给阻断了，那就只能走海路。就这样，处于印度洋和太平洋之间的爪哇岛就进入了忽必烈的视野。本来人家在岛上吃鱼摸虾撸串烤肉，一点也不影响忽必烈去欧洲探亲串门子，可是忽必烈认为，既然我看见了，就要征服，于是，派了人去招降。结果爪哇国王在元朝使者脸上刺字，然后把他们赶了回来。

于是1292年，元朝军队从福建泉州出发，横跨南海，第二年登陆爪哇岛。当时岛上的信诃沙里国国王正好被手下的叛将贾亚卡特望杀害，国王的女婿克塔拉亚萨逃跑之后，建立了满者伯夷王国。这个女婿是一个极其有心计的人，当他看到元朝人登陆之后，觉得可以利用一下，于是主动和元朝军队联系，说你们的使者都是被贾亚卡特望的人干掉的，我和你们一伙儿的，大家自己人，我可以带着你们去复仇。

元朝的军队一听，马上让克塔拉亚萨前面带路，可是在元朝人灭掉了信诃沙里国，杀死了贾亚卡特望之后，克塔拉亚萨趁着元朝人晚上庆祝，带兵发动奇袭。元军大败，损失了三千多人，勉强撤回泉州。忽必烈本来准备再次进攻爪哇，可是第二年他就死了。然后，和征日本、越南一样，就没有下文了。

元朝建立之后，对外的扩张大概就到此为止了。号称人类历史上最强大的陆地强国，蒙古帝国，从1206年铁木真开始，连续近90年对外征伐,最后止步于小小的爪哇岛。

这里我们就要问一个问题,能打下欧洲和宋朝的蒙古军团,为什么面对这些小得不能再小的国家却束手无策呢?

第一个原因是天时地利人和,尤其是征日本,两次都遇到了台风,陆地上所向无敌的蒙古军团,在茫茫大海上,跟老天爷作对,九死一生。想当年打南宋打了40年,其中一个主要原因就是不善于水战,一条长江都差点让蒙古大军止步,更何况是茫茫大洋。另外,越南和爪哇战场的地形,完全不利于大规模兵团作战,骑兵更是占不到任何地利,最后只能放弃。

第二个重要原因就是忽必烈动机不纯,他派去攻打这些小国的将士,都是以南宋刚刚投降的军队和高丽人为主,蒙古军其实不多。他这样的安排可以说是司马昭之心,路人皆知,就是想让这些降兵和对手两败俱伤,一方面能开疆拓土,另一方面还能消耗数量庞大的异族军队,如意算盘打得噼啪作响。问题是,这些军队本来就兵无斗志,将无战心,对于元朝扩张根本不感兴趣,战绩不佳当然就在情理之中。

当然,如果不是1294年忽必烈突然死了,元朝可能还是会继续折腾下去。

133. 蒙古人治国

忽必烈去世的时候已经 79 岁了,但实际上应该可以再多活两年的。在生命的最后几年,他一边大量酗酒,一边拼命吃羊肉牛肉,弄得自己过度肥胖,还患上了痛风,估计还有高血压、心脏病之类疾病,只是那时候检查不出来。他为什么突然之间暴饮暴食呢?以现代心理学的观点来看,人在烦闷无解的时候,容易狂吃东西,借以发泄。忽必烈晚年的确是比较烦闷的,让他烦闷的主要是下面三点:

一是征伐日本等五个小国的失败;二是妻子察必皇后的去世;三是朝堂之上的斗争和由此导致的太子真金之死。

最后这件事比较复杂,牵扯的历史事件也比较多,下面慢慢细说。

一、变种的"三省"

朝堂上的争斗,与忽必烈确立的政治制度有关。

隋唐是三省六部制,宋朝是二府三司制,也就是枢密院的西府和中书省的东府掌握大权,三司掌握财权,虽然门下省和尚书省还在,但权力近乎没有。忽必烈建立了元朝之后,觉得宋朝这个二府制度挺不错,让中书省管内政,枢密院管军事,自己这个大皇帝居中协调。除此之外,他又加了一个御史台,也就是专门管监察的部门,至于那两个可有可无的门下省和尚书省,他大笔一挥,废掉了。

于是，元朝的制度就变成了以中书省、御史台和枢密院为权力中心的一个架构，你可以认为是一个变种的三省制。除了上面的机构，元朝的中央还有一个开始叫总制院、后来叫宣政院的机构，不过这个机构虽然在职称上跟中书省、御史台和枢密院是一个级别的，但它管理的范围很小，专门管理全国佛教事务并统辖吐蕃地区的军政，一般来说，宣政院是不能介入中原地区事务的。

行政区划"省"的来历

忽必烈把当时元朝领土大致划分为十三块，除了西藏归宣政院管辖，元大都北京附近的一块地区直接隶属于中央之外，其他十一个地区，全都设立地方的枢密院、御史台和中书省，这些机构就分别叫作行枢密院、行御史台和行中书省，类似于一个小中央。行中书省是地方的最高行政机构，简称行省，后来又简称省，当时有四川行省、湖广行省、江浙行省等。后来，虽然大明王朝把行中书省改为布政司，可是"省"这个名称却在民间保留下来，延续了700多年，一直到今天。有意思的是，元大都北京附近那块直接隶属于中央的地区，就叫直隶省，也就是今天的河北省。

尚书省没了，但下面的兵、刑、工、吏、户、礼这六部还存在，只是被移到了中书省下面。

前面说过，在每一个朝代，三省六部制的三省都有变化，但六部永远不变，一直到清末。因为六部才是主要干活的人，三省是产生宰相的部门，是拍板决策的，也是和皇帝争权的，所以会经常变化。后来的朱元璋一气之下，废除了宰相制度，自己累得要死，也没有把六部废掉。

机构有了，接下来就是往里面安排人了。忽必烈并没有让蒙古人占据朝堂大部分位置，虽然三省的一把手都是蒙古人，他的儿子太子真金被委任为中书令兼判枢密院事，堂弟塔察儿被任命为御史台的御史大夫。但三大机构的二、三把手却有很多汉人：刘秉忠为光禄大夫参领中书省事，王文统是平章政事，张文谦是中书省左丞，张雄飞是侍御史，这些人全都是宰相，平日里要参加各种政策的讨论制定，权力极大。所以，忽必烈早期的朝堂上，汉人相当多。

这些儒家出身的汉人，自身有一个很大的问题，就是不会理财，因为"君子喻于义，小人喻于利"，读书人天天就是读书，对拨拉算盘子不屑一顾。等到忽必烈四处打仗打没钱了，他环顾四周，发现庙堂之上的高官，无论是之乎者也的汉人还是大碗喝酒的蒙古人，都不会理财，便去找色目人来给他管理财政。

所谓色目人，就是眼睛不是黑色，有可能是蓝色、绿色的人，不是中亚人，就是欧洲人。这些人当时以善于经商理财而闻名，往往蒙古贵族给他们10块钱，到了秋天就变成15块了，因此深得王公大臣们的喜爱；而且他们几乎就是伴随蒙古帝国的崛起而发家致富的，一直跟着骑兵后面，到处替自己和蒙古人做生意，所以也深得蒙古人的信赖。

忽必烈找到了一个出生在今天乌兹别克境内，名字叫阿合马的人。这人在理财上是一把好手，清理户口、推行专卖制度、发行钞票等招数一一使了出来，很快就见效了，元朝收入大大增加。

这样一来，有一些大臣出于嫉妒，也有一些大臣出于理念，就开始抱团反对阿合马。这里面以汉人为主，而太子真金因为读了不少汉人的书，信奉仁义道德，也认为阿合马的一些经济政策不符合儒家传统，于是也加入了反阿阵营。不过阿合马也不是一个人，他不仅有一些同样五颜六色眼珠的少数族支持者，还有一些黑眼珠的蒙古人和汉人支持者。

于是，朝廷分成两派，成天斗来斗去，令忽必烈十分烦躁。1282年的一天，有人趁着忽必烈不在大都，传达太子真金的命令，让阿合马去见太子，半路上阿合马被人一刀砍死。凶手很快就被抓到了，供认说这事儿和太子无关，就是自己所为，只不过假传太子的命令而已，也就是真金并不知道这件事。忽必烈懒得追究细节，匆匆结案了事。

这事儿埋下了祸根。三年之后，1285年，一个汉人御史写了一份奏章，说忽必烈年纪大了，应该退位。当时管理奏章上传下达的都事尚文可能是个太子党，看见这个奏章吓了一大跳，他知道一旦这份奏章递上去，那肯定是龙颜大怒。如果忽必烈认为是太子急于抢班夺权，那太子真金就危险了。于是，尚文就扣住了奏章，准备找机会退回。

死了已经三年的阿合马有一个好友，名字叫答即归阿散，不知道从哪里听说有这么一份奏章，知道这是一个替阿合马报仇的好机会，于是通过各种办法，让忽必烈知道了。

这一下就麻烦了，忽必烈非常生气，虽然最后并没有因为这件事处罚太子真金，可是太子真金胆子小，吓出了一场大病，在1286年1月份，先他老爹一步，去向成吉思汗报道了。这一年，他43岁，而忽必烈已经71岁了。老年丧子，加上忽必烈原本对这个儿子寄托了很大希望，所以受到了很大的打击，后来就开始暴饮暴食，很快身体就不行了。

太子真金的死，对元朝甚至中国历史有很大的影响。因为如果真金顺利接位，元朝的汉化脚步一定会加快，最后不说达到清朝汉化的程度，至少，可以缓解很多社会矛盾，那样一来，也许朱元璋一辈子就只能当和尚了。

二、"四等人制"和"九儒十丐"是真的吗

虽然忽必烈任用了很多汉人高官，但元朝也把汉族人分别称呼为汉人和南人，那么元朝对他们到底是什么态度呢？要想解释这个问题，必须要先讨论两个流行的说法，那就是"四等人制"和"九儒十丐"。

四等人制指的是忽必烈执政时期，元朝把子民分为四等：第一等是

蒙古人；第二等是中亚色目人，因为他们大多数信奉伊斯兰教，有时候也称回回。顺便说一句，"回回"这个词应该是和唐朝的回纥有关，但具体怎样产生的，已经不知道了，大多数时候，泛指信仰伊斯兰的人；第三等人是汉人，就是淮河以北的汉族人；第四等人是南人，前面说过，指淮河以南的南宋人。

找遍明朝人写的《元史》和元朝的各种法律法规，也找不到四等人的说法。有名的《元典章》是专门描述元朝的各种规章制度的，用后人的话说，"此书于当年法令，分门胪载，采掇颇详"，里面也没写帝国的人要分成四等。

其实，最早提到"四等人制"的人，是清末民初的学者屠寄，他去世的时候已经是1921年，中国共产党都成立了。他在他写的书《蒙兀儿史记》里，首先提到元朝的时候分为蒙古、色目、汉人、南人四个等级，汉族人排在最后面，受尽了蒙古人和色目人的欺负。

没凭没据的，他为什么要这么说呢？我想，他应该是出于对当时的民族处境感到忧虑。19世纪末，是中国人在自己土地上可能连狗都不如的年代，任何一个外国人来了，都可以欺负你，而你却无可奈何，因为大多数列强都和中国有一个把"领事裁判权"扩大到所有外国人的条约。也就是说这个裁判权本来是只能赋予外交人员，他们犯了法，不受当地法律约束，可是因为清政府的无能，当时几乎所有国家，都给中国立下了一个规矩，就是他们国家的所有人，在中国土地上杀了中国人，都只能由他们自己去抓捕和审判凶手，他们要是没工夫去抓的话，受害者家属就只能乖乖等着。

在这样的情况下，屠寄这样写，等于是告诫大家，亡国是一件非常悲惨的事。正因为此，后来钱穆的《国史大纲》、范文澜的《中国通史简编》，还有柏杨的《中国人史纲》，全都采用了屠寄的说法。这样一来，"元朝把人分四等"就变成了一个史学界的共识，一直流传到今天。换句话说，一口大黑锅结结实实地扣在了忽必烈的脑袋上。

判断这件事是不是真的，有一个最简单的方法，就是听一下推翻了元朝的朱元璋是怎么说的。实际上，《元史》《明太祖实录》以及朱元璋的造反口号、纲领，都没有提及这个"四等人制"。就凭这一条，我们基本可以得出结论了：所谓四等人制，在元朝是不存在的，至少在制度上，是不存在的。

除了这个四等人制，还有一个关于元朝不靠谱的说法，便是"九儒十丐"。今天我们都知道，知识分子有一个称号，叫臭老九。那为什么叫臭老九，不叫臭老八、臭老七呢？你要是问出这个问题，就会有人告诉你，元朝按照职业把人分为十个等级，分别是一官、二吏、三僧、四道、五医、六工、七匠、八娼、九儒、十丐，读书人的地位比妓女还要低，只比乞丐高一点点，排在第九位，所以后来说读书人是老九。如果读书人读书读迂腐了，臭烘烘的，那自然就是臭老九了。

很遗憾，这又是一盆泼在元朝人身上的脏水。最早提出"九儒十丐"这种说法的是宋末元初的谢枋得，此人号叠山。在他的《叠山集》里，他说读书人地位低下，排行老九这事儿，是"滑稽之雄"说过的。所谓滑稽，原意是中国古代的一种酒器，也就是宴会的时候用的，后来引申为幽默有趣的人。这里的滑稽之雄就是小丑一类的演员。那么，谢枋得的意思就很清楚了，这事儿是戏子或者说演员调侃读书人的——老谢我曾经在戏园子里听到过，觉得挺有意思，特记录在笔记里。此事后来以讹传讹，变成了元政府的另一个罪状。

实际上，元朝读书人的地位相当高。儒生们有自己单独的户口，叫"儒户"。南宋灭亡之前，北方的"儒户"一共是3890户。等到元朝彻底占领江南之后，蒙古人这群大老粗看见江南的汉人，觉得一个比一个有学问，全都是文化人，所以"儒户"数量暴增，一口气突破了10万户。

你要是把元朝的儒户和其他人比一下，会发现他们简直就是特权阶层:每户只要有一名子弟读书,就可以身份世袭。读书那孩子每天享受两餐供应,家里享受免税特权,除了缴纳基本地税之外,没有其他赋税,不需要承担任何差役。那些家产丰厚的"书香门第",趁机一代代兼并土地,钻足了空子,所以哪怕元末天下大乱,各方饿莩遍野,江南有着"儒户"身份的文人们,依然是日日高歌,天天酒会。

那为什么元朝的儒生还叫苦连天,写书大骂呢?原因只有一个,科举考试没有了,当不了官!那么,科举考试怎么没了呢?这还真不能怪蒙古的第一代和第二代领导人,他们当年是举行过科举考试的。

窝阔台打掉了金国,统一中国北方的时候,手下有一个金国投降过来的大臣,叫耶律楚材,非常有才能,担任蒙古帝国首席宰相中书令,他在1238年给窝阔台上书,说咱们治理汉人的地方,必须搞科举,这套制度既能避免汉人造反,也能给帝国输送人才。窝阔台同意了,便有了"戊戌选试",通过科举考试,一次性选拔了4000名儒学人才,史书里记载,"由是,文治兴焉",效果不错。

耶律楚材死后,由于种种原因,科举就暂停了,没有再搞过,一直到忽必烈创建了元朝。1284年,也就是宋朝灭亡了的五年之后,大家才突然又想起来,中原王朝有科举这回事,可是忽必烈和他手下的大臣们讨论了一番之后,认为选拔人才是应该的,但科举搞不搞无所谓。

他们得出这个结论的主要原因有两个。

第一个,他们中的很多人把南宋灭亡的原因,归结为儒生害国。比如前面提到的谢枋得,他为了不投降元朝,宁可绝食而死,因为这是儒家成仁取义的途径,可是他对于科举考试是极度厌恶的,他曾说:"以学术误天下者,皆科举程文之士也。"这里的程文之士,说的就是平时喝酒吹牛夸夸其谈,文章写得漂亮,但一旦有事,什么问题也解决不了的儒生。忽必烈也说过:"汉人惟务课赋吟诗,将何用焉?"这些只知道写诗做赋的人我能用来做什么呢?在这样的思想影响之下,科举自然是可有可无。

第二个，当时元朝兴起了一股由吏进官的风气。以前，科举的一个重要作用是给国家选拔当官的人才，想当官，必须要参加科举。你在县衙门里勤勤恳恳地干了20年的捕头，那也是吏，而不是官，没有科举得来的学历，永远不可能从一个吏升到官老爷。但在元朝初年，蒙古这群大老粗，只要看见你有本事，能干事，就可以提拔你，有很多人就此可以直接从吏升到官，不需要学历了。这样一来，科举的作用是直线缩水。

就因为上面两个原因，从1238年开始，一直到1313年的元仁宗时代，75年里，孔夫子的学生们就没地方考试去，政府也没说取消科举，但就是一年年拖了下来。

不考试就做不了官，虽然儒户们的小日子很舒服，但是中国知识分子们总是有一种齐家治国平天下的理想，当不上官，那就相当郁闷。所以，虽然他们中有些人有钱有闲，天天吃喝玩乐，但想让他们给元朝说好话，也挺难的，谁让你们不让我当官呢！

也就是因为知识分子当不上官，元朝才诞生了一种新的文艺形式，那就是后来相当著名的"元曲"，又叫元杂剧。汉赋唐诗宋词元曲，元杂剧可以和唐诗并列，地位和成就是不低的。

简单地说，元杂剧是把宋词和民间流行的小调糅合在一起，用一个大概的格律，讲一个故事，然后让人在台上给大家唱出来，等于是现代戏曲的祖先。

知识分子们进不了考场，一肚子的才华，正好来写这个。元曲四大家，关汉卿、白朴、马致远和郑光祖，全都是元朝初年的才子，可见，没了科举，他们确实很憋屈。

元曲四大剧是什么？

分别是《窦娥冤》《汉宫秋》《梧桐雨》和《赵氏孤儿》。其中《赵氏孤儿》被翻译成很多国家的文字，扬名海外。中国老百姓则对窦娥最熟悉，只要自己受欺负了，都要和窦娥比一比，顺便看看六月天是不是下雪。

三、蒙汉不平等的三个表现

前面否定了九儒十丐和四等人制这两种说法，不过这并不意味着元朝统治者对汉族人亲如一家，大家完全平等。实际上，蒙古人还是在很多方面把他们和汉人分割开来，这方面大概的表现有三个：

第一，很多官职汉人都不能担任。《明实录》里记载，朱元璋造反成功之后，曾说过："元时任官但贵本族，轻中国之士，南人至不得入风宪。"所谓风宪就是监察官员，朱元璋抱怨，元朝人掌权的时候，汉族人当不上御史这类的官员。其实，何止御史，很多官职都和汉族人无关，比如怯薛军，也就是蒙古皇室的近卫军，专门保护中央安全的，一般都禁止汉人加入。再比如，元朝在很多地方都设置有一个叫达鲁花赤的官职，达鲁花赤是蒙古语"掌印者"的意思，意思是最高领导。举个例子，如果一个县没有设置达鲁花赤，那县长最大，可是如果有一天，有人拿着达鲁花赤的委任状走进了县衙门，那县长大人马上就得起身，跪在一边听候吩咐。元朝明确规定，达鲁花赤这个职位，必须由蒙古人担任，如果蒙古人不够了，或者被委任的蒙古人不去上任，那就找一个色目人担任，反正不能由汉人或者其他黑眼珠的少数族担任。

第二，和蒙古人比起来，汉人的命更不值钱，换句话说，刑罚对蒙古人要宽松很多。如果蒙古人杀了一个汉人，一般就是打57下大板子，然后让他掏丧葬费了事，最多就是流放；但汉人杀了蒙古人，那就麻烦了，砍头罚钱都是小事，严重的时候要灭族。

第三，严禁汉人持有武器。当然，也不是说买一把菜刀都不行，但是像弓箭这样的武器，是不允许拥有的。

当然，这三方面虽然有明文规定，但是实际施行的时候，执行得并不太认真。1281年，一个叫魏初的汉人去扬州担任行御史台的官职，干了几天之后，觉得没意思，思念在元大都也就是北京的朋友，写了一首诗，其中就有两句是："高树围前射箭时，小书楼上共题诗。"一个汉人，没事就和朋友射箭玩，还当上了御史台的官，这让元朝领导们的禁令情何以堪？所以，元朝肯定是有种族歧视的，但应该不像后人传说的那样严重。

134. 京杭大运河

元朝的首都是元大都，不过，元朝并不是只有一个首都。蒙古帝国最初是没有首都的，成吉思汗用了一个最简单的办法，来告诉下属们他的办公地点，那就是让自己的女人们分别居住在四个地方，称为四大斡耳朵。"斡耳朵"是蒙古语"宫殿"的意思，他的大老婆孛儿帖居住的大斡耳朵当时被认为是蒙古帝国的中心。这地方在克鲁伦河和僧库尔河交汇处，在今天的蒙古国肯特省境内。后来成吉思汗打下来的地方多了，才明白过来，原来了不起的国家都有首都。

一、首都、四合院、"门当户对"、起辇谷

从 1220 年开始，成吉思汗命人建造一座城市，作为蒙古帝国首都，叫作哈拉和林，也在今天蒙古国境内。

再后来，忽必烈上台了，就让大和尚刘秉忠在开平建王府，等他当上蒙古大汗之后，下诏升开平为上都，正式确立了开平的首都地位。开平这个城市大家可能听过，它在今天中国的内蒙古自治区境内，不过已经彻底衰败，只剩下遗址了。

1267 年，忽必烈觉得草原上的开平还是像个大农村，和大蒙古帝国不匹配，而且离中原和江南的花花世界实在是太远了点，就让刘秉忠再次出山，修建了最早的北京城，起名大都。

刘秉忠虽然满嘴阿弥陀佛，实际上是一肚子之乎者也的孔夫子信徒。所以他在建造北京城的时候，主要的设计理念来自儒家经典《周礼》中的《考工记》，绝对中国风格，前朝后市，左祖右社，相当考究。

1274年，北京城建设完毕，忽必烈下了一道圣旨："诏旧城居民之迁京城者，以赀高及居职者为先，仍定制以地八亩为一分。"意思是号召大家赶紧搬进北京城，每家给8亩地盖房子，有钱的和当官的人先挑地方。因为这道圣旨里8亩地的限制，大家便修了大小一样，形式也差不多的房子，这就是一直延续到今天的北京四合院。

所谓四合院，就是几间房子从四面把庭院围在中间的民居。经过元明清三代的积累，四合院变得大有讲究，其中的门楼、影壁、台阶等，处处都是学问。

成语"门当户对"的"门当"和"户对"，便是四合院建筑的一小部分，"门当"是门口那两个石墩子，标明了这户人家是舞刀弄枪的武将，还是舞文弄墨的文官；"户对"是大门之上显示品级的雕刻，一品大员可以有8个"户对"，再多就不行了，因为皇帝才能用9个，所谓的九五至尊。正因为这样，"门当户对"后来才成为说明两家地位差不多的一个成语，相亲之前，未来的丈母娘可能会扳着手指头，算算你家的"门当"和"户对"。

说到四合院，必然要说一下北京的胡同。这个词和四合院是一起诞生的，至于说是怎么来的，现在暂时还不清楚，最流行的一种说法是，它是蒙古语"水井"的意思。一排四合院的边上，弄一个水井，很自然地，这地方就称为某某胡同了。不过，这种说法也有很多专家实名反对。

总之，从此以后，元朝就有了两个首都，一个是上都开平，一个是大都北京。忽必烈和后来所有元朝皇帝基本都是夏天去开平工作，冬天再回到北京办公。历史上虽然很多朝代都有很多个首都，比如唐朝的长安和洛阳，明朝的北京和南京，但像忽必烈安排得这么公平的，也是少见。

顺便说一句，忽必烈那时候没有飞机也没有高铁，但他也不是坐着马车来往上都和大都的，他坐的是很多头大象拉的象辇，上面可以有好多宫殿，简直就是一座小型移动城市，比隋炀帝当年北巡的那个"行城"还要威风。至于说现在的奔驰、宝马，和象辇比起来，估计就像地上的一个小爬虫了。

忽必烈死后下葬在起辇谷。《元史》上的记载是，"乙亥，灵驾发引，葬起辇谷，从诸帝陵"，自古以来，没有人知道起辇谷在什么地方。其实，这句话后面的四个字也挺关键，"从诸帝陵"，意思是忽必烈的这个墓地，也是他以前蒙古帝国历任大汗的埋身之地，包括了成吉思汗、托雷、蒙哥等人。史书上甚至说，不仅仅是他们，他们的皇后、兄弟姊妹、奴仆，甚至马匹也会有很多葬于起辇谷，陪伴他们。

诡异的是，埋了这么多人和畜生的起辇谷，一直到今天都没有人能找到在哪里。换句话说，直到现在，一个元朝皇帝的陵墓也没被发现。至于说有没有盗墓者发现，我就不知道了。不过即便是发现了，可能也没什么好偷的，按照蒙古人的习俗，大汗或者皇帝死了之后，和普通人基本一样，把一根粗大的楠木破成两半，再按尸体大小将中间挖空，然后把人往里面一塞，涂上油漆，用三条黄金箍箍牢，看上去就是一根木头，最后把这根木头扔进坑里，葬礼就算完成了。真挖出来，也就三条黄金圈值点儿钱。

那么，他们的后代逢年过节就不去上坟吗？没有坟头儿，到哪儿去哭呢？《元史》里面是这样说的："掘地为坎以燎肉，仍以酒醴、马湩杂烧之。"也就是说，元朝皇室的子孙们认为，自己的祖宗埋在哪儿，一点儿都不重要，因为老祖宗们肯定是在地下，那只要在任何一个地方挖个坑，把好酒好肉放里面，用火一烧，祖宗们都能享用。不得不说，这简直就是对魂归大地最理想的解释。

二、不折腾的元成宗

前面说过，忽必烈的太子真金，因为有人建议他提早接班，自己把自己吓死了，于是忽必烈把真金的儿子铁穆尔提拔到了继承人的位置。在老娘和大臣伯颜的支持下，铁穆尔于1294年5月10日在上都开平登基即位，成了元朝的第二个皇帝，这就是元成宗。

元成宗上位之后做的第一件事就是停止了爷爷忽必烈的对外扩张。什么日本、越南，都不去打了，仇也不报了，家里也不缺地方，何必损兵折将地就为了一个面子？元成宗不要对外打胜仗的面子，他要的是另一种面子——只要有一点点他看了顺眼的地方，那就是一句，来人啊，赏。

尤其是他对皇室成员和蒙古贵族，更是慷慨。史书上记载。在他的任期上，皇室成员每年过年得到的赏赐比忽必烈时期，金子多了四倍、银子多了两倍。此外，元成宗还时不时弄一些特殊赏赐，比如说1294年，他刚即位，就给三个驸马12万两白银，原因是今儿高兴。《元史》记载，"（国库）向之所储，散之殆尽"，爷爷攒了一辈子的钱，被他几年就发出去了。这实际上是蒙古人在草原上的习俗，领主大把撒钱，换得下属的忠诚，完全不是统治一个国家应有的行为，如果真金即位，绝对不会这么干。

不过，元成宗却也干成了他爷爷没干成的一件事，那就是在西北先后打败了窝阔台汗国的海都和察合台汗国的笃哇，迫使这两大蒙古汗国低头，然后派使者联系上了远在欧洲的伊儿汗国和钦察汗国。1303年，蒙古的四大汗国终于重新承认了元朝的宗主国地位，元成宗等于又兼任了所有蒙古汗国的大汗，这个成就还是很了不起的。

公元1307年2月10日，元成宗在大都玉德殿病逝，享年42岁，在位13年。虽然此人把国库都赏赐出去了，但《元史》对他的评价还是不错的："垂拱而治，可谓善于守成者矣。"有时候，不折腾，也是一种进步。

《元史》里同时还说："连岁寝疾，凡国家政事，内则决于宫壸，外则委于宰臣；然其不致于废坠者，则以去世祖为未远，成宪具在故也。"意思就是他晚年基本上就是卧病在床，皇宫里的事情，他的大小老婆们说了算；皇宫外面的，是那些大臣们说了算。幸亏他爷爷忽必烈立下的种种制度还在，所以元朝才能维持得不错。

三、京杭大运河

接下来上台的元武宗海山是元成宗的侄子，这个皇位不是继承来的，而是抢来的。

事情是这样的，元成宗还活着的时候，太子就死了，元成宗也没有另立一个太子，他死的时候，没人接班。他媳妇儿卜鲁罕一看，这事儿好啊，难不成上天让我做另一个武则天。于是，在安西王阿难答的帮助下，她坐到了皇椅上，开始执政。元成宗远在北方的领有重兵打败了窝阔台汗国和察合台汗国的大将军、大侄子海山，带兵迅速回到大都。一场政变之后，卜鲁罕和阿难答都被抓住，砍掉了脑袋。海山成功地变成了元武宗，元朝第三个皇帝。

这件事对于中国也挺重要的，因为海山要是输了的话，卜鲁罕最后必然争不过手握15万重兵的安西王阿难答。一旦阿难答掌权，甚至坐稳了皇位，那么中国可能会全面伊斯兰化，改奉伊斯兰教，因为阿难答和他手下的15万军队全都是伊斯兰教的忠诚信奉者。如果那样的话，什么孔夫子、儒学、诸子百家，今天还能不能看到，就是一个大大的问号了。

如果说元成宗的特点是不把钱当回事，元武宗海山的最大特点则是不把官帽子当一回儿事。他按照蒙古草原上的那一套，随随便便就把各种官职头衔赏赐给自己看着顺眼的人，朝廷上官帽子满天飞。到1308年，也就是他上任的第二年，中书省长官达到14人，管理军事的枢密院长官更是多达32人,甚至演员、屠夫、和尚、道士也有被授予国公或者丞相头衔的,至于说下面的行中书省、行御史台,据说有1100多人走上了领导岗位。

有了官员,就要发工资,再加上元武宗也喜欢赏赐给下属一些钱财,很快,国库就空了。1309年,元武宗下令印刷"至大银钞",具体细节就不必说了,任何对经济有了解的人都知道,印钞就相当于是放水,而放水的后果一般都是民间货币大贬值,继而引发通货膨胀,老百姓倒霉。不过,元武宗做的这件事,在开始的时候,至少在他的任上,却没有引起太大的动静,反而稳定了经济。

原因并不复杂。印钞这事儿要具体情况具体分析,中国改革开放几十年,印钞票又多又快,美国在新冠疫情期间,一下子就放出去几万亿美元的大水,为什么都没事?这里面的奥妙就是看市场这个盘子到底有多大,或者说你下面接水的那个蓄水池有多深。中国因为改革开放,市场高速扩大,增加的那些钞票恰好被市场所需要;而美国,它的蓄水池是全世界。

再举一个简单粗暴但是通俗的例子,一个养1只鸡的农民,他去市场上卖鸡蛋,只需要有1块钱的钞票在流通就够了,可是如果这个农民养了100只鸡,就需要100块钱的钞票来流通,如果这时候市场上没有100块钱的钞票,反而是大麻烦。

那么,元武宗养了几只"鸡"呢?实话实说,很多。可以这样说,到了元武宗的时候,中国在经济上已经有了一个质的飞跃,从小农经济部分地转变为市场经济和小农经济的结合体,市场上对于流动资本的需求相当大,早就渴望有一些"水"流下来了,元武宗的这个动作,等于是给市场送去了及时雨。

为什么元朝这时候经济比较发展,这里面有两个原因。

一是蒙古人有经商的传统,他们原来在草原上就一边放牧,一边和色目人做生意，所以，统治中原之后，商业很快就变成了国家财政来源的一部分，而中原老百姓也被带入了商品经济社会。

二是忽必烈干了一件很了不起的事情，重修大运河。

前面曾经说过，好大喜功的隋炀帝曾经不惜血本修建大运河，而且他也确实修成了以洛阳为中心的隋唐大运河。可是几百年下来，这条运河很多地方已经被淤泥堵塞，并且沿着这条大运河虽然也能从北京到杭州，但要拐个弯，先去一趟洛阳。忽必烈看着地图，就下了一个决心，把这个隋唐大运河拉直。

从1281年开工，到1293年彻底竣工，在著名天文学家郭守敬的精密测量下，元朝完成了济州河、会通河、通惠河等人工河的修建，把隋唐大运河彻底拉直了，形成了一个新的大运河，叫京杭大运河，比绕道洛阳的隋唐大运河缩短了九百多公里。

京杭大运河一直修到了北京城里面，终点的那个码头叫作积水潭。那时候的积水潭可不是今天那个小池塘，也不是地铁站，而是包含了今天北京前海、西海和后海三个大湖的一个"大澡堂子"。之所以叫它"大澡堂子"，是因为给忽必烈拉车的那些大象就是在那里面洗澡的。

有了这个京杭大运河，元朝就像是打通了任督二脉，再加上元武宗有意识地进行物流改革，到了1309年，通过大运河和海运，每年有几百万石的粮食从南方产粮区运到北方，也有很多北方的货物，运到了南方，相当于市场上养的鸡越来越多了，很自然地，他多印的钞票就没有造成社会的急剧动荡，反而促进了经济更进一步繁荣。现在我们经常说内循环，根本的一条就是物流要发达。换句话说，高铁、飞机、高速公路加上快递小哥，就是内循环的一个基本保证。

有人可能问了，那隋炀帝当年也建了隋唐大运河，怎么就没能发展经济，反而把脑袋给丢了？第一，杨广建好了大运河，不好好地给"快递小哥"用，反而专供自己享乐，等于是造了高速公路，公路上只允许跑他家的劳斯莱斯，那绝对是亏本的买卖；第二，随后他穷兵黩武，打高句丽，然后天下一造反，"快递小哥们"一个个吓得要死，就算是你的大运河空出来，大家哪里还有送快递的心情？

京杭大运河的南方终点是杭州，也就是南宋的首都临安。这地方在南宋的时候，就被那些士大夫们经营得美轮美奂。宋朝范大成在《吴郡志》里是这样写的："天上天堂，地下苏杭。"

到了元朝，杭州就不仅仅是中国老百姓夸了，一个外国人和一本外国书对杭州的夸奖，不仅影响了中国，并且影响了整个世界。我们如果想找一个时间点，标明欧洲是什么时候开始认识中国的，都要从这个人和这本书讲起。

135. 延祐复科举

如果想找一个时间点，标明欧洲是从什么时候开始认识中国的，大多数史学家很可能会说，这个时间点就是《马可波罗行纪》在欧洲发表的那一刻，时间应该是 1300 年前后。作者可以说是马可·波罗，也可以说是另有其人，因为故事是马可·波罗口述的，但写下这本书的却不是他本人。

一、马可·波罗来过中国吗

马可·波罗应该是威尼斯人，具体的出生地点和出生时期不详，根据他游记上的时间推算，他应该是生于 1254 年，在 1275 年，他 21 岁的时候和他父亲、叔叔一起到了中国。1291 年，忽必烈让他护送阔阔真去伊尔汗国成婚。

因为这趟差事，马可·波罗在 1295 年回到了威尼斯。1298 年，威尼斯和哥伦布的出生地热那亚人打了一仗，结果马可·波罗被人抓住，扔进了监狱。在监狱里，他讲的那些东方的故事，吸引了同一个牢房的意大利人鲁斯蒂谦。鲁斯蒂谦听完故事就说，波罗啊，咱得把这个故事写下来，讲给所有人听，那咱俩可就发大财了。就这样，鲁斯蒂谦执笔，写下了《马可波罗行纪》，所以这本游记的真正作者也许要算是鲁斯蒂谦鲁先生。

首先必须澄清一点，这本书不仅仅是写中国的，它讲述的对象包括中东、中亚、中国、日本、印度、斯里兰卡、东南亚以及非洲东海岸，一共分四卷，其中两卷是有关中国和忽必烈的。

关于马可·波罗这个人是不是真的到过中国，现在也有很大的争议。原因有四点：

第一，他在书里说他深受忽必烈喜爱，当过很大的官，得到过很多的赏赐，可是中国的史书，包括《元史》和其他各种史书，居然没有一本书提到过马可·波罗，就好像从来没有这个人一样，这件事很不寻常。

第二，《马可·波罗行纪》里有很多不合理或者错误的地方，而且也没提到中国当时广泛使用的筷子和女性的三寸金莲。一个西方人，如果对这两种现象都不感到惊奇，那最大的可能性只有两个，他没见过，或者他不是西方人。

第三，马可·波罗家里没有任何中国的物品。这事确实奇怪，美国总统小罗斯福的母亲曾经领着小罗斯福在中国住过，他家里因此有了很多中国的玩意儿，包括一个中国的大铜锣，每次吃饭前，都要敲锣，招呼一家人吃饭。马可·波罗去了一趟中国，大元朝皇帝忽必烈还赏赐他那么多东西，结果他威尼斯的家里一样中国东西也没有，这就很难让人们不怀疑他是在撒谎。

看完了上面三点，你要是点头称是，说他肯定从来没到过中国，那就要先耐心地听我说第四点：他的游记写得实在是太详细了，很多当时西方人根本不可能知道的事情，他都有写，比如说中国的货币、食盐生产与税收体制，他讲得比普通中国人还要详细，还要准确，这要不是亲身经历，那绝对是说不出来的。比如对于杭州，他不仅描述了西湖是如何漂亮，小岛上面的亭台楼榭如何精巧，还写了杭州有多少座桥，有多少个广场，人们是如何进行交易的，甚至还有下水道系统是多么的先进等。问题是，所有这些，都确实和当时的情况相符，除了说他真的在杭州住过，你不可能有其他解释。

正是因为这几个互相矛盾的信息,才导致"马可·波罗到底来没来过中国",成了一个争议到今天的话题。

我个人认为,马可·波罗来没来过中国,并不重要,因为这丝毫不妨碍欧洲马上就掀起了一股中国热,而且这股热度持续了几百年,后来很多欧洲的精英们,就像现在有些中国人崇拜美国那样崇拜中国,甚至更狂热。哥伦布因为《马可·波罗行纪》的刺激,满怀理想地想去寻找中国,这才发现了美洲新大陆;18世纪法国启蒙运动的先驱伏尔泰,把孔夫子的画像挂在卧室,早晚都要拜一拜,同时还给乾隆皇帝写了很多歌功颂德的诗篇,不远万里地让邮差寄过去。不得不说,这本游记给世界带来了天翻地覆的影响。

二、"延祐复科"

那么,马可·波罗描绘的这个中国,当时的经济发展到底怎样呢?

应该说,元武宗是很重视发展经济的,这也体现在他设立尚书省上。忽必烈曾经废掉了尚书省,后来又曾短暂地恢复过,但不是用来管理六部,而是管理帝国的经济。元武宗为了发展经济,也仿效忽必烈的做法,重新设立尚书省,而且权力还相当大。《元史》上记载,他的尚书省"总治百司庶务",什么都管。可惜的是,这也是尚书省在中国历史上的最后一次亮相,公元1311年1月27日,因为淫乐酗酒过度,元武宗海山病逝在大都北京,享年30岁。即位的元仁宗一上台,就废掉了尚书省。从此之后,这个曾经总领六部威风八面的尚书省再也没出现在中国历史舞台上。

新的大元皇帝元仁宗既不是元武宗的儿子,也不是他孙子,而是他弟弟,叫爱育黎拔力八达,为了方便,我在这里简称他"爱达"。爱达虽然不是武宗的儿子,但是他的皇位是堂堂正正得来的,因为他在元武宗上台的过程中，出了很大的力气。想当年元武宗海山率领军队从大西北往回赶的时候，就是爱达在大都为他哥摇旗呐喊，并且发动政变，才把他海山变成元武宗的。所以，论功行赏，元武宗上台之后就立爱达为皇太弟，指明了兄终弟及——我死之后，你就是大元的新皇帝。

元仁宗应该算是元朝皇帝里，最重视儒家的一个。元武宗虽然也把孔子从"至圣文宣王"加封为"大成至圣文宣王"，但实际上，他最喜欢的是西藏的喇嘛们，他甚至一度规定，骂藏传佛教喇嘛的，剪掉舌头，你要是敢动手打这些大喇嘛们，那就要砍去胳膊。不过，在爱达的劝说下，这个规定没有被执行。

元仁宗爱达对儒家的喜爱是真的，《元史》上说他"天性慈孝，聪明恭俭，通达儒术"。可能也正是这个原因，他走上领导岗位之后，做了一件影响后世深远的工作，于公元1313年12月6日，下诏重开科举考试。由于举行考试的1314年的年号是延祐，所以史学家把这件事称为"延祐复科"。

元仁宗在诏书里说，元朝历代皇帝都是"崇学校为育材之地，议科举为取士之方"，所以我才遵从祖宗遗愿，想用科举考试来选拔人才。这话并不准确，若他的那些祖宗们敬重科举，元朝就不会中断科举达八十几年了，恢复科举纯属元仁宗自己对汉学或者说孔夫子这套学术的敬仰和喜爱，再加上他受到周围的汉人大臣比如说大书法家赵孟頫等人的影响。

赵孟頫在中国书画历史上，是一位响当当的名人，与欧阳询、颜真卿、柳公权并称"楷书四大家"，这个了解书法的人都知道。更难能可贵的是，此人品行极为端正，虽然在元朝做官，还是一品大官，但从来不阿谀奉承皇帝，也不贪污受贿与其他官僚同流合污，可以说是元朝官场上的一股清流。

赵孟頫的老婆在历史上也很有名，叫管道升，也是著名的书法家和画家，夫妻俩估计没事的时候，就在家里切磋书画水平。管道升后来被元朝封为魏国夫人，名副其实的诰命夫人，地位并不低。赵孟𫖯一辈子也没纳妾，据说是因为管夫人在自己年纪大了老赵准备纳妾的时候，写了一首词给他，叫作《我侬词》，开头一句是"你侬我侬，忒煞情多"，结尾是"我泥中有你，你泥中有我，我与你生同一个衾，死同一个椁"。赵孟𫖯看了之后，被感动了，就再也没提出要纳妾，所以，老赵家的八个孩子，三子五女，都是管夫人所生。

元仁宗在赵孟𫖯等大臣的劝说之下，恢复了科举考试，这件事对后世影响很大，这不仅是因为科举曾经被中断了八十几年，更主要的原因是，元仁宗规定，所有参加科举考试的，必须以宋朝朱熹编写的"四书"为官方制定的教科书；如果是汉人和南人考生，还要熟读朱熹注释的"五经"；蒙古人和色目人不用读"五经"——毕竟"四书"才5万字，"五经"有30多万字，让蒙古人和色目人这些外国人读"五经"，估计一个也考不上。

总之，以前分门别类有很多科目的科举考试，现在只考"四书"和"五经"，而且必须是宋朝理学版的。糟糕的是，后来的明清两朝完全继承了元仁宗的这个规定，这就导致元明清三朝，几百年中国的科举考试完全被禁锢在理学这个范畴之内了，对中国的影响不可谓不大。

三、元朝科举考试的流程

元仁宗不仅规定了考试内容，也确定了科举考试的形式，后来明清两代，基本上没有任何修改。下面就来聊聊当时科举的具体流程。

元仁宗规定，科举每三年举办一次，每次分为乡试、会试和殿试三级，乡试就是在地方举行的考试。一般来说，是在八月份秋收之后进行，你可以理解为科举的第一级考试。凡是上榜了的，都称为举人；要是一不留神考了第一，那还有另一个称呼，叫作解元。

所有上榜成了举人的，都有资格去大都北京参加下一级的考试，而且是政府派车派船接送,这就叫"公车"。这第二级的科举考试称为会试,是在乡试之后的第二年春天举行,考到第一名的被称为会元。

所有在会试中被录取的,都可以去参加第三级的科举考试,那就是殿试,由皇帝亲自来考。一般来说,皇帝都比较宽容,殿试不存在考中考不中的说法,也就是你如果通过了第二级的会试,那么殿试只决定你的级别。殿试会产生三个级别,第三等叫作同进士出身,第二等叫作进士出身,而第一等只有三个人,按照名次,分别是状元、榜眼和探花。

民间经常说的"连中三元",指的是在连续的乡试、会试和殿试三级考试中,接连考中了第一。从解元、会元一路到状元,都被同一个人揽入怀抱,这是一件相当困难的事情,除了真才实学,还要有运气,因为皇帝老子御笔钦点状元的时候,他所考虑的事情,有时候是相当地无厘头。前面说过,文天祥被宋理宗选为状元郎,很大的原因是因为名字取得好。后来明朝有个王敬止,文笔已经是第一了,可是殿试的时候,在人群中被皇帝老子多看了一眼,因为长得太丑,而失去了状元资格,这事儿他回去对着老妈都哭不出来,因为老人家可能比他还伤心呢!

在中国一千多年的科举历史上,乡试、会试和殿试都得过第一的,一共有14位,可是不间断地连续夺得三场考试第一的,也就是真正的连中三元者,只有三位。我保证他们的名字你都没听说过,那就是宋朝的宋庠、冯京,清朝的钱棨。

钱棨是中国科举考试上的一个传奇人物,他是五代十国时期南越王钱俶的后代,不仅仅连中三元,还连中六元。

你可能会问,不是只有三级考试吗,哪里来的六元?情况是这样的,科举进行到明朝的时候,每年参加乡试的人实在是太多了,朝廷就开始在考试前进行筛选,参加科举的第一级乡试需要"资格认证",也就是必须先获得"秀才"这个称号。而要成为秀才必须先通过县试、府试和院试才行。

秀才的地位

汉武帝的时候,"秀才"泛指人才,或者是当时察举的一个科目,而不是一个特定的职称。到了明朝,"秀才"指的是参加县试、府试和院试胜出,有资格参加乡试的人。县试、府试和院试分别由知县、知府和各个行省的学政主持,三场考试都过了,就是秀才了。只要顶着秀才这个头衔,家里就可以免除徭役兵役,政府每个月还给生活补贴。本人看见县长时也不用下跪了,遇到点儿事,也可以直接找县太爷对话;万一犯了点儿事,县太爷审问你的时候也不能用刑了。当然,最重要的是有资格去参加接下来的乡试、会试和殿试三级科举考试了。

钱棨在连续的县试、府试、院试、乡试、会试和殿试里,全都是第一,一路高歌猛进,直达状元的位置,这在整个中国一千多年数以亿万计的考生当中,属于蝎子尾巴,独(毒)一份。

不过,今天又有几个人知道钱棨这个人呢?反而是一些考不上的落榜秀才,最后大名鼎鼎。比如蒲松龄,屡次参加乡试都落榜,但不妨碍他写出了《聊斋志异》这样的名著。

所以呢,努力学习是对的,但"高考"也并不是全部。

关于科举,还有很多更复杂的称呼和规定,这里就省略了。经常有人问,今天的学位和古代科举有没有对应关系?答案是没有。你如果一定要知道自己那个学位相当于古代什么水平,可以简单粗暴地这样想:秀才约等于大学毕业;中举约等于研究生毕业;通过了会试,就相当于博士生;进士相当于博士后。

四、"至治改革"和"南坡之变"

1314年,对于谈恋爱的小青年来说,这是一个浪漫的年份数字,可是元仁宗却在这一年和大贵族们开始较劲,这就是被史学家称为"延祐经理"的事件。这里的"经理"是经营管理的意思,一句话说,他想重新丈量土地。

一个社会,只要太平一段时间之后,财富必然流向一些精英阶层,元朝自然也不例外。到元仁宗的时候,全国土地有很多都掌握在大贵族、大地主的手里,问题是他们会隐瞒自己有土地的事实。元仁宗就下令清查,查出来按土地收税。

问题是,元朝的官场,因为多年来都实行提吏为官的政策,也就是当官不考试,只凭上级提拔,任人唯亲,因此官场良莠不齐,素质差的官员占了大多数。他们和大地主、大贵族勾结起来,照样为这些人少报瞒报土地。更恶劣的是,为了应付皇帝,他们还把土地乱加在贫民身上,让他们交更多的税。

这样一来,老百姓就不干了。1315年,江西赣州发生蔡五九起义,虽然很快就被平定,但是元仁宗因此迫于形势,不得不停止土地清查,"延祐经理"以失败告终。从此之后,元朝皇帝就算是彻底斗不过贵族官僚了,这从另一方面,也加速了元朝的灭亡。

1320年3月1日,35岁的元仁宗饮酒过度,驾崩在大都。他的儿子硕德八剌即位,这就是元英宗。按照元史上的记载,元仁宗让儿子接班,实际上是对哥哥的背叛,因为当初元武宗海山把皇位交给他的时候,有一个约定,要求他将来死了要把皇位再传回海山的儿子,可是元仁宗觉得皇椅挺舒服,不甘心再交回去,就让自己儿子接着坐下去,同时,把哥哥的儿子和世㻋赶到外地去了。

这件事让蒙古大臣们开始不满,觉得他说话不算数。等到元英宗真正上台之后,他们就更加不满了,因为元英宗进行改革,裁减官员,监督不法行为,还采用新法律限制富人,减轻人民的差役负担,史称"至治改革",这深深触犯了大贵族们的利益。

1323年9月4日，就在元英宗按照惯例巡行两都的路上，权臣铁木迭儿的干儿子铁失成功地把他和当时支持改革的右丞相拜住刺杀在上都附近，因为那地方叫作南坡，所以，史书上称这场政变为"南坡之变"。元朝第一个按父死子继顺序接班的，而且还颇有行政能力的皇帝元英宗就这样遇刺身亡，死时年仅21岁。

仔细想想这事，可能早就是注定了的，想当年他父皇想搞一个"延祐经理"，只是量量土地，干了一年就干不下去了，他还想更深层次地改革，那不就是做梦吗？可以说，这时候的元朝，官员和大地主、大贵族之间的勾结已经不是改革能解决的了，需要的是革命。

接下来即位的，是忽必烈的第一个太子真金的孙子，也孙铁木儿，也就是元泰定帝。他被造反派们扶持登基的这一年，已经30岁了。由此可见，这批蒙古造反派确实没学问，因为只要看过一点儿中国史书的都知道，要扶植傀儡皇帝，就要找一个年纪小的，最好是抱在怀里吃奶的，找一个30岁的人做皇帝，他自己能没点儿心思吗？只要有点儿智商，谁又会相信一群敢杀皇帝的造反派呢？

果然，也孙铁木儿即位之后，第一件事就是回马一枪，清理了铁失等刺杀元英宗的造反派们，要了他们的命。

接着，他在行省的基础之上，把元朝的天下重新划分了一下，分为18个道，比如说湖广道、江南道、辽东道等，这个道后来和行省互相交叉，不仅对明清有影响，对于今天每一个省的名字也有影响。

1328年8月15日，元泰定帝在上都开平驾崩。

136. 顺帝和脱脱

元泰定帝在元上都驾崩时,已经有了自己的太子,死的时候太子也在他身边,那就是 8 岁的阿速吉八。很不幸的是,当时也在上都的中书省丞相倒剌沙觉得自己比这个 8 岁的小屁孩更像真龙天子,也更适合管理国家,迟迟不让阿速吉八坐上皇椅,导致元泰定帝死后整整一个月的时间里,都没有立新皇帝。

一、元文宗继位

这样一来,就给了当时在元大都北京的知枢密院事燕帖睦尔以可乘之机,他和中书省丞相倒剌沙官职相当,也是宰相,看到对方迟迟不立合法的皇帝,就想另立一个自己中意的皇帝。

燕帖睦尔一家都是元武宗提拔上来的,对已故的元武宗忠心耿耿,于是他决定趁这个机会,拥立元武宗的后代为帝,报答元武宗的知遇之恩。

1328 年 10 月,知枢密院事燕帖睦尔恭迎元武宗的次子图帖睦尔回到大都北京即位,这就是元文宗。

那边开平的倒剌沙正在琢磨着如何才能爬到皇帝的宝座上去,突然听说北京有新皇帝了,只好匆忙让阿速吉八登基,准备先以正统皇帝的名义,除掉北京那一批乱臣贼子。

结果倒剌沙这伙人被元文宗和燕帖睦尔打败了，倒剌沙本人在投降之后的一个月内，被砍下了脑袋，还连累了元泰定帝和阿速吉八父子俩被剥夺了谥号和庙号。因此现在我们只能用他俩当年的年号来称呼他们，一个叫泰定帝，一个叫作天顺帝。

就这样，天上只剩下一个"太阳"了，那就是元武宗的儿子元文宗。

元文宗可能是儒家的书看得太多了，信奉温良恭俭让，他和燕帖睦尔一商量，决定把皇位让给他哥哥和世㻋。和世㻋就是被元仁宗流放到漠北草原上去的那位，也是最应该继承皇位的那一位。现在听说让他当皇帝，喜悦之中又有惊慌，担心这是一个陷阱。由于这份担心，和世㻋一直拖到第二年的2月份，试探了很多次，才接受了这份大礼，正式登基做了皇帝，史称元明宗。

1329年4月，元文宗宣布正式退位，和世㻋封他为皇太子，意思是，我死了之后，这个位置还是你的。

谁也想不到的是，元文宗图帖睦尔这时候又后悔了，他觉得自己真的好傻好天真，好好地皇帝不做，偏偏要做一个皇太子，等着接班。

就这样，1329年8月30日，当上皇帝没几天的元明宗突然驾崩。

史学家们在这件事上没有任何分歧，一致认为，这就是知枢密院事燕帖睦尔干的，至于是不是元文宗指使的，你猜呢？可怜的和世㻋，本来还可以在漠北大草原上天天撸羊肉串，喝马奶酒，偏偏要去北京当皇帝，结果一条小命送在了亲弟弟的手里。

就这样，元文宗图帖睦尔安理得地坐上了皇帝宝座。

看到这里，你可能会说，图帖睦尔真是虚伪啊。这个我也同意，不过，他对儒家那一套也确实是真心喜爱的，他的汉文化素养超过了所有蒙古皇帝。史书上评价他的书法"落笔过人，得唐太宗《晋祠碑》风"，他的绘画水平"虽积学专工，所莫能及"，意思就是专业的画家，都不一定比得上他。他当上皇帝之后，设立学士院，让所有王公大臣的子弟，都学习儒家经典，然后又把孔子、朱熹等人的书翻译成蒙古语，让所有蒙古人都感受一下文明的气息。历史上称这段时期为"至顺文治"，一说起来，都是挺佩服的。

可惜，文治是文治，却没什么用，大元朝这时候的处境相当不妙。

二、脱脱斗伯颜

实际上，在元泰定帝在位的时候，老天爷就不断给元朝统治者各种警告信息，从 1323 年开始，大灾难年年都有，小的水灾几乎是每个月都有。最离谱的是 1327 年，一年之内，三次大地震，一次全国性蝗灾，老百姓普遍开始吃不饱肚子了。

简而言之，元朝在元文宗上台之后，需要的是大力发展生产，向老天爷要饭吃，而不是文治，因为精神食粮不能够代替物质粮食，所以，元文宗虽然没有荒淫无道，也没有加剧元朝的灭亡，但他也确实没有采取任何有力的举措，挽救元朝。加上权臣燕帖睦尔大权独揽，也不给他好好施政的机会，整个元朝不可避免地一步步走向衰落。

公元 1332 年 9 月，只当了三年皇帝的元文宗在上都驾崩，终年仅有 28 岁，临死之前他交代要大臣辅佐他哥哥和世㻋的儿子即位。新任皇太后卜答失里不顾大臣们的反对，坚持按照丈夫的临终指示办。1332 年 10 月 23 日，在她的主持下，和世㻋的第二个儿子，7 岁的懿璘质班登基做了大元的皇帝，这就是元宁宗。可惜，这小孩命不好，当上皇帝两个月之后就死了。卜答失里又找来了另一个侄子，远在广西桂林的元明宗的长子妥懽帖睦尔继承大统，此人就是元朝在中原地区的最后一个皇帝，元惠宗。他还有另一个谥号，更有名，是朱元璋给的，叫作元顺帝。

元顺帝妥懽帖睦尔即位的时候只有 13 岁，尊卜答失里为太皇太后，对她特别地尊重。卜答失里虽然临朝称制，大权在握，但因为权臣燕帖睦尔已死，朝堂上急需一个位高权重的男人来主持大局，她琢磨了半天，就提拔了伯颜担任中书省右丞相。

前面讲宋朝灭亡的时候，提到过一个伯颜，这名字在蒙古语中是"富人"的意思。现在这个伯颜和那个灭亡了宋朝的伯颜没有什么关系，他本来是蒙古族蔑儿乞部的人，按照成吉思汗的规定，这个部落的男人生生世世要做奴隶，因为当年蔑儿乞部曾经把成吉思汗的妻子孛儿帖抢走，"杀父之仇，夺妻之恨"，放到谁身上，都是不死不休的死仇，更何况还是成吉思汗。所以，蔑儿乞部的男人们做了很多年的奴隶，但现在一百多年过去了，成吉思汗早死了，仇恨也忘得差不多了，一个蔑儿乞部的人最终当上了元帝国的丞相。

新宰相伯颜政治手腕不弱，在元顺帝上位的第三年，也就是1335年，已故权臣燕帖睦尔的两个儿子造反，原因是不满意自己家族在老爹死后大权旁落，伯颜很快就识破了，轻轻松松就除掉了他俩。不仅如此，他还和卜答失里这个临朝称制的太皇太后变成了政治联盟加情人的关系，从此之后，开始飞扬跋扈。

很快，他就强迫元顺帝下诏，罢免了中书省的左丞相，只留他一个右丞相，说他一个人干两个人的活儿，一点问题都没有。这时候的元顺帝，根本没有资格和伯颜较劲，明知对方要大权独揽，也只能答应。

可是，伯颜这个政治手腕了得、哄女人也很在行的人，执政能力却不行。他也不把心思放在怎样治理天下上，一心只想着如何消灭所有汉人和南人。在他脑子里有"两个凡是"：凡是汉族人，都是坏人；凡是汉族的东西，都是不好的东西。

一旦人有了这种念头，就会催发一种偏执狂一样的行动，伯颜就是如此。1335年末，刚刚大权在手，他就下令停止科举考试，随后又禁止汉人和南人学习枪棒、武术，甚至连唱戏也都禁止，就是为了防备他们聚众闹事。

这些政策条款元顺帝都答应了，伯颜又有了新的更过分的要求。当时汉人数量远多于蒙古人。根据一些史料，南方很多地方，一个府最多只有几十户蒙古人，可汉族人是几百万户。因此各地不断的农民起义就让伯颜十分焦虑，他想，万一所有汉人都起来造反，那蒙古人就是再勇猛十倍，也是万万抵挡不住的。他想了很久，最后就想出一个馊主意，向元顺帝递了奏章，建议杀掉张、王、李、赵、刘这五姓所有的汉族人。他认为，这样一来，可能蒙古人就比汉族人多了，天下就稳固了。

元顺帝看完奏章，觉得这人就是一头猪，这五大姓的七大姑八大姨牵扯起来，能把天下所有汉族人都聚拢到一起，你这是要逼着全天下的汉族人都起来造我的反啊。于是他断然拒绝，朝里所有大臣也都一致反对。《元史》上记载，"伯颜请杀张、王、刘、李、赵五姓汉人，帝不从"。

《元史》描写伯颜当时的状态是"独秉国钧，专权自恣，变乱祖宗成宪，虐害天下，渐有奸谋"，已经到了完全不把皇帝放在眼里的地步。虽然说杀尽天下汉人的事情皇帝没听他的，但元顺帝害怕甚至痛恨伯颜，也是相当明显。

这种情况被伯颜的侄子脱脱看在眼里。脱脱不仅自幼熟读儒家经典，文化功底十分深厚，而且还练武，身手也相当了得。21岁这一年，脱脱帮着叔叔伯颜干掉了燕帖睦尔的两个儿子，被伯颜和元顺帝看重，从此仕途顺利，已官拜御史大夫，也是一位宰相了。

脱脱认为以伯颜的飞扬跋扈和智商水平，一定会给家族带来祸患，就去和父亲商量，说"伯父骄纵已甚，万一天子震怒，则吾族赤矣"。言下之意是，咱们是不是和他脱离关系，甚至直接除掉他。

父亲同意脱脱的看法，但是不同意他的办法，也可能犹豫不决，毕竟是自己亲哥哥。脱脱便找老师吴直方商量。吴直方是汉人，他对脱脱说："《传》有之：'大义灭亲。'大夫知有朝廷耳，家固不宜恤。"意思是，我教你的书都白读了？《左传》里面不是说了吗，大义灭亲，身为孔夫子的弟子，只知道要忠于朝廷，不应考虑家庭。脱脱便问，要是这事儿失败了怎么办呢？吴直方回答："事不成，天也，一死复何惜。即死亦不失为忠义耳。"你尽管去干，事情若不成那就是天意，但是我们为了忠义，死不足惜。

脱脱在老师的劝说之下，终于下定了决心，要和他大爷搏斗一番，就去联合皇帝，也就是元顺帝妥懽帖睦尔。元顺帝心里一百个愿意，可是你要是说脱脱一来找他，他就答应了，那元顺帝也活不到那个时候，他是在反复试探了几次，最后确认脱脱是真心想除掉伯颜之后，才答应联手，所以，元顺帝并不是一个糊涂皇帝。

两个聪明的小伙子准备对付智商不在线的伯颜，结局不出意料。公元1340年3月，趁着伯颜外出打猎的时候，脱脱在大都一番调度，把京城守备队伍全都换成自己的人。元顺帝在深宫里喝好了小酒，写好了诏书，上面是这样说的："伯颜不能安分，专权自恣，欺朕年幼……变乱祖宗成宪，虐害天下……今命伯颜出为河南行省左丞相。"把他从中书省丞相的位置贬为河南行中书省的左丞相。

伯颜打猎回来，连城门都没进去，就接到了这道给他降了好几级的圣旨。很不幸的是，脱脱的计划十分周全，伯颜的手下有好几个人已被事先收买，这会儿一哄而散，留下他孤零零地站在城外，望着夕阳发了很长时间的呆。最后伯颜只好垂头丧气去河南上任，当个地方官总比掉脑袋好。

伯颜不知道的是，这个职位只是暂时安抚住他的招数，就在他领着家人还没到河南的时候，脱脱清理完了京城的所有隐患，又是一道圣旨下来，把他重新安排到了南恩州阳春县，这个地方在今天的广东省阳江市附近，当时是穷乡僻壤。无比郁闷的伯颜走到江西的时候，直接气死在宾馆里。

就在这一年，有了脱脱的帮助，掌握了权力的元顺帝下诏，直接把那位扶立他当皇帝的太皇太后卜答失里免去一切称号，赶出北京城，随后又赐她自尽。

这一年卜答失里才三十五六岁。元顺帝之所以做得这么绝，一个原因是卜答失里和伯颜的政治联盟和情人关系，还有一个原因是，元顺帝名义上的娘，元明宗的皇后八不沙是被卜答失里害死的，而且手段极其残忍，是直接把大活人推入烤羊的火坑之中，小火慢慢烤死的。

三、"脱脱更化"

脱脱上台，成了元顺帝时期的第三位权臣，随即开始了元朝最后一次改革，史称"脱脱更化"。主要有三个内容，第一个是恢复科举制度；第二个是平反冤狱，给老百姓减税，以前欠的税如果实在交不起，也不要了，只要你继续下地种田就行；第三个是编著三本史书——《辽史》《金史》和《宋史》。

三本史书从开始编著到完成，一共只用了两年半时间。你若是说，一个日理万机的宰相，用这么短时间编了三本史书，真乃神人也，那就错了，脱脱本人一个字都没写，他只是一个监工，不过，有一件事是他拍板定下来的，那就是金国、辽国和宋朝，哪一个是正统的问题，脱脱一语敲定："各与正统。"也就是平等对待，全都是正朔，元史上说"议者遂息"，大家都不敢吱声了。

完成了上面三件事情，1344年五月，脱脱请了病假，说自己身体不好，回家养病。从这时候起，五年多时间里，元朝不死不活地拖着，先后换了三个丞相，都不怎么样。到了1349年，元顺帝没办法，又让脱脱重新出山，再一次执掌相权，但这一次，他需要面对棘手的水患问题。

前面说过，元朝时忽必烈兴建了京杭大运河，从那时候起，河运一直都是元朝的经济命脉。到了元泰定帝的时候，天灾不断，黄河又发大水,除了导致了两岸老百姓流离失所、民不聊生之外,还阻断了运河,中断了粮食、食盐和很多物资的运输。《元史》上的记载是,"北侵安山,沦入运河,延袤济南、河间,将隳两漕司盐场,实妨国计",因此脱脱重新执掌相印后的第一个想法就是,黄河一定要治理,而且要彻底治理。

对此朝廷上却有人反对,反对者的意见主要是两个:第一个是工程量太大了,无论是财力还是人力,都不够;第二个是,几十万民夫,如何保证按时发工资?万一这些农民工拿不到工资,吃不上饭,他们会不会造反?到那时候,怎么办?

脱脱也知道黄河泛滥是难治的病,但他决心冒着巨大的风险去治理,因此他回答道:"事有难为,犹疾有难治,自古河患即难治之疾也,今我必欲去其疾!"

对于脱脱来说,这的确是一场赌博,最后,脱脱在治理水患上赌赢了,却没能拯救元朝,不仅元朝没好起来,脱脱还把自己的一条命也搭了进去。

137. 最后的希望

1351年农历四月初四，元顺帝批准了脱脱治理黄河的计划，同时下诏，让贾鲁担任工部尚书，一共征召15万民夫，2万军队来治理黄河。整个工程并不像想象中的那么艰难，因为用人得当，贾鲁这个天才只用了190天，就完成了治河工程。在这一点上，脱脱识人准，运筹得当，功劳很大。

然而，就在他治理黄河，准备大搞经济建设的时候，一件坏事伴随着治理黄河发生了，有人趁着治河之际，混进了施工队伍，组织造反。

一、元朝老百姓为什么造反不断

其实，自从元朝建立以来，老百姓就不断起来造反，尤其是后期，造反几乎就没断过，造反的主要原因是日子过得艰难，甚至可以说是缺衣少食。

前面说过，一个社会稳定的四大要素分别是，吃饱穿暖、基本安全、基本正义，还有合理的上升渠道。如果只是吃穿上差那么一点儿，其他三个方面还能满足，那这个社会还可以维持。我们在改革开放之前的很长时间，都处于物质比较短缺的时代，但社会总体还运转正常的原因就在于此，后来"文革"之所以被强烈批判，就是因为它损害了后面的三个要素。

元朝后期老百姓不仅吃不饱穿不暖，科举也不正常，上升渠道几乎就被掐死了，而基本安全和基本正义也出现了问题。

这两个方面之所以有问题，是因为元朝的治理系统出了很大的问题，这件事值得细细地说一下。

在中国历史上所有以农业为基础的朝代中，元朝是唯一一个没有真正丈量过国家土地的朝代，全国到底有多少田地，统治者自己都不知道。以前的朝代虽说也有"皇权不下县"的说法，也就是县以下的地区基本上都是乡绅自治，皇帝老子管不着，但是元朝整得更邪乎，它一度皇权不出京，也就是除了京城和几个大城市，它连在行省都没有统治力。这事儿可以用下面这个例子做一个说明。

孟端，河南行省的一个级别很低的小吏，心比天高，经常觉得凭自己的能力，弄一个省长干干都绰绰有余。有一天喝多了，他就在行省衙门的墙上趁醉写了一首诗："人皆谓我不办事，天下办事有几人？袖里屠龙斩蛟手，埋没青锋二十春。"意思是，我这二十年没遇到伯乐，白白埋没了。诗虽然像大白话，却有一股指天骂地不甘心的情绪。

这样一首诗写到了行省衙门里，搁在清朝，早就查了一个底儿掉，甚至孟端的脑袋也早就搬家了，可是元朝河南行省的上上下下就好像没看见一样，没人管。

1338年冬至这一天，孟端找来几个志同道合的哥们，冒充钦差大人，来到河南行省假传圣旨，把河南行省平章月鲁不花、左丞相劫烈、总管撒里、万户完者不花这些蒙古高官一个一个地叫进衙门里的小房间，用大铁锤敲碎了他们的脑袋，并对外宣布，皇上有旨，任命孟端为"河南都元帅"，管理河南所有事情，又封闭了省内的水上交通。关起门来，河南行省就是他们这几个人的了。

事情很顺利的时候，人就容易骄傲，一骄傲就容易忘乎所以。最后孟端觉得骗了整个行省还不够，还要去骗祖先，他专门回老家祭告祖先，说自己当大官了。孟端从家乡回到行省衙门的第五天,喝酒喝高了,手下一个叫冯二舍的家伙对他说:"幸引我见朝廷官。"意思是请他把自己引荐给钦差,孟端顺嘴就说:"何者为朝廷官?我便是也。"这一下,冯二舍马上就警觉起来,随后就开始调查,最后知道了真相,并戳穿了这个惊天大阴谋。

据说后来孟端被杀时,还有很多人不信,说这事肯定有阴谋,有人背地里使坏,把我们河南的元帅给宰了。

一个小吏,一场漏洞百出的骗局,就把河南行省的全体蒙古高官团灭。由此可见,那时候元朝的官员是何等无能,统治力是多么薄弱。

在这样脆弱的统治之下,社会很容易陷入一种无秩序的状态。在这种状态下,有权有势的、有钱的、有力气的都可以随随便便欺负普通老百姓而逃离处罚。你的邻居只要有一把刀,就有可能杀了你,抢走你的金子,顺便把你的媳妇变成他的。西方有哲人说过,最独裁、最专制、最等级森严的有秩序的社会,都要比无秩序的社会好上一万倍,这话很有道理。

社会游荡在无秩序的边缘,老百姓食不果腹,这就是当时元朝的现状,当脱脱征集15万人修黄河的时候,要是没人造反,那才是咄咄怪事。这一次的造反弄出来的动静不小,那就是韩山童、刘福通领导的元末白莲教起义,也叫红巾军起义。

二、红巾军起义

白莲教是佛教净土宗的一个分支,是佛教徒茅子元在宋高宗时期创立的,宗旨就是念佛往生西天极乐世界,不能喝酒,也不能吃葱姜蒜,但是可以娶老婆;也可以吃肉,吃多少随便。这个教一经创立,就很红火,一直传承不断,信徒无数。

这些成千上万的信徒里面,有一个造反派叫韩山童,他出生在今天河北栾城，家里世代信仰白莲教。到了他这一代，还玩出了花样，在信仰白莲教的同时，他还不吃肉只吃菜，四处宣扬"弥勒佛"就要下凡来救大家了，自称是"孔雀明王转世"。

这句话听起来很简单，实际上大有学问。不吃肉只吃菜这事儿不是白莲教的，而是摩尼教的，摩尼教是混合了一种波斯本地宗教、基督教和佛教的宗教，在元朝被称为明教，就是《倚天屠龙记》里面的那个明教。宣扬弥勒佛将要下凡来拯救大家，也不是白莲教的，是当时的另一个民间组织"弥勒信仰"的教义。这个弥勒信仰是结合了佛教的弥勒佛转世和基督教的耶稣诞生，中西合璧，形成的一种宗教信仰。最后那个"孔雀明王"更不是白莲教的，而是印度佛教后期密宗所认为的释迦牟尼佛的化身，后来变成藏传佛教的佛母五大明王之一。

韩山童为什么信得这么杂？是不是拿错了教材，看错了书呢？我觉得，与其说此人对宗教有信仰，倒不如说他对造反这个事业的渴望更强烈。

元朝的统治力薄弱，对于所有宗教（包括邪教）都不禁止，民间信什么的都有，而且大多数都是邪教，形成了一锅大杂烩。在所有这些宗教里面，造反欲望最强烈的、造反派最多的就是白莲教、明教和弥勒信仰。现在你看看韩山童的信仰，再想想他马上就要干的事儿，那就一点儿都不奇怪了。

韩山童和他的好朋友，安徽阜阳的刘福通，都被征召到民工的队伍里，在今天安徽颍上县工地里当服役。那时候民工的队伍里，已经开始流传一首民谣，说"石人一只眼，挑动黄河天下反"。我们现在很难说这首民谣就是韩山童编的，但是被他拿过来利用了，却是事实。他的方法就是和刘福通两个人偷偷地在河道里埋了一块石头，上面刻了一只眼睛和几个字："莫道石人一只眼，此物一出天下反。"

等到大家开始施工，挖出了这块石头之后，马上就惊呆了。很快地，这些农民工一致得出结论：这就是老天爷让我们造反的最明确最高级的指示，简称最高指示。

有了这个最高指示，韩山童和刘福通很快就聚集了人，起兵造反。

这时候，有一个和他们一起造反的读书人对韩山童说，你那个弥勒佛或者孔雀明王的身份要先放一放，我有一个更好的身份对你很合适，那就是宋徽宗的第八世孙。就这样，起义军打出了"虎贲三千，直抵幽燕之地；龙飞九五，重开大宋之天"的旗号，一句话，要复兴大宋王朝。

当地县令看见几千名农民工准备造反，就调集了兵马冲过来。韩山童被擒获，随即被砍了脑袋。

刘福通拼死杀出一条血路，带着韩山童的儿子韩林儿跑到了颍州，也就是刘福通的老家，今天的安徽阜阳。没想到的是，阜阳给了刘福通惊喜，当他以"红巾军"名号招兵买马的时候，附近安徽、河南等地的人纷纷加入。

同一时间，徐州的芝麻李、彭大，安徽凤阳的郭子兴，南阳的王权，襄阳的孟海马，还有湖北的彭莹玉和徐寿辉，纷纷起兵造反。他们虽然不听刘福通的，可是都扛着同一面大旗，上面写着"红巾军"三个大字。

这里面最嚣张的就是湖北的造反派徐寿辉，此人公然称帝，说自己就是皇帝了，国号就是宋。不过这并不奇怪，他是和彭莹玉一起造反的，彭莹玉外号彭和尚，是"弥勒信仰"这个民间佛会的信徒，从小就琢磨如何造反。

早在1338年，也就是元顺帝和脱脱治理黄河的15年前，彭莹玉就和周子旺在袁州领着5000人起义，并劝周子旺称帝，国号是周，但很快就被扑灭，周子旺也掉了脑袋。彭和尚腿脚利索，一溜烟地跑到了淮西。这件事到了金庸老先生的笔下，就变成了常遇春护送周子旺的儿子逃走遭元军追杀，被张三丰老道士救了下来，而彭莹玉也成了明教的五散人之一，详细情况，大家可以参阅《倚天屠龙记》。

所以，湖北的徐寿辉在彭莹玉的怂恿下，成了红巾军起义军里第一个称帝的人。

就这样，元末轰轰烈烈的红巾军起义开始了。

三、脱脱之死

脱脱应该是比较郁闷的，这些人造反口口声声说是为了老百姓，难道他脱脱治理黄河就不是为了老百姓吗？为什么大家要趁这个时候造反呢？此外，当初他下决心治理黄河时，就有人说老百姓可能造反，他曾向元顺帝保证，绝对没人会造反，现在红巾军到处都是，怎么交代？果然，元顺帝指着脱脱的鼻子说："汝尝言天下太平无事，今红军一宇内，丞相以何策待之？"

没办法，脱脱只好排兵布阵，先后派出了弟弟也先帖睦尔、蒙古贵族地主答失八都鲁和察罕帖睦尔出兵讨伐红巾军。

"帖木儿"是什么意思？

"帖木儿"是音译，汉语里有时写成"帖睦尔"之类的。蒙古人名字很多都叫某某帖木儿，"帖木儿"的意思是铁，形容这个爷们很硬的意思。有意思的是，元顺帝的名字虽然叫妥懽帖睦尔，但整个名字翻译过来，却是"小铁锅"的意思。

1352年，脱脱亲自带兵出征讨伐红巾军，第一战，就攻破了徐州，把造反派头子芝麻李的脑袋砍了下来，然后各路红巾军就沉寂了一段时间，双方处于相持阶段，彼此相安无事。

脱脱趁着这个喘息之机，在北方，主要是大都北京和山西地区进行屯田活动，鼓励士兵和老百姓一起种地。从这一点上看，他是很有韬略的，想当年曹操就是这么干的，而且也是和他在同一个地区。

可惜的是，这时候的元朝，除了脱脱，就没有人真正为国家着想，元顺帝身边的近臣哈麻偷偷地引进藏传佛教某些流派里的"大喜乐"和"运气术"，劝元顺帝修炼，说能延年益寿。实际上，你听名字就知道，这是男女双修的法门，元顺帝马上就喜欢上了这种修炼。从这时候开始，元顺帝对哈麻更是言听计从，脱脱屡次三番地劝告，不仅一点儿效果也没有，还和哈麻就此结仇，两个人都想除去对方。

1353年，哈麻的机会来了，就在各地红巾军相对比较沉寂的时候，江苏的私盐贩子张士诚造反了，动静很大，攻下了泰州、高邮、扬州等地，自立为诚王，国号是大周。

本来这事儿也没什么，那时候自立为王的不少，脱脱的办法是要稳定北方，保证河道，增强后勤供给之后，才逐个击破。可是也不知道怎么搞的，正在宫中修炼"大喜乐"功夫的元顺帝被惊动了，下旨命令脱脱出征讨伐张士诚。

这一次阵势很大，甚至西域各国都有参与，《元史》上说，"旌旗累千里，金鼓震野，出师之盛，未有过之者"。脱脱领着这号称百万的元朝大军，去对付一个私盐贩子，张士诚很快就被打得狼狈不堪，躲进高邮城里不出来。脱脱也不着急，围住了张士诚暂时先不打，慢慢地清理周围的红巾军，并且打掉了很多来援助张士诚的军队。这本来是一条很高明的围点打援的策略，可惜的是，最终却给脱脱带来了杀身之祸。

故事一点都不稀奇，哈麻上了一道弹劾脱脱和他弟弟也先帖木儿的奏章，上面说："脱脱出师三月，略无寸功，倾国家之财以为己用，半朝廷之官以为自随。又其弟也先帖睦尔庸材鄙器，玷污清台，纲纪之政不修，贪淫之心益著。"

元顺帝和历史上大多数躲在深宫的庸才皇帝一样，最担心，也最愿意相信，带兵在外面打仗的将军随时都可能背叛自己，即便是脱脱这样的忠臣也不例外。

就这样，先是脱脱的弟弟也先帖睦尔被剥夺了官爵，随后，一纸诏书送到了前线，脱脱被剥夺了一切兵权，开始是软禁在淮安路，后来又流放到云南大理。1356年1月10日，哈麻假传圣旨，一杯毒酒送脱脱去了另一个世界，当时脱脱年仅42岁。

脱脱是元朝后期极其少见的有见识、有能力的全局型人才，《元史》上对他的评价是："功施社稷而不伐，位极人臣而不骄，轻货财，远声色，好贤礼士，皆出于天性。"可以说，这就是老天爷送给元朝的最后一个机会，也是最后的希望。如果元顺帝能抓住脱脱，元朝也许不会灭亡得那么快，毕竟脱脱有才华和见识，也比较年轻，足以让他有几十年的时间，来慢慢改变元朝的一些弊病。可惜，昏庸的元顺帝亲手斩掉了这根救命的稻草。

脱脱离开高邮的时候，近百万的元朝大军在高邮城外群龙无首，乱作一团，城里的张士诚趁乱杀出，取得了巨大的胜利。各路红巾军看到这个情景，马上也都从蛰伏状态转变为苏醒，眼睛一睁，就开始精神百倍地抢地盘，抢粮食，收编元朝投降的部队。天下一时之间群雄四起，逐鹿中原。后世史学家大都认为，脱脱被免职的这一刻，就是元末农民起义的转折点，到了这一步，神仙也救不了元朝了。

138. 淮右起布衣

1344年末，朱重八以凤阳於皇寺为起点，开始了他的乞讨生涯。

此后的四年里，他先后去了安徽合肥，河南的信阳、汝州、陈州，最后经安徽亳州回到了於皇寺，几乎是走遍了淮西的所有大城市。这些城市当时几乎都有人造反，可是朱重八除了要一口饭吃，没有加入任何造反派，可谓是大元朝的良民。

后来朱元璋造反成功，回家祭祖，给他父母兄嫂修建陵墓，曾经写了一篇《御制皇陵碑》，其中有一段描写他自己要饭时的经历："身如飘蓬，逐风而不止，心滚滚乎沸汤……思亲之心昭著，日遥盼乎家邦。"他没有说那时候自己心有凌云之志，想打倒统治者，解放老百姓，而是老老实实地说，自己就是想回家，也就是回到他在於皇寺的那个冷炕头。

回到了於皇寺，朱重八还是吃不饱饭，怎么办？一个字，混。也不能完全说是混，这段时间，他学会了读书写字，变成了半个读书人，这一点当然是相当地重要。至少，四年之后，他能看得懂一封远方来信了，而也正是这封信，改变了他的一生。

一、走上"造反"道路

来信的人叫汤和。按照《明史》的记载，这个汤和和朱元璋同乡，野史上说，两人从小就相亲相爱，一起打鸟、偷牛，一起看寡妇洗澡，虽然不知道可信与否，但俩人的关系应该是相当不错的。否则，汤和这时候不会给他写信，因为这是一封邀请朱重八参加造反队伍的信，汤和当时在郭子兴队伍里做千户。那时候的千户，虽然不像后来明朝那样，手下真的有1000人，但是几百个应该是有的。

朱元璋一开始很犹豫，就像我们前面说的，他并不是一个天生的造反派，《明朝那些事儿》里有一句话，说"我本淮右布衣，天下于我何加焉"，意思是我本来是淮西的一个老百姓，天下对我来说没什么用处。虽然历史上朱元璋没说过这句话，但它确实很准确地反映了朱元璋早年的生活态度，他在乎的，其实只是一碗米饭。

可是，这封信很不巧地被当地官府知道了，然后朱重八还知道官府知道了，据说官府第二天就要来抓他。这一下就没办法了，1352年，凤阳朱重八投奔濠州郭子兴，这一年他24岁。他在郭子兴的队伍里，很快就显现出了非凡的天赋，仅仅是小试牛刀之后，就大放异彩，脱颖而出。于是他改名朱元璋，字国瑞。

明朝人还有"弄璋之喜"吗？

璋是一种比较坚硬的玉器，古代人生了男孩子，就说是弄璋之喜。有种说法是，朱元璋寓义"诛元璋"，就是诛灭元朝的利器。那根据避讳的文化，明代人生了儿子，是不是不能说弄璋之喜了？这一点必须表扬朱元璋，他说咱不搞封建迷信那一套，只要不把儿子起名叫元璋，哪怕你起一个单字的名字叫璋，比如说王璋，都没事，最多是乡村派出所的警察去训诫你两句，这一点明确地写在《大明律》这样的国家法典里面。

据《明太祖实录》记载，朱元璋这个名字，是汤和和朱元璋当时的老大郭子兴亲自起的，不仅送名字，还把自己的养女马小姐许配给了朱元璋，这就是后世著名的马皇后。

这位马小姐自幼由郭子兴一手养大，嫁给朱元璋之后，只能用三个字来形容：好媳妇。好到了什么程度呢？朱元璋这个公认薄情寡义、翻脸不认人的男人，一辈子不仅非常听马皇后的话，而且在她死了之后，终身没有再封皇后。

朱元璋在郭子兴的队伍里，因为打仗和智谋都很厉害，郭子兴就逐渐地开始猜忌他，有一次甚至把他关起来不给饭吃。马小姐就去厨房里偷烙饼，然后放在胸衣里，偷偷地拿给朱元璋吃，因此还把前胸烫伤，《明史》上说，"后窃炊饼，怀以进，肉为焦"，确实是烫得不轻。

马皇后 50 岁的时候，重病在床，朱元璋四处给她找医生，还举办仪式向老天爷祈祷，但马皇后说，不用了，"死生，命也，祷祀何益"——祈祷没啥用，而且你也不用找医生了，到时候他们治不好我，你又要杀他们泄愤，这不好。这个女人最后留下的遗言是，"愿陛下求贤纳谏，慎终如始，子孙皆贤，臣民得所"，意思是只要你好好治理国家，别忘了那个为老百姓打天下的初心，我们的孩子们都贤德，老百姓都过好日子，我死而无憾，没有一句话是说自己的身后事。她死之后，54 岁的朱元璋和当年的隋文帝杨坚一样，嚎啕大哭，而且马皇后身边那些伺候过她的人也都是悲伤不已，甚至编了歌谣来纪念她。

朱元璋长得丑吗？

按照民间的传说和画像，朱元璋长得很丑，常常被画成长着一张奇长无比、下巴上翘的脸，有时候脸上还长满麻子。可是如果朱元璋真的就是那样一幅尊容，当年郭子兴为什么要把自己养女马小姐嫁给他？而马小姐为了一个长得吓死人的，官职也不高，没啥文化，结婚还没两天的丈夫，宁可自己烫得半死也要去偷饼？我总觉得这事儿是有点蹊跷。

我个人的观点是，朱元璋其实并不丑，台北故宫博物院藏有他的大明朝廷标准像，圆脸，短胡子，目光柔和，不算帅，但绝对是相貌堂堂；

而且，明朝皇帝都有画像，我们把这副标准像和其他明朝皇帝，比如说他儿子朱棣的画像放在一起，一看就知道，这肯定是父子俩。而如果把网上流行的朱元璋那张丑陋至极的脸和朱棣的像放在一起，就差得太远了。

那为什么会有人把朱元璋画得那么丑呢？而且据说还是明朝人画的，这事儿现在已经不可考证了。总结一下，无外乎是下面几个原因：

第一，古人认为那副丑得与众不同的脸，才像是真龙天子，才是神仙下凡，换句话说，那个丑是属于刻意美化出来的，是为他当皇帝制造舆论用的。

第二，有人在他当皇帝之后故意抹黑。

第三，民间张冠李戴，以讹传讹。

第四，是明末清初史学家谈迁在《枣林杂俎》中的说法，他说"太祖好微行察外事。微行恐人识其貌，所赐诸王侯御容一，盖疑像也，真幅藏之太庙"。也就是朱元璋没事就喜欢去民间溜达，怕人认出来他，于是就弄了一个特别丑的画像，糊弄老百姓。

这些理由到底哪个是真的，恐怕是说不清了。

二、造反的天赋

言归正传，参加了郭子兴的队伍后，朱元璋不久就回到家乡，招募了一些小时候的玩伴，这批人里面包括了徐达、周德兴、郭英等后来赫赫有名的明朝开国将领。

到了1353年的冬天，朱元璋看见包括郭子兴在内的濠州造反派天天除了喝酒吃肉，根本没啥远大志向，就把所有的兵都交还给郭子兴，自己只带着24人离开濠州，向东南寻找机会。

我们说从这一天开始，意味着一件事，那就是当过和尚、乞丐的朱元璋正式成为一支独立造反队伍的首领。虽然名义上，他还听命于郭子兴，但是手下的徐达、汤和等24名心腹确实是完全效忠于他的。离开濠州的朱元璋很快就验证了他的造反派天赋，先是收服了很多土匪路霸，接着攻下了元朝定远大营，队伍扩充到两万多人，最后更是一举攻克了军事重镇滁州。在这期间，他又收罗了很多人才，包括他的侄子朱文正、姐夫李贞、外甥李文忠，还有定远的一个孤儿沐英，再加上明朝开国的第一功臣，后世大名鼎鼎的李善长。

说到这里，我们不免又要说一下关于人才的话题。刘邦和朱元璋这两个中国历史上完全起自于草根的皇帝，手下的开国功臣很多都是童年时候的小伙伴、老乡或者亲戚。明朝比较早的七个公爵里面，汤和和徐达都是朱元璋的小伙伴，李文忠更是他的外甥，几乎占据了一半。那么，到底是这些人才被老天爷特意安排在那个时间地点了，还是这些人才只有遇到刘邦、朱元璋这样的"真龙天子"才能凸显出来呢？

我个人的观点是后者，大家都是人，谁也不比谁多一只眼睛，遇到合适的机会、合适的人，也许就会走上另一个完全不同的人生。所以，我经常鼓励年轻人要时不时地换换环境，所谓的良禽择木而栖，也许一不留神，你就遇到了你的"真龙天子"，而成就了自己。

在所有投奔朱元璋的人里，李善长经常被比喻成明朝的萧何，在遇到朱元璋不久，他就在一次闲聊中对朱元璋说："今元纲既紊，天下土崩瓦解。公濠产，距沛不远。山川王气，公当受之。法其所为，天下不足定也。"意思就是说元朝就要完了，您的家乡距离刘邦那个沛县很近，他的帝王之气，应该是由你来接受，你只要效仿他，一定能够取得天下。

《明史》里记载，"太祖称善"，朱元璋很高兴。以我们今天的后知后觉来看，朱元璋确实做了皇帝，自然不觉得李善长的话有什么稀奇。可是如果你在乡村开一个小卖部，卖啤酒、汽水、面包之类的东西，我跑过去对你说，好好干，你这里离马云故乡不远，你肯定会成为马云第二，你会不会觉得我是神经病？那时候朱元璋的状况，和开小卖部差不多，比起周围的队伍，实在是不值一提。就在这种情况下，他觉得李善长说得有道理，这只能说明两点：第一，朱元璋这时候心中已经有了终极目标，就是当皇帝；第二，李善长这个谋士知道并且支持朱重八实现这个终极目标。

所谓终极目标，就是小时候老师教导我们的远大理想。依我来看，"远大理想"至少有三个作用：第一就是让人对将来有一个全盘的考虑；第二就是在遇到挫折的时候，有远大理想的人比那些没有的人更有信心，更有韧性；第三个就是让人格局大，不会被眼前的蝇头小利左右自己的行动准则，这一点，在下面的事件中完全地体现了出来。

朱元璋刚刚打下滁州，郭子兴就因为在濠州城争权夺利跑来了。朱元璋马上做出了一个出人意料的决定，把手里的三万精兵全都交给他。

为什么？首先是因为名义上，这时候的朱元璋还是郭子兴的下属；其次是亲情上，他还是老郭的女婿。当然，如果朱元璋就是不给，郭子兴也是一点儿办法没有。因为这三万人大多数只认朱元璋，郭子兴是谁？没听说过。

在这种情况下，朱元璋让位给郭子兴，就显得相当地仗义。我们说最重要的原因，还是远大理想和终极目标的问题，相对于当皇帝这个目标，三万人的临时指挥权，就远远比不上"仁义"两个字的分量了。

当然，能这么干的前提是自己有本事，还有自信。朱元璋在把滁州让给郭子兴之后，转身带着一些人就去打下了和县，也就是今天的安徽省马鞍山市附近，距离滁州只有100公里左右。我们看一下地图就明白了，这两个地方和南京之间恰好构成了一个三角形，从这时候起，这个三角形就是朱元璋的活动中心。

三、朱元璋的竞争者

1355 年，也就是郭子兴接手朱元璋队伍一年多之后，他就病死了。这一下，朱元璋就在实际上接收了这块地盘上的军队，但是名义上还不是，因为郭子兴的队伍属于"红巾军"，而红巾军的创始人是韩山童。

韩山童刚起兵就被捕杀了，但是他的儿子韩林儿还在，并且已经称帝，国号是宋。所以，名义上，韩林儿是有权力对郭子兴的队伍发号施令的。他也确实这么做了，一纸诏书，任命郭子兴的儿子郭天叙为都元帅，朱元璋只是副元帅，而且还是排名第二的副元帅，他上面还有郭子兴的小舅子张天佑。

《明史》里记载："太祖慨然曰：'大丈夫宁能受制于人耶？'"看样子对于让他服从郭子兴的儿子领导，他是有很大意见的，可是这时候，朱元璋还真没什么好办法。

同一时间，郭天叙和张天佑两个人也惴惴不安，因为他俩都知道，这支部队是朱元璋的，自己在军队里面一点儿威望都没有。在没办法除掉朱元璋的前提下，只有一个办法，那就是打仗，还得打胜仗，才能积累起统帅的威望。

于是乎，郭天叙在当上都元帅的同一年，和张天佑率领部队攻打南京，可是没料到一场大战下来，南京没打下来，郭天叙和张天佑直接领了盒饭。结果是，这支队伍从此合理合法彻底地归了朱元璋。也有人怀疑，这两位也死得太及时了吧？真是老天爷收走的，还是别有隐情？只可惜找不到证据，怀疑也只能是怀疑了。

1356 年，郭天叙和张天佑一死，同样的队伍，在朱元璋手里，一下子就打下了南京。

南京当时叫作集庆，朱元璋进城之后，改名为应天府。在这场战斗里，徐达和常遇春功劳最大。徐达我们前面介绍了，那是朱元璋的发小。

常遇春是谁，这里要介绍一下。

此人是安徽和州人，天生的将才，不仅指挥作战的技能点满分，而且还可以自己冲锋陷阵，万夫不当，勇冠三军。这样的人在元朝末年，那就是天生的造反派。而且你要是考察他和朱元璋相识的经过，可能会感叹，这不就是老天爷派下来帮着他的吗？！

事情是这样的，据《明史》和《明太祖实录》这两部史书里的记载，常遇春本来占山为王，过着强盗的生活，当他听说了朱元璋的仁义之后，就带着十几个人来投奔。结果他中途在田地里睡觉，梦见一个穿着盔甲的神仙，对他喊话，"起起，主君来"。他惊醒之后，正好望见朱元璋远远地带着队伍过来，于是他就死皮赖脸地要跟着朱元璋。一开始朱元璋还不愿意，但经过几次战斗之后，他就知道，自己捡到宝了，这才任命常遇春为先锋。

攻打南京应天府，常遇春就展现了无与伦比的攻坚能力。

占领应天府之后，朱元璋乘胜追击，到了1359年，他已经占据了今天江苏、安徽和浙江的一部分地区，史书上说："时元守兵单弱，且闻中原乱，人心离散，以故江左、浙右诸郡，兵至皆下，遂西与友谅邻。"这段话里表达了三个意思：第一，这段时间，朱元璋攻打的都是元朝的地盘。第二，这些地方元朝的守军因为北方老家被其他红巾军打得乱七八糟，根本无心抵抗，所以，朱元璋的攻城略地才这么快。第三，江南元朝的地盘快被打完了，朱元璋的势力已经扩张到了和其他起义军接壤的地方。接下来只有两个选择，一是和对方合并，但这涉及谁当老大的问题；第二个选择就是起义军之间开战，谁都知道，这是唯一的选项。

这样一来，我们就得看看，朱元璋当时的邻居都有谁。上面引用的《明史》里说，"西与友谅邻"，西边的邻居叫陈友谅，是湖北沔阳人，本来的名字叫作陈九四，和朱重八放到一起，可以凑成一副对联。同样地，这也是一个不安分的主儿——枭雄。

至于说陈友谅的出身，就涉及另一只造反队伍，也是前面说过的彭莹玉和徐寿辉的起义军。当年他们打到沔阳的时候,很多人参加了他们的队伍,这里面就有陈友谅。和朱元璋一样,陈友谅一进队伍,就显示出造反派的天才技能,作战英勇,步步高升,一直升到了徐寿辉这支起义军的二把手,天完政权的平章政事、宣慰使。

可是和朱元璋的遭遇不一样,陈友谅的老大徐寿辉没有及时地去死,反而是越来越能吃,身体倍棒儿。那咋办? 只有自己动手了。

1360年,陈友谅率军队攻下了今天安徽马鞍山市之后,在郊外的五通庙里,让人用锤子把徐寿辉的脑袋砸开了。一个月后,陈友谅就在五通庙里,登上皇帝宝座,改国号为汉,同时起了一个年号,叫作大义。

一个刚刚把自己老大用锤子锤死的家伙,居然用了大义这么一个年号,只能说明一点——心虚。就好像暴发户一定要穿金带银一样,炫耀的,就是自己一直缺少的;同时,也说明了他手下不服的人一定不少,这也奠定了此人后来失败的结果。

除了西边的邻居陈友谅,朱元璋的第二大威胁来自东南方向的张士诚。此时的张士诚已经被元朝招安,但他也没有替元朝卖命,只能说和元朝和平相处,在自己的地盘上作威作福。

除了陈友谅和张士诚,朱元璋的东面和南面是一些元朝的散兵游勇,北面是红巾军,也就是他名义上的上司韩林儿和刘福通的那些队伍,正在和中原的元朝军队厮杀,这几个方向上虽然也有威胁,但是不大。

面对这样的局面,朱元璋的手下朱升几年前就给他提出了一个策略:"高筑墙,广积粮,缓称王",如果换成现在的流行语就是韬光养晦。这不仅仅是因为陈友谅和张士诚的威胁,同样也是为了不刺激北面的红巾军和南面的元军。《明史》上说,"太祖善之",也就是几年前朱元璋是认可这个九字方针的。

可是到了现在这个时间点,也就是1360年,韬光养晦的路走不下去了,这个,我们下面再聊。

139. 百战定江南

从起兵开始，朱元璋的根据地就是四战之地，周围都是敌人，所以，一直采取的策略都是"高筑墙，广积粮，缓称王"，可是到了1360年，这个策略却没有办法继续了。

原因非常简单，朱元璋虽然不称王，可是他不能不积极进取，壮大自己。如果一辈子都龟缩在一个小地方，那早晚会被人灭掉，但你若是不断发展壮大，别人就不可能看不见，这时候就算是你想继续韬光养晦，也做不到。

一、大败陈友谅

最先看见朱元璋壮大起来了的，是陈友谅。在占据了湖广和江西之后，陈友谅盯上了南京。诸葛亮说过，"钟山龙蟠，石城虎踞"，南京有帝王之气，我陈友谅如果不占据了这地方，岂不是说我这个大汉皇帝是假的？况且，要是再让朱重八壮大下去，以后可就对付不了了。

朱元璋知道自己装不下去了，他最担心的，就是陈友谅和张士诚联合起来打自己，那肯定是大事不妙。如果说先下手为强，那就要先打掉这两个人中的一个，那么，先打谁呢？这是一个大问题。大多数人都说应该先打张士诚，因为这个私盐贩子相对比较弱，而且还占据了最富饶的地区，打下张士诚，自己一下子就壮大了。

这个建议听起来相当有道理，可是有一个人这时候站出来说，不，你们都弄错了，应该先打陈友谅。

说这话的人叫刘基，字伯温。

刘伯温在民间传说里，是一位神人；史书上说他不仅博览群书，诸子百家无一不读，而且特别爱好天文地理、兵法数学，23岁就考中了进士。据说他还写过一本奇书，叫《烧饼歌》，预言了很多事情，和我们以前讲过的唐朝《推背图》一样。按照一些民间传说，这本《烧饼歌》也是一直预言到21世纪之后，不过现在很多人都认为这本书是清朝人写的，假冒刘伯温的名头。

中国民间还有句话叫"三分天下诸葛亮，一统江山刘伯温"，意思是诸葛亮辛劳了一辈子，最后累死了，也只不过让蜀汉政权三分天下，刘伯温活得逍遥自在，最后却帮着朱元璋打下了整个天下。

如此牛掰的刘伯温，在49岁之前，却只是到处混饭吃的状态，并没有什么名气，一直到1360年，49岁的他才进了朱元璋阵营，做了谋士。这一次，他的运气来了，刚刚加入，就赶上了战略方向抉择的大问题，对于刘伯温来说，也算是老天爷给了他一个展示才华的好机会。

那么，刘伯温为什么说要先打陈友谅呢？因为人性。在他的分析之下，张士诚是一个"自守虏"，既没有格局，也没有眼光。

朱元璋也赞同刘伯温的分析，不过他对张士诚的评价是"器小"，也就是小家子气。无论是"自守虏"还是"器小"，都会导致一个结果，那就是当朱元璋和陈友谅打仗的时候，张士诚一定会坐山观虎斗，两不相帮，守着自己的一亩三分地。这对于朱元璋来说，就是天大的帮忙了。

刘伯温不仅与众不同地提出了先攻击陈友谅的策略，而且还给出了具体的方案，"天道后举者胜，宜伏兵伺隙击之，取威制敌"，意思是我们要利用陈友谅很骄傲这个特性，诱敌深入，用伏兵打败他。

朱元璋觉得老刘说得太对了，深得我心，他对陈友谅性格的评价也是

"志骄"。这样性格的人,你设一个陷阱给他,一般来说,他肯定跳进来。

中国兵书上写着,"庙算多者胜",庙算的内容中就包括了对方主帅的性格,那绝对是重中之重。这一点上,刘伯温和朱元璋可以说是天才里的天才,他们在兵马未动之前,就准准地把握住了对手的性格和可能采取的行动,可以说仗还没打,已经握有70%的胜算了。

于是,朱元璋让手下康茂才扮演了一次三国黄盖的角色,写信给陈友谅,说朱重八给的金钱美女不到位,俺要叛变了,咱俩在江东桥会合,一起打下南京。果然,骄傲的陈友谅相信了,马上就兴致勃勃地来了,结果不出意料,朱元璋亲自率领徐达、常遇春、冯国胜、张德胜等大将一起伏击。龙湾一场大战,陈友谅大败,史书上记载,"死者无算,亡战舰数百,乘轻舸走"。朱元璋趁势对陈友谅全面反攻,到了1362年,朱元璋攻克了江西和湖北东南部,陈友谅连老巢江州(也就是今天的江西九江)都丢了,被迫逃往武昌。

这里有段小故事,龙湾大战的第二天,朱元璋心情好,去南京紫金山上的一个禅寺瞎逛悠。寺院的主持会相面,觉得朱元璋满脸煞气,便想化解他,对他说,这位施主,你姓甚名谁?家住何方?以何为生?有没有兴趣出家和我修行,共赴西天极乐世界?最后劝得朱元璋烦了,提笔在寺院墙壁上赋诗一首,大笑而去。那首诗是这样写的:"杀尽江南百万兵,腰间宝剑血犹腥。山僧不识英雄主,只顾哓哓问姓名。"诗意思很浅显,但是这里面透露出的霸气和杀气,古今少有,堪称古往今来杀气最重的一首诗。据说老和尚看了之后直哆嗦,就差连夜还俗回家了。

从现在留下来的史料看,朱元璋的诗词水平不敢恭维,但是几乎每一首都是大气磅礴,霸气外漏。比如他行军打仗在野外睡个觉的工夫,也写过一首诗,叫作"天为帐幕地为毡,日月星辰伴我眠。夜间不敢长伸脚,恐踏山河社稷穿",我一伸脚,山河社稷都要被我踏穿。这绝对不是杜甫、柳永或者辛弃疾那些纯文人能写出来的。

二、救韩林儿

朱元璋赢得了龙湾之战，打败了陈友谅之后不久，朱元璋的顶头上司，号称"小明王"的皇帝韩林儿被张士诚围在安丰，朝不保夕，情况危急，向朱元璋求救。

你可能会问，红巾军在北方不是一直都形势不错吗？怎么会发生这种事情？很简单，四年之前，和元军拼死厮杀的红巾军发生了严重的内讧，互相火并的结果就是没人再管"小明王"了。韩林儿占据的开封被元军攻破，大小老婆，还有文武百官5000多人都被送到大都北京砍了脑袋，韩林儿自己被刘福通死命保护着逃到了安丰，在这个小地方坚守了四年，最后刘福通也累死了，只剩下韩林儿苦苦支撑。这时候，私盐贩子张士诚看出有便宜可占，派出手下，和元朝联合，夹击韩林儿。

朱元璋救，还是不救？刘伯温的意见是不救，他的理由有两个：第一，如果去救，陈友谅必然卷土重来，到时候可能要受到张士诚和陈友谅两面夹击，"汉、吴伺隙，未可动也"，"汉"指的是陈友谅，"吴"指的是当时已经自称吴王的张士诚；第二，你救了韩林儿回来，等于是给自己找了一个爹，以后怎么安置这位韩大皇帝呢？

朱元璋思考了很长时间，这一次他没听刘伯温的，最后决定还是救，理由也是两个：第一个理由，韩林儿是他的上司，从道义上讲，要救；第二个理由，韩林儿不仅是起义军领袖，还是明教的教主——没错，这里的"明教"就是金庸《倚天屠龙记》里面那个明教，而当时很多起义军的将领都是信奉或者尊重明教的，这里面也包括朱元璋。教主如果落到别人手里，对自己将来也是一个大麻烦，人家要是用教主的名义命令我，我听从还是不听从呢？至于说如何安置韩林儿，朱元璋后来用实际行动告诉了刘伯温——不用担心，本人自有安排。

于是，他领着徐达、常遇春率军前往安丰救出了韩林儿，先把他寄放到了滁州。

接下来，朱元璋犯了一个错误，他觉得既然敌人这么好打，那就可以顺便拿下庐州，也就是今天的合肥，但他没想到的是，庐州是如此地难打，徐达打了三个月，竟然没打下来。更让他难过的是，陈友谅果然像刘伯温说的那样，亲率 60 万大军进攻朱元璋。此人选择的第一个目标是战略要塞洪都，今天的江西南昌。

当时驻守洪都的是朱元璋的侄子朱文正，就是朱元璋当和尚之前洒泪告别的那个侄子，这孩子后来被他娘带着投奔已经造反的朱元璋，打仗异常勇敢，屡立大功。朱元璋曾经问他，孩子啊，你想当个什么官啊？朱文正说，叔叔，您将来成就大业，我怎么会不富贵，现在就让我当大官，怎么能服众呢？朱元璋听到这个回答，高兴得直拍大腿，老朱家的孩子真懂事啊，于是，就让他这个大侄子镇守战略要地洪都。

当时整个洪都城里只有不到 4 万的兵，有些史学家甚至说，朱文正手下其实只有 2 万人，说 4 万都是给自己打气。无论是 4 万，还是 2 万，对阵陈友谅的 60 万，都等于以卵击石，螳臂当车，所以，陈友谅觉得，最多几天的工夫，洪都城就能拿下，然后就能向东一路挺进，消灭朱元璋。

事实却让所有人大跌眼镜，朱文正用手里的几万人，死死地把陈友谅拖在洪都城下达 85 天之久，将近三个月。一直等到朱元璋从容地布置完毕，率领徐达等人增援洪都，陈友谅才被迫从洪都撤退，进入鄱阳湖，和朱元璋对峙。这时候朱文正竟然还有余力从城里杀出，断掉陈友谅的粮道，如此生猛，难怪朱元璋要拍着大腿叫唤，俺们老朱家有人才。

陈友谅率军进入鄱阳湖的理由只有一个，因为他最擅长的就是水战。他认为自己的水军比朱元璋的要高出几个等级，打水战，肯定能一下子就消灭对手。

朱元璋当时虽然说调动了一切能调动的部队，但也只有 20 万人马，水军还都是小船。如果说陈友谅的舰船是航空母舰，那他这边就全都是驱逐舰,还是最普通的那种。按道理说,朱元璋应该赶紧使劲划船上岸,尽量和陈友谅在陆地上决战,可是朱元璋的决定是,就在鄱阳湖,就打水战,和陈友谅决一死战。

战斗一共打了36天,朱元璋在一开始战事不利的情况下,向古人学习,玩起了火攻,而陈友谅这边好像没人看过《三国志》,也没人知道赤壁之战,对于大船要防备对方火攻这么简单的常识,根本就没人提起来,结果被朱元璋一场大火烧了个七零八落。

鄱阳湖水位很浅,陈友谅剩余的大船移动很困难,生生变成了被攻击的活靶子。朱元璋的军队充分发挥小船灵活的长处,乘机攻击。10月4日,陈友谅忙着率军突围,从船舱里探出脑袋吆喝着指挥,一支不知道从哪儿飞过来的冷箭,一下子射中他的眼睛,贯穿了整个脑袋。这个当上皇帝没几天的造反派就此驾崩在小船上,死得很憋屈,估计到了阴间,牛头马面拽着他往里走的时候,他嘴里也在骂骂咧咧,满脑子的不服。

在中国历史上,像陈友谅这样有能力、有手腕也有一定运气的家伙很多,他们开始的时候,都认为自己是老天爷的儿子,而老天爷也以为这人就是自己儿子。可惜,到了关键时刻,还是差了一点运气,被老天爷弃之如敝屣。

主帅一死,军队彻底分崩离析,陈友谅的儿子陈理拼命逃回了武昌,不过第二年就被朱元璋派军队打了个稀里哗啦,开门投降。这一年是1364年。从朱元璋的角度来看,铲除陈友谅是相当关键的一步棋,从此之后,他的势力迅速壮大,扩大到了江西、湖南和湖北等广大地区。

三、朱文正的功与死

对于这么一场大胜利,战后论功行赏是必须的。客观地说,无论朱元璋手下的其他将领，比如廖永忠、傅友德、郭兴等人在鄱阳湖水战中多么勇猛，他们的功劳都比不上朱文正，但不知道什么原因，朱元璋这一次却依旧没有封赏他。这一下，朱文正就有意见了——俺虽然说过，叔叔您不用先赏赐我，可是现在俺立了这么大的功劳，以4万兵力抵挡60万敌人将近3个月，给你们时间从容布阵，干掉陈友谅，您不能什么封赏都不给吧？

从此，朱文正开始横行不法，耍起公子脾气来，史书里说，"夺人之妻，杀人之夫，灭人之子，害人之父，强取人财"，这五个短句子的核心思想其实就是四个字：坏事做绝，最后被按察使李饮冰告了几状。李饮冰的最后一个状子甚至直指朱文正对朱元璋已经生有二心，想叛变，原话是"谋叛降张士诚"。

朱元璋怒气冲冲地乘船赶到洪都，一个人走到朱文正的官邸，拿起马鞭，直接抽在后者的身上，大喊道："汝何为者？"你到底想干什么？朱文正虽然梗着脖子不服，但最后还是乖乖跟着朱元璋回到了南京，随即被关到了桐城。《明史》上说，"未几卒"，不久之后就死了。

我们现在客观地分析这件事，朱文正鄱阳湖水战之后，确实是没有得到合适的赏赐，他也确实从此骄纵不法，欺男霸女，但是他是不是像李饮冰说的那样，想和张士诚私通，背叛他叔叔朱元璋呢？当然没有，这事儿朱元璋心里也是相当明白，他在后来给他外甥李文忠的信里是这样说的："我禁人休去张家那下买盐，他从江西自立批文，直至张家盐场买盐。"也就是说，朱文正最大的问题是去张士诚的地盘买食盐，可能因为老张家的盐质量好，价格也好，但是和张士诚私通而谋反的事情，应该是没有的。

那么，没有谋反之心的朱文正，年纪轻轻到底是怎么死的呢？这事在朱元璋后来亲手编制的一本书里有记载，这本书叫《御制纪非录》，说的是从汉朝一直到大明，所有藩王造反或者行为不法最后被处罚的事情，朱元璋想用这些事例警告自己的子孙，你们可千万要遵纪守法。

在这本书里，他亲自说明了朱文正怎么死的："其应之词虽在神人亦所不容。其逆凶之谋愈推愈广，由是鞭而后故。"也就是说，朱文正脾气相当大，虽然被叔叔关了起来，但是回答他叔叔问话的时候还是一副"天老大，我老二"的神气，最后被朱元璋一顿鞭子，一不留神，给抽死了，这就是"鞭而后故"。

对于朱元璋来说，朱文正的死绝对是一个损失，因为这个侄子确实是一个军事天才，中国历史上能够以4万阻隔60万虎狼之师达3个月之久的战役，一只手都能数得过来。更何况，早期的时候，他也帮着朱元璋东征西讨，立下了很多功劳，所以，朱元璋对他的死也挺伤心，后来封他的儿子朱守谦为靖江王，封地在桂林，这是明朝唯一的一个不是朱元璋后代而封藩王的。我个人认为，这就是老朱在阴阳相隔的情况下，向他侄子道歉的一种方式。

四、收拾张士诚

书归正传，朱元璋虽然彻底打败了陈友谅，但是当他转过头来，面对刘伯温的时候，还是很不好意思地说了一句，"不听君言，几失计"，意思是不听您的话，差一点就玩完了。这话绝对不是谦虚，如果朱文正弱一点儿，守不住3个月，或者陈友谅不那么骄傲地一心想着攻下洪都，而是率领水师绕过洪都，顺江而下，直接攻打南京，再或者张士诚乘虚而入，和陈友谅前后夹击朱元璋，后果都不堪设想。

不过，历史不存在如果，事实就是朱元璋胜利了，他在消灭陈友谅之后的第二年，也就是1365年，把屠刀举到了张士诚的脑袋上。

私盐贩子张士诚从一开始，就抱着坐山观虎斗的想法，看着陈友谅和朱元璋两败俱伤，问题是，人家那两只老虎已经分出了胜负，剩下的朱元璋变成一只大老虎了,他还傻兮兮地坐在山坡上看着,既不逃跑,也不采取措施打虎。

就这样,朱元璋一路势如破竹,顺利地拿下了通州、泰州、高邮、徐州、宿州等地,到了1366年冬天,张士诚龟缩在自己最后一座城池平江里,被重重包围。不过,此人虽然没啥谋略,但确实是一条汉子,朱元璋屡次劝他投降,张士诚都是呸的一声,意思是,老子宁可死,也不向你这个臭要饭的低头。粮食吃完后,就吃老鼠和草根,弓箭射完之后,就把房上的瓦片子拿下来,当作武器。一直打到了1367年秋,朱元璋才攻破了平江城,张士诚带着亲兵在每一条街道上和敌人玩命,失败被俘之后,上吊而死,也算是很有骨气。

就在同一年,另一个盘踞在江南多年的枭雄方国珍投降,至此,整个江南都归了朱元璋。

五、韩林儿是朱元璋害死的吗

到了这一步,建立政权就被提上了日程。以前因为"高筑墙,广积粮,不称王"的九字方针,朱大人一直都对外宣称自己是韩林儿手下的一个兵,归属于那个称号为宋的政权之下;现在占领的地盘如此之大,兵力如此之盛,那就既不愿意也不能再当缩头乌龟了。"不愿意"好理解,谁都想升官发财当皇帝;"不能",是因为手下人不乐意,您不当皇帝,我就当不上宰相,那为什么当年要提着脑袋跟着您造反呢?

其实,朱元璋在把张士诚围在平江的时候就想到了这一点,他当然知道自己想称帝,也知道自己必须这么做,但韩林儿是一个大麻烦。因为他总不能自己当皇帝,把一个不是自己爹的韩林儿弄到太上皇的位置上,那就成了笑话了。

于是乎,就发生了下面的故事。朱元璋手下大将廖永忠去滁州接韩林儿来南京，结果在瓜步渡长江时，好巧不巧，韩林儿的那艘船翻了，而廖永忠这位鄱阳湖水战上勇猛异常，浪里白条一样的人物，领着手下无数游泳健儿，愣是没救出一个20多岁的小青年。韩林儿淹死之后，大家表现得那叫一个伤心，据说廖永忠哭得鼻涕一把泪一把地回去向朱元璋报告，说您的上司淹死了，怎么办？我们最仗义的重八兄弟长叹一声，说还能咋办？只好我当这个皇帝了。

毫无疑问，韩林儿的死是谋杀，问题是，他到底是被朱元璋命令廖永忠杀掉的，还是后者自作主张淹死的？这事儿有点儿争议。

清朝屠寄的《蒙兀儿史记》里说，"朱元璋弑其主韩林儿"，明确说就是朱元璋下令杀的。明朝宁王朱权编撰的《通鉴博论》中，却说他是被廖永忠自作主张淹死的，叫作"廖永忠沉韩林儿于瓜步，大明恶永忠之不义"，也就是说，不仅是姓廖的自作主张干的，而且朱元璋还非常憎恶这种行为。

这种说法和明史差不多。据《明史》记载，朱元璋在封赏有功之臣的时候，这样评价廖永忠："永忠战鄱阳时，忘躯拒敌，可谓奇男子。然使所善儒生窥朕意，微封爵，故止封侯而不公。""儒生窥朕意"指的就是廖永忠揣摩朱元璋的心思，擅自把韩林儿整死了，所以，只能被封为侯爵，而不能封公爵。

那么，廖永忠本来是应该被封为公爵的吗？答案是否。明朝开国只有6个人被封为公爵，后来又加了一个当年写信劝朱重八造反的汤和，廖永忠的功劳再大，能大得过汤和，还是能比上徐达？当然都不能。

所以，你仔细琢磨朱元璋的这段话，实际上相当于是当着大家的面说，永忠啊，你的名字起得好，真的是永远忠于俺朱重八，所以，封你一个侯爵，公侯伯子男，那是仅次于公爵的爵位了。

讨论到这里，我的结论就相当地清晰了，无论是不是朱元璋命令廖永忠下的手，韩林儿的死期都是到了。即便是到了南京，他也活不了几天，这就是宿命，就好像徐寿辉一样，从陈友谅进入他的队伍的那一刻起，就注定了他的下场。韩林儿这样一个庸才，从他当上造反派的皇帝和明教教主那一天开始，大概就只剩下一条路，那就是去死，只有这样，朱元璋才能顺利走上九五至尊的宝座。

140. 国号为大明

明教教主、韩宋政权的"小明王"韩林儿，"一不留神"掉河里淹死了，听起来似乎很窝囊，不过，我们这么评价他并不一定公平。这涉及一个问题，元朝的蒙古人到底是被谁赶出中原的？大家也许会说，是朱元璋。这种说法可以说对，也可以说不对。说它对，是因为确实是朱元璋的北伐，让蒙古人跑回老家的；说它不对，则是因为在朱元璋北伐之前，大元帝国实际上已经是支离破碎，就好像一个老房子，被人用挖掘机东一下西一下弄得千疮百孔，最后朱元璋上去狠狠地来了一脚，房子就塌了，你能说老朱是房子倒塌的最大功臣吗？好像有点不妥，那么，谁才是那个操纵挖掘机，把大元朝搅得稀烂的人呢？

一、韩宋的三路大军

这个人就是韩林儿，确切地说，是以他为首脑，刘福通为主要支柱的韩宋政权。前面说过，刘福通和韩林儿的爹韩山童一起创立了红巾军，以明教的明王下凡为号召，在修黄河的工地上起义，反抗元朝。韩山童刚起兵就被抓住一刀杀了，但刘福通却是一个厉害人物，在帮助韩山童的儿子韩林儿组建了韩宋政权之后，1358年，他带兵打进了开封。开封是赵匡胤大宋王朝的龙兴之地。很自然地，韩林儿，这个自认是宋徽宗第九世孙的家伙，马上搬家，进了开封府。

当朱元璋在南方辛辛苦苦和其他起义军争地盘的时候，刘福通领导的红巾军在北方已经对元朝发起了猛烈的冲锋。韩宋政权刚刚搬进开封不久，韩林儿就三路大军齐出，讨伐元朝，东路由大将毛贵率领，攻山东省；西路由大将白不信率领，攻陕西省；北路由大将关先生率领，攻上都开平。

东路的毛贵在山东省势如破竹，几乎扫荡了整个山东的蒙古势力，攻克今天的天津蓟州区之后，直逼元大都，可惜最后在枣林被元大都的精锐击败，只好退回山东。西路兵团在陕西一开始也是顺风顺水，只是后来因为孤军深入，被当地支持元朝的汉人地主武装李思齐打败。

为什么还有汉人地主支持蒙古人呢？说实话，有，而且还不少。实际上，元朝统治的时候种族之间的矛盾并不是那么深，元末的农民起义，也很少是纯粹因为民族之间的仇恨而去攻击元朝的，红巾军的造反口号喊得震天响，涉及蒙古人和汉人种族矛盾的，几乎没有。

造成这种情况的原因主要有两个：第一个是，以白莲教为主体的红巾军起义爆发在北方，而北方是民族情结并不浓厚、种族问题并不突出的地方。因为，契丹人的辽国、女真人的金已经统治了北方几百年，只不过现在换成了蒙古人，普通人感觉不到太大的差别。

第二个是，汉人地主阶级在蒙古人的统治下，生活得比较惬意。元朝的法典里有这样的规定："佃客生男，便供奴役，若有女子，便为婢使，或为妻妾。或典或卖，不立年分。"意思是，地主家的佃户生的孩子都是这个地主家的奴婢，打死了佃户也不用偿命。反观后来的明朝，别说打死佃户，"使佃客抬轿者，仗六十"，让佃户给你抬轿子，就打你屁股板子六十下，体格子弱一点儿的地主，甚至可能直接打死。

对于大地主来说，两个朝代选择哪一个，这并不是一道艰难的选择题。在这个大背景下，就有一些汉人地主武装，出于维护自身利益的考虑，站在了元朝的那一边。李思齐就是其中势力很大的一个，打败了韩宋的西路兵团之后，他从此就盘踞在陕西，和红巾军作对。

同样地，蒙古人里面也有一些大地主，他们也组织了武装力量，帮着元朝对付红巾军，这里面最出名的就是察罕帖睦尔。这个人你可能不知道，但是金庸先生给他虚构的女儿你一定听说过，那就是《倚天屠龙记》里面的郡主赵敏，那个为了张无忌，不惜和他爹翻脸的丫头。赵敏的哥哥，察罕帖睦尔的养子扩廓帖睦尔，便是大名鼎鼎的王保保，王保保是他的汉文名字。

刘福通三路大军的最后一路，是由关先生率领的北路军。这一路出奇的顺利，经过今天的保定、大同、张家口，迂回向北，最后居然神奇地攻陷了元朝的上都开平。不过，接下来这些起义军做的事情就莫名其妙了，先是一把火把这个塞北最繁华的城市里面最豪华的元朝宫殿烧了一个精光，然后居然没有顺势南下攻克大都。你要知道，这两地之间只有200多公里，而且这时候毛贵正在东面进攻大都，如果两路夹击，元大都是守不住的。那样的话，很可能，韩林儿的这个韩宋政权就可以把蒙古人赶出北方占领中原了，随后朱元璋到底能不能建立大明，那就不好说了。

可惜，关先生等人在攻陷上都之后，竟然一路朝东北杀了过去，直奔大东北，攻克辽阳，随后又杀入了朝鲜半岛，吓得高丽王国大小臣民是浑身直哆嗦，马上投降。然后，这批起义军又莫名其妙地腐败了，在高丽作威作福，军纪败坏，最后的结果就是，大部分起义军，包括那位名字叫关铎的关先生，都被实在不堪忍受欺凌的高丽人反抗杀死。

虽然韩宋政权的三路大军最后都算是失败了，自己的力量也消耗殆尽，但是，整个元朝的正规军也被他们彻底拖垮。从此之后，元朝依赖的，只剩下那些招安的地主武装集团了，这里面就包括了刚说过的察罕帖睦尔。

二、察罕帖睦尔之死

　　察罕帖睦尔祖籍在北庭，也就是今天的新疆，他爷爷的老爹搬家到了安徽临泉，世代在那里居住，妥妥的大地主。1352年，刘福通、韩山童起兵之后，察罕帖睦尔为了保住自己家的产业，组织武装力量和红巾军对抗，然后就惊喜地发现，原来自己是一个与生俱来的军事天才，红巾军碰到他就是两个字，"败走"。后来元顺帝也知道了，地方上竟然有这么一个大地主，于是，察罕帖睦尔一路高升。

　　1359年，也就是朱元璋在南方攻克南京的那一年，察罕帖睦尔达到了他军事生涯的光辉顶点，攻克了韩林儿和刘福通的大本营开封，从而逼迫韩刘二人丢妻弃子，逃到了安丰。四年之后，刘福通战死，韩林儿被张士诚围困，不得不向朱元璋求救，这个前面讲过了。

　　察罕帖睦尔在收复了开封和河南全境之后，继续向山东进发，意气风发地准备光复所有大元的地盘，可惜的是，就在1362年夏，他被两名手下，已经投降元朝的田丰和王士诚合伙刺杀在山东益都城外。《元史》对此事的记载是："见其待朝廷使者甚简傲，又所施设多术数。"意思是察罕帖睦尔不能礼贤下士，一副高高在上，元顺帝老大、他老二的姿态，让田丰两人心里很不满，因而起了杀心。

　　孔老夫子说过一句话，"唯女子与小人为难养也，近之则不逊，远之则怨"。无论对于"小人"的定义今天有什么争议，整句话的意思都是说对一个人太亲近了容易坏了规矩，但是太疏远了又容易被他们怨恨，这个度很不好把握。

　　察罕帖睦尔就是因为没把握好这个度，才被田丰等人怨恨的。由此可见，无论你的本事有多大，都要记得对人谦和，尤其是身边的人。

　　察罕帖睦尔之所以会死，还有其他原因。史书上说，当田丰摆下鸿门宴，请他喝酒的时候，察罕帖睦尔手下的人已经觉察出来不对了，就劝他不要去,结果他说:"吾推心待人,安得人人而防之?"我对田丰那么好,为什么要防备他呢?

由此可见,他压根儿就不明白人际交往的一个重要原则——你对人家好不好,并不是你说了算,而是要人家说了算。就像是现在有些家长天天抱怨,自己劳心费神、倾尽全力,都是为了孩子好,结果孩子撇撇嘴,小声嘟囔一句,好个鬼。当察罕帖睦尔觉得自己对田丰很好的时候,后者也正在嘟囔,好个鬼。

就这样,军事能力优秀、情商极其一般的察罕帖睦尔被杀,他的养子扩廓帖睦尔,也就是王保保,继承了他的全部兵马,被元朝封为太尉、中书平章政事、知枢密院事和皇太子詹事。皇太子詹事就是皇太子家里的大管家,一般来说,也是三四品的大官。由此可知,王保保和元顺帝的儿子,太子爱猷识理达腊走得比较近。

至于《倚天屠龙记》里王保保的妹妹,郡主赵敏的原型,如果有的话,只能是察罕帖睦尔有史可考的唯一的一个女儿,名叫观音奴。这个女子后来被朱元璋俘虏,嫁给了他的二儿子朱樉,朱樉死后,观音奴被迫自杀殉葬,所以,这位郡主娘娘的一生远远不像《倚天屠龙记》写得那么精彩,甚至还有些悲惨。

三、朱元璋称帝

1365年,朱元璋在南方彻底打败了陈友谅,眼瞅着大元江山的一半就快归了朱元璋,大元朝廷的上上下下突然回过味来,原来这个要饭的,才是最大的威胁,于是,匆忙任命王保保为元朝兵马大元帅,讨伐朱元璋。

王保保升了官,得意非凡,马上吆三喝四,行使兵马大元帅的权力,让元朝当时剩下的武装力量,都赶紧集结起来,听候自己的调遣。很可惜，以李思齐为代表的一大批人都对他表示不服。

　　这里面有两个原因，第一个是李思齐等人自认为是王保保的长辈。《元史》上记载，李思齐听到保保让他去打仗，大怒说道，"汝父进酒犹三拜，然后饮。汝于我前无立地，今敢公然调我耶"，意思是，想当年你爹察罕帖睦尔和我一起喝酒的时候，都要先敬我三杯，然后他才敢喝酒，你算个什么东西，居然也敢命令我？

　　第二个原因是，王保保没安什么好心，元顺帝让他打朱元璋，他自己不想去，却调动关中李思齐等人去打，是抱着"死道友不死贫道"的心理，想让其他武装力量当炮灰，自己坐收渔翁之利。

　　现在李思齐等人不听命令，王保保这条计策就破产了，攘外必先安内，于是王保保也不理会朱元璋了，直接带着兵马进陕西，攻打李思齐，双方开始了连年混战。

　　元顺帝正坐在大都等着王保保凯旋的好消息，结果捷报没传来，反而听到了保保和李思齐开战的消息，气得天天抹眼泪——都啥时候了，怎么还这样呢？可是他两边都不敢得罪，态度摇摆不定，一会儿支持王保保，一会儿又支持李思齐，这样一来，两边更是不得不死磕到底。

　　就这样，先是刘福通领着红巾军一通折腾，把大元朝正规军消灭殆尽，接着是元顺帝依赖的地方武装力量之间内讧，打得你死我活，让朱元璋在南方从容地消灭了少量元军和其他起义军，轻轻松松地腾出手来，准备北伐中原。

　　1367年农历十月二十一，趁着北方混乱之时，朱元璋命丞相徐达为征虏大将军，平章常遇春为副将军，率军25万人由淮河入河南，开始北伐中原。

　　前面讲过，凡是这种大军出征，一定是有口号，并且要写文章痛骂对手一番的，这一次，这个任务交到了朱元璋手下一名著名儒家学者宋濂手上。

宋濂是浙江浦江县人，史书上说他"幼英敏强记……未尝一日去书卷，于学无所不通"，智商高还爱学习，成为学霸理所当然。就连朱元璋都称他为"开国文臣之首"，刘伯温说他"当今文章第一"，很自然地，老朱要北伐，写战斗檄文这种事，就落在了他的身上。

在这篇《谕中原檄》的文章里，诞生了一句著名的口号，那就是"驱除鞑虏，恢复中华，立纲陈纪，救济斯民"，这口号是如此给力，甚至538年之后，1905年，孙中山先生在日本建立同盟会，想把满人赶回东北去，还借用了宋濂这句口号的前八个字，孙中山的口号是"驱除鞑虏，恢复中华，创立民国，平均地权"。你要是问，为什么不把后八个字也借用一下呢？答案很简单，那八个字孙中山没法抄。

如果你还记得东汉那个确立了三纲五常六纪的白虎通会议，就应该知道，宋濂写的"立纲陈纪"就是要立三纲、陈六纪，这让孙中山怎么抄？他想建立的民国本来就是要打倒儒家孔夫子统治思想的，万万不能抄这后八个字，所以，他才改为"创立民国，平均地权"。

徐达并没有辜负"驱除鞑虏，恢复中华"这八个字，仅用了几个月的时间，就占领了整个山东，而王保保和李思齐却没有一个人去救山东，仍旧在互相攻伐。到了这一步，大元朝的覆灭已经指日可待了。

1368年正月初四，北伐的徐达刚刚占领山东，做过和尚要过饭，最后成为造反派的老朱同志，在南京称帝，国号为大明，年号是洪武。

朱元璋很有自知之明，觉得自己当上皇帝，是因为老天爷赏饭吃，因此当年打入南京的时候，他就把这座城市改名为应天府，表明是应老天爷的要求来打的。现在当皇帝了，他也认为，这个皇帝不是自己想干的，是老天爷非要自己当。于是，琢磨了一段时间之后，他把他的圣旨开头改成了这么六个字：奉天承运皇帝。在这六个字后面接着的两个字，根据内容的不同，分别是"诏曰"，是说给所有老百姓的；"制曰"，是给文武百官听的；还有"敕曰"，是对某个官员升官加爵的时候，勉励对方用的。

这就形成了现在我们经常挂在嘴边的，"奉天承运皇帝，诏曰"，请注意，不能读成流行的"奉天承运，皇帝诏曰"，那是错误的。既然是错误的，为什么还那么流行呢？这是因为，古代写文章不是横排，而是竖排，要竖着读。朱元璋写圣旨的时候，"奉"单独成一列，"天"要高出一个字，"皇帝"两个字一定要与"天"字齐头并进，不能低天一头。这样的写法，就让后世的人误解为要断句成"奉天承运，皇帝诏曰"，实际上不是。如果你肺活量好，一口气读完"奉天承运皇帝诏曰"，也行。后来清朝的皇帝也觉得这句话很好，很霸气，就完全继承下来，一直流行到今天。

那么明清之前，皇帝下诏时，开头都怎么说呢？这个没有固定的规矩，唐朝帝王下旨的开头经常是"门下"，然后就写正文，收税或打板子什么的。"门下"是指门下省，因为唐朝是三省六部制，门下省负责审核所有政策，包括皇帝老子的命令，所以，皇帝发圣旨，相当于对门下省的人说话，很自然地，开头就用"门下"两个字。其他各朝代也各有规矩，感兴趣的可以自己去查一查。

朱元璋为什么称自己建立的这个朝代为大明？比较流行的说是这是因为，他以前的上司郭子兴是红巾军的人，红巾军是韩山童、刘福通这两个信奉明教的人发展起来的，从这一点上说，朱元璋就是明教的人，那他建立的朝代以"大明"为号也就毫不稀奇。

朱元璋称帝之后，按照惯例，要拜祭中华历代帝王，据说他唯独给刘邦刘老幺恭恭敬敬地敬了一杯酒。这事儿用他手下一位大臣的话可以解释，谏议大夫唐铎曾经满怀激情地对朱元璋说："三代以后，起布衣而有天下者，惟汉高帝及陛下而已。"的确，中国历史讲到现在，几十位开国皇帝里，只有刘老幺和朱重八这两位，是纯粹的草根出身，甚至朱元璋说自己是布衣都是吹牛，布衣指的是平民老百姓，他小时候可是穷得连衣服都没得穿。刘邦在走上造反道路之前，好歹也做过泗水亭长，虽然没有编制,连吏都算不上,但至少相当于乡派出所所长,所以,从出身来看,朱元璋算得上更低一筹。

那么,朱元璋到底靠什么得了天下?前面说过,刘邦靠着知人善任、强大的领悟力、无与伦比的执行力和为人大气这四个特点得了天下,朱元璋在这些方面不一定比刘邦强,那他有什么其他过人之处呢?且听下回分解。

141. 北上驱鞑虏

朱元璋和刘邦相比，应该是有三个方面更出众。

第一，朱元璋的军事和政治能力相当强。这种强悍也许和他小时候几年要饭的经历有关系，也许和他后来勤奋好学的态度也有关系，也有可能是天赋。无论是在郭子兴的军营中脱颖而出，攻打滁州、和州自立，还是同陈友谅、张士诚的决战，每一个关键点上，他的判断、决策都相当精准，很多时候他的下属只是在完善或者说执行他的计划，即便是刘伯温、李善长这样的超级谋士，常常也只不过是把他的意见先一步提出来了而已。

第二，他虽然迟迟不肯造反，但一旦加入造反的队伍，就是最胸有大志的那个人。刘邦进入咸阳，要靠着下属不断地提醒，甚至以死相谏才明白，哦，我的目标原来是皇帝，现在还不到享受的时候；朱元璋却是在攻下滁州之后，就开始想着当皇帝的事情了，并且所有行动都是为了这唯一的目标设计的。

第三，朱元璋相当刻苦。他勤政，能吃苦爱学习，这一点在史书里都记载了，"戴星而朝，夜分方寝"，深夜还在处理政务；"身在行间，手不辍书"，即便是在打仗行军中，也不停地读书。一个没上过学、和尚乞丐出身的人，后来可以写诗，写散文，谈古论今，这一点，绝对不是运气可以解释的。

有老天爷照顾赏饭吃，自身又刻苦努力，那无论是怎样的出身背景，最后都是有可能成功的。

一、元朝的灭亡

朱元璋登基，头等重要的事情是封赏有功之臣。人家跟在你后面，为你卖命，自然指望成功之后，可以封侯拜相。在这件事上，朱元璋也不含糊，中国传统的爵位是公侯伯子男五等，明初的功臣列表里面，这五等爵位断断续续一共封了150位，其中最显赫的就是六名排在前面的公爵，号称开国六公爵，分别是韩国公李善长、魏国公徐达、鄂国公常遇春、曹国公李文忠、宋国公冯胜和卫国公邓愈。

你若是问，那个被朱元璋称为"吾之子房"的刘伯温呢？子房就是刘邦手下的张良，汉初三杰之一，在朱元璋眼里和张良差不多的人物，其实只被封了伯爵，诚意伯。

严格说来，就算是封诚意伯，还是朱元璋开恩了。在这150人的功臣名单里，除了李善长和刘伯温，其他都是带过兵打过仗的，纯粹的文臣就这两位，而前面那个被朱元璋称为"开国文臣之首"的宋濂，名字都不在这份名单上。换句话说，朱元璋本来就是用爵位来封赏冲锋陷阵的武官的。

想当年大秦王朝就有明确规定，"非军功不得封侯"，朱元璋也继承了这个传统，他的规定是，"凡爵非社稷军功不得封"。所以，李善长、刘伯温二人都算是法外开恩，无论封什么爵位，只要上榜，都是巨大的荣耀。

其实，刘伯温的功劳，是远远不能和李善长比的。李善长出身淮西，虽然不是严格意义上朱元璋的老乡，但同属于淮西集团，并且在朱元璋队伍里属于萧何的角色，不可替代。刘伯温属于浙东集团，投入造反队伍的时间也比较短，能破格封个伯爵，已经是朱元璋对他智囊身份的超级认可了，他自己也很满意。

朱元璋的第二件大事是平定天下，尤其是北边的元朝，那更是重中之重。朱元璋的原话是："先取山东，撤其屏蔽；旋师河南，断其羽翼；

拔潼关而守之……然后，进兵元都，则彼势孤援绝，不战可克。既克其都，鼓行而西，云中、九原以及关陇可席卷而下。"这战略思维的确高瞻远瞩，刘邦远远比不上，放在汉初的阵营里，也许只有张良或者韩信能制定出来。后来的事实证明，朱元璋确实是战略上的天才，明朝北伐完全就是按照他的预想发展的。

这时候，还在元大都里抹眼泪的元顺帝也看出来了，他必须要在王保保和其他所有元朝残存的武装力量之间选择一个了，他用他那个小脑袋想了一下，随即下诏，削去王保保所有官职，并且对大家说，看见王保保的地盘和人马没有？都是你们的了，只要你们能抢到，朝廷就下旨，合理合法地归你。

皇帝的命令传到了王保保的军营之中，顿时，王保保在他下属的眼里，就变成了超级美味的大蛋糕，大家举着刀叉就奔他冲了过来，王保保只能带着一些还忠于他的队伍，跑到山西太原藏了起来。

元顺帝下这道命令的原因有两个：第一，他必须在两派互相厮杀的势力中选择一个，这是没办法的，否则大家彼此打来打去，都顾不上他；第二，王保保是一个相当跋扈的人，元顺帝认为自己驾驭不了这样的人，选择王保保，他怕皇位不保。

可是他的小脑袋没想到的是，生于乱世，你需要的是能臣，是有能力带兵消灭南边朱元璋的人，只有在和平年代，你才可以考虑让那些庸才、智商不如你的人当大官。一句话，最跋扈的也许就是最有本事的，元顺帝没考虑清楚这一点。他把王保保赶跑后，徐达和常遇春带着25万大军北上，一连打下了山东、河南和潼关，这期间没有一个人来保卫他妥懽帖睦尔，李思齐看见形势不对，直接退回了陕西，其他人也都躲得远远地看热闹。

这一下子，元顺帝又傻眼了，眼瞅着徐达就要打到大都北京了，只好重新下旨，说王保保还是大元朝大大的忠臣，即日起恢复他的河南王、太傅、中书左丞相的官爵,当然,最重要的一句是,保保啊,赶紧来大都救驾。

可惜的是,这个弯拐得有点儿急,别说王保保,就连他手下的所有将领都觉得委屈,纷纷说:"我驻军云中,且观其成败为计耳!"咱们坐山观虎斗不香吗?王保保犹豫不决之时,元顺帝却有点等不及了,因为徐达北上的速度实在是太快了,1368年农历七月二十八,元顺帝眼见形势不对,带着老婆孩子王公大臣,弃元大都而逃,跑回了北边的元上都开平。

八月初二,徐达、常遇春率军进入大都,随即把元大都名字改成了北平,意思是北方已经平定。历史上,一般把这一天作为元朝灭亡的日子。元顺帝妥懽帖睦尔和他的子孙们后来在开平,乃至更远的蒙古草原上又折腾了很长时间,那段历史统统被称为北元,不过"北边的大元",在中国历史上,是不被列为正式朝代的。

对于汉民族来说,这一天实在是等得太久了,自从938年石敬瑭割让燕云十六州之后,无数汉人前赴后继地努力,收复失地的目标终于在徐达和常遇春的手里完成,当汉民族的军旗再一次出现在北京城墙之上时,时间已经过去了整整430年。

对于元朝的灭亡,历来学者都有不一样的看法,有人说是因为元朝没有彻底汉化;有人说狂印钞票引发了通货膨胀;也有人说皇室内部不能实现权力和平交接,每次老皇帝一死,就是一场血雨腥风;还有人说就是一场偶然的黄河泛滥,丞相脱脱治理黄河,导致了红巾军起义,元朝这才提前退出了历史舞台,否则,还能多活几年。

上面这些观点,都有道理,综合起来,就是元朝失去天下的大部分理由。不过,朱元璋对此还有另外一个看法,我认为也很有道理。

《皇明宝训》这本书里记载,朱元璋曾说过:"朕观元朝之失天下,失在太宽。"《明太祖实录》记载,朱元璋又说:"元季君臣,耽于逸乐,循至沦亡,其失在于纵弛,实非宽也。"这两句话好像是相互矛盾,一个说"失在太宽",元朝是因为太宽厚了,才丢掉了天下,另一个说"实非宽也",不是宽厚惹的祸。其实,只要仔细看上下文就知道,两句话说的是一回儿事,元朝是因为对整个统治阶级太宽厚而灭亡的,而一旦宽厚到这个地步,那就不是宽厚了,是纵弛,放纵而管理松弛。

我个人认为,刚才说的四条,再加上朱元璋说的纵弛,就是元朝丢失天下的几个重要理由。

毛泽东有一句名言,叫作"治国就是治吏",治理国家实际上就是治理各级政府的办事人员,如果整个国家的基层办事人员全都是贪污腐败不干事的家伙,那这个国家早晚完蛋。元朝恰恰在基层管理上,是历朝历代最差的。

前面说过,一个叫作孟端的小吏,领着几个同伙,用一个假圣旨就把河南行省的蒙古高官给团灭了,还很长时间没被人发现,这就是一个典型的例子,这样的例子在整个元朝比比皆是。比如,江西铅山有一个叫吴友文的人创立了一家"青蚨盟会",听起来像是一个商会,或者绿林好汉组织,实际上,是印假钞的,此人把铅山州上上下下的所有官员都拉下了水。元政府虽然知道这个组织在市场上投入了大量假币,也知道老巢就在铅山,但由于吏治不严,官员之间错综复杂的利益关系,愣是在十几年之间,对吴友文毫无办法,任凭假钞源源不断地流入市场,这样的吏治水平,大元又怎能不亡?

二、北元苟延残喘

把元大都变成北平之后,徐达和常遇春一刻也没停留,按照朱元璋事先的部署,直接向山西和陕西扑了过去。就在同一时间,王保保也被元顺帝诚心认错的态度感动了,从山西驻地出发,向南前进,并且打败了老朱手下的大将汤和。这是朱元璋北伐以来,元朝的第一场胜仗,让已经逃到了上都的元顺帝欣喜若狂,马上下令,封王保保为齐王,赐金印,然后恳求他去收复已经变成北平的元大都。

徐达和常遇春在向西前进的路上,听说王保保率主力去攻击北平,这时候就面临选择了,一是回去救援北平,另一个就是继续前进。

徐达最后的决定是继续西行,但是方向要改一下,山西这个大的战略目标不变,把战术上的第一个目标改为太原,也就是王保保的老巢。这一条计策既是避实击虚,也是围魏救赵,王保保要是继续进攻北平,能不能拿下不知道,但你的太原肯定是没了。

王保保算计了一下,用一个不确定的北平,换自己的老巢太原,好像不划算,就掉转马头,准备回去解救太原。可惜的是,他的举动被徐达算得死死的,常遇春早就埋伏在半路上等着他了,一场奇袭战下来,保保一下子被打成了真的"宝宝",狼狈万分地穿了一只靴子,带着18个手下,一路逃回了甘肃。

不过,无论多么狼狈,王保保还是比李思齐要强一些,后者在陕西拥有10万精锐的情况下,不战而降,归顺了朱元璋。实践证明,对元朝,还是王保保要忠心得多。

不过,这时候忠心不忠心对元顺帝已经没有任何作用了,远水解不了近渴,他在上都天天盼着远在兰州的保保能跨越千山万水,一下子就出现他的面前,这种愿望等于做梦。最后是王保保没盼来,倒是来了一个超级"大怪兽"——大明王朝第一杀神常遇春,奉了朱元璋的命令,带兵扑到了元上都。顺帝只能是长叹一声,赶紧轻车熟路地打包,一溜烟地放弃了上都,又跑到了应昌,也就是今天内蒙古赤峰市附近。

常遇春攻占上都之后,留下一些兵防守,志得意满地班师回朝,准备向皇帝领赏。可惜的是,老天爷也许是觉得他杀戮太多,也许是觉得他的任务已经圆满完成,对他发出了归天的命令。当常遇春走到河北赤城附近的时候，暴病身亡。《明史》里的记载是，"暴疾卒，年仅四十"。

据后来人分析，常遇春应该是死于一种叫作卸甲风的疾病。这种病在以前的军营里挺流行，就是士兵们穿着厚重的盔甲打完仗，浑身大汗淋漓的时候，马上脱下盔甲，吹凉风导致的，所以叫作"卸甲风"。

按照中医的说法，这就是风邪侵入，气血不通，而西医的解释就是炎症，可能叫腰背肌筋膜炎。不管结论是什么，这件事告诉我们，大汗淋漓吹凉风很危险，勇猛如常大将军都死在了这上面。

听到常遇春的死讯，朱元璋哭得稀里哗啦。此人一辈子据说只哭了三次，这是第一次，另两次要等到他媳妇儿和大儿子死的时候，由此可见常遇春在他心里的地位有多重要。

擦干眼泪之后，朱元璋追封常遇春为开平王，从公爵提升到了王的位置，并且给了常遇春最高规格的葬礼，史书上说，"用宋太宗丧韩王赵普故事"。赵普是大宋王朝数一数二的开国功臣。朱元璋曾亲口说："开拓之功，以十分言之，遇春居其七八"，老朱我打下来的天下，常遇春的功劳占了一大半，这话徐达当然是不服，但是他也不会和死人去争。

1370年，常遇春去世的第二年，妥懽帖睦尔在应昌驾崩，庙号惠宗，儿子爱猷识理答腊继承了皇位，历史上称其为元昭宗，也是北元的第一位皇帝。

朱元璋听说妥懽帖睦尔死了，给他封了"元顺帝"这个谥号，意思是这人顺应天意，在大都北京不抵抗，在上都开平也不抵抗，都是撒丫子就跑，然后，又在最恰当的时间死了。元顺帝是不是顺应天意我们不知道，但是他确实是顺应了朱元璋的意思。他一死，朱元璋的机会就来了，紧跟着集结了大批人马，兵分两路北伐，西路军是徐达率领，直奔西北，找王保保算账；东路军由朱元璋外甥李文忠率领，奔着新当上皇帝的元昭宗而去。

简短地说，两路兵马全都大胜，王保保败给徐达之后，逃到了和林,而元昭宗被李文忠打败之后,也跑回了和林。大元帝国在中原覆灭之后,一对君臣分两路北逃,最终,还是相会在成吉思汗当年为蒙古修建的第一座首都,哈拉和林这里,这也算是一种宿命。

从这一次北征之后,蒙古人就丧失了任何翻盘的机会,从整个中国的主人,重新沦落为草原上的一个游牧民族,有点类似于汉朝匈奴的那种状态——你说他们对中原没有威胁吧,他们时不时可以抢你一把,但你要是说真有威胁,他们还没有重新夺取天下的本事。

对这种状态,朱元璋挺头疼的。从1372年到1396年,前前后后24年里,朱元璋进行了12次北征,就是为了彻底消灭蒙古人,但最后一直到死,他也没有完成这个愿望。在这期间,王保保起了很大的作用。

比如1372年的第二次北伐,明朝声势浩大,志在必得,结果王保保一个个连环计施展下来,最终击败了徐达的主力军团,几万名明军丧身大漠。对于王保保的军事才能,连朱元璋都相当地欣赏,说他是"天下奇男子",多次派人试图去招降他,这里面就有以前和王保保死磕的李思齐。

我估计当李思齐接到这个命令时,心里肯定是愤怒之极——我和那个王保保是死仇,你让我去,这不就相当于拿大个的肉包子去打狗吗?可是李思齐还真不敢不去,去了是九死一生,但如果不去,那肯定是立马往生。

出乎李思齐意料之外的是,王保保看见他之后,喝酒撸串好一顿招待,绝口不提以前恩怨,只是告诉李思齐,说老李啊,俺是不可能投降的,你回去吧。

李思齐自然一句话都不想多说,翻身上马往回跑,刚走到一半,就被王保保的亲兵卫队追上了,说李大人您太不讲究了,好酒好菜招待你,您怎么啥礼物都没留下呢?"愿得公一臂",您留下一条胳膊再走好不好?李思齐知道,这时候要是怕疼,那留下的就是脑袋了。于是,挥刀砍掉了自己一条手臂,强忍着回到了中原,到家几天之后,就死了,估计是伤口发炎。没有客死他乡，埋尸荒野，也算是唯一的欣慰。

三、朱元璋的扩张

朱元璋在扫荡元朝残余势力的同时，也向南、向西扩展自己的地盘。

1368年，汤和、廖永忠擒获南方割据军阀陈友定，平定福建、广东大部分地区。

1369年，朱元璋派人进入西藏，宣布了明朝建立的消息，明确说明，只要你们这些领主和高僧们听话，我保证你们的利益不会受到丝毫损害。四年之后，一些藏族首领看到元朝实在没希望了，就陆陆续续到了南京，明朝都对他们授予官职，并设立朵甘卫、乌思藏卫和河州卫，后来朵甘卫和乌思藏卫升为朵甘都指挥使司和乌思藏都指挥使司。

1371年，汤和、傅友德攻进四川，另一个农民起义军的明夏政权灭亡，这样一来，川藏大片地区就归了明朝。

1382年，傅友德、蓝玉和沐英三员大将打进了云南，元朝在这里的10万大军抵挡了一阵子之后，彻底溃败。随后，沐英这个8岁就被朱元璋收为养子，从小在军营中长大的孩子，独自率领人马，讨伐云南的大理段氏。

前面说过，大理段氏立国比宋朝还早，但在被蒙古人征服之后，不敢再称自己为皇帝了，改称为总管。当沐英带兵杀到的时候，段氏末代总管段明叔倒也不含糊，抱着效忠元朝的念头和沐英对杀，打败之后被捆成一个粽子，押送到了南京，最后老死在那里。从此之后，"段氏世土，至此而绝"，老段家几百年在这块土地上的经营，就此结束。

关于沐英，这里多说两句。平定了云南之后，傅友德和蓝玉就回去了，朱元璋让沐英镇守云南。这样安排是出于信任。沐英相当于朱元璋和马皇后的孩子，尤其是马皇后，特别喜欢沐英。前面说马皇后死的时候，朱元璋哭得很厉害，其实，哭得最厉害的应该是沐英，史书上说他"呕血数升"，伤心到吐血，足以说明这娘俩感情很深。

事实证明，朱元璋没有用错人，沐英在云南多次打退麓川等少数民族王国的入侵。那可不是千八百人规模的骚乱，而是几十万正规军的鏖战，这足以说明沐英的军事水平。除此之外，他还屯田种粮，招商引资，兴办教育，可以说大大地改善了云南老百姓的生活。朱元璋在沐英回京述职的时候，曾拍着他的肩膀说："使我高枕无南顾忧者，沐英也。"有你沐英在，我不操心啊。金庸小说《鹿鼎记》里，韦小宝的七个老婆之一，云南沐王府的沐剑屏，就是沐英的后代，当然，那是虚构的。

142. 宰相没有了

朱元璋把蒙古人赶出中原的时候，打出的旗号是"驱除鞑虏，恢复中华"，他想的是，自己是纯种的汉人，根红苗正，这天下大多数人都是汉人，我这杆大旗一竖，岂不是天下归心，应者云集？事实证明，这一招不太好使。

有一些人的确马上就来归附了，可是也有一些人，对着他大翻白眼，瞧不起他。问题是，后一种人里面恰恰有很多是朱大皇帝需要的人，也就是那些有知识还有财产的知识分子地主阶层。

一、为什么很多人不愿为明朝做事

江西有个读书人叫夏伯启，和他侄子两个名气很大。朱元璋想让这两个人出来给自己做事，可是这叔侄俩琢磨了一下，咔嚓一刀，把自己左手的大拇指都切了下来。为什么这么做呢？因为中国古代从唐朝开始，就有"身言书判"的说法，也就是说，你科举考试通过了，也要经过吏部的审核才能当官，审核的标准就是"身言书判"四个字。你说话要清楚，不能大舌头；写字要好看，就算达不到书法家的标准，但也绝不能像我写得那么难看；还要会当法官，会写各种判决书；最后最重要的，不能身有残疾，身体是革命的本钱，古代人也是这么看的。老夏家这爷俩自己把自己变成残疾人，这样就可以不给老朱家当官了。

朱元璋为这件事气得发疯，大吼大叫道："尔宜枭令，籍没其家，以绝狂夫愚夫效仿之风！"我一定砍了你们俩的头，抄了你们俩的家，以免别人都效仿你俩，不来给我干活。

即便如此，那时候不愿意来给老朱打工的，还是很多，打开《明史》，里面因为这事儿被杀的绝对不止夏伯启叔侄俩。就算是大明建国很长时间之后，也还有很多人依旧效忠元朝，不肯接受他这个"奉天承运皇帝"，气得老朱特意在自己编的《大诰》里面，加了这么一条罪名："寰中士大夫不为君用，是自外其教者，诛其身而没其家，不为之过。"凡是有读书人自命清高，不肯出来给我朱元璋做事的，按照我的法律，砍脑袋抄家，都不算是过分。

为什么这么多人不愿意给朱元璋打工？莫非大家都不喜欢老朱？其实主要原因不是这个，如果非要找根源，也许董仲舒和赵匡胤要承担部分责任，前者弄了三纲五常，忠君的思想早已深入人心，元朝毕竟统治了将近百年，知识分子觉得忠于皇帝是天经地义的，至于说皇帝是蒙古人这事儿，难道蒙古人不是天下人吗？你要知道，在儒家传统里，虽然有"华夷之辨"，对少数民族瞧不起，可是有一点是公认的，皇帝管的是整个天下，所谓"率土之滨，莫非王臣"，不能因为皇帝是蒙古人就乱了纲常。

那么赵匡胤要承担什么责任呢？主要是他当年没有收复燕云十六州，导致北方领土长达几百年属于外族统治，许多人一直在辽国皇帝、金国皇帝统治之下，对蒙古皇帝也就没什么反感很自然地接受了，这也导致后来对朱元璋有一段时间的排斥。

二、施耐庵和《水浒传》

那么，有没有单纯就是不喜欢老朱，而不愿意给他打工的呢？也有，那就是四大名著《水浒传》的作者施耐庵。

关于施耐庵，现在史学家的争议比较多，包括《水浒传》到底是不是他写的，老家在江浙什么地方，有没有这个人，都有历史学家认为值得重新考证。当然，在权威的结论出来之前，我们先认定施耐庵这个人是存在过的。

施耐庵36岁的时候，在科举考试过程中，认识了刘伯温，和刘伯温成了好朋友。考试之后，为了各自的前程，两人洒泪分别。施耐庵先是在元朝当了一个县官，后来觉得干得很憋屈，就仿效陶渊明，辞职回家，没种菊花，改行做了教书匠，收了一个弟子，名字叫作罗贯中，也就是后来《三国演义》的作者。

等到张士诚一起义，施耐庵因为表弟和张士诚的关系不错，摇身一变，成了张士诚的军师，后来又因为意见不合，闹翻了，就带着罗贯中开始四处游学。

也正是这时候，刘伯温到了朱元璋的阵营，然后极力拉拢施耐庵，想让他来和自己一起为朱元璋工作。可是施耐庵看不上朱元璋，"坚辞不就"。随后，施耐庵到苏州隐居，写出了著名的《水浒传》。从这本书里，我们也许能够侧面证实施耐庵的身份，因为一般来说，作家都愿意写那些他熟悉的场景，尤其是他的第一本书。施耐庵在《水浒传》里花费大量笔墨描写了大量残暴的场面，还有林冲、武松、宋江被审讯充军、流放和下狱的经历，对暴动场面还有刑侦系统很熟悉。这些都说明，他做过县官、在张士诚造反队伍里干过军师的经历，应该都是真实的。

1369年，《水浒传》成稿之后，马上就以民间手抄本的形式流行开来，以至于刚刚宣布建立大明的朱元璋都看到了。据《梦花馆笔谈》这本书记载，老朱认为"是人胸中定有逆谋，不除之必贻大患"，刚刚从造反派变成了皇帝的朱元璋，马上就开始警觉有新的造反派出现了。

就这样，施耐庵被抓了起来，关了一年之后，在刘伯温等人的努力下，又被放了。但一年的监狱生活，让已经70多岁的施耐庵身体变得极差,虽然有罗贯中的精心照料,但出狱不久,还是死了。那一年是1372年,他终年76岁。

前面讲过,《水浒传》里面真正的历史人物并不多,大多数都是虚构的。在这些虚构的人物里,有四个人值得特别注意,那就是朱武、朱仝、朱富、朱贵,这四个人的名字连起来念,就是"朱武同富贵",可是最后朱富、朱贵死了,只剩下朱武和朱仝,一个跟着公孙胜去学道成仙了,一个招安之后当了太平军节度使,都是比较好的结局。如此一来,就有人说,朱武实际上就是暗指朱元璋这个洪武皇帝的政权,跟着他混,他忽悠大家说一起富贵,实际上,最后好处都是他一个人的,你们的富贵肯定是没有的,因为朱富、朱贵都死了。

我们这里不用理会施耐庵的《水浒传》是不是这个设定,历史事实是,现实中的"朱富""朱贵"真的都死了——和朱元璋打天下的大多数功臣都没有福气享受很长时间的富贵,也没有福气像沐英那样病死,他们中的很多人都死在了朱元璋的手里。

这事儿说来话长,当我们真的解开历史谜团,就会发现,明朝初年的大清洗运动,并不是一句"为了稳固自己政权而杀功臣"能够完全解释清楚的。

三、人头滚滚的胡惟庸事件

明朝刚刚开国的时候,基本上继承了元朝的制度,中书省的左右两个丞相是最大的宰相,只不过元朝是右丞相最大,而明朝则是左丞相为尊。所谓左右丞相,就是上朝的时候,你站在皇帝的左边还是右边。历朝历代,都有左右丞相的说法,但哪一个更大,那就要具体情况具体分析了,大略来说,秦朝以左为尊,汉代以右为贵,到了明朝,又是左边的官帽子比较大。

元朝和明初的中书省，除了左右丞相，下面还有左丞和右丞，权力小了很多，但宽泛地讲，也都属于宰相班子里的成员。

国家刚建立之时，功劳极大的李善长当仁不让地成了政府的一把手，中书省左丞相，韩国公。朱元璋还赐给他丹书铁券，有两次免死的待遇。到了1371年，也就是常遇春去世的第三年，李善长病了，不能上班了，朱元璋就想换一个宰相。他找来了刘伯温，说你看看，杨宪、汪广洋和胡惟庸这三个人当宰相如何。

前面我们讲的都是金戈铁马，抡着片刀和敌人厮杀的武将，而政府的一把手，基本都是要由文官担任的，这三个人就全都是文官。当时汪广洋是中书右丞，杨宪是中书左丞，胡惟庸是参知政事，都是仅次于中书省左右丞相的官员。

朱元璋这时候把这三个人拎出来，问刘伯温的意见，是很有深意的，因为这三个人属于三个不同的集团。

在老朱打天下的过程中，有一群他的发小、老乡和亲戚，都来自他的家乡淮西，老乡见老乡，两眼泪汪汪，天然地，就形成了淮西集团，这些人以李善长为首；而在他向东挺进的过程中，又收获了很多来自浙江的人才，叫浙东集团，刘伯温就是他们的头儿；剩下的人就是散兵游勇，我们可以称他们为中间派。

很自然地，三大派里，以淮西集团势力最大，胡惟庸就是淮西派的，他和李善长不仅是老乡，还是儿女亲家；杨宪则是刘伯温的好友加盟友，属于浙东集团；最后的汪广洋是中间派。

现在老朱把这样三个人摆在台面上，很明显，既是想知道刘伯温对他们的评价，也是对刘伯温智商的一次考验。

老刘面对朱元璋鹰一样的双眼，思考了一会儿，这样回答道：杨宪"有相才无相器"，才能还行，但是心眼小；汪广洋是"褊浅殆甚于宪"，还比不上杨宪；胡惟庸则是"譬之驾，惧其偾辕也"，用这家伙当宰相拉车,容易把大明帝国带到沟里去。一句话,三个人都不合适。

朱元璋就笑了,然后轻描淡写地说了一句:"吾之相,诚无逾先生。"看来我的宰相,只能是你刘伯温了。刘伯温在把那三个人贬低了一顿之后,当然知道老朱必有此说,不慌不忙地回答道,我也不行,我脾气不好,疾恶如仇,容易掀桌子,还不耐烦处理繁杂的事务,所以,我也干不了,陛下您慢慢找,肯定能找到合适的。

整个问话到此结束。

刘伯温在这次策问里,算是勉强过关,他不可能明目张胆地推荐杨宪,也不可能对着胡惟庸猛踩,因为皇帝最忌讳拉帮结派,而且他自己也知道,老朱虽然嘴里问他,但心里面早就有了自己的主意。所以,他的总体策略是对的,那就是老朱提出任何人选,他都否定,包括他自己也要否定,因为这件事必须由朱元璋自己来做决定,甚至你都不能表现出你猜中了老朱的心思,中国自古以来智商高的帝王,最忌讳的就是被大臣们看穿。

在刘伯温和朱元璋对话之后不久,中间派汪广洋被提拔为中书左丞相。随后,大明帝国中书省的一连串好戏就上演了。

汪广洋就是一个窝囊废,自己明明是政府一把手,但是完全摆不平下属中书左丞杨宪,即便是汪广洋小心翼翼,不贪污不受贿,也不拉帮结派,低调做宰相,最后还是被杨宪指使御史弹劾他"奉母无状",意思是汪广洋在家里伺候他老娘时不细心,端洗脚水的姿势不对。不久之后,汪广洋就被罢黜了宰相,赶到海南岛上钓乌龟去了。

中间派汪广洋这么一走,胡惟庸和李善长就警觉起来,如果风头很猛、属于浙东集团的杨宪趁势当上宰相,对于胡李二人的淮西集团那是大大地不利。据史书记载,胡惟庸亲口对李善长说:"杨宪为相,我等淮人不得为大官矣。"绝对不能让这小子得逞。于是,已经病休的李善长亲自出马,弹劾杨宪"放肆为奸事",一查之下,罪证确实,杨宪随之被杀。

这样一来，当年的三个人就剩下了胡惟庸，他就被提拔为中书省左丞相，随后不久，在海南岛钓鱼的汪广洋也被召回，担任中书省右丞相。终于，在李善长回家养老两年之后，朱元璋把中书省的班子凑齐了，这一年是1373年。

你要注意的是，这时候，看戏的除了我们这些在台下，还有朱元璋，他任凭这些人斗来斗去，反正你们斗倒了一个，我就安排另一个人上台，然后继续看你们表演。

胡惟庸当上宰相的时候，年岁已高的刘伯温已经告老还乡了，而且是老老实实，本本分分，不和任何人交往，每日里就是喝酒下棋。甚至当地县令过来想看看他这位中央退下来的大干部，刘伯温都跪下自称小民，吓得县令从此之后再也不敢去了。

谁知道，就是这么一个老实巴交的老头儿，最后也没逃过胡惟庸的毒手。

事情是这样的，当刘伯温生病的消息传到京城的时候，朱元璋派胡惟庸带着医生去看看，结果刘伯温吃了医生开的药之后，不仅没好，病情还迅速加重，很快就去世了。《明史》上直言不讳地说，这就是胡惟庸下毒，"帝遣惟庸挟医视，遂以毒中之"。

那么，胡惟庸为什么要杀刘伯温？史书上说的是，当年刘伯温在朱元璋面前说胡惟庸的坏话，说他是劣马，拉车会翻到沟里去。可是只要我们仔细想一下，就发现这里面大有蹊跷，胡惟庸可是被朱元璋派去看望刘伯温的，带去的医生也是御医，如果老胡敢于这么明目张胆地杀人，那他的胆子也未免太肥了一点儿。而且，刘伯温就这么莫名其妙地死了，朱元璋居然什么也没说，继续冷眼旁观。

《明史》上接下来的一句话是，"基死，益无所忌"，刘伯温死后，胡惟庸更加肆无忌惮。按照史书上记载，这家伙随后做的一些事情可谓是罪大恶极，罄竹难书。

首先是独断专行。官员任免这些事情，也不告诉朱元璋，自己直接就干了，下面官员上来的奏章，他想给老朱看就呈上去，不想给老朱看，老朱就看不到。这导致无数官员投奔到他的旗下，吉安侯陆仲亨、平凉侯费聚、御史大夫陈宁、御史中丞涂节等很多人都成了他的铁杆心腹。

其次，对于不服从自己的，一律剪除。甚至对于大将军徐达，胡惟庸也毫不忌讳，居然试图收买徐达的看门人福寿，想玩阴的除掉徐达，当然，最后没成功，可是他居然也啥事没有。

此外，他还联络东南沿海的倭寇，也就是日本强盗，以及北方大草原上的蒙古人，准备谋害朱元璋，自己当皇帝。

在这段时间，即便是徐达三番五次对朱元璋说，胡惟庸这家伙不能做宰相，"时时为帝言，惟庸不任相"，老朱还是高高在上，默不出声。

一直到洪武十二年，1379年，越南的占城国派人来朝见，胡惟庸等人像往常一样，也没告诉朱元璋，自己张罗招待了。朱元璋勃然大怒，命令彻底追查，到底是谁连外国使节来了都不让我知道。追查之下，很快就把右丞相汪广洋贬到广南，走到半路的时候，老朱又派人给他送去了一纸诏书，让他就地自杀。

就在同一时间，胡惟庸的儿子喝多了，让马夫在大马路上玩了命地赶车，车速飞快，结果他自己一不留神，掉下马车，摔死了。胡惟庸一气之下，把车夫给杀了，替儿子报仇。这事儿在那个时代可大可小，虽然是一条人命，毕竟只是一个车夫，而且老胡的儿子死在了前面。但让所有人大跌眼镜的是，朱元璋上朝主动问起了这件事，在朝堂上冷冷地说了四个字，"杀人偿命"，就一甩袖子回后宫去了。大家都不知道朱元璋的真实意思是什么，因为在他们看来，让堂堂帝国宰相，去给一个小小的车夫偿命，未免有点天方夜谭。

上面的种种事情，几乎都是在同一时间发生的，接下来的事情，却有了两个说法。一个是《明史纪事本末》的记载，说接下来的一天，朱元璋要去胡惟庸家里，但宫里一个叫作云奇的太监，死命拦住了他，在差点儿被侍卫打死的情况下，就是不让路，最后朱元璋登高一望，发现远处胡惟庸家里都是士兵，这才知道，这个拦路的云奇不是要抢劫，而是告诉他老朱，胡惟庸要杀他。我们在佩服云奇忠心耿耿的同时，也要佩服老朱，因为他的眼神那是真好，从南京故宫，一眼就能看到现在南京的中山门社区去。

另一个说法是《明史》上的，"涂节遂上变，告惟庸"。这个简单，就是胡惟庸的同党御史中丞涂节很快叛变，告发了胡惟庸要谋反。

上面的说法无论是哪一个，都导致了接下来大明官场的一场大清洗，一夜之间，人头滚滚，千家万户血流成河。胡惟庸和他的一众党羽自不用说，凡是和他沾上一点儿边的，基本上也都被杀了，被牵连的包括大批开国功臣，韩国公李善长、荥阳侯郑遇春、豫章侯胡美、江南侯陆聚、宜春侯黄彬、南雄侯赵庸这些人基本上都获罪，除了李善长手里有免死金牌，而且确实没证据之外，其他人的脑袋都掉了下来。前前后后牵连而死的有三万多人，史称"胡惟庸案"，是明初四大案的第一案。

关于这个案子，其实有很多需要讨论的，首先太监云奇拦着朱元璋的事情，应该是不靠谱。且不说那个情节实在像是小说和演戏，仅仅从前面的描述来看，朱元璋已经明确无误地发出指令，要彻查胡惟庸，甚至让他给一个赶马车的抵命了，这个当口，怎么会去老胡家里串门？所以成书晚于《明史纪事本末》的《明史》就没有采用那个说法，而是说涂节叛变，我认为后一个说法是可信的。

四、宰相没有了

在我看来，胡惟庸案是朱元璋导演的一出大戏，可以说，从他问刘伯温谁可以当宰相那时候起，他就在布这个局了。

也许老朱最初的想法，仅仅是想通过胡惟庸、杨宪、汪广洋这三个有明显缺点的人来平衡朝廷上的权力，但是事情发展到后来，胡惟庸这个"得志便猖狂"的性格，给了他很大的惊喜。随着老胡越来越横行不法，老朱惊奇地发现，他居然能挖掘出那么多平日对他恭恭敬敬，暗地里却为了利益互相勾结，根本不把他这个皇帝放在眼里的人。

这也是朱元璋一直不动声色的原因，他想通过胡惟庸，挖出更多的人。可是，老虎不发威，你真的就当我是病猫吗？

至于说胡惟庸到底是不是谋反，已经不重要了，虽然所有他的罪状，在《明史》里都写得清清楚楚，但很难让人相信，上面说的那些幼稚行为，真的是一个能爬到大明王朝宰相位置的人做出来的。其实，就连《明史》也承认，胡惟庸被杀的时候，"其反状犹未尽露"，脑袋都掉了，也没搞清楚这家伙到底犯了什么罪，多少罪。

实际上，胡惟庸之所以会去死，一个重要原因就是他的一番瞎折腾让朱元璋认识到，宰相这个职位如果想架空皇帝，是一件十分容易的事情，帝国所有的日常工作，基本上都必须围绕宰相来进行，而不是皇帝。

1380年，朱元璋颁布了一纸诏书，这是一个对他本人，对后来中国都相当重要的诏书，八个字：废除中书丞相制度。到此为止，唐代三省六部制的三省基本上就告别了历史舞台，宋代让门下省名存实亡，元朝又废除了尚书省，到朱元璋这儿，中书省也没啥活儿可干了。

自秦汉以来，无论是三公九卿，还是三省六部，皇帝之下有一个或几个宰相，是标准配置，已经流行了一千多年。这些宰相就相当于现代公司里的总经理，虽然公司是董事长的，但是在平时，大事小情，一般来说都是总经理说了算，董事长的职责就是管理公司的大方向，负责任免总经理，再就是数数钱。这一方面是因为贵族阶层内部，包括皇族在内的权力平衡需要，另一方面也是因为公司事情实在是太多，董事长也管不过来。不过，历朝历代，只要董事长的精力稍微旺盛一点儿，就都想着自己多管点儿事，皇权和相权的争斗，从来就没停止过，但是，没有一个皇帝真的就想彻底废掉宰相，因为谁都知道，那样一来，自己这个董事长就算不累死，也要脱层皮。

现在到了老朱这里，他一拍胸脯，说要啥总经理，都靠边站。借着胡惟庸案，顺势废掉中书省丞相，终止了宰相制度。

没有了宰相，工、刑、兵、吏、户、礼部这六部的一把手尚书大人们，地位瞬间飙升，朱元璋把他们的品级从正三品提拔到正二品，从此可以直接和皇帝对话了。

143. 刑国以重典

元朝的中央，除了中书省，还有御史台和枢密院，一个管监察，一个管军事。朱元璋在废除中书省宰相之后，也没放过这两个部门。

一、政府机构改革

朱元璋把御史台改名为都察院，还是负责监察干部，随后老朱觉得，这个监察的力度不够，于是在正经的监察之外，还设立了一个叫作六科的部门，也就是在六部里增加了一个"给事中"的职位，专门审查各部的工作情况。相当于一个小小的办事员，天天坐在部长的办公室里，代替皇帝，监察你的工作。这些人的统称是六科给事中，如果你在兵部，那你的官职就是兵科给事中。

朱元璋又大笔一挥，把枢密院改为五军都督府，分别是中军、左军、右军、前军和后军，管理全国不同的大军区，这等于是把原来的枢密院一分为五，权力大大地缩水，造反的可能性也大大地缩水。每个军区下面有数目不等的卫，一个卫大概有五六千人，卫下面还有所，一千一百二十人为千户所，一百一十二人为百户所，这也就是明朝的军事制度，叫作卫所制。前面提到过，朱元璋最早在西藏设的朵甘卫和乌思藏卫，都是这个意思。实际上，这和隋朝的府兵制，曹操的屯田制几乎是一模一样的，都是平时为农民，打仗时为士兵的结构，老朱只是作业抄得好，但他却一点儿不谦虚，自吹自擂说："吾养兵百万，不费百姓一粒米。"

除了这些，明朝还保留了大理寺、太常寺、光禄寺、太仆寺和鸿胪寺这些古老的机构，号称五寺。太常寺负责祭祀，太仆寺管理车马，光禄寺负责寿宴，鸿胪寺负责接待外宾，这些和以前的朝代基本相同。相对来说，大理寺地位在明朝比较特殊，大理寺卿是正二品，和六部尚书平级，同时，大理寺、刑部和都察院合称为三法司，遇到全国司法系统的疑难案件，要这三个部门聚到一起研究，再做判决，这就是民间传说的三堂会审。

总的来说，明朝中央政府结构就是，上面一个朱大皇帝，下面有六部、五寺、都察院、五军都督府和后面要说到的锦衣卫。

这么多机构，就是没有宰相，所有这些部门的领导，都直接向皇帝汇报工作。可以说，朱元璋几百年前就开始搞"扁平化管理"了。此人确实是一个劳模，据史书记载，他可以每天阅读15万字左右的奏章，处理国事400多件，早上天不亮就上朝，晚上半夜才回到后宫。自己全年无休，但是对大臣们倒也网开一面，允许大家一年休三天，春节、冬至，还有他的生日。我们现在所谓的什么996，和明朝老朱以及他手下的六部部长们比起来，那简直就是幸福得如同天堂的生活。

关于上面的这个巨大改变，朱元璋在1395年的敕谕里说得清清楚楚："自古三公论道，六卿分职。自秦始置丞相，不旋踵而亡。汉、唐、宋因之，虽有贤相，然其间所用者多有小人专权乱政。我朝罢丞相，设五府、六部、都察院、通政司、大理寺等衙门，分理天下事务，彼此颉颃，不敢相压，事皆朝廷总之，所以稳当。"这段话的主要意思是说，以前朝代那些烂事、坏事，都是因为有宰相这个职位，我废掉宰相，大权独揽，是最稳当的。他还说："以后嗣君并不许立丞相，臣下敢有奏请设立者，文武群臣即时劾奏，处以重刑。"谁要是敢再立丞相，恢复宰相制度，全国各族人民共讨之。

当然，我们现在知道了，他的后代们觉得皇帝干到他这个份儿上，实在是太没意思了——当皇帝，难道不就是为了享乐的吗？所以，从他儿子朱棣开始，明朝就出现了另一个机构，叫内阁。内阁的工作人员，开始是顾问，慢慢地就成了事实上的宰相，您不让设立丞相，我当然不敢不听，但是改个说法那还不是小菜一碟。

除了中央政府，朱元璋还改革了地方制度，将元朝行省本来一人独享的军事、行政和司法权力分拆成都指挥使司、承宣布政使司、提刑按察使司三部分，三个部门彼此独立，分别隶属于中央管辖。这些名称有一些一直延续到20世纪，比如说香港在1997年回归之前，一直都有一个叫作布政司的行政单位，就来自明代的承宣布政使司。回归之后改了一个名字，叫作政务司。

二、从胡惟庸案到蓝玉案

朱元璋利用胡惟庸案杀了一大批大臣，改革了帝国的政治制度，随着时间的推移，他发现，胡惟庸简直就是一个宝，死了之后，还有很大的妙用，什么用处呢？那就是可以时不时地借他的脑袋用用。

从1380年胡惟庸案发，一直到1392年，十二年间，只要老朱想让谁去死，就把谁说成跟胡惟庸是同党。

比如说1385年，李善长的弟弟李存义和他儿子李佑，被人告发说和胡惟庸是同党，两人脑袋落地。

1386年，明州卫指挥林贤被告发受胡惟庸指使，和日本人勾结，被凌迟处死。

1390年，开国第一功臣李善长被赐自尽，全家70多口全都被杀，原因还是胡惟庸。据说，当年胡惟庸曾经拉拢李善长入伙，共同造反，李善长因为自己亲弟弟和胡惟庸已经同流合污了，既不能去告发，也没办法入伙,最后只能说了一句,"吾老矣。吾死,汝等自为之",意思就是我不管了。朱元璋虽然也相信李善长不会谋反,但还是说,你看看你李善长啊,你这是一个忠臣说的话吗?你应该第一时间,拄着拐杖,一瘸一拐地来给我打小报告的,而你却"知逆谋不举,狐疑观望怀两端",如此大逆不道,你不死谁死?

后来,陆仲亨的家奴告发陆仲亨与唐胜宗、费聚、赵雄三名侯爵,串通胡惟庸"共谋不轨"。写出了"驱除鞑虏,恢复中华"的那位宋濂,他的孙子宋慎亦受牵连被杀,宋濂本人则贬死在四川茅州。

到了洪武二十五年,也就是1392年,朱元璋又一次想起了胡惟庸,这次倒霉的是靖宁侯叶昇,罪名是"交通胡惟庸"。不过这一次,朱元璋不仅要杀叶昇,而是项庄舞剑,意在一大堆沛公,在这些目标里,有一个人最显眼,他的名字叫蓝玉。

蓝玉是安徽人,宽泛地说,和朱元璋、李善长、胡惟庸都算是老乡,不过他走的是武将的路子,开始时是常遇春的部下,因为"临战勇敢,所向多捷",深受常遇春的赏识。常遇春不仅经常在朱元璋面前夸奖他,还把自己的妹妹嫁给了他。后来,蓝玉跟着傅友德打四川和云南,跟着徐达征讨北元,跟着沐英收服吐蕃,又跟着冯胜打过北元,可谓是战功赫赫,资历深厚,只是因为年轻,才一直都是副手。

到了1388年,老将们基本退休了,蓝玉终于被朱元璋拜为大将军,统率15万兵马,征伐北元的脱古思帖睦尔。结果一战成名,在今天内蒙古呼伦贝尔市贝尔湖,当时叫捕鱼儿海的地方,大破元军,捕获了脱古思帖睦尔的二儿子地保奴、皇妃、公主以下一百多人,男女老百姓七万七千多,以及马驼牛羊十五万余匹。总之,大获全胜,大发横财。

朱元璋听说了这事儿挺高兴,本来打算封蓝玉为梁国公,可是马上就得到消息,说蓝玉在回国途中,强奸了北元皇帝的妃子,这个妃子也比较刚烈,被辱之后,自杀身亡。

老朱不高兴了，天朝上国的大将，你蓝玉要什么样的女人没有？怎能干这么下作没品的事情呢？于是，蓝玉被降了一等，变成了凉国公。不过，即便如此，也改变不了蓝玉从此成为大明第一猛将的事实，朱元璋还经常夸他，说他堪比汉代的卫青。

可是人家卫青功劳很大，却谦虚有礼，蓝玉却狂妄到了极点。可以这样说，如果这人的尾巴足够长，那肯定是要翘到天上嫦娥面前去了。《明史》上说他"浸骄蹇自恣，多蓄庄奴假子，乘势暴横"，家里面养子、奴才一大堆，个个骄纵不法，并且部队里面的军官任免，都是他一个人说了算，甚至朱元璋都不能过问。

最神奇的，是下面两件事。

第一件事是，有一次北征得胜回来，夜间路过喜峰关，守关的士兵开关门的时候晚了一点儿，蓝玉二话不说，命令军队强行打破了关门，史书上说"纵兵毁关入"，这简直霸道不讲理到了极点。

第二件事是，朱元璋封他为太子太傅，也就是太子朱标的老师，结果他听说之后，觉得自己给小朱当老师委屈了，想当老朱的老师，在外面公开说道，"我不堪太师耶！"凭我的功劳，还当不上一个太师吗？

这事儿别说朱元璋忍不了，就算换了任何正常一点儿的皇帝，都不能忍，你蓝玉是不是脑子坏掉了？搞清楚谁是大小王了吗？

1392年，朱元璋借着胡惟庸案，清理了蓝玉的铁杆下属靖宁侯叶昇。1393年，锦衣卫指挥蒋瓛猜到了朱元璋的心意，壮着胆子指控蓝玉谋反。朱元璋马上就点了点头，然后几乎没有审判，就以谋反罪处死蓝玉，诛灭三族。据说朱元璋起初打算将蓝玉凌迟，后来考虑到蓝玉为大明立下战功，又是皇室姻亲，所以决定处以剥皮的刑罚，给他留个全尸。

可是单单杀一个蓝玉，那绝对是不能满足老朱的需要，《太祖皇帝钦录》上记载，"蓝总兵通着府军前卫指挥、千户、百户造反，凌迟了"，也就是向下株连到几乎所有蓝玉的下属。而且也不仅仅是向下株连，横向的联系更是要命，因为一个蓝玉，导致十三个侯爵和两个伯爵被杀。最后一统计，此案一共有一万五千多个人头落地，可谓惨烈至极。事情还没完，在随后的一两年里，颍国公傅友德、定远侯王弼和宋国公冯胜相继被逼自杀，连带他们的家属，那又是几千人的血债。到此为止，明朝开国功臣几乎是被屠戮殆尽，史书上说"元功宿将，相继尽矣"，史称"蓝玉案"，也是明初四大案之一。

三、朱元璋为什么大规模"杀功臣"

现在很多人都说朱元璋杀开国功臣，我们读史书会发现，"杀功臣"这三个字主要指的就是蓝玉案，这时距离朱元璋当上皇帝，已经过去了25年。前面的胡惟庸案，虽然杀的人数可能比蓝玉案还多，但是真正被杀的功臣却不是很多。相反，很多功臣都是病死的，开国最著名的七位公爵中，徐达、常遇春、邓愈、李文忠、汤和这五位都是病逝，自然死亡。

那么，为什么时间过去了25年，到了1393年，朱大皇帝忽然借着一个蓝玉案，大规模地杀功臣呢？前面说过，开国皇帝杀功臣主要原因有三个，第一怕你造反，第二怕你政治理念不一样，干预政事，这两个原因，也许是老朱借胡惟庸案杀人的原因；但杀掉蓝玉，则应该是我说的第三个原因，怕功臣们造自己儿孙的反。

因为，就在前一年，1392年，大明帝国发生了一件大事，太子朱标死了。

朱标是朱元璋的嫡长子，马皇后所生，从会说话开始，就是按照皇帝的标准严格培养的。到了洪武十年，也就是1377年，战事还未完全平息，大明王朝除了紧急军情，其他事务都已经是先呈报给太子，太子审阅之后，再给朱元璋批示。

可是朱标这孩子从小就温文尔雅，和他爹一点儿都不一样。他经常劝朱元璋要少杀人,要讲究仁政,搞得老朱很郁闷。

据说有一天,朱元璋让朱标去捡一个上面长满了刺儿的树枝,然后对他说,看见没有,我杀人就是为了拔除这些刺儿,你将来才能很舒服地掌控这个国家。结果朱标回答:"上有尧舜之君,下有尧舜之臣。"皇帝是什么样,臣子就会是什么样,言下之意,你老朱杀来杀去,大臣们自然也都是不老实的家伙。朱元璋气得抄起椅子,直接就向儿子砸了过去,朱标转身撒丫子就跑。

这个故事的真假我们并不知道,但至少说明一件事,那就是这爷俩很不一样,不过无论他们如何不一样,朱标的太子位置从来没有动摇过。有人说这是因为朱标是马皇后的儿子。

我不这么看。要知道,汉武帝的太子刘据也是一个宽厚之人。可以这样说,朱元璋和汉武帝的想法是一模一样的,那就是,自己活着的时候尽量把帝国这根棍子上的刺儿都拔掉,然后让儿子去施行仁政。我认为老朱选择朱标做太子,并不仅仅是因为喜爱,他是在为帝国的千秋万代做考虑。

可惜的是,人算不如天算,和汉武帝一样,老朱的美梦也没实现。1392年,太子朱标病逝。

这件事对朱元璋的打击相当大,64岁的他不仅老泪纵横,而且给儿子穿的孝服迟迟不肯脱下。前面讲周公的那一节说过,嫡长子死了,父母要为之戴孝,朱元璋想把这身孝服穿到死,说明他实在是很伤心。

以前他对蓝玉和功臣们的种种隐忍,都是建立在一个前提之下,那就是朱标会顺利接位。因为蓝玉是太子朱标的铁杆联盟,对朱标言听计从,而且朱标从小就跟着他处理政务,很多功臣也心甘情愿地对朱标效忠。

现在这么优秀的太子死了,那么,老朱百年之后,谁又能管得住蓝玉呢?好像是没有了。而且不仅仅是蓝玉,还有依旧活着的老将傅友德、冯胜等人，谁又能制得住他们呢？好像也没有了。

既然没有人能制住他们，那就只剩下一个选择了。就这样，蓝玉案横空出世，和胡惟庸案一样，蓝玉到底是不是要谋反，一点儿都不重要。

四、空印案和郭桓案

"明初四大案"的另外两个案子，分别是空印案和郭桓案。

首先来说一下空印案，"空印"的意思是盖过印的空白账本。明朝初期，地方上每年都需要派人到户部，去做年底的账目核对，地方政府所呈报的账目，必须与户部审核后的账目完全相符，才能结算，算你过关了，可以过一个好年。只要有任何一项不符，就必须驳回，回到地方，重新做账，然后盖上地方政府的大印，再回到中央去核对。

朱元璋那个年代，既没有高铁也没有飞机，来回中央一次，远一点的地方政府官员，可能要花费几个月，如果账目搞错两三次，那整整一年啥也别干了，不是出差，就是在出差的路上，既耗时又耗力，开销还大。

后来有聪明的人，就想出了一个主意，虽然地方政府的大印我不可能带着去中央，但是，我可以多带几本账本啊，事先盖好大印，如果账目错了，在京城里就地用新账本修改，免得跑来跑去麻烦。这种事在元朝的时候，就形成了惯例，大家都觉得很方便。

老朱当皇帝之后，非常偶然地知道了这件事，勃然大怒：空白账册，事先盖好印随便填数字？他马上就把这个玩意儿和腐败两个字联系起来了。这确实也怪不了他瞎联想，因为一个空白的财政册子，想要贪污，那实在是太容易了，而且我现在都敢肯定，过去也一定有无数的民脂民膏，通过这种类似空白支票的玩意儿流入了很多官员的口袋。

朱大皇帝一发怒，所有地方衙门的掌印主官，也就是布政使，一律处死；左右参政，也就是副手，打一百下屁股板子，然后充军。

空印案最后的结果是,几百名官员被杀;老朱下了一道圣旨,把原来的亲军都尉府改成了一个后世大名鼎鼎的机构,锦衣卫指挥使司,简称锦衣卫。

这一年是1382年,洪武十五年。

锦衣卫其实就是特务。这是一个直属于皇帝的机构,专门调查大臣们的不法行为。因为空印案让老朱产生了危机感,即便没有了宰相,如果大臣们联合起来,一致不想让他知道某件事,那他还是和瞎子一样。他觉得有了锦衣卫这么一个凌驾在大臣之上的特务机构,事情肯定就不一样了。

的确,事情真的不一样了,三年之后,锦衣卫就整出了一个大案子,这就是明初四大案的最后一个案子,郭桓案。

郭桓当时的职位是户部侍郎,罪行是贪污。贪污了多少呢?据说朝廷一共损失了精粮2400万担。可是关于这个案子,《明史》上的原话是"自六部左右侍郎下皆死,赃七百万,词连直省诸官吏,系死者数万人。核赃所寄借遍天下,民中人之家大抵皆破"。这短短的一句话里,隐藏了几个巨大的信息。

第一,朱元璋查实了这个案子之后,把中央政府六部里面,二把手以下的大多数官员都处死了,二把手以上的,包括礼部尚书赵瑁、刑部尚书王惠迪、兵部尚书王志和工部尚书麦至德也全都因为这个案子被杀了。至于说下面的地方官员,那自然也是跑不了的,只要是和郭桓这两个字沾上一点点的,不是死刑,就是流放,"死者数万人",绝大多数是政府官吏。

第二,不仅仅是处罚,还要追赃,老朱坚定地认为,那些和郭桓勾结在一起的土豪劣绅以及他们结交的村官恶霸,全都要为这起贪污案买单。老百姓中间的富户就倒了大霉,很多中产阶级都破产了。这样一来,民怨沸腾。最后为了平息民怨,朱元璋采取了一招最绝的,将这个案子的主审官吴庸处死作为这个案子的收官之作,相当于告诉老百姓,可不是我朱重八要祸害你们啊，都是姓吴的这个法官搞的。

第三点就是《明史》上的这句"赃七百万"。不是说贪污了2400万石粮食吗？怎么写成了700万？这个在朱元璋自己编的《大诰》里有交代，他是这样说的："恐民不信，但略写七百万耳。"也就是说，确实贪污了2400万，但怕老百姓不相信，就只写了700万。那么，为什么担心老百姓不信呢？答案很明显，2400万实在是太多了。

根据史料，那时候明朝一年的收入是麦米合计2940万，这样一算，郭桓这个大贪污犯居然贪污了整个国家一年收入的82%。这样的数字，这样的规模，别说当时的老百姓不信，就是我们现在，也会产生深深的怀疑。

那么，2400万这个数字到底是怎么来的呢？

关于这个问题，这里有四个答案，你可以选一个相信。第一个答案是这就是朱元璋随便写的，等于是一口大黑锅扣在了郭桓的脑袋上；第二个答案是他用数学方法算出来的，因为郭桓被查实的贪污是200万的浙江税收，那全国一共12个布政司，200万乘以12就等于2400万了；第三个答案是所有涉案官员在供词里承认的，历年贪污所得的总和；最后一个答案是老朱对几万名和案子有牵连的官员以及老百姓进行了抄家行动，一共抄到了2400万。

这四个答案里，第三个是最符合逻辑的，也就是棍棒之下，罪犯们交代的历年贪污所得。但我个人最相信的，是第四个答案，因为我认为，虽然郭桓贪污绝对是事实，但是借着这个案件来敛财，才是老朱的最终目的，因为他那时候正好缺银子。

为什么说他那时候缺银子呢？我们来算一下时间：洪武十七年，在朝廷连年征伐之后，傅友德、沐英等人率军攻下了云贵，地方需要安抚，三军需要犒赏；洪武二十年，朱元璋又发动了第五次北征，需要大把的钱财。也就是在这个时间点上，发生了郭桓案，然后老朱就拎着大刀，冲到了商贾大户、地主土豪家里，说你们这些人和大贪污犯郭桓联合起来，贪污了政府的税银，赶紧地，交出来。

我认为，事情的真相就是如此。

历史上，没有任何一位君主或者国家，对贪污案的处罚能达到空印案和郭桓案的这个力度。据说那时候的官员，早上上朝的时候，都要和家人诀别，我这一去，可不知道晚上还能不能带着脑袋回来，如果不能，老伴儿啊，这辈子咱俩就此别过了，卧室花盆下面还有10两银子我的私房钱，你挖出来买件衣服吧。

144. 驾崩南京城

我们今天去银行转账或者提取现金，都能看见账单上除了阿拉伯数字，还有一套大写的汉字数字记账，这十个汉字和这个记账的办法，是朱元璋发明的。在郭桓案之后，朱元璋明确规定，以后记账的数字必须由"一、二、三"这样简单的文字，改成由他发明的"壹、贰、叁"等复杂写法的汉字。这项改革被一直使用到今天，目的只有一个，不容易篡改。

一、以猛治国

明初四大案还催生了另一件事，就是朱元璋发布了一本新的法律，《明大诰》。目的也只有一个，"以猛治国，刑用重典"，换句话说，他认为当时明朝的官方法律《大明律》实在是太宽松了，必须从重从快严厉打击犯罪分子。

这本《大诰》规定，贪污60两银子以上者，要受"枭首示众，剥皮实草"之刑。这句话翻译过来能吓死现在的一些官员，你拿了公家60两银子，脑袋要被砍掉不说，还要剥了你的皮，里面填上草料，挂在政府衙门官老爷的座位两边，警示后来者。

为了普及他的"法律精神"，朱元璋还说，全国臣民家里必须要有这本《大诰》，你就是不识字，也要有一本，当作圣物供奉，因为万一你犯了罪，只要不是十恶不赦的大罪，凭此都可以减轻一等处罚。他甚至在洪武二十四年，也就是1391年规定，科举考试要从这本《大诰》里出题。如此一来，除了一无所有的老光棍，家家都买一本《大诰》就成了天经地义的事情，法律条文如此普及，这在世界历史上，也绝对是一个奇迹。

这本在国家法律之外的《大诰》一共执行了12年。1397年，老朱废除了《大诰》里的很多酷刑，并且把内容合并到《大明律》里，称为《大明律诰》，是明朝后来一直执行的刑法条例。

据史书记载，在这样的严刑峻法之下，因为老朱杀掉的官员实在太多，很多衙门就都没人上班了，朱元璋的办法是"戴死罪，徒流办事"，从监狱里拉出犯罪的官员，让他们戴着镣铐去办公。经常是下面的罪犯跪下磕头，却看见桌子下面审判他的官老爷的脚上，也戴着脚镣，甚至有可能他们在某一天早上，一起走上刑场掉脑袋。汉语"戴罪"这个词，就是这时候发明出来的，后来又发展出"戴罪立功"这个成语。

这里要问一个问题，为什么明初的时候，官场上这么多贪污犯？

有人说这是一个伪命题，根本就没有那么多，是朱元璋为了清洗功臣而实行的株连政策。这种说法不太靠得住，因为上面两个贪污案中，被杀的并不是功臣，基本上都是籍籍无名之辈，如果不是上了死刑名单，估计找遍《明史》，也看不见他们的大名。

还有人说是因为朱元璋给的工资太少，官员不够花。这个也不对，虽然《明史》上说，"自古官俸之薄，未有若此者"，但指的是后来。在老朱刚当上皇帝的时候，官员的工资是绝对不低的，有一个叫王琼的明朝官员，在日记里是这样写的，"国初定制，百官俸给皆支本色米，如知县，月支米七石，岁支米八十四石，足勾养廉用度"。那时候，一石米大约是现在的150斤，一个县长，一个月收入1000斤大米，考察历代，这个俸禄都是不低的，王琼作为亲身经历者，也用了"足勾养廉用度"这样的描述，就很说明问题。也许不是高薪，但养家足够。

如果上面两个不是主要原因，难道真的是因为腐败？

实话实说，这个答案还真可能是对的。想解释这件事，就涉及"元朝吏治"四个字了，前面说过，元朝是一个奇葩的朝代，它对于地方上的治理，可以说是历朝历代最差的，这直接导致了下面的官吏普遍存在着贪污受贿、吃拿卡要的现象。经过一百年的沉淀，这种"当官就要发财"的心理可谓是深入人心，所有当官的，只要不发家致富，那不仅仅是自己心里是否平衡的问题，你周围的人，小姨子、大舅子全都瞧不起你——当个官都不能发财，你怎么就这么没出息呢？史书上记载，"仕进者多赂遗权要，邀买名爵，下至州县簿书小吏，非财赂亦莫得而进"，可以说中国官场风气大坏，就是始于元朝。

朱元璋恰恰是在这种环境里成长起来的，早期作为一名老百姓的他，既清楚官员们都是贪污犯，也对这种现象无比痛恨，每每想起来，就把老爹、老妈、大哥的惨死怪罪到这些人身上。

这样的社会环境，这样的皇帝心理，就导致了两件事情：第一，明初的贪污确实是相当严重，因为环境如此，惯性使然，即便有一两个清官，也很难改变这个风气；第二，朱元璋一看见有人可能贪污，马上就暴跳如雷，宁可信其有，不愿信其无，挥动着大笔，写下了一连串的杀杀杀。

朱元璋对腐败的痛恨，让他把很多心思都花在了这个上面。在他上台后修建的南京明城墙，那上面的每一块砖，都刻有烧砖工人、主管单位负责人和主管官员的名字，万一是豆腐渣工程，责任从主管一路可以追查到干活的工人，一律砍头。现在，650多年过去了，城墙依旧挺立，号称是世界上最坚固的城墙。

除了上面的原因，明初四大案之所以会发生，最根本的原因是它们对朱元璋有用。

朱元璋利用胡惟庸案，清洗了所有可能对他怀有二心或者对他治国理念不赞同的官员，进而废除了宰相，彻底改革了政治制度；利用空印案狠狠地打击了地方上擅自行事欺上瞒下的官员；利用郭桓案打击贪污腐败分子，同时又搜刮了很多钱财，满足了自己四处征伐的需要；最后利用蓝玉案，自认为清除了所有可能威胁到他新接班人的功臣武将，在他的计划里，这样一来，他的接班人将会舒舒服服地当一个太平皇帝。

客观地说，前三项老朱是成功了，虽然他后期对于政府贪污腐败行为相当灰心，说"行之既久，犯者犹众"，但洪武一朝，官场从元朝末期的几乎没法看到官员们大多数遵纪守法，老朱的功劳可谓是大大的。《明史》上说，"一时守令畏法，洁己爱民，以当上指，吏治焕然丕变矣。下逮仁、宣，抚循休息，民人安乐，吏治澄清者百余年"，他重典治吏的效果还是值得称颂的，至于说后来明朝末期的贪腐横行，这个就不能算在老朱的头上了。

不过，最后一项，给继位者留下一个相对平稳的执政环境，这一点就需要后面再慢慢说了。

二、为何选朱允炆

太子朱标死后，朱元璋十分伤心，但哭完了，擦一把眼泪，站起身来，还是要处理一件最重要的事情——选一个新的接班人。

他最后选择的，是太子朱标当时活着的最年长的儿子朱允炆。你要是问，他没别的儿子吗？当然不是，史书上记载，朱元璋一共有26个儿子，其中据说是马皇后所生的嫡子，就有五个，分别是太子朱标、镇守西安的秦王朱樉、镇守太原的晋王朱棡、镇守北平的燕王朱棣和镇守开封的周王朱橚。我这里用"据说"两字，是因为很多人不相信马皇后能生下这么多孩子，至少，关于朱棣是不是她的儿子，就有很多人实名反对，说那都是朱棣后来篡位了，往自己脸上贴金的。

其实这种事对于朱元璋来说，一点儿都不重要，不管哪个老婆生的，都是他的儿子。从上面的安排你也可以看出来，老朱最信任的，就是儿子们，北方最重要的四个军事重地，全都是嫡亲的儿子把守。假如事情像他设想的那样，他死之后，威望和资历最高的太子朱标坐镇南京当皇帝，北方有朱标的四个弟弟镇守国门，这将是一个完美的局面。

可惜的是，朱标死了。更大的问题是，嫡次子朱樉"不良于德"，嫡三子朱㭎"性骄，在国多不法"，都不适合立为储君。只有第四个儿子朱棣，看起来像一个皇帝的样子，甚至朱元璋经常说他"英武似朕"，这孩子像我。

可是如果立朱棣为太子，不仅仅不符合礼法，秦王朱樉、晋王朱㭎也不会服气，他老朱活着的时候是没问题，但死了之后，就不好说了。大臣刘三吾就直言不讳地说："即立燕王，置秦晋二王何地？"他还提出了自己的主张，"皇孙年富，世嫡之子，子殁，孙承嫡统，礼也"。这段话很给力，说的是按照周公的嫡长子继承制，儿子死了之后，可以由嫡长孙即位，这个是最符合周礼的。

朱元璋思索了很长时间，最后采纳了刘三吾的建议，立朱标的儿子朱允炆为皇太孙。

朱元璋之所以最后选定朱允炆，在我看来，原因之一是朱允炆和他爹一样，都是温文儒雅以宽大著称的儒家知识分子。老朱自己虽然是一言不合就抡起大刀砍掉大臣们的脑袋，但在他心里，始终有一个信念或者说希望，那就是自己的继承者是一个仁君，以仁义治国的君主，朱允炆恰恰符合他这个标准。

就这样，1392年，朱标死后不久，朱允炆被立为皇太孙，正式成为帝国的储君。随后第二年，朱元璋就举起了屠刀，以蓝玉案为借口，大肆屠戮功臣。明眼人当然都知道，这是为了他的宝贝孙子朱允炆上台做准备。蓝玉案过后，朝廷上除了他朱家的皇子皇孙们，几乎就没有外姓掌握兵权了。

然后，朱元璋就得意洋洋地对自己孙子说，现在朝堂之上没人有资格能兴风作浪了，边境上，有你的叔叔们帮你守住国门，外族绝对是打不进来，我死之后，你就踏踏实实地当你的仁义皇帝就行了，大孙子，爷爷这个安排咋样？《皇明祖训》里记载，朱允炆思考了一会儿，反问他爷爷："虏不靖，诸王御之；诸王不靖，孰御之？"爷爷啊，如果不是外族入侵，而是我的叔叔们造反，我能依靠谁呢？朱元璋听了之后，目瞪口呆，半天说不出话来，沉默良久，他也反问说，孙子，你说怎么办？朱允炆当时的回答是，先用道德礼仪感化他们，不行就削藩，再不行就只有打仗了。朱元璋长叹了一口气，说也只能如此了。

可是朱允炆即位之后，却根本就没做到他自己说的这三步，这些后面再讲，现在先来看看，除了明初四大案，朱元璋还做了什么。

三、洪武大移民和鱼鳞册

在今天山西临汾洪洞县的大槐树公园是国家5A级旅游景区，里面有一棵石头仿制的大槐树。每年都有很多人，从河北、河南、山东、东北过来，到这棵树下拜一拜，说是旅游，实际上是寻根。因为600多年前，很多山西人被集中在这里，领取户部发放的身份证，然后踏上漫漫旅程，向东进发，去河北、河南、山东一带，开荒种田，这就是著名的"洪武大移民"。

为什么要移民？原来，经过元末的天下大乱，明初有些地方千里无人烟，大片的土地无人耕种。朱元璋深知"田野辟，户口增，此正中原之急务"，要增加中原地区的生产，增加此地的人口就成了他的首要任务，等着老百姓多生孩子是来不及的，于是，移民垦荒就变成了首选。山西这里能成为人口输出大省，一是因为这里群山峻岭，易守难攻，元末天下大乱打仗的时候，受的影响不如别的地方大；二是山西年年风调雨顺，粮食高产，人口活下来的也多。这个在《明史》里面有记载。

就这样，数以百万计的人口被半强迫地从山西移民到了人口稀少的地区；同时，南方也有大量人口迁移到安徽等江淮地区。这样的移民一直持续了半个世纪，直到朱棣的儿子上台的时候，很多人还在忙活着搬家，在世界移民史上，都是一个奇迹。

如果说移民垦荒是不得已的行为，那么鱼鳞图册的完善就是朱元璋政府的一个巨大进步。所谓的鱼鳞图册，就是土地登记册，将房屋、山林、池塘、田地按照次序排列绘制，标明相应的名称和归属，因为田地的图形像鱼鳞，所以叫作鱼鳞册。鱼鳞册宋代就有了，只是很粗糙，到了元代，管理粗放，皇权都不下省，自然是不可能有鱼鳞册的。老朱上台之后，很重视这事，中国第一次有了相当详细的土地所有权登记册。

其实，只要是和农业、老百姓日常生活有关的，朱元璋都重视，经常挂在嘴边的话就是："农为国本，百需皆其所出，彼辛勤若是，为之司牧者，亦当悯念之乎？"你们这些当官的都要记住了，我们所有的一切，都来自农民，他们那么辛苦，你们可有一点点怜悯的心？他还说，"民贫则国不能独富，民富则国不能独贫"，"保国之道，藏富于民"。是的，我们今天讨论来讨论去的国富还是民富的问题，人家老朱 600 年前就思考过了，而且有了自己的结论，在中国历史上第一次明确提出"藏富于民"——要老百姓富裕，那才是真富裕。

所以，这里就可以顺便回答一个问题，为什么老朱建国之后杀了那么多人，没人造反？因为他杀的，大部分都是官员、土豪和大地主，老百姓，尤其是农民，他并没有杀多少。郭桓案的牵连面过大，到农民富户那里，他也马上就叫停，然后甩锅，整死了主审官，社会当然不会产生大的动乱。

1388 年，也就是大将蓝玉大破北元军队，最辉煌的那一年，这本鱼鳞图册编制成功。《明史》上说，"定赋役法，一以黄册为准"，是国家最权威的收税证明。这样一来，地主土豪们自然是不能像元朝那样，囤积大量土地不交税，普通农民也不会无缘无故地丧失土地，可谓是相当利民的措施，朱元璋是相当满意。

前面说过，元朝忽必烈的时候，曾经打过日本，只是没打下来，但从那之后，日本就再也不和中国好了，当然更不会像过去那样朝贡了。等到朱元璋建国了，就派人去日本、高丽、安南、占城这四个国家，说蒙古人全跑了，现在是老朱当政，你们应该像以前那样，奉大明为正朔，来朝贡。高丽、安南、占城三个国家比较听话，一叫就来了，可是日本没有任何反应，不仅是没有反应，不来朝贡，就算是朱元璋让日本国王处理那些骚扰中国沿海的倭寇，对方也不听。

这事儿让老朱很生气，在皇宫里大骂日本是"国王无道民为贼"，甚至后来因为"滨海之地，无岁不受倭寇之害"，他还制定了闭关锁国的政策。史书上说，1370年，明政府"罢太仓黄渡市舶司"；1374年，朱元璋下令撤销自唐以来就存在的，负责海外贸易的福建泉州、浙江明州、广东广州这几个市舶司，如此一来，中国对外贸易就算是断绝了。

从这一点上来说，老朱的眼光实在是不怎样，比起宋朝人，差得有点儿远，他这个农民出身的人，这辈子最喜欢的还是土地，而不是海洋。

四、子孙的名字

朱元璋在当皇帝期间，还做过一件当时只影响他家，后来却影响了整个中国的事情，那就是给他的子孙们起名字。

他所有儿子，名字都是单字的，而且全都带有木字旁，比如说朱标、朱棣等。原因是朱元璋很迷信，木为五行之首，象征着春天来了，万物复苏，所以他儿子们的名字就这么定下来了。

随着儿子们也生了儿子，他的烦心事就又来了，万一自己子孙瞎起名字，影响了老朱家的风水怎么办？于是他规定，自己 26 个儿子的后代，名字必须是双字的，而且其中一个字还由他规定好，不能动，另一个字也不能随便起，要符合五行运转的规律。比如说他的第四个儿子燕王朱棣的子孙们，必须按照下面五言诗的顺序起名字，叫作"高瞻祁见祐，厚载翊常由。慈和怡伯仲，简靖迪先猷"，朱棣儿子的名字中必须有"高"字，而另一个字必须有"火"字旁，因为木生火，所以，他的继任者叫作朱高炽；朱棣孙子的名字里则必须有"瞻"字，另一个字必须有"土"字旁，因为火生土，明宣宗朱瞻基的名字就是这么来的。

五言诗一共是 20 个字，也就是说，老朱一声令下，从他孙子开始，以后 20 代子孙的名字都被定义到了一个框架里。当然，我们都知道，最后大明都亡了，这 20 个字也没用完，终止在第十代朱由检手里。老朱家起于五行之木，也终结在五行的木上，也许，这就是天意。

朝代虽然没了，朱家后代还是按照这个方式在一代代地延续，1928 年，朱元璋的第十八子岷庄王朱楩的后代家族里，又添了一个男婴，按照他这一支字辈诗句的最后一句，"宽镕喜贲从"，这个男婴被起名为朱镕基，后来成了我们共和国的一任总理。

朱元璋这种为后代预先定好起名规则的做法，很快地就在民间开始流传，我们称其为排字辈，而且大多数都是五言诗的形式，今天还有很多大家族都是这种方式起名。

元素周期表中的字是怎么来的？

1869 年，清代化学家徐寿想把俄国科学家门捷列夫的化学元素周期表介绍到中国来，面对一百多种生僻的元素符号，他相当纠结，不知道怎样才能把它翻译成恰当的中文。无意之间，徐寿得到了老朱家的家谱，他发现上面很多名字都与金属矿物有关，有些甚至直接和元素周期表中的元素符号表示的意义相同，或者谐音，于是如获至宝，马上按照朱元璋子孙们的名字，给化学元素命名。

为什么老朱家子孙们的名字这么好用呢？因为朱元璋规定，必须用五行命名，中国汉字里，某一个偏旁部首的字就那么多，你要是不想重名，就需要自己造生僻字，随便找一个汉字，旁边加一个老祖宗规定好的偏旁，当作自己的名字。所以，老朱家的后代，自创了很多生僻字，大化学家徐寿也就顺手取用了，这就有了今天的元素周期表。

说到名字，这里顺便说一下，就在1392年，今天朝鲜半岛上的高丽王朝崩溃，一个叫李成桂的人掌握了政权。在给自己的国家命名的时候，他拿不定注意了，就派了使者，来问朱元璋，说您看看，是"朝鲜"这个名字好呢，还是"和宁"这个名字妙？朱元璋的回答是"东夷之号，惟朝鲜之称美，且其来远，可以本其名而祖之"。很明显，老朱认为朝鲜好，为啥？因为中国古籍《山海经》里面说了，"东海之内，北海之隅，有国名朝鲜"，另一本古书《尚书大传》对这个词做了解释——"朝日鲜明"。收到朱元璋的回信，李氏王朝就定下了"朝鲜"这个名字，一直沿用到今天。不过必须说一下的是，按照中国古籍，我怀疑明朝那时候"朝鲜"的"朝"字应该读"zhāo"的，只是后来不知道什么时候，读音发生了变化而已。

1398年6月24日，朱元璋驾崩在南京皇宫，享年70岁，在位31年，死了之后，和元配妻子孝慈高皇后马氏一起葬在了南京紫金山明孝陵。

老朱这辈子，实际上没享到什么福，虽说当皇帝的时间比刘老幺要长得多，但也是"中夜寝不安枕，忧悬于心"，史书上还说他"四夷有小警，则终夕不寝"，也就是天天操心费力，边境有一点事儿，都整晚睡不着觉。他的生活非常简朴，南京皇宫里，没有什么御花园，只有一个"御菜园"，种满了萝卜白菜，据说他在世时，皇宫里的蔬菜是自给自足的。

145. 燕京起风云

商朝的时候有一种恶习，用活人来给死人殉葬，从周朝开始，这种行为就很少了。到了汉朝，汉武帝更是明令禁止这种行为，所以一千多年来，中华帝国的君主们很少让人陪葬，更没有这个制度。然而老朱死后，却以帝王的身份让几十名妃子陪着他去了地下世界，这是一件相当给他减分的事情。

他的这个行为，导致后来明朝好几位皇帝，死了之后都用活人殉葬，一直到明英宗的时候，才明令废止。我甚至认为，朱元璋重启的这个活人殉葬，对明朝民间的"节烈从殉"的风气有很大的影响，也就是妇女们在丈夫死了之后，如果跟着自杀，那政府部门就会大力表扬，并且让全社会歌颂这种所谓的贞节烈女行为。这件事，绝对是朱元璋的一个巨大污点，永远都洗刷不了。

当然，朱元璋执政期间，解放奴婢，减免赋税，鼓励农民生产，严厉打击官吏的贪污腐败，社会得到了很大的恢复和发展，史称"洪武之治"，这些也是事实。

现在的史学家们评价朱元璋，往往会走极端，要么把他说成是恢复中华、打击腐败的圣贤君主，要么把他形容成暴虐残酷、屠杀功臣的恶魔，弄得我们这些后人看书的时候，觉得老朱一定是人格分裂的精神病患者。清朝的赵翼对此曾概括说，"盖明祖一人，圣贤、豪杰、盗贼之性，实兼而有之者也"。

毛泽东说，"在阶级社会中，每一个人的思想无不打上阶级的烙印"，这句话可以说是解释朱元璋行为的钥匙。此人从最下层要饭的和尚出身，到后来造反当了最上层的开国皇帝，其间经历了无数次身份的转换，很自然地，就造就了他性格的多样性。

一方面，他明白生活的艰难、百姓的不易，对弱小者有着异乎寻常的同情和保护欲，对贪官污吏痛恨得要死，可惜的是，除了杀人，他到死也没找到一个防止贪污、让老百姓富裕的方法；另一方面，他的小农思维、暴发户心态极其严重，疑心也是相当地重，为了维护老朱家的整体利益，把帝王心术发挥到了顶点。

除了殉葬，朱元璋还恢复了另一个消失了将近一千年的制度，那就是分封制，他把自己26个儿子都封到各地为王。有人说，就是他这个分封制，给他的孙子朱允炆带来了灭顶之灾，也给大明帝国带来了一场不小的灾难。这件事十分复杂，我们必须细细梳理一下。

一、朱允炆削藩

1398年，21岁的小伙子朱允炆，意气风发地接过了皇帝的权杖，登基成为大明王朝第二位皇帝，后世史学家称之为建文帝。

建文帝上台之后不久，就问他手下的一个大臣，说你还记得当年我俩说的悄悄话吗？这位大臣眼含热泪，深情地看了一眼建文帝，然后咣当一个头磕在地上，大声说道：誓死不忘！

这个大臣名叫黄子澄，从小就是学霸，长大后除了顺利拿下进士之外，还被授予朱元璋发明的一个官职，叫作翰林庶吉士，也就是在翰林院作为后备的国家干部培养。后来老朱觉得他的学问实在是太好了，就把他派到朱允炆身边，既是老师，也是顾问，同时还提拔他当了太常寺卿。

朱允炆前面那个"叔叔们造反"的问题，不仅仅问过朱元璋，还问过黄子澄，细究起来，应该是俩人在皇宫东角门说的悄悄话。当时黄的回答是："倘有变，临以六师，其谁能支？汉七国非不强，卒底亡灭。"意思很浅显，您怕什么，我们到时候派出皇家铁骑，谁能挡得住？西汉的七国强不强？还不是一样被政府军剿灭了。

这么响亮的回答，自然是比爷爷的沉默不语更要令人印象深刻，所以，朱允炆一上台，就把黄子澄招来聊天，因为他已经在另一位大臣齐泰的撺掇下，准备削藩。

齐泰也是一位知识分子，而且记忆力特别好，在他当兵部左侍郎的时候，朱元璋有一次问到边关将军的名字，只有他一个人把所有将领的名字简历倒背如流，以至于朱元璋临死的时候，还记得这件事，委任他为顾命大臣，辅佐建文帝，史书上说"受顾命，辅皇太孙"。

齐泰随后就被建文帝升为兵部尚书，上台之后，按照朱元璋临死之前的命令，发布了齐大人一号命令，说朱元璋留下遗诏，你们这些在外面当藩王的儿子们，都不要进京来参加遗体告别仪式了，并且，你们的下属都要接受朝廷的统一派遣，你们无权调动下属。

我们现在可以说，这个命令确实是朱元璋临死之前留下的，目的很简单，就是怕儿子中有人以给自己吊丧为名，带着一群大兵进京，逼着孙子建文帝让位。可是老朱的那些儿子们对这条命令当然很不满，纷纷说这是齐泰假传圣旨，史书上的记录是"诸王谓泰矫皇考诏，间骨肉，皆不悦"。

齐泰很委屈，同时也敏锐地感觉到，这些皇子们对大明王朝新的领导班子，包括皇帝朱允炆在内，恐怕都不怎么服气，自己这个兵部尚书以后肯定是麻烦大大的，于是他秘密上书给朱允炆，说了自己的担心，同时建议削藩。

小朱同志从上台之前到上台之后，脑袋里时时刻刻想的就是怎样对付那些如狼似虎的叔叔们，这一下看到爷爷给自己留下的顾命大臣决定削藩,马上就像是黑暗中看到了一盏明灯,然后又找来了老师黄子澄,三个人一商量,觉得削藩应该不难,既然不难那还等啥,开干。

那么,这个时候明王朝的藩王们,真的威胁到了中央政权稳定吗?实事求是地讲,没有。

今天经常有人说,朱元璋活着的时候,分封儿子们为藩王,给朱允炆留下了一个复杂的局面,这才让孙子想削藩,实际上,这和历史事实不符。

明朝老朱分封的诸王,和汉、晋两朝都不一样,甚至连东汉末年的州牧都比不上,封地只是藩王的居住地,而且这个王爷手里没有地方的民事权和财政权,仅仅有一点儿军事权力;就算是这个军事权力,也只是北方的四位王爷,秦王、晋王、燕王和周王手里握着一定数量的军队。这在当年,也是没办法的事情,帝国在开始的时候,并不强大,随时都可能和各种各样的势力开战,朱元璋如果不给自己亲儿子们一些军权,到时候万一边境有事,那肯定是鞭长莫及,手忙脚乱。

其实,老朱在他执政后期,已经开始进行削藩了,藩王对地方驻军仅有战时指挥权,还要被中央授权之后,才能行使,平时的军队管理和人事等权力也没有,地方王爷的开支也大幅削减,从五万石的工资减少到一万石,许多王爷甚至只有几千石。可以这样说,建文帝上台时,他的叔叔们没有一个能威胁到他。老朱为了小朱,在活着的时候把自己能做的,都已经做了,所以他才会骄傲地对孙子说,"贻汝以安",你踏踏实实做一个太平天子吧。

既然藩王威胁不到中央政府,建文帝为什么还要削藩?这个问题目前找遍史料,也没有答案。不过我倒是想起了新朝的王莽和隋朝的隋炀帝。不怕一个人有文化,也不怕一个人有权势,更不怕一个人有远大的抱负,可是这三者结合到一起,有时候却很要命。王莽和隋炀帝本来只需要吃喝玩乐,当一个败家子就可以舒舒服服地过完一生,甚至还能得到一个不错的谥号，可是那两位却以无与伦比的抱负对国家进行改革，最后国家玩完，个人也没能善终。

建文帝朱允炆，和王莽和隋炀帝一样，也是把一手好牌打得稀巴烂，最后玩死了自己。

他上台之后，不仅是琢磨削藩，还玩了命地工作，平反冤案，释放关押的犯人，减刑法，宽赋税，提高文官的待遇，把六部尚书升到了一品大员等。重文抑武的同时，甚至和他的另一个老师方孝孺详细讨论如何进行复古改制，包括省县的名字、官职的名字、皇宫的名字，最好都恢复到周朝那时候的称呼，神经病的程度，绝对堪比王莽老先生。

大明帝国的读书人，马上就感受到了这一场对于他们如同春风一样的改革，在皇帝的动作里，他们看到了作为知识分子个体的美好前途。于是，知识界普遍的看法是，朱允炆大帝，您就是我们最好的君主！对他一片歌功颂德。这样一来，朱允炆更加自以为是，变得更加严重地依赖知识分子。

前面交代过，朱元璋五个嫡出的儿子，除了太子朱标，其他四个分别是秦王朱樉、晋王朱棡、燕王朱棣、周王朱橚。这时候秦王和晋王都已经死了，剩下的燕王朱棣势力比较强大，软柿子周王朱橚就成了朱允炆削藩政策的第一个倒霉蛋。

1398年7月，朱元璋死后不到一个月，朱允炆派李景隆把周王朱橚从封地开封逮捕回南京，罪名是图谋不轨。没有物证，人证是朱橚10岁的儿子，朱橚被贬为庶人，囚禁起来。

接下来的第二年，1399年夏，朱允炆再接再厉，先后将齐王、湘王和代王贬为庶人。28岁的湘王朱柏，思前想后了一番，决定去找老爹朱元璋诉诉苦，于是关上了大门，举火自焚，全家都被烧死了。两个月后，朱元璋的另一个儿子岷王朱楩，也因为图谋不轨的罪名被贬为庶人，流放漳州。

不到一年的时间,几位相当有权势的王爷统统被贬,这实际上说明这些王爷当时对朝廷根本就没有威胁,在建文帝的大屠刀之下,只不过是待宰的羔羊。那么,当时所有王爷里,实力最强的燕王朱棣的状况是怎样的呢?

早在对周王动手的时候,朱允炆就下令,任命张昺为北平布政使,谢贵和张信两人掌北平都指挥使司,还让都督宋忠、徐凯和耿瓛这些将领屯兵开平、临清和山海关一带,对北京形成合围之势。

建文帝能做到这一点,只说明一件事,朱棣这时候要兵没兵、要钱没钱、要权没权。《明史》上记载,"王内自危,佯狂称疾。泰、子澄密劝帝除王,帝未决"。也就是说,朱棣吓得要死,只能装疯,据说趴在野外的坟地里睡觉,大热天披着毛毯喊冷,到饭馆吃饭不给钱等各种怪事做了不少。即便如此,齐泰和黄子澄也没打算放过他,一直劝建文帝赶紧下手,逮捕朱棣,但朱允炆这时候犹豫了。他削藩的路实在是太顺了,不到一年,五六个王爷全都被干翻,现在四叔朱棣吓得精神都不正常了,对于这样一个可怜虫,再赶尽杀绝的话,是不是有损自己仁义的名声?你可以说他这是知识分子的通病,既要实惠,还要那座金光闪闪的大牌坊。

建文帝在南京犹豫,朱棣在北京琢磨着如何自保,他让亲信张玉和朱能秘密训练的800名亲兵加紧戒备,保卫王府,万一中央要强行逮捕自己,那就只能拼了。说句不客气的话,这就像一个小寡妇,为了防备恶霸村长半夜闯进来,在被窝里瑟瑟发抖地攥着一把剪刀。

二、朱棣兴兵

1399年夏天,兵部尚书齐泰从各种渠道得到的信息都证实了两件事:第一,燕王朱棣装疯;第二,他有800名死士。于是,朝廷直接给张昺、谢贵和张信这三个北平地方政府最有权势的官员下令,抓人。

历史老爷爷在这个时刻，伸了伸懒腰，派出了一个小人物，而且是一个颤颤巍巍的老太太，来解救朱棣。这就是北平都指挥副使张信的老娘，她听说儿子要去抓朱棣，说你爹活着的时候说了，燕王是带有龙气的人，你要三思啊，"汝父每言王气在燕"。偏偏张信就是一个孝顺的好孩子，既听他娘的话，又信他爹的眼光，最后冒死求见朱棣，把朝廷已经下决心抓他的事情和盘托出。

到了这个地步，朱棣既没办法装疯，也没办法卖傻了，史书上说他"懼然起立，召诸将定计，起兵，夺九门"。他先是示弱，打开大门，诱杀了张昺和谢贵这两个来抓他的蠢货，然后靠着手下的800名死士，占领了整个北平，接着就宣布起兵。

顺便说一句，张信这一宝算是赌对了，此人后来得到了很多赏赐，当上了大官，贪赃枉法的坏事也做了不少，可是无论谁弹劾他，朱棣都念及他的大功，从来不治罪，最多教训几句了事，活到80岁才死，死后还被封为郧国公。

藩王起兵，口号大都是"清君侧"，意思是皇帝挺好的，只是身边有坏人。原因以前讲过，反对现在的君主，等于反对老皇帝，那是万万不行的。

朱棣也不例外，在占领北平之后，他对天下指出，我大侄子皇帝身边的坏人是齐泰和黄子澄。他的底气比历朝历代的藩王更足，因为朱元璋在留给子孙的《祖训》里有这样一句话，"朝无正臣，内有奸恶，则亲王训兵待命，天子密诏诸王统领镇兵讨平之"。所以朱棣说，我父皇活着的时候就说了，如果有奸臣，就应该讨伐奸臣，我这不是造反，是为国"靖难"，平定动乱。不过朱棣的这个理由你也不能多问，因为多问一句就露馅了，《祖训》上说"天子密诏"，请问哪一位天子给他密诏了？

无论如何，1399年农历七月初五，明太祖第四子燕王朱棣，走上了造反的道路。据说这一天风雨大作，天地变色，将王府房顶上的瓦吹落一地,朱棣十分惊疑犹豫,莫不是老天爷反对我造反?就在这时候,他手下的一个和尚站了出来,说:"祥也。飞龙在天,从以风雨。瓦堕,将易黄也。"王爷啊,太吉祥了,就因为您是真龙,这一发动,风雨就会跟随,房上的瓦片掉了,是老天爷提醒您,你住的房子啊,该换瓦了,换成皇帝专用的黄色瓦片。

朱棣一听高兴了,恨不得风再大点,把瓦全吹掉,晚上睡觉看见星星那才过瘾。

你可能会问了,如此会拍马屁,堪称是马屁专业户的大和尚是谁?此人当时的法号叫道衍,后来朱棣当上皇帝之后他的俗家名字叫姚广孝。可以说,朱棣之所以造反,和这个大光头孜孜不倦的洗脑有关系。

道衍1335年生于一个医生家庭,从小读儒家的书长大,可是13岁那年却出了家,变成了一个和尚,后来又去和一个老道学习了道术。所以,这是一个把书看杂了,儒释道三家通吃,走江湖的混混。

那时候的大明天下,有一个著名的术士叫袁珙,今天摆摊算卦的人都应该知道这个人,他写的《柳庄相法》现在还是靠相面吃饭之人的《圣经》。

袁珙在偶然间遇到道衍之后,说道衍像一头病虎,喜欢杀戮,以后一定是忽必烈身边刘秉忠那样的和尚,这事儿被堂而皇之地记录在《明史》里,原话是"形如病虎,性必嗜杀,刘秉忠流也"。

后来道衍大和尚因为博学,在南京城里也混出了一定的名气。正好这时候,朱元璋的老婆马皇后死了,老朱伤心之余,觉得要给儿子们都找两个高僧,没事就念念佛,保佑亲人们都长寿,就这样,道衍来到了燕王朱棣的门下,《明史》上说,"燕王与语甚合,请以从"。两人很谈得来,于是道衍便追随了朱棣。

很多历史著作,包括《明朝那些事儿》,都说道衍第一次看见朱棣说了一句话"臣奉白帽著王",意思是我要给你一顶白帽子,当时朱棣已经是燕王了，王字上面加一个白，那就是皇。然后说朱棣心领神会，就把这个和尚带到家里去了。

这个故事百分百是假的，因为逻辑上不通。这时候朱元璋身体康健，朱棣的大哥朱标也正高高在上，别说朱棣根本就没有造反的念头，就算是有，在京城里碰到一个从老爹身边过来的和尚对自己这么说话，那第一反应绝对是噼里啪啦抽和尚的大嘴巴子，然后一脚踹倒，哭着喊着向老爹和大哥检举揭发。因为你怎么知道这人不是那两位派来试探自己的？如果朱棣不这样做，那他的智商就是零，怎么会成为后来那么厉害的明成祖，开创了永乐盛世？

言归正传，《明史》上记载，太子朱标死了之后，道衍在北平就不好好地住在寺庙里了，反而是经常到朱棣的府上。史书上说"时时屏人语"，去了之后，还屏蔽左右，和朱棣说悄悄话。现在我们已经不知道当时他俩私下里说的是什么了，不过到了1398年，建文帝开始削藩的时候，史书上记载了道衍劝朱棣造反的信息，"密劝成祖举兵"。当时朱棣就问他说，南京城里，我那个侄子是我爹亲口指定的皇帝，全天下的老百姓都支持他，我造反是嫌自己寿命长吗？道衍的回答是，"臣知天道，何论民心"，直接称臣，不称贫僧，可见他心里根本就没有出家和入世之间的分别。

所以，当朱棣被逼无奈真的起兵之后，最高兴、最兴奋的就是这个大和尚。当然，还有三个人可能和道衍一样兴奋，那就是建文帝、齐泰和黄子澄。因为他们觉得，总算是有了堂堂正正的借口除掉朱棣了。一开始他们甚至认为，靠着北平周围的部队，就可以轻松地碾死朱棣。

事实证明，他们错了，起兵之后的朱棣经过20天的苦战，先后攻破蓟州、居庸关和怀来，再加上通州、遵化、密云三地的将领主动投降，不到一个月，就把北平都指挥司卫所的十万余名士兵全都收归在自己麾下。

即便如此，朱棣的兵力还是太少了。建文帝当时手里握有全国的兵马,至少是朱棣的七到八倍以上,而且朱棣只有一个北平及周边地区,朝廷拥有整个天下,无论如何,朱棣看起来都没有胜算。

甚至建文帝在派出老将耿炳文的时候,还特意嘱咐了一句,"毋使朕有杀叔父名"。这句话历来有两种解释,一种解释是,老耿啊,战场上千万要注意,别伤到我四叔啊;另一个解释是:耿叔,您在战场上直接杀掉朱棣,千万别抓活的回来,到时候我要是亲自下令杀叔叔,那多不好意思。无论哪一种解释,都显示出建文帝自信满满,觉得耿炳文一战拿下朱棣是轻松加愉快的事情。

事情的发展很不美好,先是耿炳文号称30万的军队在真定府大败而归,接着就是李景隆的50万军队在北平城下,被道衍和朱棣两面夹击,大败而归。顺便说一句,朱棣起兵之后,已经64岁的道衍大和尚和朱棣的嫡长子朱高炽镇守北平,但朱棣在前线有什么事难以决断,总是派人去问这个老和尚,《明史》上说"战守机事,皆决于道衍"。

李景隆是朱元璋的外甥名将李文忠的儿子,都说龙生龙,凤生凤,实际上有时候不太灵,这位李景隆平日里高谈阔论,他老子都辩不过他,但是一上战场,就不行了。

朱棣在打败耿炳文之后,听说建文帝委任李景隆为统帅,当即大喜,说他就是一个纨绔子弟:"何等才而能将五十万?赵括之败可待矣。"他并没搭理李景隆,而是先用计擒住了宁王朱权,获得了大宁府的全部兵马,包括最为精锐的蒙古人骑兵朵颜三卫,这才慢悠悠地回师,打败了以50万大军包围北平城的李景隆。整个过程,按照《明太宗实录》记载,都在朱棣的计划之中,他的战前规划是,"彼知我出,必来攻城,回师击之,坚城在前,大军在后,必成擒矣"。事情也正是按照这个剧本来演出的,丝毫不差。这只证明了一件事,朱棣和李景隆不是一个等级的将领。

那么,建文帝为什么要用李景隆?是像一些历史学家说的那样,因为朱元璋杀了无数的功臣,导致他无人可用吗?

146. 四叔的逆袭

为什么朱允炆会选择李景隆做将领？有人说是因为他无人可用。我个人认为，应该不是这个原因，朱元璋虽然砍瓜切菜地杀了一批人，但是也为朱允炆培养出了一批年轻的将领，比如盛庸、瞿能、平安、铁铉、徐辉祖、郭英等，这些人后来都被证明是相当优秀的军事人才。相比朱棣靖难集团中的燕府将领，建文帝当时手下可谓是名将云集。

一、朱棣的胜利

实际上，这事儿最大的原因还是出在朱允炆身上。本来齐泰的意见是坚决不能用李景隆，但朱允炆书生气十足，就喜欢李景隆这样夸夸其谈的读书人。朱允炆还有个缺点是任人唯亲，因为李景隆是他爷爷的外甥，他就觉得是一家人了，而和朱棣有一点点亲戚关系的，他都不用。比如大将徐达的儿子徐辉祖，"龙生龙，凤生凤"的典型代表，打仗很厉害的武将，可就因为朱棣娶了徐达的女儿，是徐辉祖的姐夫，朱允炆就一直猜忌徐辉祖，不肯用他。

除了上面两个特点，建文帝还挺"专情"，李景隆已经用50万大军的溃败证明了他就是一个草包，可是第二年，也就是1400年，朱允炆依旧让他为主帅，还给增了兵，让他再统帅60万大军去打朱棣。

这一次，在最关键的白沟河大战里，上面提到的瞿能、平安和郭英等人都是中央军的主力,各率领自己手下,向着朱棣奋死冲锋,《明史》上说,"成祖几为瞿能所及",朱棣军团被打得相当惨。关键时刻,朱棣独自骑马来到高坡,向后面招手,好像是告诉政府军,俺们后面还有人,中央军的统帅李景隆这个大傻冒偏偏就信了,赶紧下令停止追击,史书上说"景隆疑有伏,不敢进"。

实际上,朱棣也没有完全撒谎,因为等了半天之后,他二儿子朱高煦真的带着军队来了,可是如果李景隆当时完全不理会朱棣的假动作,那朱高煦估计只能给他爹收尸了。

当两军重新交战的时候,发生了一件诡异的事情,政府军原本有着巨大优势,不料一阵旋风刮过,李景隆的中军大旗咔嚓一声,断成了两截。"帅"字大旗一倒,整个战场的形势迅速逆转,政府军所有的军队都和没头的苍蝇一样,不知道往哪里跑,朱棣父子趁势杀出,《明太宗实录》记载,"会旋风折其大将旗帜,众大乱,我军乘风纵火,燔其营,烟焰涨天"。

白沟河战役和随后的德州战役,还有济南外围战,三场战役让李景隆的60万大军赔得干干净净,这家伙几乎是孤身一人跑回了南京。大臣们都说这样的家伙必须砍脑袋啊,可是朱允炆说不行,怎能杀亲戚呢!气得推荐了李景隆的黄子澄大声痛哭,说:"大事去矣!荐景隆误国,万死不足赎罪!"

到此为止,政府军先后有一百多万的军队都败在了朱棣的手下。

即便如此,战争也只是进入了相持阶段,朱棣想胜利,暂时还只是做梦。

至少,济南就成了他最头疼的事情。当时守卫济南的是盛庸和铁铉,这俩人阴招损招层出不穷。先是以诈降引诱朱棣,差点用一块铁板砸死他,然后又在济南城墙上竖立朱元璋的灵位牌子,吓得朱棣赶紧让手下人停止炮轰济南城,那上面是俺爹,碰不得。紧接着,大将平安又断了朱棣的粮道，在这种不利的局面下，远在北平的道衍飞书建议，撤军。朱棣思前想后一番，也只好率军队撤回北平，还被盛庸等人尾随追击，死伤了不少人马。

这场济南保卫战之后，建文帝终于知道了，原来亲人李景隆确实是水平太差，政府军在盛庸、铁铉、平安手里，就可以打败朱棣，于是升任铁铉为兵部尚书，盛庸为平燕大将军，平安为副将军，让他们去打朱棣。

在随后的三年里，朝廷军队和朱棣之间，一直都处于比较胶着的状态，虽然朱棣军事素养高，但由于资源和兵力都有限，始终不能取得突破性进展，往往是打下了一个地方，就失去了另一个地方，就像狗熊掰玉米，掰一个丢一个，最后也仅仅是保住了北平、永平和保定三府的地盘，连山东都进不去。

严格来说，就算是这样的状态，还是朱棣靠老天爷和建文帝的帮忙才实现的。说老天爷帮忙，是因为除了那次旋风把李景隆的帅旗刮断，同样的事情又发生了两次，一次在夹河，一次在藁城，都是在朱棣军队大败，马上就要溃败的时候，一阵大风吹向政府军，让逆风而战的盛庸军队连眼睛都睁不开，只能转身逃跑，最后朱棣转败为胜。这种事，就连朱棣本人都感觉神奇得很，《明通鉴》记载："燕师自白沟河至藁城，凡三捷，皆得风助，王以为此天授，非人力也。"朱棣因此觉得道衍是对的，自己一定是有天命在身的。

朱棣从建文帝那里得到的帮助就是那道给耿炳文的圣旨："毋使朕有杀叔父名。"前面说这句话有两种解释，可是在当时，从盛庸到普通士兵，都不敢有第二种解释，万一皇帝的意思就是不让他四叔死，那么，你在战场上一不留神杀掉了朱棣，别说功劳，脑袋都可能不保。所以，神奇的一幕在战场上发生了，即便是朱棣被政府军包围了，只要他拼死往前冲，盛庸手下的军队就只能网开一面，任由他冲营而去，"仓卒相顾，愕眙不敢发一矢"，面对面地相遇，也不敢射箭。而且这样的情况还不是一次两次,而是发生了很多次。史书上还有"王亦阴自恃,独以一骑殿后,追者数百人不敢逼"的记载——打了败仗,朱棣这个老帅独自一人殿后,挥挥手说你们先走,我看谁敢杀我。

就这样,在老天爷和大明天子建文帝的帮助下,朱棣和政府军对抗了三年。到了1401年底,一些从朝廷投降过来的官员就对朱棣说,政府的兵现在都调到北方和您打仗了,南京周围很空虚。朱棣听说之后,下定决心偷袭南京。道衍也劝朱棣,不要再和盛庸、平安等人在河北、山东瞎胡闹了,让我们摆脱这些人,向着南京大踏步地前进。

效果是比较美好的,用史书上的话说,"遂连败诸将于淝河、灵璧,渡江入京师"。

实际上,这里面有三次战役不得不说。第一次是建文帝派徐辉祖率军北上,阻击朱棣。徐辉祖对着他姐夫就是一顿乱拳,打得朱棣找不到北,朱棣除了破口大骂之外想不出办法,甚至灰心丧气,准备回去算了,可是朱允炆也不知道怎么想的,突然就召回了徐辉祖,让朱棣喘过气来。

第二次就是灵璧之战。灵璧在安徽的东北部,1500年前,刘邦打败项羽的垓下之战就发生在这里。朱棣在这里把平安的队伍围住,平安和部下商量好,明天某一个时刻,中军三声炮响,我们就如此如此地突围出去。朱棣这边也商量着,明天某一个时刻,我们三声炮响,就如此如此地进攻。问题是,朱棣他们商定的时刻比平安要早,结果朱棣三声炮响,大军一起冲锋的时候,就看见平安的队伍都在撒丫子往四处奔逃,原因是平安的队伍认为这三声炮响,就是主帅平安让大家突围的信号。这只能说是天意了,最后平安主力被歼,本人也被擒。

最后一次就是朱棣打下了扬州之后,建文帝终于害怕了,一方面下罪己诏,号召天下勤王,大家快速来救驾;另一方面派人去和朱棣谈判,甚至开出了划江而治的筹码,也就是长江南面是我的,北面归你。可是朱棣这时候拽得很,对着来谈判的庆城郡主,也就是他的堂姐说,我认为你们这就是缓兵之计，我朱棣是小孩子吗？"我岂为其所欺哉？"

不过，朱棣很快就有点儿后悔了，因为盛庸带人赶了过来，在浦子口把要渡河的朱棣打了一个稀里哗啦。就在朱棣想拉着堂姐的手说"您别走，我们再谈谈"的时候，他的二儿子朱高煦赶到了。这小伙子当时才20来岁，初生牛犊不怕虎，和盛庸斗了一个旗鼓相当，稳住了局势。朱棣一高兴，拍着朱高煦的后背说："勉之！世子多疾。"老二啊，你加油，你大哥身体不好。

这种话无论是谁听了，都只能有一个解释，那就是朱棣认为自己的二儿子也有资格继承他的王位，尤其是在老大身体不好的情况下，而且这个王位极有可能很快就变成皇位了。

老二朱高煦听到这句话之后，和打了鸡血没有任何区别，对着盛庸发起了不要命的冲锋，居然把名将盛庸打败了。1402年六月初三，朱棣和儿子朱高煦率大军渡过长江，十天之后，抵达南京城下。

此时的建文帝其实也还是有希望的，当时南京城里有20万军队。前面说过，南京城城墙上的每一块砖头，都有工匠的名字，可以这样说，当时的大炮，要摧毁它并不容易。20万大军在南京坚守一个月，应该没什么问题，到时候，各地勤王的军队赶到，朱棣就相当不利了，困守坚城之下，被聚歼的可能性是极大的，这也是为什么朱棣出征之前会有那句感慨，"不复反顾矣"，这就是一场豪赌，没有回头路。

神奇的是，就在此时，一个大家熟悉的人物跳了出来，小手轻轻一挥，让朱棣最终取得了这场赌博的胜利。此人就是李景隆。他连续两次以数十万大军败给了朱棣之后，被建文帝召回，却没有受到任何处罚，反而被派去镇守南京城西北角的金川门。这时候他远远看见朱棣的旗号，也不知道是吓得呢，还是觉得就是和这个朱四叔有缘，居然打开了金川门，放朱棣军队进入了南京。一句话，这家伙成了大叛徒。

于是乎，打了三年的靖难之役以这种戏剧性的结局落下了帷幕。

二、朱棣残忍吗

进了南京城的朱棣，最关心的事，是他那个知识分子大侄子朱允炆在哪儿。你要知道，他打的旗号是"靖难"，是清君侧，如果朱允炆这时候端坐在皇帝宝座上，等着他朱棣，他还真是麻烦。

当然，朱棣是不可能允许这样的事情发生的，幸好，这样的事情也没有发生。《明史》上记载，"宫中火起，帝不知所终"、"或云帝由地道出亡"，也就是说，皇宫里烧起了熊熊大火，朱允炆和他的嫡长子两个人从此不知下落。现在一般认为，这把火是建文帝自己放的，不过他到底死没死，确实是谁也不知道，几百年过去了，到现在还是悬案，流传最广的说法，是他跑了之后当了和尚。

不过朱棣当然不能说大侄子跑了，他必须第一时间咬定朱允炆死了，我们这里可以欣赏一下他的表演。

当时只见朱四叔步伐急促，快步走进大火还没完全熄灭的皇宫，顺手拉过一具尸体，嚎啕大哭，一边哭，一边拍着大腿嚎叫，傻孩子啊，我的大侄子，你何苦如此呢。旁边的人都不好意思提醒他，您正在拍打的那具尸体，是您的侄媳妇，建文帝的马皇后。这事儿在《明史》上记载得清清楚楚："王既入，遣中使出马后尸于火，诡言帝尸，持之泣，曰：'痴儿，何至是！'"

朱棣哭了几声之后，甩甩袖子站起来，准备去大殿上，坐一坐那个皇帝的龙椅。这时候，翰林院编修杨荣突然抓住他的袖子，问了一句："殿下先谒陵乎？先即位乎？"您是先去孝陵拜祭先帝朱元璋，还是先登基为新皇帝？一语提醒梦中人，朱棣二话不说，上马飞奔至孝陵，在他爹的坟头上又哭了一遍。

杨荣绝对是政治上的天才，因为先去朱元璋那里报道，再当皇帝，这就等于是从老爹那里受命，"靖国难而后登大宝"，否则直接上位，那就是"篡国政而盗皇位",两者实质上虽是一样,但政治意义却完全不同。

从这件事之后,杨荣飞黄腾达,一路干到内阁首辅和谨身殿大学士的高官,而且他也是明初"三杨"之一,永乐盛世和仁宣之治的缔造者之一,关于这些事情,后面再讲。

现在先来看看朱棣是如何对待忠于建文帝的大臣们的。

按照朱棣的逻辑,朱棣和朱允炆打了三年,这事儿的起因就是齐泰、黄子澄二人,现在山河破碎,几十万将士死亡,自然需要这两个家伙来买单。就这样,齐泰和黄子澄被凌迟处死,"族人无少长皆斩,姻党悉戍边",简单地说,就是族灭了,这是记录在《明史》里的。现在史学家考证,当时齐泰一个六岁的儿子被留了下来,只是被发配到边关。太子朱高炽上位之后,又赦免了这个小孩,而且黄子澄的嫡长子和嫡次子当时也都没有被杀,现在江苏丰县黄坝村的几百名黄家人,按照流传下来的族谱,就是他的后代。

所以,《明史》上的记载也许有偏颇的地方,实际上,齐、黄两人并没有被灭族。

接下来轮到方孝孺,本来他是不会死的。道衍大和尚曾经对朱棣说,我求你一件事,将来打下南京,方孝孺这个书呆子肯定不会投降,可是您也别杀了他,杀了他,天下读书人的种子就断绝了。朱棣大手一挥,说咱俩之间,这还算个事,还用求?我答应你就是。

可是当大家推荐方孝孺来写朱棣登基的诏书时,朱棣就不得不让人把方孝孺带上来。方老头儿披麻戴孝,上了大殿就哭。朱棣赶紧说,先生别这样,我朱棣只是为了仿效周公辅助成王而已。

方孝孺厉声问道,成王何在?朱棣说他放火把自己烧死了啊。方孝孺又问,那为什么不立建文帝的儿子做皇帝?朱棣说那孩子实在太小,国家需要成年人当皇帝。方孝孺接着问,那为什么不立建文帝的弟弟?朱棣说您烦不烦啊,这是我老朱家的家事,今儿找你来,只是想请您写一个我登基当皇帝的诏书，写完了，您就回家抱孙子，多好。

方孝孺挥笔写下了"燕贼篡位"四个字，把笔一扔，说道："死即死耳，诏不可草。"接下来，《明史》记载，"成祖怒，命磔诸市。孝孺慨然就死"，终年45岁。

对于方孝孺，大量民间史料上有另一种记载，说朱棣面目狰狞地威胁方孝孺：你就不怕诛灭九族吗？方孝孺脖子一梗，说诛我十族我也不在乎，结果方孝孺真的就被"诛十族"了。这件事无论是易中天老师的《中华史》，还是《明朝那些事儿》，都把它当作真实历史来说，我却不敢如此，因为这在史学界是一件没有定论的公案，方孝孺到底是不是被诛十族，我们今天并不能这么肯定。

最有可能的是，"诛十族"三个字来自《明史》里下面这句话，"孝孺之死，宗族亲友前后坐诛者数百人。其门下士有以身殉者，卢原质、郑公智、林嘉猷，皆宁海人"。也就是方孝孺的亲朋好友有几百人连累被杀，他的弟子里很多人自杀，以身殉国，因为这些事实，导致了"诛十族"的说法，让朱棣的面目显得狰狞无比。

《明史纪事本末》上记录，在山东济南城下让朱棣吃尽苦头的铁铉被捕之后，连看朱棣都不屑于看，背对着帝国新的老大，嘴里还破口大骂，这让朱棣很不爽，于是，朱棣让人把他的耳朵鼻子割下来，放在烤炉上，烤完之后塞到铁铉的嘴里，问他说香不香，铁铉一边大口咀嚼，一边赞叹不已，说"忠臣孝子肉有何不甘！"你朱老四的手艺真好，太香了。气得朱棣最后把他凌迟处死还不算完，又用油锅炸尸体，然后夹出来，摆成跪倒在朱棣面前的姿势，谁知道铁铉被油炸过的尸体突然一个转身，继续用后背对着朱棣，意思是想让我跪你朱老四，门儿都没有啊。最后朱棣实在是没招了，只好把他安葬了事。

很多知识分子今天都在他们的书里引用这一段，用来说明朱棣的残忍，只不过把油炸铁大人发威的那一段略去了，因为那一看就是假的。

不过，关于铁铉这一段记载在《明史》上也是没有的，《明史》上只有一段文字，"反背坐廷中嫚骂，令其一回顾，终不可，遂磔于市。年三十七。子福安，戍河池"。意思是铁铉背对朱棣破口大骂，朱棣把他给凌迟处死了，死的时候37岁，儿子福安被发配去守边。

上面的这些杀人事件，不论从那一个方面看，都很残忍，因为凌迟、连坐都是事实；不过，我们也可以看出，在有些史书和有些知识分子的推波助澜之下，朱棣的残忍程度被扩大了无数倍，变成了一个恶魔。

前面说过，中国的知识分子是不能随便杀的，因为他们掌握了话语权，你在后世是什么形象，是他们写的。只有像二十四史这类书籍，还知道收敛一些。何况，朱棣身上还背着一个篡位的乱臣贼子之名，这两者结合到一起，注定了只要是儒家占主导地位，朱老四无论是活着还是死后，都要被骂得狗血喷头。

顺便说一句，除了上面这几个人，《明史》上还记录了很多建文帝的臣子，或者因为不肯投降被朱棣砍了脑袋，或者因为忠于朱允炆选择自杀而死，甚至他们的直系亲属也选择以死殉主，跟着他们去了另一个世界。

在明朝皇帝和知识分子之间还算是中立的《明史》，是这样评价这些人的："抱谋国之忠，而乏制胜之策。然其忠愤激发，视刀锯鼎镬甘之若饴，百世而下，凛凛犹有生气。"也就是说，这些深受建文帝赏识的知识分子们，虽然治国的本事确实不怎样，但在生死大义面前，也确实是毫不含糊，选择了舍生取义。

拥有这么多忠臣，还拥有一些像平安、铁铉那样既忠心又有能力的武将，朱允炆为什么还会输掉这场战争？很多历史学家试图解开这个谜团，我个人认为，可能主要有三大原因。

第一，他太急切地破坏了朱元璋的原始布局，本来老朱已经为他当一个太平天子做足了工作，可是他一上台就急忙改弦易辙，崇文抑武，压制功勋阶层，动作激烈地去削藩。"治大国若烹小鲜"，这样的折腾，需要你自己能力超强，可惜，朱允炆和他的智囊们只会读书，能力并不够；第二，战场瞎指挥，三次任用李景隆，一次撤回徐辉祖，可以说都是败招，自取灭亡；第三，四皇叔朱棣确实有运气。

总之，几十万将士，几千名大大小小官员和他们家属的死亡，最终换来了朱棣的黄袍加身。1402年农历七月十七，朱棣登上了皇帝宝座，改年号为永乐，对之前建文帝的年号，他是绝对不承认的，也没法子承认。

147. 郑和下西洋

上一节我虽然替朱棣做了一些澄清，说他并不像野史上描写的那么残忍，但这丝毫也不能改变一个事实，那就是他对建文帝的旧臣做过大屠杀。这种疯狂的杀人说明他心虚。这有两方面原因，一是自己得位不正，天下人都知道；二是他以 800 名亲兵起兵，一不留神就打败了强大的政府军，有点儿暴发户的感觉，而暴发户是最容易心虚也最容易用外在的骄横、残暴和炫耀来掩饰自己心虚的一类群体。

除了屠杀大臣，心虚的他还在琢磨两件事，怎么才能知道天下的人，包括大臣和老百姓是怎么想的，会不会对他不满意而造反？朱允炆到底死没死，去哪里了？

于是他把目光瞄准了他爹创建的锦衣卫。前面说过，锦衣卫在设立之初，是有特权的特务机构，但到了朱元璋执政后期，他也意识到，这个机构的存在伤害了国家司法体系，就收回了锦衣卫抓捕和审判犯人的权力。《明史》上说"诏内外狱无得上锦衣卫，大小咸经法司"，也就是应该刑部、都察院和大理寺这三法司干的活，锦衣卫不能掺和了。

朱棣一琢磨，觉得除了锦衣卫，还真没有人能胜任监察大臣和老百姓这种秘密工作，于是，他很快就恢复了锦衣卫抓人和审讯的权力。不仅如此，十八年后，当他把首都搬到北平的时候，又设立了另一个机构，叫作东缉事厂，简称东厂，和锦衣卫一样，也是特务机构，负责监督大臣和老百姓，也有随意抓人和审讯的权力。今天北京东城区东厂胡同，据说就是原东厂所在地。

实际上，朱棣设立东厂，除了干特务活动，继续寻找朱允炆，还有更深一层的意思，那就是监督在皇宫之外的锦衣卫。所以，东厂这个机构，不仅要离皇宫很近，而且首领必须是太监。

明朝的太监和宦官有什么区别？

明朝官里有十二监，比如司礼监、尚衣监等，这些机构都是由宦官组成的，但只有其中的领导人，才能被称为太监。清朝以后才把所有宦官都称为太监。另外，"太监"这两个字，按照标准读音，应该是读 tài jiàn，只不过现在大家更习惯读成 tài jian。

东厂的首领被称为东厂掌印太监，也称厂主和厂督，是宦官中仅次于司礼监掌印太监的第二号人物，地位自然是非同小可。不过，要是评选中国古代最伟大的宦官，那东厂的厂主们就要靠边站了，前两名肯定是西汉内廷中书令司马迁和东汉中常侍蔡伦。再往下数一名，第三伟大的太监，那就应该是朱棣这个时代的大太监郑和了。

一、郑和下西洋

郑和本名马三宝，1371年出生在云南的一个穆斯林家庭，据说是伊斯兰教创始人穆罕默德的后裔，父亲是元朝云南行省的一个大官，家里条件也不错。可惜的是，马三宝没赶上好时候，十多岁时，傅友德、蓝玉和沐英三位大将进攻云南，作为元朝余孽、官员之子，马三宝小小年纪就被迫成了太监，改了一个名字叫马和，被送进了燕王朱棣的府上。

等到朱棣造反的时候，早已死心塌地跟随朱棣的马和在战场上立下了很多功劳，也由于这份战功，当上皇帝的朱棣大笔一挥，赐给他一个新的姓氏，郑。从这时候开始，他才开始叫郑和，并且官至四品，担任内官监太监，在明代早期，内官监的权力要大于后来大名鼎鼎的司礼监。

永乐元年，朱棣登基之后派人出使琉球、日本、暹罗等地，一方面是告诉大家，天朝的皇帝换人了，以后写信派使者别把称呼给搞错了；另一方面是敦促各国恢复勘合贸易，或者说朝贡贸易。也就是说，你想和明朝做生意，首先必须承认明朝的宗主国位置，大明王朝每年给你发勘合符，相当于一种贸易凭证。有了这个勘合符，你才能派使团在特定的时间来明朝上贡，实际上，就是送一些土特产。使团的人数也有限制，因为明朝除了让他们在上贡期间做生意，还要给这些使者发钱，相当于是老大给的赏赐。

说实话，很多国家都不在乎这个上贡和赏赐，他们看重的，还是凭着勘合符和大明王朝做生意这个特权。

有学者说，当时朱棣派到日本的使者就是郑和，日本人这时候也不那么死脑筋了，掌权的足利义满将军很爽快地同意以属国的名义和明朝进行勘合贸易。足利义满在给朱棣的回信里自称"日本国王，臣源义满"，承认了日本是明朝藩属国的地位。

朱棣在搞定了周围的国家之后，决定再派人往更远的地方走一走，这次他也选中了郑和，一是信任，二是郑和有这方面的才能和经验。

1405 年 7 月 11 日，郑和率领 240 多艘海船，27400 名船员从中国苏州起航直抵福建，然后又从福建五虎门扬起风帆，驶进了茫茫太平洋的深处，开始远航。

如果上帝这时候没事，正趴在鱼缸上面，看那一颗小小的叫作地球的东西，他老人家可能会禁不住叫出声来，因为就连他可能也搞不清楚，人类怎么突然之间就整出这么大的一支船队来。其中最大的那种，被称为"宝船"的大船，差不多有一个足球场大小，可以供几百个人在上面休息娱乐工作，而且这样的船只还不是一艘两艘，足足有 62 艘那么多。

根据古今中外的各种史料，包括后来接手了郑和航线的葡萄牙人的记录，在随后的近 30 年时间里，郑和的船队一共出海 7 次，总航程达到七万多海里，相当于绕地球三圈还多，走遍了太平洋、印度洋上的很多岛屿，最远到达了非洲的东海岸。

他的船队给后人留下了人类历史上值得铭记的《郑和航海图》，其中有 109 条针路航线和 4 幅过洋牵星图，也就是那种可以在茫茫大洋上，确定自己精确位置经纬度的星图，这绝对是当时最先进的航海技术，相当地了不起。

按照英国人孟席斯写的《1421：中国发现世界》，郑和甚至可能去过澳大利亚、新西兰和美洲。这样一来，80 多年后才登陆美洲的哥伦布，就不是文明社会发现美洲的第一人了，库克船长也不是到达澳大利亚的第一人了。不过孟席斯的这个观点现在并不被主流学界承认，还有待发掘更多的证据。

《明史》上对郑和很是风轻云淡，只说"和经事三朝，先后七奉使，所历凡三十余国"，后面就是那些国家的名字。

你若是问，郑和去了那么多地方，都做了些什么？其实，按照正经史书的描写，他扮演的角色就是天使。每到一个地方，就负责调解当地不同政治势力之间的矛盾，谁不服就出兵征讨，然后史书上就留下了某某国"畏惧""不敢扰""海外诸番，益服天子威德"这样的字眼。相当于天使降临人间，告诉大家，我后面就是一个叫朱棣的大老板，那是神，你们服不服？大家只要一说服了，那就好，马上就赏赐当地的国王贵族衣服、绫罗绸缎、金银、仪仗等物品，你要是说不服，那就打服你。"因给赐其君长，不服则以武慑之。"

其中，他做得最重要的海外政治干预，就是对马六甲海峡的操纵。今天稍微有点国家政治和地理常识的人，都知道马六甲海峡对于中国贸易的重要性，明朝那时候也一样，从亚洲到欧洲、非洲，这里是必经之地。

郑和当时肃清了马六甲周围的海盗，然后扶植了一个叫拜里迷苏剌的王子在马六甲称王，赐予对方印玺和皇袍，从此之后，这地方就相当于大明王朝的驿站了。

当然，郑和出那么远的门，也要带一些土特产回来，这些土特产就包括了当时东南亚的香料、珠宝、动植物，什么狮子、金钱豹、鸵鸟等动物，都得到了免费去东土大明旅游的机会。据说最神奇的是，郑和找到了传说中的瑞兽麒麟，把朱棣乐得嘴都合不上了，但现在我们知道了，郑和带回来的是叫长颈鹿，只不过以前中国人没见过罢了。

那么，朱棣让郑和带船队出海，真正的目的到底是什么？这个问题一直都没有一个准确的答案。据《明史》上记载，"成祖疑惠帝亡海外，欲踪迹之，且欲耀兵异域，示中国富强"。简单一句话，说了两个目的，第一，找到朱允炆；第二，向外国人炫耀，表示我们中国相当富强。

很多人都对史书上的这个写法持怀疑态度，我们就算是认可朱棣对于朱允炆是否存在寝食难安，但找人这事儿，依靠锦衣卫和东厂那样的特务机关偷偷摸摸地排查，是最好的，也是最有效的，但说派出一支连上帝都惊动了的舰队去找一个想躲起来的人，这种事有点儿不靠谱。政治上极其成熟的永乐大帝朱棣，一而再、再而三地派出一支庞大的船队，跑了地球三圈那么远，去找一个明显对他没有任何威胁的侄子，听起来，像是精神病发作。

说是为了示威，也不太像。虽然这个说法有道理，朱棣为了让自己显得更加合法，应该会愿意这么做，可是这解释不了一件事，那就是为什么要出去七次，而且频率实在是太高了。第一次是1405年夏到1407年秋，回来之后没休息几天，马上开始了第二次，从1407年秋到1409年夏天；然后第三次是1409年秋到1411年夏，这一次回来休息了两年；1413年冬到1415年夏，又进行了第四次远航；后面第五次和第六次也是这个频率，回来休息一两年，就再次远航。最后一次出发是1431年年初,此时已是宣德五年闰十二月,朱棣已经死了好几年了,郑和也在此行途中去世。

如此频繁地出海,说仅仅是为了示威,有点儿牵强。那么,郑和下西洋如果不是为了寻找朱允炆,也不仅仅是为了炫耀武力让四方来朝,还有什么原因呢?

这里卖一个关子,我们接着往下看。后面我会给出一个合理的答案。

二、迁都和大运河

朱棣之前,历史上最出名的两位篡位者,一个是隋炀帝杨广,一个是唐太宗李世民,两个人都背负着篡位的名声,上台之后,都是挽起袖子拼命干,什么开疆扩土,改善交通,文治武功等,只不过一个失败了,一个成功了。永乐帝朱棣和他们也差不多,上位之后,他心里不踏实,只能靠拼命干活积累业绩,来让心理平衡,也证明给天下人看,我这个四叔可比大侄子强多了。

在他所做的诸多事情里,修缮大运河、迁都北京绝对是最浓墨重彩的一笔,而且是对我们今天影响最大的。

朱棣以前是燕王,在北平防备北方的蒙古,也就是北元。在那个位置上,他本就干得相当出色,连他爹朱元璋都说:"肃清沙漠者,燕王也!"可是现在他跑南京当皇帝了,谁来代替他镇守北平,就成了一个大问题,毕竟当时对明王朝最大的威胁就是北元。

你若是说和以前一样,再封一个藩王,那是不可能的,一来没人敢去朱棣起家的地方当王,二来朱棣虽然是靠着反对削藩造反成功的,但是他上台之后,照削不误。毕竟位置不一样,考虑问题的角度就不一样。他在造反的时候,曾经去弟弟宁王朱权那里,用诡计骗来了精锐骑兵朵颜三卫,当时承诺说,成功之后,和你共分天下。可是成功之后,他把宁王地盘给了蒙古人朵颜三卫,别说和弟弟共天下,就算是朱权要求去苏州养老,也被拒绝了,最后被封到了南昌,等于是变相地削了藩。宁王在余生中只好唱戏、写诗、研究道教,郁郁而终。不仅如此,在接下来的十几年间,朱棣还以各种手段废掉了六个亲王带兵的权力,同时封赏了很多有功之臣,完成了他大侄子朱允炆没完成的事业。

比较朱允炆和朱棣的削藩会发现,他们有着本质上的不同,朱棣削藩的目的,是加强中央政权,只要藩王们对中央没有威胁,他就慢慢图之,以足够的耐心清理掉这些隐患;建文帝和他的臣子们,削藩的目的就是削藩,所以很着急,一年干掉了六个。兔子被逼急了还咬人呢,更何况他四叔这头野狼。

言归正传,朱棣不仅要思考北方的防务问题,而且他本人喜爱北平。在他对于帝国版图的设想里,明朝就应该像元朝那么大,以北平为中心,辐射出去,曾经元朝的所有地盘,都应该是他老朱家的。

其实,大明王朝不能长久定都在南京这件事,从朱元璋那时候起,就已经在筹划了。洪武元年,刚当上皇帝的朱元璋就下诏,以汴梁为北京,以金陵为南京,实行两都制。洪武二年,朱元璋又在故乡凤阳试图营建中都,中间的首都。据说一个重要的原因是,南京的皇宫是填湖所建,建成之后由于地表下沉,逐渐形成南高北低的态势,这在古代的风水学上,是相当不吉祥的凶兆,至于说这是不是以南京为首都的朝代都不长久的原因,我就不知道了。

经过实地考察,汴梁和凤阳做首都也不合适。洪武二十四年,朱元璋派出了当时的太子朱标考察关中地区,为迁都西安作准备。

巡抚和总督是怎么来的?

朱元璋让朱标考察的诏书里写的是,"巡行地方,抚镇军民",由此诞生出一个我们现在耳熟能详的职务——巡抚。到了明朝后期,这种由中央派到地方去巡查的官员，就成了实际上的地方一把手，凌驾在都指挥使、布政使和提刑按察使这三司之上。再到了后来，又出现了总督这个职务。和巡抚一样，开始的时候，总督也只是中央巡视地方的官员，还要带着中央的官衔，全称可以是"兵部右侍郎、都察院右都御史、总督某某等处地方"之类。但督着督着，总督也变成了地方官，只不过总督有时候可以管几个省。但如果你说它比巡抚大，那也不一定，两个职位其实是互相监督的，朝廷也愿意看到这种局面。总督加巡抚，就是督抚，这个制度后来被清朝全面继承了。

可惜的是，太子朱标巡视西安的第二年就去世了，结果明朝迁都的事儿又搁了下来。

由于上面说的种种原因，朱棣当上皇帝之后，对迁都这事也比较上心。做大臣的，第一要务是什么？自然就是揣摩领导的心思，1403年，也就是永乐元年，礼部尚书李至刚领着一群拍马屁的大臣说，燕京是永乐帝"龙兴之地"，应当效仿明太祖对凤阳的做法，立为陪都。

朱棣马上顺水推舟，下诏以北平为大明朝北方都城，改北平府为顺天府，称为"行在"。"行在"本来是"所在所"，指皇帝所到的地方。他同时开始把老百姓迁到北京，尤其是有钱人，都被迁到北京去买地盖房子。

这时候的明朝，北方的经济远远比不上南方，为了保证物资能顺利地运送到北平的行在，1410年，永乐帝下令修复元朝的大运河，打开会通河，用了五年时间治理黄河、长江和淮河。从此之后，大运河上的南北漕运一直是明清两代的主要交通大动脉。当然，修复好河道的第一件事就是要保证朱棣新家需要的那些物资顺利运到北京，这才有了民间的那句俗语，"先有大运河，再有北京城"。

皇帝住的地方，那自然是不能差了。中国人自古就把天上的星星分区分块地划分，其中最重要的就是所谓的三垣四象二十八宿，这 35 个区块里面，最核心的还是三垣之一的紫微垣，因为北极星在这里面，也是传说中老天爷住的地方。既然皇帝是天子，老天爷的儿子，那他在人间的家也必须按照天上的那个家来建造。换句话说，天子住的地方，就应该是人间的紫微垣。又因为皇帝住的地方普通人是禁止入内的，所以，朱棣在北平的新家就被命名为紫禁城，也就是今天我们都知道的北京故宫。这是 1406 年，朱棣下令在北京开始建造的。

倒霉的是，新家刚建了没几天就被迫处于半停工的状态。原因有两个，一是朱棣的妻子去世了。这位大将军徐达的宝贝闺女也是朱棣的心头肉，他相当地伤心，下令在今天的北京昌平天寿山下修陵墓。按照朱元璋立下的规矩，皇帝和皇后死了必须合葬，埋在一个坑里，朱棣这个举动意味着，他死了也要埋在北京。死了的皇后等着入土为安，这个是比较着急的，所以，活人住的紫禁城建设就暂停了，工人们被派去天寿山刨坑去了，这就是今天赫赫有名的明十三陵里的第一陵，长陵。

结果坟还没修完，又发生了第二件影响紫禁城工程进度的事情，永乐帝派出去的使者被鞑靼人给杀了。

鞑靼人就是蒙古人。前面说过，朱元璋曾经派出大将蓝玉，把北元的蒙古人打得哭爹喊妈，也就是在那次被称为捕鱼儿海之战的大战过后不久，蒙古人分裂成三块，鞑靼、瓦剌和兀良哈，其中兀良哈和明朝关系不错，那个帮助朱棣起兵的朵颜三卫，实际上就是兀良哈部落的。

可鞑靼和瓦剌就不一样了，一直都和明朝为敌，所以这次连朱棣派出去的使者，都被砍了脑袋。是可忍孰不可忍，朱棣决定，他的新家，他媳妇儿的陵墓，都可以慢慢建设，现在必须先消灭这群蒙古人。于是，1409 年，他派出淇国公丘福率大军十万，征讨鞑靼。

不幸的是，这个名字叫"福"的大将，其实没什么福分，因为轻敌冒进，被人家包了饺子，全军覆没。朱棣气得破口大骂之余，只能自己上马，从 1410 年开始，一直到 1424 年，14 年里，进行了五次亲征漠北的活动。

如果用一句话总结这五次军事行动，就是按下葫芦浮起瓢。第一次打败了鞑靼，可是瓦剌趁势崛起；第二次打败了瓦剌，但鞑靼又死灰复燃；等第三次再打败鞑靼之后，蒙古人学乖了，你一来我就跑，跑不掉就投降，但是你们这些汉人是不可能一直驻扎在大草原上的，你走了，我再去骚扰你。所以，永乐帝的五次亲征，确实削弱了北元的势力，维护了明朝边境的安宁，但并没有消灭他们。

就这样一直拖到了 1417 年，朱棣的新家兼办公大楼——紫禁城，才算是正式动工，干到了 1420 年，大功告成。

对于紫禁城或者说故宫，我们现在都很熟悉，它的面积大概是 72.5 万平方米，是一个四四方方的建筑群落，符合《周礼·考工记》里理想的都城样式。一共有四个主要的门，分别是午门、神武门、东华门和西华门，其中午门因为对着南方，就算作是正门。你要是问，那今天闻名遐迩的天安门呢？它和紫禁城是什么关系？这个下一节再聊。

148. 永乐的盛世

1420 年，紫禁城建设完毕，正门，也就是最南边的门叫午门。之所以叫这么一个名字，是因为古人把今天地球上的经线称为子午线，向南延伸的称为"午"，向北伸展的称为"子"，大家认为紫禁城的南大门正好就在子和午的分界线上，所以称其为午门。

今天我们看电影电视剧，经常听到一句，"推出午门斩首"，说的就是这个"午门"。但实际上明清两代斩杀犯人并不是在午门外，明朝时主要在西四，清朝以后改在菜市口，午门主要是皇帝颁发重大诏书、大型节日与民同乐和接受军队凯旋之后敬献俘虏等重大仪式的地方。当然，明朝中后期流行打屁股，皇帝经常在午门这里把一群大臣按倒在地，噼里啪啦打板子，这倒是事实。

一、建紫禁城和对外扩张

今天提起紫禁城，大家经常想起来的，应该是天安门，天安门和紫禁城是什么关系呢？简单地说，朱棣设计的这个北京城，有点像是俄罗斯的套娃，最里面最核心的，当然是紫禁城；紫禁城的外面，套着一个皇城，这里面就包含了左祖右社的祭祀场所。今天出了午门，左手边的工人文化宫，以前就是太庙，也叫祖庙，是放历代祖宗牌位的。午门右手边的中山公园，原来是社稷坛，是祭祀土地神和谷物神的。

左祖右社，和五府六部的一些衙门，再加上北海等皇家玩乐场所，对紫禁城形成了一个包围圈，这个大圈子的名字叫皇城。它也有四个门，东西两面叫东安门和西安门，北面原来叫北安门，后来清朝顺治皇帝大笔一挥，给改成了地安门，皇城南边的正门在朱棣那时候叫承天门，后来也是顺治大笔一挥，给改成了天安门。

所以，天安门不是紫禁城的大门，而是北京皇城的正门。

在皇城之外，还套着一个北京内城，这里面就有老百姓居住了。它有九个门，包括西直门、朝阳门、崇文门等。最大名鼎鼎的是正阳门，俗称前门楼子，不过朱棣开始建造它的时候，它的名字还叫丽正门。

从前门向南，一直到永定门，这个被称为北京外城，这块区域和朱棣没什么关系，属于后来的建筑。不过即便仅仅是紫禁城、北京皇城、北京内城这三块区域，那也是相当浩大的工程，据史料记载，当年为了修建紫禁城，投入工匠23万人，民工、士兵上百万人，确实是了不起的大工程。

这么一个大工程，我们今天却很难确定总设计师是谁。有人说是苏州吴县香山的木匠蒯祥，他带着香山帮的匠人入京，设计了故宫。也有人说是一个来自越南的，从小在皇宫里当太监的阮安。还有人说是一个叫蔡信的官员。我个人认为上面这些人可能都参与了设计，但主导者或者说最初设计者，应该是蔡信，史书上明确记载，他是从工部尚书宋礼手里接下的任务，比较符合逻辑。

就在朱棣搬进新家，美滋滋的小日子过了半年之后的一个下午，咔嚓一声，老天爷一个大雷，把他的新家劈了一个正着，在一团熊熊大火之中，奉天、华盖、谨身三大殿化为乌有。这三座宫殿全是朱棣的办公室，后来清朝的名字是太和殿、中和殿以及保和殿，其中的奉天殿或者说太和殿，就是我们现在俗称的金銮殿，相当重要。

朱棣在郁闷之余，就下诏书，说大家都来说说，我到底做错了什么,老天爷要这么对我?你们尽管说,我不怪罪你们。

当时一个叫萧仪的官员,是个实心眼,真的以为可以随便说,于是开足火力,抨击朱棣,说你就不应该迁都,没事跑到北京来,连自己老爹老娘的坟墓都不照看了,你岂止是错了,简直就是不孝。当然,最后这几个字是我加的,可是当时谁都知道,这人就是这个意思。朱棣气得要死,立马放弃了自己的承诺,把萧老先生扔进了监狱。

这一下,大家都闭嘴不吱声了,朱棣琢磨了很长时间,也没琢磨出来老天爷啥意思,就把三大殿扔在那里,不修了,改在今天的太和门上朝。朱棣心想万一老天爷就是看那三个办公室不顺眼,我重新修了,他老人家把怨气撒到我身上,怎么办?所以,一直到20年后,他曾孙朱祁镇上台,才把这个烂摊子收拾了一下,重修了三座宫殿。

朱棣在明朝内部彻底稳定之后,开始了他最喜欢的对外扩张。在他手里,明朝的疆域扩大很多,不仅今天中国东北都是他的,而且还向外延伸了大约另一个东北那么大的面积,这里面就包括了整个库页岛和大兴安岭以北的广大地区。他在这一大片区域上设置了一个行政机构,叫作奴儿干都指挥使司,后来赫赫有名的大清朝的祖宗们,这时候只能在他的淫威之下瑟瑟发抖。

在西北,今天的新疆,朱棣设立了哈密卫。前面说过,一个卫只有5600名士兵,仅凭着5000多人的一个卫,就能统治今天新疆的广大地区,靠的是背后大明朝强大的实力。

此外,朱棣还趁着越南内乱,打着捍卫人权的旗帜,冲进了人家家里,说什么"期伐罪以吊民,将兴灭而继绝",目的是"广施一视之仁,永乐太平之治",很快,当时的越南就姓了朱。明朝在那里设立了交趾布政司,这相当于是吞并了越南。

越南人民很快就反应过来了,开始拼死反抗,到了朱棣孙子朱瞻基在位的时代,越南终于反抗成功,重新独立,不过也没敢过于得罪大明,一直都以明朝为宗主国，年年上贡。

二、修撰《永乐大典》

除了建紫禁城和对外扩张，朱棣完成的另一件事，是编撰《永乐大典》。

朱棣在即位不久，就下诏说要编一本书："凡书契以来，经史子集百家之书，至于天文、地志、阴阳、医卜、僧道、技艺之言，备辑为一书，毋厌浩繁！"这句话里的"契"，就是"刻"。因为古代的文字多用刀刻，所以"书契"就是文字的意思。他的意思是，从老祖宗还在山洞里刻字的那一天开始，凡是古人留下的文字，都要收集上来。

"经史子集"是中国古代一直使用的一种书籍分类方法，"经"主要是指儒家的典籍，包括了各类道德教育；"史"指的是各种体裁的历史、地理著作；"子"就是除了孔子，其他各家各派的学说，包括诸子百家、和尚道士等宗教著作；最后的"集"是文学创作和评论，散文、诗、词、元曲等全都在这一类。

朱棣的命令很清楚，他要把从上古时代到他那时候的所有图书，一网打尽，都编在一起。

这个艰巨的任务在开始的时候，交给了一个大才子解缙。

解缙，字大绅，明朝三大才子之一，另两位分别是杨慎和徐渭，我们后面也会提到。很多人都认为，无论是论才学，还是对后世的影响，解缙在三大才子里都是第一名。

解缙从小就是神童，6岁能写诗，18岁就中了举人，而且是当时江西省乡试的第一名。第二年中进士，连朱元璋活着的时候都很看重他。

因为性格原因，他在朱允炆时代并不被重视，后来朱棣很看重他，先是提拔为翰林侍读，然后又让他进入文渊阁，参加国家大事的讨论。

文渊阁是明朝皇宫的藏书楼，也就是皇家图书馆，但如果你简单地认为，解缙这是去做了一个图书管理员，那就错了。当时一共有七个人获得了这个资格，《明史》上记载，"命与黄淮、杨士奇、胡广、金幼孜、杨荣、胡俨并直文渊阁，预机务。内阁预机务自此始"。这段话对于明朝历史相当重要。前面说过，朱元璋把宰相废掉了，他直接管理六部五寺等政府机构，可是朱棣觉得，这么多事情，全自己干，累死累活不说，还容易出错。于是，就让自己身边有学问的自己看着顺眼的人，帮着自己处理国家政务，这就叫作"预机务"，而内阁一开始指的就是文渊阁，也就是皇家图书馆。"内阁预机务"说的就是图书馆里面的学究们，开始参政议事了。

不过，解缙等七人这时候虽然是朱棣的高级顾问，甚至解缙还是公认的明朝第一位内阁首辅，但权力并不那么大，《明史》上说："殿阁大学士只备顾问，帝方自操威柄，学士鲜所参决。"提意见可以，但是决断权还在朱棣手里。内阁首辅真正掌握了极大权力，是在明朝中后期，只有皇帝弱小或者不愿意管事的时候，才会出现内阁等于宰相的情况。

解缙接到《永乐大典》的编书任务后，很高兴，勤勤恳恳地干了一年。第二年，也就是1404年，他交出了第一稿，可是朱棣看了之后很不满意，"所纂尚多未备"，于是朱棣把和尚道衍叫了过来，让他和解缙一起负责这件事。

道衍这时候已经改名为姚广孝了，自从造反成功之后，朱棣就越看这个和尚越喜欢，加封他为资善大夫，太子少师，并且赐名姚广孝，当时的人都称其为国师。和解缙不一样的是，他相当地低调，朱棣让他别当和尚了，还俗，还给他大房子和美女，他都不接受。白天上朝谈论国家大事，他穿着官服，下了班，把工作服一脱，换上和尚的袈裟，还是回寺庙里睡觉，"冠带而朝，退仍缁衣"。对于这样的一个人，朱棣也是心存敬意的，觉得他可能是天上的神仙下凡。

姚广孝进入编书的领导团队之后，整个进度就加快了，1407年，拿出了比解缙第一稿厚得多的大部头,永乐帝朱棣看了十分满意,亲自写了序,并命名为《永乐大典》,全书正文 22000 多卷,共计 11095 册,大概是 3.7 亿字,仅仅是目录,就有 60 卷。

这本书最重要的两个特点:一是大而全,几乎把当时能看到的书籍全都包括进来了;第二个特点是它几乎没有进行删改,"凡所抄原书,均直录原文,或整段移录",十分难得。

可惜的是,这样一部杰出的著作,却屡遭浩劫,到了今天,当初姚广孝小心翼翼呈上去的原本《永乐大典》早就不知去向,就算是后来抄写的副本,现在也只剩下 418 册,共 823 卷,而且还是散乱地收藏在 9 个国家和地区,这点儿东西,只是原来《永乐大典》的 4% 而已。这里我真的是忍不住要再说一句,可惜了。

三、不同的下场

这本书的主要编著者解缙和姚广孝两个人的结局很不一样。姚广孝一身轻松地活到 83 岁,最后圆寂在庆寿寺,朱棣因为他的死,特意下令全国放假两天,文武百官都得去参加遗体告别仪式,可谓是极尽哀荣。

关于姚广孝,最让后世人困惑的,就是他这辈子到底为了什么?一身才华,基本上都用来帮着朱棣造反和成就大业了,可是自己却没有谋取一点点世俗上的物质享受。给钱,给房子,给美女,给豪车,统统都不要,睡觉都要睡在寺庙里。也许,他就是层次极高的那种人,功名利禄,美酒佳人都无法满足他,只有改变历史的走向,才能让他得到一点满足感。

相比姚广孝,解缙的结局有点惨,主要原因就是他觉得自己有才,所以特别高调,啥都想掺和一下子,说话更是没有任何顾忌。比如他说兵部尚书方宾"簿书之才,驵侩之心",意思是只有文书记录的才能,心思如同市井小人一样；评论礼部尚书李至刚"趋炎附势，心术不端"。满朝文武几乎被他得罪遍了。

最后，他还一个猛子扎进了皇帝家里立太子这样敏感的事情中。

《明史》上记载，有一次朱棣问解缙，你看看我两个儿子，朱高炽和朱高煦，哪一个立为太子好呢？

朱棣问出这句话是有原因的，按照嫡长子继承制，朱高炽是老大，那是当之无愧的太子，朱棣做燕王的时候，也立了这个朱高炽为世子，表明将来继承燕王位置的，就是这个大哥；但是朱棣造反之后，二儿子朱高煦在战场上的表现相当抢眼，朱高炽虽然在北平城里看家护院表现也不错，但天生肥胖，还一身的病，走两步就喘。

前面讲过，就连朱棣都对二儿子说过类似"你好好表现，你哥身体不好"这样的话，这样一来，无论是朱高煦本人，还是一些投机的大臣们，就难免有了自己的小算计。当然，最主要的问题是，朱棣自己也犹豫，这才有了对解缙的这个问题。

解缙听到皇帝发问，当即口吐莲花，说世子仁义、孝顺，天下人都认为他应该当太子，坚定地站在了朱高炽的一边，最后还缓缓地说出了另外三个字，"好圣孙"，意思是，您儿子朱高炽虽然身体不好，性子怯懦，但您要想想他的儿子朱瞻基，那可是一个好孩子。这一句话，就点中了朱棣的死穴，是的，孙子朱瞻基是他的宝贝疙瘩心头肉，那孩子，聪明伶俐，勤奋好学，朱棣认为他最像自己。

《明史》上说，"太子遂定，高煦由是深恨缙"，很自然地，解缙得罪了朱高煦。

如果说这一句"好圣孙"还可以说是皇帝问你，你不得不说的话，那么，接下来，就暴露了解缙政治上的极其不成熟。

朱棣立了朱高炽为太子之后，故意提高二儿子朱高煦的待遇和地位，这本来是权力场上极其正常的事情，一来打一巴掌给个甜枣，安抚一下能干的二儿子；二来也搞一下权力平衡，磨炼一下朱高炽这个太子。满朝文武对此都心领神会，默不作声，偏偏解缙以为自己对老板忠心耿耿，而且看得比老板还明白，站出来说"是启争也，不可"，意思是老板，您这么做不对啊，会让你两个儿子打起来。朱棣气得破口大骂，你解缙算哪根葱，居然敢离间我们老朱家父子之间的骨肉情深。

这件事之后，在朱高煦和满朝文武的共同努力下，解缙最终被朱棣扔进了大牢，而且是锦衣卫的大牢。在牢里待了五年之后，1415年，朱棣偶然间知道了解缙居然还在牢里吃着不花钱的午餐，就意味深长地说了一句话："缙犹在耶？"当时的锦衣卫都督佥事纪纲马上心领神会，当天就赶回监狱，一顿好酒好肉灌醉了解缙，然后把他活埋在雪里冻死了，死的时候年仅46岁。不仅如此，随后，锦衣卫还抄没了他的家产，他的妻子宗族一大家子人都被流放到东北去守卫边疆。

解缙的悲剧是一个典型的知识分子悲剧，他本人不一定有什么理想，只是想让自己看起来比别人高明而已，有一个成语叫作恃才傲物，用我们东北话说叫显摆自己有能耐，一来二去，就把自己脑袋显摆没了。

四、如何评价朱棣

1424年，在第五次征讨鞑靼部落的回程中，朱棣突然发病，农历七月十八，驾崩在榆木川，也就是今天内蒙古自治区锡林郭勒盟的多伦县，享年64岁，在位22年。在他留下的遗诏里，明确规定，传位给皇太子朱高炽。

当时跟着他一起北伐的大学士杨荣却决定秘不发丧，暗中派御马监的副手、少监海寿秘密回京，《明太宗实录》上说，"奉遗命，驰讣皇太子"。

这里面要解释两件事，第一是为什么秘不发丧。和秦始皇当年死在道上赵高的秘不发丧正好相反，大学士杨荣这是为了保护皇太子朱高炽，具体地说，是防备朱棣的二儿子朱高煦的。但实际上，朱高煦这时候很老实，即便是他儿子朱瞻圻不断地劝他造反，他也没干。

第二个要解释的，就是《明太宗实录》。明朝不仅给前面的朝代编历史，而且它每一位皇帝上位之后，也给自己的前任编一本史书。这事儿也是朱棣首创，他上台之后，先是让解缙等人写朱元璋如何如何，后来觉得不满意，让姚广孝又给重新修了一遍，叫作《明太祖实录》。很自然地，老子做的事情，儿子也要继承，在朱棣之后，他儿子朱高炽也让杨士奇给朱棣写历史，就叫作《明太宗实录》。所有这些给自己老爹或者哥哥写的"实录"，合在一起，就称为《明实录》，是了解明朝历史最重要的历史文献。当然，这些人肯定会为自己美言吹牛，比如《明太祖实录》里就多次重复说，朱元璋当年无数次地说过，燕王可以当皇帝。

你可能疑惑，永乐帝朱棣的庙号不是明成祖吗，怎么变成《明太宗实录》了？这事儿是这样的，朱高炽上台之后，给他爹朱棣的庙号本来就是明太宗，一百多年后，嘉靖皇帝朱厚熜翻了翻朱棣的历史，觉得这位祖宗实在太了不起了，功劳可以和老祖宗朱元璋并列，就这样，朱棣就成了明成祖。

不管怎么说，无论是叫明成祖还是明太宗，朱棣干的事情确实不少，包括建北京城，建紫禁城，始建十三陵，大修武当山，建大报恩寺，五征漠北，修缮长城，疏通南北大运河，远征越南，编写《永乐大典》等，这些事情中任何一项放在任何一个朝代都是财政的巨大负担。在他之前，似乎只有秦始皇和隋炀帝干过这么多事情，连汉武帝也没搞过这么多的大工程。问题是，秦始皇和隋炀帝因为搞工程最后丢掉了江山，永乐皇帝朱棣搞了这么多工程，老百姓的日子好像并没受什么大的影响，而且过得还不错，《明史》上记载："计是时，宇内富庶，赋入盈羡，米粟自输京师数百万石外，府县仓廪蓄积甚丰，至红腐不可食。岁歉，有司往往先发粟振贷，然后以闻。"意思是那时候天下很富庶，每年米粮运到京都几百万石之外，各府县还有很多剩余的，以至于有时候都腐烂了不能吃了，如果遇到有饥荒的年月，政府往往都是先开粮仓赈灾，然后再向皇帝朱棣汇报，因为朱老板根本就不在乎这点东西。

在中国历史上，明成祖朱棣在位的这段日子也非常有名，被称为"永乐盛世"，清朝人写的《明史》里，对朱棣有这样的评价："躬行节俭……雄武之略，同符高祖……威德遐被，四方宾服……幅陨之广，远迈汉唐。成功骏烈，卓乎盛矣。"说的是朱棣开疆扩土，大中华的地盘达到了历史上最大，他自己也算得上是世界上的老大。虽然马屁拍得叮当响，但你要说这完全不符合史实，也不对。我个人认为，比较历代帝王，对朱棣的这个评价也不算太过。

这样一来，我们就有一个疑问，朱棣干了这么多事，花了很多钱，但好像他还没有盘剥老百姓，草民们的日子过得还不错，这是怎么做到的？虽说他计划得当，统筹得好，但还是很难解释，这些巨额的钱到底是从哪来的？

答案，也许很让人惊奇。

149. 仁宣两皇帝

《明史》记载，朱棣的曾孙明英宗执政时期，皇宫库府的官员曾上奏说："永乐间国用充足。今府库空虚……乞照永乐、宣德年间，差内外官员往西洋等处采买。"

一百多年后，嘉靖年间，刑科给事中严从简说："自永乐改元，遣使四出，招谕海番，贡献毕至，奇货重宝，前代所希，充溢库市，贫民承令博买，或多致富，而国用亦羡裕矣。"

这两段话的意思差不多，大概就是说航海贸易可以发大财，老祖宗朱棣就干过，咱们再干吧。

因此，在我看来，朱棣手上一个个大工程所花巨额钱财的一个重要来源，也许就是郑和下西洋。

一、郑和下西洋的收益

前面说过，郑和几乎是马不停蹄地往海外跑，无论是找朱允炆，还是宣扬明朝的强盛，理由都不充分，而赚钱，看起来更有说服力。据现代学者郑鹤声等人编撰的《郑和下西洋研究文选》，朱棣至少赚了20万两黄金，以及以千万两计算的白银，是宋元两代市舶司收入的十几倍。

有人可能说了，不对，史书上不是说了吗，郑和下西洋浪费了无数钱财，什么也没得到。在我看来，有三个可能的原因，造成了这种误解。

第一个是朱棣自己不说。自古以来，在儒家的淫威之下，商人的地位就很低，就连做个贸易都要打着朝贡的名义进行，更何况这种赤裸裸的牟利行为，再加上朱元璋时代开始实行海禁，不允许出海做生意，所以，当初朱棣派人出去，目的就相当含糊，不说清楚，而且还派了郑和这么一个太监，即便丢人，违反老爹的政策，那也是丢郑和的脸。一句话，朱棣刻意掩饰了自己的目的，也隐瞒了赚钱的事实。

第二个原因是知道的人也不说。自宋代开始，东南沿海的海上贸易就被一些豪门大户把持，这些家伙一个个家境豪富，现在被朱棣抢了生意，自然很不爽，可是他们要是四处宣扬海上贸易赚钱，一来朱老板有很大概率宰了他们，二来这些半官半商的人又用什么理由去反对以后的皇帝再出海呢？甚至他们为了自己的利益，必须宣扬派人出海是赔钱的买卖，以后咱大明王朝可千万别干了，然后私下里自己家族偷偷地干。

第三个原因是，朱棣赚来的钱，虽然很多都花费在大工程上，但并没有经过国家财政系统，反而是开始的时候，国家财政要为郑和的船队买单。按照现存的史料，如果以当时南京龙江船厂的生产成本计算，郑和船队的总造价是五十四万七千辆白银，大概占朝廷财政年收入的7%。这一笔海上贸易的最初成本，肯定是朝廷买单，只不过赚来的钱却不给朝廷财政，弄得很多大臣根本就不知道这贸易赚了钱，只知道亏了那几十万。曾经有个朱棣曾孙时期的大臣刘大夏就说过"三保下西洋费钱粮数十万……纵得奇宝而回，于国家何益"，然后这老爷子还毁掉了郑和下西洋的档案，弄得今天很多事情查起来十分费劲。

上面这三个原因，导致了郑和下西洋赚钱这事儿，在后来的史书、史料上，几乎都不提。但是无论如何，我们都应当记住郑和说过的一句话，那是他最后一次出海前，对明宣宗朱瞻基说的："欲国家富强，不可置海洋于不顾，财富取之海洋，危险亦来自海上……一旦他国之君夺得南洋，华夏危矣。我国船队战无不胜，可用之扩大经商，制服异域，使其不敢觊觎南洋也。"这话是否出自郑和之口,史家中仍有争议,但其中所表达的意思,在几百年后的今天,也绝对是振聋发聩,值得每一名中国人沉思。同时,这也从侧面证实了一件事,那就是当年他的船队肯定是赚钱的,因此他才能说出"财富取之海洋,危险亦来自海上"这样的话。

我们也应该永远记住,达·伽马在1498年,也就是郑和逝世的65年之后,绕过了非洲好望角,然后沿着郑和当年的航线来到了亚洲,在那之后,蕞尔小国葡萄牙陡然暴富,成为人类历史上第一个海洋强国,称霸世界一百多年。

海上贸易,就是这么霸道。

二、仁宣之治

1424年,朱棣的时代结束了,他的大儿子朱高炽即位,后世称为明仁宗,第二年改年号为洪熙。

朱高炽是一个大胖子,走路都费劲,但处理起政务来,倒也是风风火火,上位之初,就对他爹朱棣的政策做了一系列很好的调整,比如赦免被朱棣流放的那些建文帝的旧臣,收缩经济开支,减少刑罚,实行宽和的社会改良等。

政治上,他进一步加强了内阁的权力,任命杨荣为太常寺卿,金幼孜为户部侍郎兼大学士,杨士奇为礼部左侍郎,杨溥为翰林学士。这些人都供职文渊阁,也就是前面说的内阁成员。这本来就是一个顾问的地位、秘书的身份,平时拍拍马屁、出出主意什么的,但经过朱高炽这么一弄,内阁成员有了六部的官职,很自然地,比原来更有话语权。

正当朱高炽干得热火朝天的时候,大臣李时勉上了一本奏章,朱高炽看后勃然大怒,命令武士当场就把李时勉的肋骨打断了三根,然后扔到监狱里去了。朱高炽为什么如此生气呢?很可惜,这个奏章的原本已经不见了,后来《明史》借李时勉的嘴,说了两句奏章上的内容,这两句是"谅暗中不宜近妃嫔,皇太子不宜远左右"。

实话实说,就凭说出的这两句话,李时勉如果不是遇到朱高炽这种比较宽厚的皇帝,而是遇到朱元璋或者朱棣,可能都是掉脑袋的下场。前一句等于指着朱高炽的鼻子说,你爹尸骨未寒,你就天天晚上抱着女人睡觉,实在是不像话;后一句更恶毒,而且还带有诅咒的味道,因为古代老皇帝要死的时候,一般都要把皇太子叫到身边,时刻准备着接班,李时勉的这一句相当于说您朱高炽身体差,随时可能魂归天国。

朱高炽没杀李时勉,自己却一病不起,几天的工夫,居然就驾崩了。死的那一天上午,他还对另一位老臣夏原吉说,"时勉廷辱我",李时勉在朝廷上公然侮辱我啊。

回想一下大唐王朝的魏徵,也只不过有时会气得李世民大喊大叫而已,李世民多次想要杀了他,可是李时勉一纸奏章,把大明王朝的第四位皇帝朱高炽气得临死尚不能释怀,事后还一点儿事也没有,拍打拍打身上的尘土,从监狱里潇潇洒洒地出来,一转身还当上了国子监祭酒。朱高炽和他儿子,两代皇帝都没杀了他,真可谓神奇。从这件事来看,谁要是说明朝皇帝暴虐成性,恐怕朱高炽这爷俩首先就不服,要从坟墓里爬出来辩论辩论。

实际上,这事儿也正常,因为接替朱高炽的明宣宗朱瞻基,就是解缙嘴里的那位"好圣孙",也是朱高炽的嫡长子,明成祖朱棣的孙子。他和他爹俩人,一个仁宗、一个宣宗,合起来就叫作"仁宣之治"。甚至有学者把明朝这段时期和西汉的文景之治相提并论,《明史》上的记载是:"吏称其职,政得其平,纲纪修明,仓庾充羡,闾阎乐业,岁不能灾。"既然是这样四海升平、老百姓生活稳定富庶的时代,皇帝自然也是不错的,好皇帝不杀骂大街的大臣,那也不稀奇。

虽然日子挺好,但不代表一切都风平浪静,好圣孙朱瞻基即位之后，定下来第二年就使用新年号宣德，结果就在这个宣德元年，二叔朱高煦就造反了。

朱高煦这个人能力是有的，否则他爹朱棣也不会拍着他肩膀鼓励他了，本来老爹去世的时候，他并不想造反，甚至还揭发了鼓动他造反的亲儿子。可是大哥朱高炽死的时候，他有点儿心动了，原因是朱高炽死在了北京，而当时太子朱瞻基却在南京城里。听到消息之后，朱瞻基要快马加鞭地往北京跑，而朱高煦的封地是在山东，只要稍微有一点儿地理常识，就知道从南京去北京，那就要路过山东。

朱高煦这时候心里就想，万一朱瞻基在路上马失前蹄，扑通一声掉到一个大坑里死了，那这个皇帝的位置，是不是就轮到我了呢？据《明史纪事本末》上记载，他当时还真的就派出人马，准备挖一个大坑，坑死自己的大侄子，可惜，因为计划不周密，没干成，史书上说，"高煦谋伏兵邀于路，仓卒不果"。

这件事后朱高煦原本已经心灰意懒了，可是第二年，北京城里发生了大地震，他就又来了精神，心想，按照董仲舒的天人感应学说，这是老天爷对我大侄子当皇帝不满意啊。于是，1426年，汉王朱高煦在山东起兵造反。

又一场叔叔和大侄子的对决开始了。

很遗憾，上一次朱棣和侄子打了四年，这一次围观群众刚摆好小板凳，连瓜子都没买，西瓜还没切呢，就结束了。整个过程更像是一场闹剧，关键因素就是，明宣宗朱瞻基可不是朱允炆那种长于深宫之中、成于儒家之手的孱弱官二代，此人很小的时候，就经常跟着他爷爷朱棣北伐蒙古，可谓是久识战阵，天生就是统帅的料。否则的话，特别爱打仗的朱棣又怎么会那么喜欢他，解缙又怎么会说他是"好圣孙"？

况且，他周围都是人才。前面说过，他爹明仁宗朱高炽上台之后，提拔了杨荣、杨士奇、杨溥等人，这三个姓杨的，就是明初"三杨"，在中国政坛上赫赫有名，从永乐盛世到仁宣之治，到处都可以看到这三人的影子。可以说，三杨是既有理想又脚踏实地的政治家，不是齐泰、黄子澄那些读死书的知识分子能比的。

当朱高煦举兵造反时，杨荣首先上书，建议御驾亲征。当时的英国公张辅说，不必，给我两万人，我就能把朱二叔抓回来。杨荣和另一位辅政大臣夏原吉则说，即便你张辅能打胜，这一次也最好是皇帝亲征，原因是陛下刚刚上位，如果派大臣去讨伐皇族里背叛的亲属，那么很多人就会狐疑观望，这就是建文帝当年犯的错误之一，王者对决，你就要拿出王者的勇气来。

听完杨荣等人的建议之后，明宣宗一锤定音，我去亲征。果然，知道朱瞻基亲征之后，朱高煦的阵营马上就乱了，既没有去攻打济南，也没有向南京挺进，内部乱成一团，最后窝在乐安城里被包了饺子，甚至连一场战争都没有，朱高煦就开门投降了。

朱高煦被押回北京之后，朱瞻基并没有杀他，仅仅是废他为庶民，囚禁在北京皇城西安门附近。后来他是怎么死的，《明史》没交代。《明史纪事本末》则记载，有一天朱瞻基去看望他二叔，两个人尬聊了一会，朱瞻基觉得很无聊，站起身就想走，已经46岁的朱高煦突然伸出脚来，拌了皇帝一个大跟头。朱瞻基摔了一个狗啃泥，爬起来后勃然大怒，命令手下人把朱高煦扣在一口铜缸下，这口铜缸据说三百多斤，可是年近半百的朱高煦居然还能在里面把缸举起来。到了这个时候，明宣宗起了杀心，让人找来柴火，在铜缸周围点上熊熊大火。朱高煦家里老婆孩子也都被杀了。

不过《明史纪事本末》这本书中神神叨叨的地方很多，我个人觉得此事真假完全不可考，直觉上，应该不是真的，只不过现在各种书籍都采用了这个说法，我不得不说一下。

朱高煦投降后，另一个皇叔朱高燧在明宣宗的暗示之下，乖乖地交出了兵权。这样一来，困扰大明王朝初期阶段的藩王问题，就算是得到了彻底解决，所有藩王都没了兵权。这个功劳，我觉得必须归功在朱允炆、朱棣、朱高炽和朱瞻基四代皇帝身上。这四个帝王在对待藩王的态度上，是一模一样的，表面上没人反对祖宗朱元璋的做法，但实际上，那就是两个字，削藩。

不仅对藩王们不客气，朱瞻基对官员大臣也是毫不手软，在他的任上，官员们除了犯法要被处罚，还有三种行为也要被惩处，那就是"贪津不律""不达政体"和"年老体疾"，凡是有这三种情况的，一律罢免，让你回家去种地。这惩处的对象，相当于包括了懒政、怠政和乱政，也相当于废除了领导干部终身制，所以，仁宣之治的取得，并不是靠侥幸。

对于农民，和他曾祖朱元璋一样，朱瞻基尤其关注。有一句话，据说是公认的形容这位宣德皇帝的，说"坐皇宫九重，思田里三农"，意思是虽然我在深宫里面，但心里面惦记的，全都是国家的三农问题。总的来说，朱瞻基对于农业，最重要的政策就是不干扰，体谅老百姓，鼓励农业生产，减免税赋，并且抑制各级官员地主们对农民的盘剥。

这么一位好皇帝，却有一件事让后世争论不休，甚至大多数人对此都持批评的态度，这件事还要从内阁说起。

解缙、杨荣这些人在朱棣那个时代，虽然进入文渊阁，相当于朱老板的秘书，但是没有决定权，最多在旁边打打边鼓。到明仁宗朱高炽时代，"三杨"等人也只是担任了六部尚书或者太常寺卿这样的职务，上朝的时候，还是要和一群大臣黑压压地站在下面，没什么特殊的待遇。到了明宣宗朱瞻基时代，他做了一项重大决定，让那些他信任的内阁成员，定期和他一起开小会，讨论一些比较急迫的政府问题。从某种程度上讲，这是他勤政的表现，但实际上，这已经是在打朱元璋的脸了，因为这和唐朝政事堂、宋朝二府的宰相们开会没有任何区别，而朱元璋当年辛辛苦苦废除了宰相，甚至说过类似"谁敢恢复宰相制度，天下共讨之"的话。

不仅如此，朱瞻基还创造性地发明了一种"票拟"制度。

票拟就是对于下面一些官员呈上来的奏章、汇报或者申请，内阁成员们可以在朱瞻基不在的时候讨论一下，形成一个意见，然后写在一个纸条上，贴在这份文件的封面，再呈给他看。他看过之后，用红色的笔再批上自己的意见，然后发回给六部去执行。

内阁拟定意见的过程就叫"票拟"，而朱瞻基用红笔批示的过程则被称为"批红"。

皇帝的批红可以完全遵照内阁大臣们的意见，也可以不同意内阁意见，完全按自己的想法做，所以，内阁虽然有点宰相的味道，但是权力并不等同于宰相，明朝以前的宰相是可以否决皇帝的命令的，但明朝内阁却没有这个权力，最后一言九鼎的，还是皇帝的"批红"。

实话实说，票拟和批红这一套系统，在制度上并不坏，甚至可以说是一种政治上的创新，内阁群臣讨论，皇帝参考大家意见，最后统一批示，既有民主，又有集中，有什么不好吗？

不过，我们别忙下结论，先来看看朱瞻基做的另一件"小事"。

1428年，朱瞻基指派翰林学士在皇宫里设置内书堂，教大小宦官们读书写字。开始的原因很简单，就是因为明初的这些宦官大多数都像郑和一样，来自被征服的偏远地区，一张嘴说话，谁也听不懂，明宣宗就想让他们有点儿文化。可是他料不到的是，票拟、批红加上宦官有了文化，这三件看起来既没有恶意也风马牛不相及的事情，给后来的大明王朝埋下了巨大的隐患。

这里面的根由一点儿也不复杂，朱元璋、朱棣、朱高炽和朱瞻基，这四位都是勤劳的、愿意为国家操心的皇帝，可是他们的子孙却不一定。遇到懒惰一点儿的，或者说虽然勤快但是心思不在国家政务上的皇帝，就会发现，宣宗爷爷留下的这个制度简直是太好了，因为皇帝根本就不需要看见大臣，只要拿起笔来，在奏章上写几个红字，就算是办公了！再转过头一看，身边的大太监们，什么司礼监秉笔太监、掌印太监，一个比一个有文化，既能看得懂内阁的"票拟"，还能按照我的意思进行"批红"，那还等啥，不就是写几个红字吗，随便找一个大太监就写了，还用皇帝亲自动手？于是，帝国的权力，也就是朱元璋当年辛辛苦苦从宰相手里夺过来的大权，最后却掌握在几个太监的手里。

这些事情，明宣宗朱瞻基当时是绝对想不到的。

三、朱瞻基之死

1434年腊月二十一日，朱瞻基突然感觉身体不太对劲，随即就病倒了，到了大年三十这一天，正好是立春，按照惯例，群臣必须去给皇帝磕头，祝贺又一年的春天来到，可是明宣宗已经无法坐着接受这些大礼了，熬到正月初三，撒手人寰，驾崩在北京紫禁城乾清宫，享年36岁。

朱瞻基和他爹朱高炽不一样，他对女色并不是十分喜爱，后宫一共才14位姬妾，大多数平时他也不去临幸。后世有人说他喜欢朝鲜的小女孩，我查了一下，正经一点的史书，比如《明史》《明实录》《国榷》都没有记录他喜好幼女这件事，应该是民间野史。况且他年轻的时候，习武出身，甚至在当上皇帝之后，巡逻过边境，亲手射杀了三名蒙古人，体格一直都很好，怎会说发病就发病，很快就死了呢？

现在有两种说法，一种是说他爱好广泛，什么书法绘画、斗鸡遛狗，全都喜欢，尤其爱好香炉和斗蟋蟀，收藏界著名的黄铜器宣德炉，就是他亲自监制的，而斗蟋蟀更是让他赢得了"促织皇帝"的美名，甚至这个名声连清朝人都知道了，后来的蒲松龄还把这事儿写在了《聊斋志异》里，广为宣扬。上面所有这些爱好，都会让他接触到化学染料，宣德炉和装蟋蟀的罐子更是需要时时拿在手里把玩，这就产生了一种说法，说明宣宗朱瞻基是因为化学品中毒而死。

我个人认为，也许第二种说法更符合现代科学，那就是家族的遗传病。前面讲过，他爹朱高炽从小就奇胖无比，后来突然的猝死很可能就是心脑血管疾病发作，而这种病一般是遗传的。明朝到了后面，还有几位皇帝也是突然发病死亡，死亡的时间也大多是在春节前后。从医学上来说，寒冷的日子对心血管病人是很危险的，所以，我认为他很可能死于脑出血。

历史上对朱瞻基的评价基本上都是正面的，说他爱民如子，施政英明等。按我的观点来看，评价一位皇帝或者领导者的标准应该是，你是否完成了历史交给你的任务。大明王朝到了朱瞻基这里，开疆扩土、制度建设基本都完成了，他的任务就是两个字，稳定。只要朱瞻基不折腾，让国家平稳地进入发展通道，就算是完成任务，事实上，他也确实做到了这一点，况且还把藩王的问题解决了，那自然是应该被评为好皇帝的。

150. 兵败土木堡

在中国历史上，有那么几个人，是多次当过皇帝的，比如晋惠帝司马衷、唐中宗李显、唐睿宗李旦，可是这些人在位的时候，基本上是傀儡。大明王朝在明宣宗朱瞻基之后，也迎来了一位两次上岗的皇帝，也是明朝历史上唯一有两个年号的皇帝，这个人就是明英宗。

明英宗朱祁镇是明宣宗朱瞻基的大儿子，但是他生母的身份有疑问。按照《明史》上的记载，朱瞻基的贵妃孙氏把一名宫女生的儿子偷了过来，说是自己生的，叫作"阴取宫人子为己子"。这个孩子就是朱祁镇。

当然，朱瞻基对此无所谓，管他哪个老婆生的，只要是我的儿子就行。于是，刚出生的朱祁镇被立为太子，从 4 个月大的时候，就按照储君来培养。

一、明朝宦官专权第一人

1435 年，明宣宗驾崩之后，朱祁镇顺顺当当地接任了皇帝，改年号为正统，这就是明英宗。上台这一年，明英宗只有 8 岁，所以宣宗在遗诏里写得很明白，"凡国家重务，皆上白皇太后、皇后，然后施行"。宣宗的老妈，太皇太后张氏成了大明帝国的最高首领。

明英宗没登基之前，在皇宫的宦官里面，私下认了一个老师，叫王振。王振早年是一位读书人，后来不知道是失恋了还是破产了，自愿进宫当了宦官。因为他不是从小就入宫的宦官，阅历比其他宦官丰富，早年系统学习过四书五经，满肚子的儒家学问，说起外面的世界来头头是道，这就吸引了好学的朱祁镇，让他心里起了崇拜之情。

现在朱祁镇变成了帝国最高统治者，王振很快就升级成了司礼监掌印太监。

宣德以后，司礼监逐渐成为明代宫廷二十四个宦官衙门中最重要的一个，它管理宫中所有宦官事务，并且提督东厂等特务机构，皇帝的一切章奏、谕旨和文件，都需要其中的太监代为传达。这个部门中的掌印太监是最高领导，还有次一级的秉笔太监和随堂太监若干名，这些人相当于皇帝在内廷的心腹之人。《明史》里说："凡内官司礼监掌印，权如外廷元辅；掌东厂，权如总宪。秉笔、随堂视众辅。"意思很明显，司礼监掌印太监权力相当于内阁首辅。

8岁的朱祁镇破格提拔，把这么重要的职位给了王振，张太皇太后冷眼旁观，觉得有必要提醒一下小孙子。有一天，她派人把王振叫来，开口就说，你伺候皇帝不用心，我代表朝廷判处你死刑，你回家上吊去吧。

王振吓得跪在地上瑟瑟发抖，英宗和各位大臣都跪了下来，请求太皇太后手下留情。太皇太后这才说道："皇帝年少，岂知此辈祸人家国。我听皇帝暨诸大臣贷振，此后不可令干国事也。"这段话里面有两个意思，一是告诉明英宗朱祁镇，太监这类人你要加以防范；二是警告王振，这次你虽然不必死了，但只要你以后干预国政，就是死路一条。

可是老太太的警告并没起什么作用，朱祁镇后来照旧对王振高看一眼，这就导致王振势力越来越大。

《明史》里记载，几年之后，王振提拔了王佑做工部右侍郎，王佑说自己也姓王，一定要管王振叫爹，伺候王振比伺候自己亲爹还要上心。有一次，王振闲谈的时候问王佑，说你怎么没胡子呢？王佑的回答是"老爷所无，儿安敢有"，爹啊，您都没长那玩意，儿子我怎敢有呢？拍马屁已经到了这个地步。

1441 年，14 岁的朱祁镇亲政之后，杨荣、杨士奇和杨溥这三位缔造了"仁宣之治"的老臣都已经到了告老还乡的岁数了，王振拿了一个名单对他们说，皇帝想让这几个人入阁，你们意见如何？实际上，谁都知道，这就是王振本人的意思。杨士奇回答说，我们这些老家伙还能干几年！言下之意就是不答应，杨荣则说："吾辈老，无能效力，当以人事君耳。"言下之意，你王振说咋办就咋办。

事后杨荣对杨士奇说，即便我们说不行，他也可以让皇帝下旨，到时候我们能阻止吗？现在他还算是很给我们面子了，名单里面都是有些学问我们也不太讨厌的人，并不算太离谱。杨士奇听了，也只能是默默点头。

"三杨"这样的老臣都要让王振三分，那就更别说别人了，明英宗对他无比信赖。

等到张太皇太后去世之后，已经无人能够控制王振了。王振做的第一件事，是把朱元璋打造的一块三尺铁碑弄没了。那个铁碑上面本来有八个大字，"内臣不得干预政事"，是朱元璋放在宫门口，用来警示后世子孙的，本来立在那里好好的，可是有一天，忽然就没了。朱祁镇这位少年天子也不知道是没看见，还是根本就不关心这事，也不过问。谁拿走这块铁碑，丢到哪里去了，谁也不敢说，谁也不敢问，大家都当没这回事一样。对此，《明史》上直截了当地下了一个结论，认为是王振偷走的："王振盗去太祖禁内臣碑。"

历代史学家认为，1442 年是明朝历史的一个节点，这一年太皇太后张氏驾崩，辅佐了仁宣之治的"三杨"老迈不堪，不理政事，新崛起的帝国实权人物王振，却是一个太监，他可以说是明朝宦官专权的第一人。

二、土木堡之变

如果王振仅仅是排斥异己，提拔亲信来敛财，也许危害还不那么大，可是，他的贪婪导致他把大明朝制造的兵器卖给蒙古人的瓦剌部落，这相当于今天美国国务卿把美国最顶尖的武器卖给伊朗，实实在在的叛国行为。

瓦剌这个部落是北元分裂之后形成的三大部落之一，这时候领头人名字叫也先，他爹脱欢在统一了蒙古东部之后，扶植了一个叫脱脱不花的皇族作为北元的新皇帝，实际上就是傀儡。脱欢死后，瓦剌首领的位置传给了也先。脱脱不花绝对知道谁是大小王，马上就封也先为蒙古太师，意思是北元朝廷的事儿也先说了算。也先这个人不仅有能力，还有雄心壮志，一个劲儿地想恢复大蒙古帝国昔日的荣耀，虽然他是大明朝册封的敬顺王，但心里面对明朝，那是没有半点儿的尊敬和顺从。

当他看到明朝的朝政把持在一个宦官手里，而这个宦官为了和自己做生意赚钱，不仅把帝国最好的武器卖给自己，并且好像还没什么本事，他的野心很快地就膨胀起来，开始不断地闹事，撩拨刺激明朝。

1449年的春天，也先派出了浩浩荡荡的使团来给明朝上贡，人数高达2000人。你可能会说，这是好事啊，这么大规模的使团，说明大明威望高啊，那是你不了解实际情况。前面说过，当时所谓的进贡，就是朝贡贸易，是少数民族或者偏远国家献上一些土特产，明朝不仅要好吃好喝的招待对方的使团，临走的时候，还要给每一名使团成员一笔辛苦费。所以，朱元璋对各国的使团人数有严格的规定，按照这个规定，瓦剌最多能派50人来明朝上贡，可是也先这个无赖，弄了2000人来白吃白住白拿，明眼人都知道，这就是赤裸裸的挑衅。

不仅如此，也先的这个使团在上报人数的时候，居然又增加了1000人，说是3000人。当然，这事儿，肯定是使团团长临时起意，也想自己贪点儿辛苦费，反正老大也先就是让我来挑衅的。

王振就是再糊涂，也不可能答应也先的这个无理要求，所有的外国使团、满朝文武，还有天下人可都看着呢，要是答应了也先这次的要求，那下次也先弄个 3 万人的名单来，该怎么办呢？况且其他国家也会效仿。于是，王振回绝了瓦剌的要求，并且把对方贡马的价格砍掉了 4/5，算是一种报复。

也先对这个结果相当不满意，很快，他就以刁难贡使、撕毁婚约以及随意克减岁赐这三大理由对大明王朝发动了攻势，兵分四路，大举进攻明朝。

这里就要问一句，为什么曾经被大明打得四分五裂的蒙古，一个小小的分裂出去的部落瓦剌，这时候能够有勇气和能力进攻明朝呢？

这就是仁宣之治的后果了。不错，从永乐时代开始，一直到仁宣之治的几十年，明朝老百姓安居乐业，边境上太平无事，明宣宗在四海升平的情况下，对蒙古采取的策略是"彼来扰则御之，不扰亦勿侮之"，消极防御，任凭对手逐渐壮大。

明英宗朱祁镇上台之后的十几年，延续了仁宣之治的政策，进一步地让大明王朝边境的武力值直线下降，所谓"忘战必危"就是这个道理。

1449 年的夏天，也先的四路蒙古大军在边境获得了全面胜利，大明王朝辽东、山西、河北全线告急。

消息传回到北京，王振马上精神一振，这家伙在进入皇宫之前，是一位知识分子，而且还是知识分子里面和知识靠得最近的一种，教书先生。中国古代知识分子毕生追求的目标就是，修身齐家治国平天下。王振也不例外，他骨子里对建功立业有着极度渴望。于是，他劝明英宗朱祁镇御驾亲征。

恰好，当时 22 岁的朱祁镇也是一个热血青年，历代大明皇帝，朱元璋、朱棣、朱瞻基都在当上皇帝之后有亲自上战场的经历，我朱祁镇差哪儿呢？我也要去！

问题是，他和当年的朱元璋、朱棣，根本就不是一个等级的，他所依靠的老师王振，和刘伯温、姚广孝那些人也不是一个档次的。人这种动物，在社会上混，最怕的就是自我定位不准，朱祁镇和王振，正好是这种不知道自己有几斤几两的货色。

于是，明英宗不顾大臣们的一致反对，坚持御驾亲征，而且说这事儿必须快，谁要是敢磨磨蹭蹭，耽误我朱祁镇去边境杀蒙古人，我先宰了你。

1449年农历七月十七，在亲征诏书下达两天之后，明英宗和王振带领着几乎所有文武百官浩浩荡荡地从北京出发，军队一共二十几万人，号称50万，准备把进犯的也先瓦剌军团彻底消灭。

大军出居庸关，走宣府，十四天后，八月初一，到达了山西大同。

这时候，手下纷纷上书，说大军应该回去了，据说一开始王振还不同意，后来大同的镇守太监郭敬偷偷对王振说了前线的实际情况，王振才转变了态度，同意班师回朝。郭敬吓唬王振这事儿也许有，但最主要的原因不是这个，根据史料，朱祁镇的大军因为出来得太匆忙，只带了一个月的军粮，后面还没有后勤部队，从北京走到大同，正好半个月，这时候要是不回去，只能和大同守军、老百姓抢粮食吃了。

朱祁镇知道，现在只能先回去了。就这样，20多万大军转了一圈，一仗没打，准备班师回朝。

有很多历史书和相关书籍，包括《明史纪事本末》和《明朝那些事儿》，都说当时大同的官员建议他们直接向南，走紫荆关回北京，不要再走来的时候走的北路宣府，因为这样能更快回到北京，但王振不同意，因为他要带皇帝去他的家乡蔚州做客，显摆一下自己现在在皇帝面前的地位。结果走了40里之后，王振又觉得，20多万人去蔚州，会踩坏他家乡的庄稼，所以又命令大军转向，再向北取道宣府，还走来时的老路回北京。就这样,这群人耽误了行程,被也先的部队追上了。

上面的这种说法,我个人认为,很大概率是以讹传讹,不是历史事实。这里面可能有两个错误:第一个,到底是谁建议走紫荆关的?《明史》里记载是这样的:"振初议道紫荆关,由蔚州邀帝幸其第",走紫荆关这个建议是王振提出来的,不是大同官员的建议。我个人认为这才是实情,地图上清清楚楚地显示,从大同走紫荆关回北京,恰恰经过王振的家乡蔚州。如果这样的话,王老师为什么要反对大臣们走紫荆关的建议?所以,这件事上,《明史》应该是对的。

还有一个流行的错误就是,后来又是谁建议改道走宣府的?虽说对于这一点,《明史》的记载是这样的:"既恐踩乡稼,复改道宣府。"也就是王振怕踩坏他家乡庄稼,建议改道,但我认为,这个也不是事实。当然,这一次只是我个人的推测,因为王振这样一个虚荣心极强的知识分子,应该不会为了怕踩坏地里的庄稼,就放弃这次和皇帝一起回家乡的千载难逢的机会。况且,"踩坏庄稼"这件事,是可以避免的。

那为什么改道?我认为是明英宗朱祁镇自己的主意,20多万大军,浩浩荡荡出来一次,一个敌人都没遇到,就这样回去了,对于这位年轻的天子来说,这不是一种荣耀,而是一种耻辱。虽然他心里知道,粮食问题迫在眉睫,不得不回去,可是如果走北路宣府,万一和也先的一些小股部队碰到,打那么一两个小胜仗,一切都将不同,回去祖庙烧香的时候,那也有底气得多。

接下来,《明史》上是这样记载的:"庚申,瓦剌兵大至,恭顺侯吴克忠、都督吴克勤战没,成国公朱勇、永顺伯薛绶救之,至鹞儿岭遇伏,全军尽覆。辛酉,次土木,被围。"

这段话的信息量极大,意思是,自从明英宗出关之后,就没遇到过蒙古兵团,八月十三,蒙古瓦剌兵团突然出现,而且数量庞大。这说明也先之前是设计了一个圈套,让朱祁镇钻进来。

朱祁镇和王振之所以开始能从北京一路顺顺利利地赶到大同,是也先刻意避让的结果,也许也先并不知道朱祁镇在这支队伍里,但他的目标很明确,就是让明朝这支大军孤军深入,最后被他彻底吃掉。

不过在两军相遇的时候,朱祁镇并没有慌张,也没有撒了欢地逃跑,而是先后派出了两支队伍,一共几万人去迎敌,这也从侧面证实了,朱祁镇那时候心里还是认为自己能打败也先,改道的目的也正是如此。不幸的是,明军的战斗力实在是离皇帝陛下的期望太远,不是不努力,而是打不过,"全军尽覆"。

三、兵败土木堡

八月十四,朱祁镇的大军到了一个叫作土木堡的地方,被蒙古军团团围住。

这里有个小插曲。很多书上说,到了土木堡,本来还不到下午三点,大臣们说,赶紧往前走,这里离怀来只有20里,进了怀来,离居庸关就很近,那就安全了。可是王振又跳了出来,说后面还有一千多辆拉着我货物的大车没到,今晚必须在土木堡休息,并且叱责兵部尚书说"腐儒安知兵事!再妄言必死"。

我认为这和前面把改道的那口黑锅扣在王振脑袋上是一样的,都是为尊者讳,给明英宗开脱。明史上简简单单的五个字"次土木,被围",已隐晦地说明了事实真相。实际上,明英宗在朱勇、薛绶全军覆没之后,马上就没有了建功立业的雄心,别说快马加鞭进入怀来,如果有可能,他们都想连夜快马加鞭,跑回北京。

之所以在土木堡安营,是因为怀来这时候已经进不去了,它已经被蒙古人占领了。

很多史料都说明,也先在明英宗出北京的那一刻起,就已经安排平章阿剌知院率三万精兵，迂回包抄，一等朱祁镇他们过了宣府，就攻占怀来，然后在那里静静地潜伏半个多月，等着明军回来。从这件事上，我们可以看出，明朝自从仁宣之治以后，歌舞升平，对于战备这件事麻木到什么程度。蒙古三万大军在你的地盘上，攻占了怀来这样的战略要地，居然没有一个情报系统获得这个消息，传递给正在北边瞎跑的皇帝，一直到皇帝傻呵呵地到了土木堡，才知道，原来回家的路，早就被切断了。

所以，《明史》上很清晰地给出了两个字"被围"，这才是真相，而不是一个宦官为了几车财物瞎指挥，被敌人追上了。

20万明朝大军在土木堡下营之后，才发现这地方没有水。一个人不吃饭还可以挺几天，但是不喝水，就很麻烦。就在此时，也先突然给朱祁镇写了一封信，说我们议和吧，大家谈谈条件。朱祁镇这时候没有任何理由不答应，甚至可以说大喜过望，他马上就组织谈判班子，准备和也先谈判。

《明史纪事本末》里说，"振急传令移营，逾堑而行"，意思是王振一听说要议和了，就急三火四地命令部队，不用戒备了，也不用严阵以待了，赶紧转移阵地，去找水源。也先等的就是这个时机，这个狡猾的家伙本来就没有和谈的意思，他趁着明军阵营乱哄哄的时候，发布了总攻击的命令。

本身就没什么战斗力，又渴了两三天的明朝军队马上土崩瓦解，争相逃逸，长官的命令根本就不好使了。蒙古人一边砍杀，一边大声喊道：脱下盔甲，扔掉武器的，全都不杀！结果古今中外战争史上最奇葩的一幕出现了，相当多的明朝士兵转瞬之间就脱了个一丝不挂，可是蒙古人并没有讲信用，照砍不误，"众裸袒相蹈藉死，蔽野塞川"。

你要是说，这就是一群猪啊，那我就要反驳你了，因为这本来是一群虎——明英宗带出来的，是当年明成祖朱棣亲手建立的"三大营"。

什么是三大营？就是驻守在北京，时刻准备着和北方少数民族开战的野战部队，包括装备火枪和大炮的神机营，骑、步兵混合的五军营，还有以蒙古兵为班底的纯粹的骑兵部队三千营。这三支部队在永乐二十二年创建以来，一直都是明王朝手里最锋利的尖刀，尤其是在朱棣手里，他五征漠北，蒙古人看见他，二话不说，转身就跑得无影无踪，很大原因就是因为这三大营，面对他们，蒙古人根本就没有任何招架之力。

可以这样讲，朱祁镇一直以来之所以信心满满，底气就是三大营的实力。

为什么如此精锐的部队到了土木堡就不好使了呢？原因很多，但最主要的就是这四条：第一个是长时间不打仗，无论是装备还是士兵训练，和朱棣那时候比，都下降得厉害；第二个是朱祁镇瞎指挥，行军驻营毫无章法，兵熊熊一个，将熊熊一窝；第三个就是士兵疲敝，带出来的一个月干粮已经消耗殆尽，附近连个水源都没有，等于是一群病猫；第四个就是蒙古人也先是一个军事天才，也是一个游击战高手。

就这样，1449年八月十五，中秋节这一天，20多万大明王朝最精锐的部队三大营，在小小的土木堡几乎全军覆没。无论是《明史》还是其他史书，都说"死者数十万"，今天看来这个数字应该是夸大了，但是10万以上，应该是差不多的。除了歼灭明朝军队，也先的蒙古人还获得了骡马20余万，衣甲器械等辎重十几万。经此一役，大明王朝以前的超级军事能力几乎是荡然无存，朱棣这时候要是能爬起来，会抓住朱祁镇这个孙子的脖子，活活掐死他。

士兵们如此，大臣们也没好到哪里去。前面说过，明英宗这一次带了很多高官出来，他们几乎全都在土木堡这个小地方魂归天国了，从英国公张辅往下，尚书、驸马、侯伯、将相死了几百人，大明朝堂上的精英，几乎被一网打尽。

明英宗身边的一个亲兵队长樊忠，这时候对着王振大喊一声，"吾为天下诛此贼",一锤子下去,把王振的脑袋砸了个稀巴烂。

朱祁镇在旁边看着,心里怎么想的不知道,因为他面临一个比王老师的死更重要的问题,那就是接下来怎么办,如何才能回到北京紫禁城那个温暖的家,吃上可口的御膳。最低要求,怎样才能活下去?

151. 夺门重为帝

明军三大营 20 多万精锐，在土木堡全军覆没。在战场上的朱祁镇环顾四周，除了死去的明朝士兵，就是杀声震天的蒙古人，无论如何也是回不到北京了，怎么办？《明史纪事本末》里是这样写的："上乃下马盘膝面南坐。"朱祁镇当时相当镇静，下马之后，盘腿坐在地上，等着蒙古人过来，把他抓了回去。对于这段历史，《明史》上的记载相当简略，"帝北狩"，直接翻译是皇帝到北边打猎去了，不过熟悉古汉语的都知道，这是史书上皇帝被人抓走的标准写法，想当年宋朝"靖康之耻"也是这么记录的。

一、"救时宰相"

土木堡惨败的消息很快就传回了北京。在明英宗朱祁镇出发之前，他命令自己的弟弟郕王朱祁钰监国，暂时行使皇帝的职权，这时候，这道命令派上了用场，孙太后和朱祁钰赶紧召集剩下的大臣，聚到一起，商量下一步怎么办。

有一个翰林院侍讲，名字叫徐有贞的，这时候摇身一变，变成了一个天文学家，他说他夜观天象，发现必须往南方去，才能保住大明王朝。一句话，迁都，重新回南京去。当时赞同这种说法的人很多，因为皇帝把三大营都带走了，北京城附近，现在只有不到 10 万的兵力，还都是老弱病残，根本就没有战斗力。城里很多当官的、有钱的，听到土木堡之变后的第一个反应，就是赶紧想办法把老婆孩子钱财都送到南京去。

就在这时候，一个人站了出来，说"言南迁者，可斩也"，凡是说往南跑的，都可以砍了脑袋。四百年前，当大辽萧太后进攻北宋时，寇准就说过这句话，现在轮到了大明王朝，说这话的人叫于谦。

于谦是浙江杭州人，据说他7岁的时候，就有一个老和尚说他是"救时宰相"，也就是假以时日，他会挽救国家于危难之时。你也别问是哪个庙的老和尚看得这么准，因为我也不知道。

永乐十八年，也就是1420年，22岁的于谦中了进士，然后一步步地升官，到1448年，也就是土木堡之变的前一年，他升任兵部左侍郎。在唐朝的时候，这个官很小，可能连皇帝的面都见不到，但明朝朱元璋废掉了宰相，六部的地位蹭蹭往上涨，于谦当时享受的是正二品的待遇，在朝廷上说话也是相当有分量的。更何况，这时候的兵部尚书已经死在了土木堡，他相当于事实上的兵部首长。

实际上，于谦当时只说了两句话，整个朝廷就达成了一致，不跑了，就在北京抵抗也先这些蒙古人。他说的第一句是：我们都跑了，成祖朱棣、仁宗朱高炽、宣宗朱瞻基的陵墓怎么办？难不成我们带着他们的棺材跑？第二句是"独不见宋南渡事乎"，你们想让大明和南宋一样，跑到南方再也回不来吗？

据《明史》记载，那几天在北京的朝堂上，还发生了这样一件事：有大臣要求杀掉王振的家族和党羽，代理皇帝朱祁钰在这一点上，有点儿拿不定主意，毕竟，自己哥哥还活着，事态如何发展也不知道，万一哥哥回来了，说王振是忠臣，怎么办？他就磨磨唧唧地不表态，可大臣们不依不饶，一个劲儿在下面苦劝。

就在这时候，一个完全搞不清形势的二愣子，锦衣卫指挥同知马顺站了出来，对着大臣们一顿呵斥，说现在讨论这事儿太早。可是马顺是王振的亲信，这个锦衣卫指挥同知的官职也是王振帮他弄来的。他这时候站出来，大臣们马上都联想到了马顺平日里和王振干的那些事儿，于是，中国历史上空前绝后的一幕大戏开演了。

户科给事中王竑本来正跪在地上哭，请求诛杀王振奸党，这时候忽然一跃而起，揪住马顺的脖子，对准对方的脸就是两拳，嘴里大喊着："若曹奸党，罪当诛，今尚敢尔！"你这个王振的同党，居然敢为他说话！他这一带头，很多大臣一拥而上，一顿拳打脚踢，结果马顺当场毙命，同时被打死的，还有他的同党毛贵和王长随。

你要知道，这些大臣平日嘴里全是之乎者也，居然把一个锦衣卫的领导给当场打死，这不仅仅颠覆了我们的认知，当时正高高在上坐着的朱祁钰也是一脸懵圈和震惊，惊吓之余，转身就要往后面的大殿走。

大臣里面唯一清醒的，就是于谦，他当即上去一把抓住朱祁钰，说老大，您可不能走。紧接着，《明史》里记载，"且启王宣谕曰：'顺等罪当死，勿论。'众乃定"。意思是，于谦半强迫地让朱祁钰下达了一个口谕，说马顺等人罪该万死。这样一来，事后追究起来，大臣们就是奉了监国郕王、代理皇帝朱祁钰的命令打死了马顺，而不是自作主张的乱来。这是一件非常重要的事情，可以保证当时动手的所有大臣秋后不被算账。正因为这个原因，吏部尚书王直在事后才握着于谦的手感慨说："国家正赖公耳。"

从这件事可以看出，于谦这个人并不是一个死读书之辈，他有着很灵活的头脑和比较果断的性格，这些正是当时北京城需要的。朱祁钰在这一点上也不糊涂，他下旨提拔于谦为兵部尚书，全权负责筹划京师的防御。

二、北京保卫战

蒙古人也先自从得到了朱祁镇,简直是半夜睡觉都能笑醒,大明朝的皇帝就这么容易地被我抓住了,岂不是我以后要啥有啥?再加上明朝投降过来的太监喜宁不断地把明朝的虚实告诉给他,有一段时间,也先几乎产生了错觉,对着镜子看自己,越看越像成吉思汗转世,绝对可以"让蒙古再次伟大"。

就这样,土木堡之变后的一个月,也先率领蒙古大军,押着明英宗朱祁镇,意气风发,浩浩荡荡地南下,准备一举拿下明朝。

对于也先的举动,北京城里明朝的大臣们自然心知肚明,谁都知道,大明皇帝朱祁镇现在就是一个筹码,而且分量很重,只要也先扔出来,大家都喘不过来气,怎样才能让这个筹码失效呢?答案呼之欲出:改立皇帝。

于是,大家一起劝朱祁钰登基。这里面于谦是最积极的一位,他负责北京城防御,到时候也先把朱祁镇往前面一摆,你是开炮还是不开炮?于谦对朱祁钰说出了后来足以让他掉脑袋的那句话,"臣等诚忧国家,非为私计",我们这些人劝你朱祁钰当皇帝,就是为了国家,没有私心。就这样,在当时孙太后的主持下,朱祁钰接受了大家的劝进,当上了大明朝的第七位皇帝,年号是景泰,后来大家都称其为景泰帝,实际上他也是有庙号的,叫明代宗。

珐琅瓶为什么被称为景泰蓝?

景泰蓝原名铜胎掐丝珐琅,本是西方人的工艺,元代的时候传进了中国,后来在明朝有了工艺上的变化,形成了一种中国独特的工艺品,从宣德年间,也就是朱祁钰他爹朱瞻基活着的时候就已经开始流行了。在整个明朝,它的名字一直都是珐琅瓶。到了清朝雍正年间,有很多仿制朱祁钰执政时期珐琅瓶风格的瓷器出现,因为朱祁钰的年号是景泰,所以慢慢就把这种珐琅瓶叫作景泰蓝。

明代宗面对的第一件大事,是如何处理也先这群蒙古人,因为他们已经攻破了紫荆关,马上就到北京城下了。

朱祁钰觉得,满朝文武,能依靠的只有于谦了,所以无论于谦说什么,他都同意,于谦成了北京城里乃至大明王朝的最高军事指挥官。他的决定主要是两个,一是紧急调集河南、山东等地的军队赶来北京,保卫京师;二是让北京城的将领们带着队伍出城,分别防守北京城的九个门,他自己和他最看好的大将石亨,驻扎在德胜门外,这里是正对着也先的城门,也是最危险的地方。51岁的于谦算是豁出去了,他给部队下达的命令是:"临阵将不顾军先退者,斩其将。军不顾将先退者,后队斩前队。"一句话,你只要后退,就是死,而且没有抚恤金。

当也先兴致勃勃地带着朱祁镇来到北京城下之时,才知道大明王朝的皇帝已经换人,自己手里的这个朱祁镇现在成了太上皇了。听起来地位比皇帝还高,但什么用也没有,而且对方看起来根本没把这个太上皇当回事儿,城上城下,都摆出了一副玩命的架势。

也先意识到,自己出发之前那种几天之内就能拿下北京的想法是错误的,气势上因此先输了三分。可是已经来了,无论如何都要打一下,也先带着人先是攻打于谦防守的德胜门,被火炮加上火枪打得七零八落;一转身就去攻打西直门,发现也不好打,而且德胜门的石亨带着队伍从后面开始夹击自己;没办法,他只好再往南打,去攻彰义门,又被总兵武兴打败。试了三个大门之后,也先知道,想攻破北京城,和做梦也差不多,只好灰心丧气地撤回到土城。

就这样,两军相持了五天之后,也先转身撤退了,因为各地赶来的援军已经逼近北京,他再不走,估计就不用回去了。

最终，这场北京保卫战以明朝的胜利而告终，于谦的功劳，无论如何夸大，都不过分。他既是定海神针，支撑起了所有人的信心，也是具体的指挥者，甚至作战人员，所有功劳本上，都应该有他的名字。

也先虽然在北京城下吃了一个败仗，退回漠北草原，但开始的时候，他还是认为朱祁镇是一个奇货，总是想着用这个大宝贝换回点儿什么，没有金银，你给几床棉被也行啊。可是以于谦为首的大明王朝坚决不议和，甚至连两国之间的贸易都断了，那意思是，你想把我们原来的皇帝卖给我们，我们不买，你愿意咋整就咋整。

如此一来，也先也没招了，后来甚至觉得朱祁镇不仅不是宝贝，还是一个累赘，因为大明王朝可以不和蒙古进行贸易往来，但蒙古如果不和明朝做贸易，还想保持美好的生活，那就只有去抢了。可是现在的明朝，于谦当政，军备搞得好，抢劫这个事业相当艰难。就这样，到了最后，也先几乎是求着明朝赶紧把朱祁镇弄回去吧，咱们两个重新做生意。

这里顺便说一句，中华帝国自从诞生开始，几乎所有商品都自给自足，和外面少数族做贸易，只是为了满足"奇技淫巧"的稀奇玩意儿，而没有日常生活用品的急迫需要，这就导致了后来只要遇到一点点挫折，就想着赶紧关上门，自己过小日子。"帝国物产丰富，应有尽有"这个概念是两千多年形成的，我们现在并不能怪在某一个朝代上。

言归正传，明代宗朱祁钰听说也先要把他哥哥送回来，心里一百个不愿意。一年以前，当大家推举他当皇帝的时候，他拼命拒绝，那时候他真的不想当，一来传统的君君臣臣秩序让他不想在哥哥活着的时候接位，二来蒙古大军压境的时候当皇帝，他心里闪过的第一个"英雄人物"，是宋钦宗那个倒霉蛋。

可是现在，他却不想接他哥哥回来了，也是两个原因：第一蒙古人已经服软了，自己这个皇帝当得有滋有味，哥哥回来了，让还是不让呢？第二，就算是自己愿意把皇位重新给哥哥，可是一个下台的皇帝会有什么样的下场，想想就可怕。所以，当群臣都说应该去接老皇帝的时候，他未置可否，反而说了这么一句话："朕本不欲登大位，当时见推，实出卿等。"这句话表面上说，当初我说我不当皇帝，是你们这些家伙一定要让我当的，潜台词却是，皇帝这把椅子，全天下就一个，我哥哥要是回来了，你们还会不会对着我喊陛下呢？

于谦当然是明白的，他苦口婆心地劝道："天位已定，宁复有他！顾理，当速奉迎耳。万一彼果怀诈，我有辞矣。"皇位早就是您的了，只是按照天理人情，我们必须去迎接你哥哥回来，你放心，我于谦担保，你绝对一直都是皇帝。

朱祁钰也知道，不接哥哥回来是不行的，他要的就是于谦这句话，于是转变态度，说"从汝"，你们去办吧。

就这样，朱祁镇在吃了整整一年大草原上的牛羊肉之后，被朱祁钰派出的使者杨善于1450年农历八月十五这一天，接回了北京。现在有人说，杨善是在没有得到圣旨的情况下，擅自做主，接回了明英宗朱祁镇，这个肯定是瞎扯，即便是没有书面上的圣旨，他也肯定是接到了朱祁钰的口谕，让他找机会接回朱祁镇。

其实，没有正式的圣旨，才是一件最正常的事情，凡是拿这个说事儿的，都是不懂得中国政治的精妙之处。第一，没有圣旨，就是不承认大明皇帝曾经被你们蒙古人抓住过；第二，没有圣旨，就不怕蒙古人提什么条件，因为这件事是坚决不能交易的；第三，最重要的，没有圣旨，朱祁镇回来之后，就可以随意处置，反正我朱祁钰是要当这个皇帝的。

说杨善一定是得到了朱祁钰的默许，还有一个重要的证据，就是此人在朱祁钰的景泰年间，一路高升，景泰三年，还加了太子太保头衔。如果真是擅作主张，而且是在重大外交事件中擅作主张，朱祁钰不要他的脑袋就是好事，哪里还能提升？所以，流行的说法是不靠谱的。

朱祁镇一回来，就被关在一个叫作崇质宫的地方幽禁起来。这地方在北京皇城的东南角，从天安门往东一公里左右就是，现在是欧美同学会的会址，寸土寸金的地方。在当年，那就是皇城最偏僻的一个角落。朱祁镇一家子在这里一住就是七年，据说生活得相当清苦，大多数时候，钱都不够花，还要靠他媳妇儿做点儿手工，拿出去换生活用品。

三、夺门之变

朱祁钰虽然把哥哥一家子关起来了，在于谦等大臣的拥护之下，皇位也很稳当。但他心里有一个巨大的阴影，那就是皇太子的位置。

你要知道，当初孙太后把朱祁钰扶上皇帝宝座之前，先把朱祁镇的大儿子朱见深立为了皇太子。孙老太太的意思很明显，国家危难，需要一个成年人当皇帝，所以选择了你朱祁钰，可是皇位的正统决不能废，将来你死了，皇帝这个位置要归还给朱祁镇的儿子朱见深。

孙老太太的这个做法，正是周公设立宗法制的精髓，因为一个家族，分为大宗和小宗，朱祁镇、朱见深父子俩这条线就是大宗，而朱祁钰本质上是小宗，危难之际从权可以，但百年之后，权力归大宗符合礼法，除非你朱祁钰不承认朱祁镇当过皇帝，但这个是不可能的。

就这一点来看，孙老太太平时没少看《礼记》这样的书。

所以，大明王朝这时候的格局，就是皇帝的侄子是合法继承人。可想而知，朱祁钰对这件事相当不爽。于是，就在他哥哥回来两年之后，1452年，朱祁钰把朱见深的皇太子称号废掉，换上了自己的儿子朱见济。

现在看来，这件事一定是得到了于谦的默许，否则的话，朱祁钰做不到。这很自然地，后来成了于谦的另一条罪状。

于谦之所以这么做，可能为公为私两者都有，为公，是考虑到国家稳定的问题，如果你不让朱祁钰换太子，那他很可能操纵特务组织锦衣卫或者东厂，整死朱祁镇和朱见深这父子俩，甚至导致帝国内讧。为私，于谦已经和新皇帝绑在了一条船上，新皇帝的亲儿子接位，对自己只有好处。当然，这很可能是我以自己的小人之心去度于谦的君子之腹，因为后来的事情证明，于谦真的是一个把国家放在第一位的真君子。

中国有一句话，叫人算不如天算，朱祁钰辛苦筹划了几年，终于把太子换成了亲儿子，可还没得意几天，新太子朱见济就病死了。问题是，他就这么一个儿子，死了就等于是绝后了，这份郁闷可想而知。

明朝情商不在线的大臣很多，前有那个被打死的马顺，这时候又出来一个监察御史钟同，此人居然在这时候跳出来说："太子薨逝，足知天命所在。"看吧，你的儿子死了，恰恰证明了人家朱祁镇的大宗地位是老天爷注定的，朱见深就应该是太子。别说皇帝，就算是我们这些普通人，孩子死了之后，别人如此说话，脾气稍微差一点儿的，都会去拼命，朱祁钰因此把钟同抓进监狱，整死了。

接下来的几年里，朱祁钰绝口不提太子之事，但心里相当苦闷，到了1457年正月，他突然发病。如果你还记得，他爹朱瞻基也是正月里突然发病的，那你就知道前面我可能说对了，老朱家可能确实有心脑血管遗传病，一到冬春之际，就是高发期。

朱祁钰一发病，他本来计划好的去郊外的祭祀活动就只能委托给别人了，他委托的这个人就是在北京保卫战里立下大功的石亨，也就是当年和于谦一起镇守德胜门的那位，现在也是位高权重的内阁成员。

可当石亨看到朱祁钰的病况之后，马上意识到，我们这位老大可能要归天，正好景泰帝身边的宦官曹吉祥也看出了这一点，两人一商量，决定去迎接太上皇朱祁镇回来当皇帝。这事儿必须主管宗庙的太常寺给意见，两人就又找到了太常寺卿许彬。许彬说，我年纪大了，换皇帝这事儿太刺激了，我受不了，你们可以找徐有贞商量一下。

这位徐有贞，就是当初也先进攻北京，夜观天象主张跑路的那位，自从被于谦臭骂之后，他在官场上就抬不起头来，尤其是北京保卫战胜利之后，更是举步艰难，处处碰壁。其实，他不是那种不学无术之辈，26岁就考中了进士，不仅仅是儒家学问，对天文、地理、兵法、水利、阴阳、方术等各方面，都颇有研究，早在土木堡之变前七年，他就给朱祁镇上书，说要加强边关的防备，并提出了具体的意见，可惜的是，明英宗朱祁镇虽然不断点头说，爱卿写得好，但根本就没采纳，如果当时照着这位徐有贞的建议做了，也许就没有土木堡之变了。

后来也先进攻北京，徐有贞倒也不一定是贪生怕死，只是因为他对星相学感兴趣，觉得当时老天爷的意思确实要向南跑。可就因为这一句话，整整七年，徐有贞在人前都抬不起头来，这对于心高气傲的他，是天大的耻辱。

这时候一听石亨和曹吉祥找自己是为了让朱祁镇复位，大喜过望，马上就出了两个主意：第一，曹吉祥马上进宫，去和孙太后说明这件事，老太太一定会支持我们；第二，我和你石亨，马上带人去南宫，救出朱祁镇，然后直接进入紫禁城，这事儿就成了。

事实证明，徐有贞算计得精准无比，这件事出奇的顺利。朱祁镇在进入紫禁城东华门的时候，只是大喊了一声，我是太上皇，守卫就打开大门，让这伙人进入了帝国的权力中心，然后，大家来到奉天殿，就那样坐在那里，等到早上五更群臣来上班之后，徐有贞命人钟鼓齐鸣，然后宣布："太上皇复位了！"

一夜之间，大明帝国的皇帝又神奇地换成了老皇帝朱祁镇，这件事在历史上被称为"夺门之变"，在明史上，是很重要的一件事。

这群人闹腾得如此厉害，在后宫里面养病的明代宗是什么态度呢？史书上记载，当时他病怏怏地躺在床上，听见前殿钟鼓雷鸣一般，知道这是有人坐在了皇帝宝座上，有气无力地问了一句："于谦耶？"这是于谦当皇帝了吗？左右的人赶紧说不是，是您大哥朱祁镇回来了。这时候，朱祁钰才振奋了一下精神，说了一句，"哥哥做，好！"

这件事只能说明一点,那时候,就连皇帝朱祁钰都认为,以于谦手里的权力,他完全可以自立当皇帝。

如果是这样,我这里就要问一个问题,为什么徐有贞、石亨他们折腾得这么厉害,于谦却一点儿动静也没有?就算是他自己不想做皇帝,无论是支持还是反对朱祁镇,作为帝国的第一重臣,表个态总是需要的吧?

实际上,这个态于谦没办法表。

徐有贞这个人很不简单,他的两条计策很厉害,没有任何拖泥带水的动作。救出太上皇,直奔紫禁城,只要进了奉天殿,任何人想要动他们,都要经过孙太后的同意,但徐有贞已经先一步让曹吉祥争取到了老太太的同意,或者说,这伙人已经控制了孙太后。

在这样的情况下,于谦如果反对朱祁镇重新上位,那就只剩下一条路——把孙太后和朱祁镇这一条线连窝端了。不过随后也有一个难题,那就是朱祁钰马上就死了,他还没有儿子,再往上一辈儿,朱瞻基也只生了朱祁镇和朱祁钰这两个儿子,那么,接下来立谁做新的皇帝,就是一个大难题。于谦本身是朱瞻基提拔的,以他的性格,让他立不是朱瞻基的子孙为帝,确实是一件难事。

可是于谦也不想去拥护新的皇帝,因为无论如何,合法的皇帝还没死,朱祁镇就当上了皇帝,这也算是一种非典型篡位。况且,于谦心里十分清楚,朱祁镇复位之后,第一个倒霉的,肯定就是自己。

在这样的情况下,于谦有两个选择,第一个就是强行插手,让朱祁镇当不成这个皇帝。至于接下来围绕皇位如何进行博弈,那就是另一个问题了,至少,自己的拳头也不小,但这样的话,国家会不会乱就不好说了,而自己肯定是留下一个饱受争议的权臣之名,也就是曹操第二。

第二个就是为了国家稳定,静悄悄让朱祁镇复位好了。

于是,很多史书里都记录了于谦当晚的行为,在知道事变之后,他保持了沉默,有些史书还写了他儿子告诉他情况之后他的反应,那只是一句话:"小子何知国家大事?自有天命,汝等去。"你知道什么,赶紧回家里待着去。

于谦为了国家稳定,就算知道自己可能被清算,也采取了静观其变的态度,但并不代表其他人也有如此胸怀。

事变的第二天,于谦被逮捕下狱,一群溜须拍马的官员劝朱祁镇杀掉于谦。朱祁镇本来是有些犹豫的,可是这时候徐有贞说了一句话,最终导致于谦的脑袋掉在了他曾经拼死保卫的北京城的土地上。